예언자설교:
설교갱신의 이론과 실제

Prophetic Preaching:
Theory and Practice of the Renewal of Preaching

예언자설교:
설교갱신의 이론과 실제

초판 1쇄 인쇄 2014년 2월 25일
초판 1쇄 발행 2014년 2월 28일

지 은 이 허 도 화
펴 낸 이 신 일 희
펴 낸 곳 계명대학교출판부
출판등록 제347-1998-1호(1970. 9. 1)
주 소 대구광역시 달서구 달구벌대로 1095
대표전화 053-580-6233
팩 스 053-580-6235
홈페이지 www.kmupress.com

ISBN 978-89-7585-660-0 93230 정가 15,000원

이 도서의 국립중앙도서관 출판시도서목록(CIP)은 서지정보유통지원시스템 홈페이지(http://seoji.nl.go.kr)와 국가자료공동목록시스템(http://www.nl.go.kr/kolisnet)에서 이용하실 수 있습니다.(CIP제어번호: CIP2014006454)

예언자설교:

설교갱신의 이론과 실제

Prophetic Preaching:
Theory and Practice of the Renewal of Preaching

저자 허 도 화

계명대학교 출판부

저자

허도화 박사는 서울신학대학교, 연세대학교, 미국 George Fox 대학교를 거쳐 Drew 대학교에서 예배설교학(Ph.D.)을 전공하였으며 현재 계명대학교의 예배설교학 교수이다.
본 저서의 자매서로 "예배갱신의 이론과 실제: 예배 코칭과 컨설팅 안내"(계명대학교 출판부, 2013)가 있다.

머리말

이 책은 성경의 예언자설교가 오늘 한국교회에 필요하고 그래서 매우 동일한 설교를 해야 한다면, 어떻게 그리고 얼마나 예언자설교가 우리의 교회에 적용가능한가라는 질문에 답하기 위한 연구이다. 강단이 현대 교회와 사회의 변화를 위한 적절한 반응을 제시해야 한다면, 이 책은 설교자들이 예언자설교를 통해 사회의 여러 중심적인 문제들을 다루도록 돕기 위한 것이다. 여기에는 일반적으로 예언자설교와 복음, 성경, 사회와 경제 그리고 정치적인 콘텍스트들, 그리고 목양적인 목회와의 관계들이 포함된다. 하지만 무엇보다 더 중요한 것은 예언서들을 설교의 본문으로 삼아야 된다는 것이 아니라, 성경의 예언자들로부터 자주 메아리치는 주제들, 즉 하나님의 형상을 격하시키고 우리의 전인성을 파괴시키는 불의, 착취, 인종차별, 성적 비도덕성, 거짓된 가르침 등--에 대해 설교를 하는 것이다. 이런 의도는 공적 이슈들이 교회 밖에서만이 아니라 교회 안의 설교를 통해서도 다루어지기를 기대하며, 더 나아가 설교자들이 예언자설교를 위한 비전을 발전시킬 수 있고 성경 본문으로부터 설교에로 옮겨갈 때 사회적 문제들에 대한 관심들을 표현할 수 있도록 하려는 것이다.

"당신은 당장 수술을 받아야 합니다!" 이것은 본 저서가 현재 한국교회의 설교자들에게 던지는 일성(一聲)이다. 어느 누구라도 의사로부터 몹시 두려움이나 충격을 주는 이와 같은 말들을 듣고 싶어 하지는 않을 것이다. 그런데 위기의 상황을 벗어나기 위해 우리 대부분이 취하는 반응은 전문가의 진단이나 처방보다 쇼핑을 하듯 주위 사람들로부터 또 다른 의견들을 들어보려 한다는 것이다. 하지만 그런 우회적인 방법은 일반적으로 문제의 실체를 변화시키지 못하고 더욱 심각하게 만들 뿐이다. 이렇듯이 어쩌면 우리 한국교회의 설교자들의 문제는 예언자설교를 하지 않는 문제를 스스로 인정하거나 비판하지 않으려는 것이 아니라, 그 문제를 해결하기위한 방법을 구체적으로 제시하지 못하거나 스스로 도움을 찾으려 하지 않는 것이다.

그렇다면 한국교회의 설교갱신 또는 강단갱신을 위해 예언자설교에 관한 연구가 오늘 우리에게 필요한 이유들은 무엇인가? 최근 한국교회 안에는 사회적 공신력을 상실하고 그로 인해 질적이며 양적 성장의 둔화 현상을 경험하고 있는 위기를 극복하기 위해 설교자들이 강단의 예언자적 사명을 회복하고 사회적 문제들에 대해 외쳐야 한다는 목소리들이 힘을 얻고 있다. 그 대표적인 예로, 한국기독교교회협의회는 2010년 선언문을 통해 환경과 인권, 사회 정의를 위해 바른 목소리를 내는 예언자적 사명의 필요성을 강하게 피력했다(국민일보 2010.11.15.). 또한 21세기 한국교회의 강단갱신을 위해 예언자설교의 이론과 실제에 관한 연구가 얼마나 필요한지는 최근 한국교회의 대표적 설교자들(하용조, 이동원, 김삼환 등)의 고백과 참회를 통해 증언된 바 있다(서론의 각주 29, 30, 31을 참고하라).

하지만 아직도 한국교회 안에서 설교자들은 가끔 정치나 사회 이슈와 관련해 치우친 설교로 곤욕을 치르거나, 반면 정치나 사회를 너무 외면하기 때문에 비판을 받을 때가 있다. 이와 같은 한국교회의 분위기가 바로 본 저서를 출판하게 된 배경이다. 본 저서의 한결같은 주장은 예언자설교에 대한 바른 이해를 제시해야할 필요성뿐 아니라, 우리의 강단을 갱신하고 현대의 다원사회에 대한 강단의 타당성을 회복하려면 다시 한 번 예언자설교를 통하여 설교의 목적과 설교자의 임무를 이해해야 한다는 것이다. 왜냐하면 예언자설교의 필요성은 항상 설교의 위기, 강단의 위기, 또는 설교자의 정체성의 위기 현상을 전제로 하기 때문이다.

설교자들은 누구나 설교를 잘 하길 원하지만, 오히려 설교를 잘못할 수 있는 길들이 훨씬 더 많다. 잘못된 신학, 잘못된 본문 해석, 한 쪽으로 치우진 주장, 사람들을 즐겁게 하거나 이용하는 설교, 청중을 혼란스럽게 또는 지루하게 만드는 설교 등등. 이처럼 다양한 문제들을 직면할 때 지혜를 정말 필요로 하는 사람들이 있다면, 설교자들이 바로 그럴 것이다. 성경 안에는 이런 설교자들에게 필요한 지혜가 풍성하다. 그래서 설교자들이 가장 먼저 구해야 할 지혜는 하나님에 의해 최초로 설교자로 부름을 받은 성경의 예언자들로부터 나와야 한다. 지난 수세기 동안 여러 유형의 설교들이 일시적 유행으로 등장했다가 사라졌지만, 성경의 예언자들은 변함없이 모델이 될 설교자의 특징, 성경적 설교, 그리고 설교신학을 제공하기 때문이다.

본 연구는 먼저 서론으로 설교갱신이 필요한 한국적인 설교 상황에 대한 비판으로부터 출발하면서 예언자설교에 대한 연구가 필요한 설교학적 이유들을 제시한다. 여기에서 주된 논의는 최근 *예언자설교에 대한 새로운 관심*으로 등장한 설교의 사회적 차원, 즉 교회 내부의 주관적인 시각보다 더욱 객관적인 사회학적 시각으로부터 한국교회의 설교를 이해하는 것이다. 이 논의는 한국교회의 사회적 신뢰도 하락과 강단의 지도력 상실의 주요 원인이 설교의 사회적 차원에 대한 무시 때문이었음을 지적함으로 예언자설교의 필요성과 중요성을 강조하기 위함이다.

그 다음, 본 연구는 설교 현상연구에 관한 4중적 콘텍스트 방법론을 따라 진행된다. 이것은 예언자설교를 4중적 콘텍스트들, 즉 예언자설교의 *성경적 전거*(제1부), *역사적 발전*(제2부), *신학적 정립*(제3부), 그리고 *실제적 적용*(제4부)을 중심으로 이해하는 것을 의미한다.

첫째로, 가장 오랜 설교 역사를 가진 예언자설교를 바르게 이해하기 위해 *성경에 기초된* 예언자설교의 정의를 이끌어낸다. 이스라엘 사회 속에 나타난 예언자들의 역할 또는 활동을 중심으로 새롭게 정의되는 예언자설교는 가장 성경적 설교일 뿐 아니라, 설교학의 중요한 과제인 하나님의 말씀(성경 본문)과 신앙 공동체(청중) 모두에 대해 충실하게 증언하는 설교의 양식으로 밝혀진다. 예언자설교의 이론을 성경을 중심으로 제시하려는 이런 노력은 오늘날 우리 강단의 위치와 갱신이 예언자설교 위에 세워져야 한다는 본 연구의 출발점이 예언자설교의 역사적 뿌리를 찾기 위해 이스라엘 예언자들의 설교에까지 거슬러 올라가는 것임을 의미한다. 여기에서 본 연구는 예언자설교를 *성경적 설교의 원형*으로 전제하고(제1장) *설교의 목적에 충실한 설교*라는 설교학적 이론을 정립한 후(제2장), 예언자설교의 특성들을 *윤리적 설교*(제3장), *사회적 설교*(제4장), 그리고 *종말론적 설교*(제5장)로 제시한다.

둘째로, 성경적 예언자설교가 *역사적*으로 분명하게 나타난 시대의 강단들을 중심으로 어떻게 현대적 예언자설교로 형성되고 발전되었는지를 살펴보고 예언자설교의 모델이 되는 설교들을 분석한다. 이것은 성경적 예언자설교의 모델을 구체적인 강단들을 통해 제시하기 위해 현대 설교사 가운데 예언자설교의 등장에 특수한 배경이 되었던 1960년대의 미국 강단을 연구할 뿐 아니라(제6장), 또한 성경적 예언자설교를 가장 잘 적용한 지역교회의 강단을 찾아(제7장) 그 강단으로부터 지속적으로 선포된 예언자설교문들을 연구하려는 것이다(제8장). 본 연구는 구체적인 목회현장에서 예언자설교가 어떻게 준비되고 선포될 수 있는지를 제시하기 위해 1960년대에 지역 교회들—미시건 주 앤 아버(Ann Arbor)의 제일장로교회와 뉴욕 맨해튼에 있는 리버사이드(Riverside)교회--의 강단들을 통해 가장 활발하고 효과적으로 예언자설교를 하였던 캠벨(Ernest T. Campbell; 1923.8.24.~2010.7.9)의 설교들을 분석함으로 현대적 예언자설교의 이론과 실제를 제시하려고 한다. 이 부분은 예언자설교를 형성시킨 또는 재형성시킨 미국의 1960년대 사회적 환경을 다루면서 특별히 그 시대의 일반적인 상황과 특수한 상황에서 캠벨의 강단이 역사적 도전들에 직면한 외적 그리고 내적 문제들에 대해 어떻게 반응하였는지를 중점적으로 다룬다.

셋째로, 성경적 예언자설교의 이론적 근거와 캠벨의 강단을 통한 현대적 예언자설교의 모델에 대한 이해와 분석을 기초로 오늘의 강단갱신을 위한 바람직한 설교신학을 제시한다(제9장). 강단갱신을 위해 필요한 작업이 오늘 우리의 설교 사역을 *신학적으로 정립*하는 것이기 때문이다. 여기에는 인종, 가난, 그리고 전쟁 문제들을 다룬 캠벨의 설교들을 신학적으로 해석함으로 예언자설교에 대한 신학적 이해를 시작으로 설교 사역의 본질, 즉 설교자로서의 역할과 설교의 기능, 교회의 역할 등에 대한 논의가 포함된다.

그리고 마지막 넷째로, 예언자설교가 오늘날 지역교회들에게 *실제적으로 적용 가능하*도록 예언자설교에 대한 새로운 이해와 접근방법들을 제시한다(제10장). 여기에서 우리의 주된 관심은 다원론적 사회에서 살아가는 현대 그리스도인들의 삶의 타당성을 회복하려는 오늘의 강단들을 위해 예언자설교가 지니는 의미들을 찾는 것이다. 이런 목적을 위해 제10장은 먼저 캠벨의 예언자설교에 대해 비판적으로 평가하고 1960년대 예언자설교의 3가지 주요 유산들에 의해 오늘 강단갱신을 위한 적절한 설교신학을 제공할 것이다. 오늘 강단갱신을 설교신학에서 다루어져야 할 주요 이슈들에는 설교의 위치와 목적, 설교와 복음의 관계, 그리고 변하는 다원적 사회에서 설교의 사회적 콘텍스트 등이 포함된다.

저자가 본 연구를 통해 독자들에게 바라는 것은 예언자설교가 교회의 사회적 신뢰도가 계속 추락하고 있는 오늘 우리 시대를 위한 그리고 특별히 강단의 갱신을 위한 타당성뿐 아니라 가능성까지 지니고 있음을 발견하라는 것이다. 또한 오늘 우리에게 성경의 예언자설교가 설교갱신의 이론과 실제를 제시하기 위해 필요한 것은 새로운 설교 방법이나 기술이 아니라, 성경이 말씀하는 설교가 무엇이냐의 본질로서의 설교목회로 패러다임을 바꾸는 것으로 설교 사역에 대한 충실함(faithfulness), 하나님의 말씀에 대한 충실한 증언(faithful witness)이라는 것도 발견하기를 바란다. 예언자설교는 항상 가능하지 않다. 그래서 우리는 다양한 변명들을 내세운다. 하지만 성경에는 설교의 사건이 일어날 필요가 있는 상황들이 항상 전제되었다. 예를 들어, 한 나라와 사회의 제도를 상징하는 왕이나 지도자들, 또는 백성이 하나님의 명령을 어기는 것을 지적하고, 그로 인해 생긴 문제들에 대한 대안을 제시하려는 예언자설교에는 그럴 필요가 있는 상황이 항상 전제되어 있다. 설교자들이여, 오늘날에도 여전히 우리 주위에는 예언자설교가 필요한 상황들이 항상 존재한다는 것을 잊지 말기를.

2014년 1월 계명대 동천관에서

허 도 화

예언자설교:
설교갱신의 이론과 실제

서론: 예언자설교에 대한 새로운 관심

서론

예언자설교에 대한 새로운 관심

1. 예언자설교의 사회적 차원

최근 성경의 예언자설교에 대한 새로운 관심은 세계적으로 오늘 우리의 설교갱신을 위해 무엇보다 예언자설교의 사회적 차원을 회복할 필요가 있다는 인식에 기초한다.[1] 20세기에만 해도 예언자설교는 구약 성경에 나오는 예언을 과거의 왜곡된 것들과 현재에도 계속되는 문제들에 대한 비판으로 보는 고전적인 이해에 의해 지배당했다. 예언자설교에 대한 이런 견해는 많은 설교자들뿐 아니라 성도들에게도 부정적으로 받아들여졌으며 그 결과, 그들에게 가장 외면당하여 잊혀져가던 설교의 유형이었다.[2]

하지만 최근에는 성경적 예언의 사회적 형식과 함께 설교의 사회적 차원에 대한 관심과 연구들이 나타나고 있다. 한편으로는, 예언자설교가 질적이며 양적인 성장이 둔화 또는 하락하고 있는 것과 또한 성직자와 성도의 윤리적인 삶이 교

---

1 세계적으로 설교의 사회적 차원에 대한 주장이나 연구는 20세기 초에 라우센부쉬(Walter Rauschenbusch)가 사회적 복음을 선포하려는 노력으로부터 시작되어 1960년대 미국의 시민권운동, 반전운동, 학생운동, 여성운동, 그리고 빈곤퇴치운동 등과 같은 다양한 사회적 운동들과 함께 사회적 조건들이 무시될 수 없는 설교 유형, 즉 "사회적 문제들에 관한 설교" 또는 "사회적 변화를 위한 설교"를 형성하였다. 설교의 사회적 차원은 1980년대 이후 설교학에서 재평가되었다. O. C. Edwards, Jr., "History of Preaching," *Concise Encyclopedia of Preaching*, ed. William H. Willimon & Richard Lischer (Louisville: Westminster/John Knox, 1995), 224; Arthur Van Seters, ed., *Preaching As A Social Act: Theology and Practice* (Nashville, TN: Abingdon, 1988)를 참고하라.

2 현대 설교자들은 예언자설교에 대한 고전적인 견해들을 갱신하고 위대한 예언자적 용기를 보여줄 필요가 있다는 주장에 대해, Arthur Van Seters, ibid.를 보라.

회 안과 밖에서 무너지고 있는 위기상황들을 해결하기 위한 대안(교회의 공동체적 정체성을 강조하고 회복하는 설교)으로 제시된다.[3] 예언자설교를 공동체 중심으로 이해하는 것은 그 설교가 교회 안에서 그리고 교회와 함께 이루어져야 할 어떤 것이 된다.[4] 공동체로서 교회의 콘텍스트 안에서 예언자설교는 그 자체가 목적이 아니라 공동체로 하여금 지속적으로 세상과 구별되도록 만드는 하나의 시작이다.[5] 다른 한편으로, 예언자설교는 공적 콘텍스트 안에서 성차별, 사회-경제적 착취, 생태학적 위기, 인종적 불의와 같은 사회적 문제들을 안고 있는 더 넓은 세상과 관련하여 복음의 공적이며 대화적인 의미(설교를 위한 공적 신학의 개념)를 점차 강조하는 사회적 설교로 제시된다.[6]

이런 이유로 우리는 먼저 "예언자설교"(또는 예언자적 설교)를 현대적인 설교의 한 장르인 "사회적 설교"(또는 사회적 문제들에 대한 설교)로 이해하며 예언자설교의 사회적 차원을 다룬다.[7] 사회적 차원이 오늘날 예언자설교의 특성을 가장 잘 말해주기 때문이다. 예언자설교의 중요성과 필요성을 지원하기 위해 본장은 먼저, 한국교

---

3 더욱 최근에 나타난 예언자설교에 대한 이해는 공적인 이슈들에 대한 관심보다는 교회의 공동체적 정체성 회복을 강조하여 교회를 문화에 대한 하나의 대안 공동체로 제시한다. 이런 신바르트주의(neo-Barthian) 설교학자들의 주장에 관해 Walter Brueggemann, *Prophetic Imagination* (Philadelphia: Fortress, 1978) 그리고 Charles L. Campbell, The Word before the Powers: An Ethic of Preaching (Louisville: Westminster John Knox, 2002)을 보라. Charles Campbell은 현대교회의 도덕성 회복을 위한 설교의 윤리적 중요성을 강조하여 설교 속에 내재된 윤리적-비폭력적인 저항이 교회의 도덕적 생활을 형성하기 때문에 설교의 임무는 교회를 악한 권력들에 직면해서도 저항 공동체로 세우는 것이라고 주장한다(69).

4 Eugene Boring, "Prophecy (Early Christian)," in *The Anchor Bible Dictionary*, ed. D. N. Freedman (New York: Doubleday, 1992), 5:501; David Hill, *New Testament Prophecy* (London: Marshall, Morgan, and Scott, 1979), 8-9.

5 R. W. L. Moberly, *Prophecy and Discernment* (Cambridge: Cambridge University, 2006)을 보라.

6 설교를 위한 공적 신학의 개념에 관해 John McClure, *Roundtable Pulpit* (Nashville, TN: Abingdon, 1995), 18-19. 더 넓은 세계와의 관계에서 복음을 이해할 필요에 관해 Dawn Ottoni Wilhelm, "Jesus as Prophetic Preacher: Patterns of Prophetic Engagement in the Gospel of Luke," The Academy of Homiletics: Papers of the Annual Meeting 2004 (Memphis, TN: December 2-4), 288-97. 예언자적 목양교회를 위한 예언자설교의 잠재적 공동체 의미에 관해 Lee Ramsey, *Care-full Preaching: From Sermon to Caring Community* (St. Louis: Chalice, 2000), 131-33 그리고 Dale Andrews, "Global Conflict and the Preaching Tradition of Martin Luther King, Jr.," *The Review of Faith and International Affairs* 6:1 (Spring, 2008), 61-63.

7 예언자설교가 사회적 설교의 전례이지만 좁은 의미에서 예언자설교가 사회적 설교의 하위 범주에 속한다. 허도화, "사회적 문제들에 대한 설교의 역사적 배경: 1960년대 미국의 사회운동들과 종교현상들에 대한 강단의 반응," **신학논단** 63집 (2011): 247을 보라. 헤셀(Dieter T. Hessel)은 사회적 설교를 현재의 사회적 문제들을 예언자적으로 해석하고, 기독교의 사회적 가치들과 미덕들을 강조하며, 그리고 성경에 대한 사회적 해석을 발전시키는 설교로 이해한다. 그의 저서, *Social Ministry*, 2nd ed. (Louisville, KY: Westminster/John Knox, 1992), 94를 보라.

회의 사회적 신뢰도 하락과 강단의 지도력 상실의 주요 원인이 설교의 사회적 차원에 대한 무시 때문이었음을 지적함과 동시에, 한국교회 강단의 실상과 설교의 구조적, 기능적, 신앙적 현실과 문제점들을 규명하고, 그 다음으로는 한국교회의 설교에서 드러난 여러 문제들 가운데 사회적 신뢰도 회복을 위한 새로운 시각을 소개하고 사회적 과제에 대안 방향까지 제시한다.

2. 사회학적 설교 연구

본 연구는 설교의 목적, 역할 및 현상을 교회 내부의 주관적인 시각보다 더 객관적인 "사회학적 관점"으로부터 설교가 구체화되는 사회적 콘텍스트 속에서 이해하려는 하나의 시도이다.[8] 사회적 현실 속에서 살아가는 청중과 그들의 사회적 콘텍스트에 대한 분명한 이해가 없다면 설교 사건을 구성하는 다른 요소들인 설교자, 성경, 설교, 교회의 예배와 절기는 목적과 의미를 잃게 된다.[9] 이 연구가 이처럼 설교 사건의 가장 중요한 요소인 설교의 사회적 차원에 관심을 갖는 목적은 사회적 설교를 최근 한국교회가 상실한 사회적 공신력을 회복하기 위한 하나의 대안으로 제시할 뿐 아니라, 또한 사회적 설교가 예언자설교로부터 시작된 성경적 설교 전통에 속해 있음을 증명함으로 예언자설교를 오늘날 한국교회의 강단을 갱신할 수 있는 사회적 설교의 대안으로 제시하려는 데 있다.

이런 목적을 위해 본 연구는 전통적인 설교 이해와는 다른 두 가지 전제들, 즉 사회적 설교와 예언자설교에 대한 긍정적 이해로부터 출발한다. 첫째로, 현대 사회에서는 설교를 더 이상 교회 공동체의 고유 영역에 속하는 행위 또는 교회 안의 담론으로만 볼 수 없으며, 오히려 **"하나의 사회적 행위"로 이해할 필요**가 있

8 사회학적 관점 또는 접근은 이미 성서신학에서는 텍스트에 대한 역사비평적 관점에 대한 대안의 하나로, 그리고 설교학에서는 복음을 전하거나 콘텍스트를 강조하는 설교 방법론의 하나로 사용되어 왔다. 최근에 사회학적 접근이나 통찰은 목회와 사회학의 간 학문적 대화를 필요로 하는 목회사회학이나 교회성장학에서 교회와 사회적 이해와 주제들을 연구하는 방법론으로 관심을 받고 있다. 교회가 나아가야 할 바를 종교사회학의 관점에서 제시한 정재영, **한국교회의 종교사회학적 이해** (서울: 열린, 2012)를 보라(http://www.psik.co.kr/bbs/content.php?ct_id=1&cate_id=1010).

9 Wayne V. McDill, *The Moment of Truth: A Guide to Effective Sermon Delivery* (Nashville, TN: Broadman & Holman Academic, 1999), 39

다는 것이다.[10] 오늘날 설교를 듣는 사람들은 순수하게 개인적으로만 인식하지 않고 사회 속에서, 그리고 문화의 다양한 형식들에 의해 영향을 받기 때문에[11] 설교자를 사회보다 좁은 교회에 대해서만 그리고 "교회로부터만 설교하도록 부름 받은 자"로 이해하는 것은[12] 설교자와 설교의 역할을 제한시키는 것이다. 더 나아가 "모든 설교는 사회화된 존재들[설교자들]에 의해, 특수한 사회적 환경 속에 있는 사회적 실재에 대해 그리고 항상 사회적 순간에 전해진다."[13] 그러므로 설교자가 교회 안에서보다 오히려 사회적 현실 속에서 더 많은 시간을 보내는 청중의 현실에 개입하지 않을 수 없는 설교의 사회적 의미를 새롭게 조명할 필요가 있다.

둘째로, 사회적인 관심과 책임을 가지고 진리를 전하는 예언자적 사명은 몇 사람들만 받는 특별한 부름이 아니라, **설교를 하는 모든 사람들이 받는 근본적인 부름**이라는 것이다.[14] 구약성경이 말하는 예언자들의 본래의 모습은 권력에 대해 진리를 말해야하는 무거운 짐을 진 특별한 사람들이 아니며, 그래서 예언자설교 역시 광야에서 외치는 외로운 목소리가 아니다. 성경적 예언자는 단순히 현상 유지에 대해 반대하거나 그것에 대해 대안적인 어떤 것만을 제시하는 사람이 아니다. 오히려 예언자는 청중이 하나님의 말씀에 의해 현재를 평가하고 그 시대의 지배 문화의 이야기들(의식과 개념)에 저항할 수 있는 도구들을 제공하고 양육하는 반면, 공동체에 속한 한 사람으로 그런 혼란스런 순간들까지 이해하려고 노력하는 설교자이다. 설교를 하는 모든 사람은 그런 고리를 벗어나지 못한다. 구약의 예언자들처럼 하나님을 대신하여 말씀을 전하려는 자들은 누구나 사랑, 정의, 그리고 자비에 관한 성경 이야기들에 비추어 지배적인 사회적, 정치적 이야기들에 관해 진리를 말하는 임무를 지닌다. 그러므로 예언자는 지배적인 사

---

10 설교를 하나의 사회적 행위로 이해하는 주요 저서로, Arthur Van Seters, ed., *Preaching As A Social Act: Theology and Practice*를 보라.

11 Stephen Crites, "The Narrative Quality of Experience," *Journal of American Academy of Religion* 39 (1971): 291-311.

12 Peter T. Forsyth는 설교가 교회 공동체 밖에서는 의미가 없다고 주장한다. 그의 저서, *Positive Preaching and the Modern Mind* (Grand Rapids, Mich: Eerdmans, 1964), 53.

13 Arthur Van Seters, op. cit., 17.

14 최근에 구약의 예언자들의 본래 모습과 설교자로서의 사명에 대해 새롭게 내린 정의에 대해, Walter Brueggemann, *The Practice of Prophetic Imagination: Preaching An Emancipating Word* (Minneapolis, MN: Fortress, 2012)를 보라.

회/정치적인 이야기의 거짓을 드러내는 사람이며, 동시에 현재를 이해하는 도구들과 중요한 것과 생명을 구하는 것에 대해 하나의 대안적 분석을 발전시키는 새로운 도구들을 청중에게 제공하는 전형적인 설교자이다.

사회적 설교를 한국교회의 강단갱신을 위한 대안으로 제시하기 위해 본 연구는 먼저, 한국교회의 설교 속에 사회적 차원이 어떻게 나타났는지를 살펴본다. 이것은 한국교회의 설교가 사회적 공신력을 상실한 이유를 설교학적으로 찾으려는 것이다. 그 다음으로, 본 연구는 구약 예언자들의 설교를 통해 설교의 사회적 차원이 무엇이며 또한 어떻게 나타났는지를 살펴보고 예언자들의 설교에서 나타나는 사회성의 특징들을 오늘날 사회적 설교의 구성요소들로 제시할 것이다. 이것은 사회적 문제를 기독교적으로 해석하고 응답하는 사회적 설교를 수용하기 힘들어 하는 오늘의 설교자들에게 구약에 나오는 예언자들의 설교의 사회성을 통해 사회적 설교가 모든 설교자들에게 가능한 성서적인 설교로 제시하려는 것이다.

3. 한국교회 설교의 사회적 차원

일반적으로 효과적 설교 전달을 위해 필수적인 성경 본문에 대한 바른 해석뿐 아니라, 설교자와 청중을 감싸고 있는 사회적 환경을 분석하고 사회를 청중의 일상적 삶의 현장으로 이해하는 설교의 사회적 의미를 고려해야 한다. 그러나 설교의 사회적 차원은 한국교회에서 가장 무시되어 온 영역이다. 설교자들은 설교의 영적, 지적-교육적, 감성적-심리학적 차원들 또는 필요들에 비해 정치, 경제, 문화 등 사회적 현실 속에서의 실천을 다루는 사회적 차원을 고려하지 않았다.

1) 설교의 사회성을 상실한 이유

한국교회에서는 설교의 장이 여전히 교인들의 세계에 국한되어 있다.[15] 설교자가 자신의 "시각을 확대하여"[16] 또는 "설교의 초점을 확대하여"[17] 그 내용이 청중에 의해 삶의 현장인 사회에서 실천되고 일상화되기를 기대하고 촉구해야 함에도 불구하고, 사회의 구성원인 청중과 그들의 사회적 콘텍스트에 대한 충분한 이해 없이 자신의 설교를 현실성이나 사회성이 부족한, 말씀의 성육화가 이루어지지 않는 종교적 이야기로 만든다. 교회 밖의 현실을 설교에 반영하는데 한계와 부담을 느끼던 적지 않은 설교자들은 점차 "청중을 사회적 존재들"로 이해하려는 설교의 사회적 차원을 상실하게 되었다.[18] 또한 한국교회의 설교자들은 다양한 사회적 문제들이 나타나는 성경을 설교의 본문으로 삼으려하지 않거나, 설교에서 사회의 다양한 문제들도 다루지 않는다. 이처럼 사회적 차원을 무시하는 설교가 부유한 자들을 위해서만 준비되거나 선포될 때 가난한 자들이 들을 복음이 사라지는 것처럼, 한 방향으로 치우치기 때문이다. 이와 같은 이유들이 한국교회의 설교가 문화, 사회, 종교, 그리고 교회의 다양한 사람들과 그들의 상황들에 적용되도록 사회적 차원을 포함시켜 설교의 사회성을 회복해야할 필요를 말한다.[19]

한국교회의 강단이 설교의 사회적 차원을 무시하기 시작한 것은 설교를 교회성장을 위한 주요 수단으로 삼던 시기와 관련이 있다. 첫째로, 한국교회의 강

---

15 2005년 9월 24일 개혁신학회 가을 학술 세미나에서 이문장은 "한국 사회에 맞는 설교"라는 발제를 통해 설교의 사회적 의미를 설교의 장을 확대하는 것으로 이해한다. (http://yyht.tistory.com/468 2008.03.06.).

16 사회적 행위로서의 설교를 위해 설교자의 시각이 확대되어야(Widening Our Vision) 할 것에 관하여, Arthur Van Seters, ed., *Preaching As A Social Act*, 13을 보라.

17 David G. Buttrick은 설교가 공적 목소리를 상실한 이유를 설교의 좁은 초점에 둔다. "Preaching Today: The Loss of a Public Voice," *The Folly of Preaching: Models and Methods* (Grand Rapids, Michi: William B. Eerdmans, 2007), 12를 보라.

18 *Ibid*.

19 한국교회 설교의 사회성 및 공신력 회복에 관하여, 김운용, **새롭게 설교하기: 변화하는 시대 속에서의 설교** (예배와설교아카데미, 2005), 10장("회복되어야 할 설교의 균형: 오늘의 한국교회와 예언적 설교")을 보라. 그는 전반적으로 한국교회 설교는 개인적인 구원과 신앙생활에 대해서는 깊이 관심을 가지고 있으면서도 설교의 사회적인 차원에 있어서 예언적 기능은 무기력할 정도로 약한 것이 사실이라고 지적한다. 또한 2008년 10월 31일 종교개혁 491주년을 맞아 부산교회개혁실천모임은 한국교회개혁 95개조 중 49조에 "우리는 한국 교회의 설교가 사회성과 역사성을 담는 예언자적 정신을 선포할 것을 강력하게 요청한다."라는 내용을 개혁과제로 제시했다(*Misssion Magazine* 354호 2012.04.17).

단은 1960-70년대 경제발전을 경험하던 시기부터 **지나치게 현세적 권력(성공)과 물질적 풍요(번영)를 쫓아갔다.**[20] 한국교회의 대표적인 강단문제들로 지적되어 온 성공주의와 번영주의 추종은 우리 사회를 지배하고 있던 이야기들이 국가적으로는 권력을 통한 자기 풍성함을, 그리고 개인적으로는 소비주의를 통한 자기 풍성함을 촉진시킬 때, 사회적 설교 또는 예언자설교를 통해 그런 이야기들을 비판하거나 대안적인 이야기를 제시하지 못했다는 증거이다. 하지만 구약의 예언자들은 사회적 행위를 일으키기 위해 단순히 예견이나 비난을 사용하지 않고, 오히려 사회의 지배적인 이야기들을 야훼의 이야기와 대결시켰다. 그들은 단순히 권력과 풍요에 의해 지배되는 이야기와 하나님에 의해 지배되는 성경 이야기 사이의 차이들을 구별하는 것에 만족하지 않고, 그 다음 단계로 하나님의 이야기를 설교함으로 세상의 지배적인 이야기들을 와해시켰다.

이처럼 오늘날 참 예언자설교를 위한 필수적인 특징도 "두 가지 이야기들 사이의 논쟁"이어야 한다.[21] 설교는 단순히 세상의 지배적인 이야기에 대항하여 은혜로우시며 타협하지 않으시는 진실한 하나님에 의해 주장되는 이야기 편에 서야 한다. 하지만 한국교회의 많은 설교자들은 신앙 공동체의 지도자로서 이런 예언자설교를 해야 할 책임을 회피했다. 교회 성장에 치중하며 사람의 숫자를 중요하게 여기는 설교자들은 하나님보다 사람의 비위를 맞추기 위해 죄의 문제에 대한 회개, 탄식이나 안타까움이 없이 축복을 외치게 되었다.

둘째로, 한국교회의 강단은 **교회성장을 향한 성공주의와 번영주의를 옹호하기 위해 성경구절들을 무책임하게 인용하면서 성서문자주의(biblicism)와 개인주의(personalism)를** 부추겼다. 한국교회의 강단의 한쪽에서는 성경적 설교라는 이름 아래 "성경의 역사적 사실성을 지나치게 강조하며 성서의 권위에 의존하는 실증주의형(a biblical positivism)" 설교가 주류를 형성했다. 때로는 이런 설교들이 강해설교라는 이름으로 발전했지만 여전히 말씀을 이해시키고 또는 깨닫게 하려는 교육적 설교(didactic preaching)가 되어 성경공부와의 차이를 보여주지 못했다. 또

---

20 개인적 번영과 교회성장이라는 주제는 찬양과 예배에 대한 지나친 집중, 애국주의에 대한 거짓되고 좁은 견해와 함께 미국 교회에서 지난 20-25년 동안 예언자적 설교가 쇠퇴한 이유들에 속한다. Marvin A. McMickle, *Where Have All the Prophets Gone?: Reclaiming Prophetic Preaching in America* (The Pilgrim, 2006)을 보라.

21 Walter Brueggemann, *The Practice of Prophetic Imagination*, 4.

한 한국교회의 강단의 다른 한쪽에서는 실존주의에 힘입어 "개인의 심리적 문제들을 치유하려는 개인주의형(therapeutic personalism)" 설교가 주류를 형성했다.[22] 이런 개인주의형 설교들은 사람들로 하여금 심리치료, 기술, 소비 중심의 지배문화 속에서 자아 개발이라는 이름으로 자아 충족을 추구하게 만들어 자신의 생산성을 높이는데 경쟁적으로 참여하게 한다.[23] 결국, 이런 개인주의 설교는 문제해결식 심리치료나 적극적 사고(positive 또는 possibility-thinking)와의 차이를 보여주지 못했다.[24] 또한 이런 설교들은 강단을 우리의 깨어진 세계를 품으시는 하나님의 놀라운 임재나 우리에게 다가오시는 하나님의 미래에 관한 예언자적 비전, 또는 우리 시대의 생각과 맞서 싸우는 실제적인 변증과 무관하게 만들었다. 설교자들은 오늘도 설교를 통해 어둠의 권세와 직면하여 교회를 바로 세우고 하나님의 백성들과 하나님의 세계를 살리는 일에 필수적인 요소로 사용하려는 하나님의 계획을 외면하게 되었다.[25]

그 결과, 한 때 폭발적인 교회 성장과 공적 영향력까지 유지하던[26] 한국교회의 강단이 오늘날에는 사회적 공신력 저하로 인해 교회 성장의 점진적 둔화 현상을 경험하고 있다.[27] 또한 한국교회 설교의 공적 신뢰도가 광범위하게 상실되어 가고 있다. 사회적 차원을 상실한 설교는 다양한 현상들로 나타나고 있다. 교회가 주변 사회에 대해 보여주어야 할 대안적 정체성이 사라지고, 사회 속에서

---

22 David G. Buttrick, *op. cit.*, 5-9를 보라.

23 Walter Brueggemann, *op. cit.*, 4.

24 한국기독교목회자협의회의 '2012 한국인의 종교생활과 의식 조사' 1차 결과 발표에 의하면, 한국 개신교인들은 신앙생활을 하는 이유를 자신의 '마음의 평안을 위해서' 또는 '건강, 재물, 성공 등 축복을 받기 위해서' 로 응답했다.(http://www.newsnnet.com/news/articleView.html?idxno=190).

25 설교의 윤리적 기능에 대해 Charles L. Campbell, *The Word Before the Powers: An Ethic of Preaching*을 보라.

26 김운용은 한국에 개신교 선교가 시작된 19세기 이후 한국교회의 폭발적인 급성장을 이루는데 가장 결정적인 역할을 한 지난 한 세기의 설교를 설교 영광의 시대로 규정한다. "설교의 영광의 시대는 계속될 것인가?" **기독교사상** 496호 (2000년 4월호): 165를 보라.

27 한국교회의 사회적 공신력이 점차 떨어지고 있는 것이 강단의 역할과 관련된다는 주장의 근거로 이원규, **한국교회 어디로 가고 있나?** (서울: 대한기독교서회, 2000), 204-224를 보라. 종교사회학자 이원규는 오늘날 한국교회가 직면한 문제점으로 사회적 공신력 저하로 인한 교회 성장의 점진적 둔화현상을 꼽는다. 그는 한국교회가 사회로부터 총체적 불신을 받게 된 근본적인 요인들의 하나로 윤리적 가르침의 소홀을 지적한다. 성공과 번영, 통계적인 성장과 조직, 대형 건물을 추구하는 유혹에 빠진 교회 지도자들은 자신의 설교를 통해 십자가에 관한 성서적 진리를 사회 주제에 적용하는 윤리적 모범이 되지 못할 뿐 아니라 결국 청중까지 낮은 윤리적 기준에 머물게 하였다.

지도자의 삶을 보여주어야 할 목회자들의 윤리성이 하락하고, 하나님의 나라와 그 의를 추구함으로 하나님의 거룩한 백성으로 살아가야할 성도들의 정체성도 상실되고 있다.[28] 현재 교회 안의 지성인들은 사회적 공신력을 상실한 교회, 그리고 사회성을 상실한 강단의 권위를 인정하지 않는다.

2) 설교의 사회성 회복을 위한 노력

최근 목회자들과 설교학자들 가운데 강단이 설교의 본질의 하나인 사회성 또는 공공성을 상실한 것을 인정하고 사회적 공신력 회복을 위한 대안으로 사회적 설교 또는 예언자설교의 필요성을 강조하는 목소리들이 자주 들린다.[29] 하나는 설교자들로부터 나오는 자신의 강단에 대한 고백이며 동시에 평가이며, 다른 하나는 설교학자들로부터 나오는 한국교회 강단에 대한 비판이다.

첫째로, **한국교회의 대표적인 목회자들** 가운데 2005년에 온누리교회의 담임이었던 하용조 목사는 스스로 자신에게 예언자설교와 약자를 위한 설교가 약했다고 말하면서 다음과 같이 자신의 목회와 설교를 반성했다: "제 설교에는 *예언자적 설교*가 약하지 않았나 생각합니다. 사회를 보면서, 역사를 보면서, 어려운 사람들을 보면서 그들 편에 서서 부정과 불의와 싸우는 예언자설교가 약했다고 생각합니다. 거기에 제 설교의 취약성이 있다고 생각합니다."[30] 명성교회의 김삼환 목사는 2009년 장신대 개교 108주년 감사예배에서 한국교회의 미래 목회자들인 신학생들에게 "시대에 대해 영적인 진단을 내릴 수 있는 *예언자적 메시지*"

---

28 기독교윤리실천운동이 2014년 2월 5일에 발표한 '2013년 한국교회의 사회적 신뢰도 여론조사 결과발표 세미나' 자료(http://www.cemk.org/)에 의하면, 개신교의 사회적 공신력이 점차 떨어지고 있다는 주장이 기독교인의 말과 행동, 목사의 설교와 행동, 그리고 교회의 사회활동에 대해 신뢰할 수 없다고 응답한 사람들이 점차 증가하고 있다는 조사 결과로 증명되었다.

29 그 대표적인 예로, 한국기독교교회협의회(NCCK)는 2010년 11월 15일, 제59회 총회에서 신명기 30장 19절 말씀 중 '이제 생명을 택하여라'는 부분을 주제로 내세우고 선언문을 통해 환경과 인권, 사회 정의를 위해 바른 목소리를 내는 예언자적 사명의 필요성을 강하게 피력했다. **국민일보** (2010.11.15.), 33. (http://news.kukinews.com/article/view.asp?page=1&gCode=kmi&arcid=0004330132&cp=nv)

30 2005년 10월 24일 오후 4시 연세대학교 백주년 기념관에서 '하용조 목사의 설교와 신학'이라는 주제로 열린 사단법인 한국교회사학연구원 심포지엄에서 하용조 목사가 고백한 말이다. **크리스천투데이** (2005.10.26): http://www.christiantoday.co.kr/view.htm?id=155650.

와 소외 계층에 대한 섬김과 봉사를 위해 고민해야 한다고 설교했다.[31] 그리고 2010년 12월 26일 지구촌교회 17년의 목회를 마무리하는 이임 인사에서 참회할 일의 하나로 "올곧게 살아가지 못한 성도들, 교회 내 부유한 기득권층에 대하여 그들이 상처받을 것을 두려워해 회개를 촉구하고 *예언자적인 설교*를 제대로 하지 못한 일"을 언급했다.[32] 이렇게 사회적 공신력을 상실한 지금은 설교자들이 먼저 교회 안에서 단순히 개인적인 경건함을 유지하는 것보다 사회에서 예언적 사역자로서의 역할을 더욱 실현할 시기로 점차 인식하고 있다.

둘째로, **설교학자들 가운데**, 김창훈 교수는 "설교자는...교회가 실질적으로 사회적인 책임을 발견하도록 도전해야 하며, 적극적으로 사회적 필요를 채움으로써 그 책임을 수행할 수 있도록 권면해야 한다."고 주장한다.[33] 김금용 교수는 "설교의 예언적 기능을 상실함으로써 성과 속을 분리시키고 교회와 사회를 분리함으로써 하나님 나라의 실현이라는 교회 본래의 목적을 망각해 왔다."고 지적하며 이제는 "예수께서 외치셨던 하나님 나라와 의는 개인이나 교회 영역에서만 아니라 사회 곳곳에서 실현돼야 마땅하다."며 사회적 설교의 필요성을 강조한다. 그리고 김운용 교수는 무엇보다 현 강단 설교의 문제점으로 설교의 대사회적 역할 제시 기능의 부재를 지적하면서 "한국교회 강단에 하나님 나라의 선포로서의 설교와 현실 참여로서의 예언자설교 회복을 위한 설교 신학을 정립해야 한다."고 주장한다.[34]

한국교회 안에서 점차 이런 설교의 사회성을 회복해야 할 것을 촉구하면서 동시에 그 대안으로 사회적 설교 또는 예언자설교의 필요성을 강하게 언급하지만 지금까지 교회 현장에서 사회적 문제들이나 사회 참여에 대한 설교를 제대로 하기가 쉽지 않았다. 한국교회 안에서 설교의 사회적 차원이나 사회성에 관한 연구 또한 이루어지지 않았다. 이와 같은 설교 사역과 연구의 어려움을 해결하려는 방법의 하나는 설교자의 존재방식과 설교갱신의 방향을 구약의 예언자들과

---

31 **크리스천투데이** (2009.05.13): http://www.christiantoday.co.kr/view.htm?id=202270.

32 **크리스천투데이** (2010.12.27.): http://www.christiantoday.co.kr/view.htm?id=243493.

33 **크리스천투데이** (2005.10.04.): http://www.christiantoday.co.kr/view.htm?id=155570&code=pd.

34 김운용, "하나님 나라와 교회의 현실 참여를 위한 설교 신학 정립에 대한 연구: 예언적 설교를 위한 신학화 작업을 중심으로" (제9회 소망신학포럼에서 발표, 2008.11.5.): http://www.veritas.kr/contents/article/sub_re.html?no=553.

그들의 설교에서 찾는 것이다.[35] 한국교회의 강단을 갱신하기 위한 사회적 설교로 예언자설교의 필요성을 강조하려는 것은 구약의 예언자들이 오늘 설교자의 시각을 넓혀 설교의 사회성, 사회적 차원을 회복할 수 있는 구체적인 대안을 제공할 수 있기 때문이다. 또한 예언자설교에 대한 연구가 설교를 가능한 교회 공동체 밖으로부터 설득력을 확보하고 보다 객관적인 시각에서 설교 현상을 연구하려는 사회적 설교 연구의 가능성을 제시하기 때문이다.

4. 사회적 문제들로부터 고립된 이유

기독교의 설교가 사회적 조건들에 대해 항상 무관심한 것은 아니지만, 지금까지도 우리의 설교 대부분은 사회적 조건들을 개인적인 문제들을 위한 것으로 표현하는 경향을 띠고, 그래서 사회적 제도의 변화보다는 개인의 변화를 설교의 목표로 삼고 있다. 이에 대한 하나의 변화가 일찍이 20세기 초에 라우쉔부쉬(Walter Rauschenbusch)가 사회적 복음을 선포하려는 노력으로 일어났지만, 전체적으로 새로운 변화는 미국의 1960년대에 일어난 여러 가지 사회적 운동들--시민권운동, 반전운동, 학생운동, 여성운동, 그리고 가난퇴치운동 등--로 시작되었다. 1960년대에는 다양한 사회적 행동들로 인해 점차 사회적 행동주의가 많은 성도들이나 성직자들에 의해 기독교에 대한 참된 헌신을 평가하는 기준이 되었다.

이런 운동들에 대한 한 반응이 미국의 설교학 분야에서 "사회적 문제들에 대한 설교," "논쟁적 문제들에 대한 설교," 또는 "사회적 변화를 위한 설교"에 관한 새로운 관심으로 나타났다.[36] 그 결과로 예언자설교가 1960년대의 미국 강단에 하나의 새로운 설교학 장르가 되었다.[37] 이 시대에는 긍정적인 면에서, 논쟁을

---

35 설교의 사회적 차원과 예언자설교와의 관계에 관해 허도화, "강단의 갱신을 위한 설교: 통전적 변화를 위한 설교," **신학논총** 46집(2006): 230-232를 보라.

36 "사회적 문제들에 대한 설교," "논쟁적 문제들에 대한 설교," 또는 "사회적 변화를 위한 설교"와 같은 표현은 미국의 설교학 분야에서 인간의 총체적 상황을 위한 포괄적 의미로, 그리고 예언자설교를 위한 거친 표현으로 사용된다. William K. McElvaney, *Preaching from Camelot to Covenant: Announcing God's Action in the World* (Nashville, TN: Abingdon, 1989), 55를 보라.

37 O. C. Edwards, Jr., "History of Preaching," *Concise Encyclopedia of Preaching*, ed. William H. Willimon & Richard Lischer (Louisville: Westminster/John Knox, 1995), 224.

일으키는 문제들에 대한 설교가 사회적 변화를 일으키기 위해 사용된 강한 도구이었다. 이때의 미국 강단은 설교의 임무를 어려운 주제, 즉 때로는 애매하지만 항상 논쟁을 일으키는 하나님의 정의를 선포하는 것과 연관시키려고 계속 노력하였다.(이런 이유로 본 연구는 제2부 예언자설교의 역사적 발전에서 1960년대의 새로운 설교학적 현상들과 예언자설교의 모델을 소개하고 설교문들을 분석할 것이다.)

그러나 한 때 사회적 문제들을 다루려하던 설교는 시대가 변함에 따라 점차 공적인 형식과 기능을 상실하기 시작했다. 사회적 문제들이나 논쟁적 문제들에 대한 설교, 또는 사회적 변화를 위한 설교가 많은 교회들에서 사라졌다. 그래서 현대 설교자들의 설교가 사회적인 문제들에 대해 너무 침묵하였다는 신학적 비판들이 나왔다.[38] 예를 들어, 펜실베이니아 주립대학의 포크너(Joseph Falkner) 교수가 제출한 설교에 대한 실험적 연구 보고서에 따르면, 현대 교회들에서 전해진 206편의 설교들 가운데 오직 5%만이 사회적 문제들을 철저하게 다루었을 뿐이다.[39] 반면, 많은 설교들은 사회적 관심을 언급하지만 단순히 지나가면서 언급하는 정도이었다. 비록 설교 속에서 사회적 문제들을 다루었지만 대부분은 예화 형태로 나타났다. 또한 설교자들이 예화의 수준을 넘어 사회적 문제들을 언급하려해도 간접적으로 다루는 경향으로 나타났다. 설교자가 종종 논쟁조의 억양으로 일반적인 비판을 하지만 신학, 사회학, 심리학, 그리고 다른 자료들의 관점으로부터 사회적, 정치적, 경제적 문제들에 대한 분석과 비판을 제시하지는 못했다.[40] 그러면 이처럼 우리의 설교가 사회적인 문제들로부터 현저하게 고립된 이유들은 무엇인가?

첫 번째 이유는 **우리의 설교가 신학에 근거하지 않기 때문**이다. 강단이 어떤 사건이나 문제들에 대한 신학적인 생각을 진지하게 취급하지 않는다. 우리는 설

---

38 예를 들어, David Buttrick, *A Captive Voice: The Liberation of Preaching* (Louisville: Westminster/John Knox, 1994), 9. 강단의 침묵에 대한 신학적 비판은 미국이 이라크를 공격하던 페르시아만 전쟁 때에 신랄하였다. 참조, Walter Wink, *Engaging the Powers: Discernment and Resistance in a World of Domination* (Minneapolis: Fortress, 1992), 29; Mark A. Noll, *The Scandal of the Evangelical Mind* (Grand Rapids: Wm. B. Eerdmans, 1994), 140.

39 Joseph Faulkner, "What Are They Saying? A Content Analysis of 206 Sermons Preached in the Christian Church (Disciples of Christ) During 1988," *A Case Study of Mainstream Protestantism: The Disciples' Relation to American Culture, 1880-1989*, ed. D. Newell Williams (St. Louis: Chalice, 1991), 425-26.

40 Ibid.

교에서 사회적인 문제들을 신학적으로 말하지 않음으로 설교의 분명한 목적과 초점을 상실하게 되었다. 결국 목적과 초점 없는 불확실한 강단은 사회적인 문제들에 대한 열정과 사명감을 상실하게 된다. 신학은 설교를 강하게 하며 이는 공적인 영역을 다루는 설교까지를 포함한다. 그래서 신학에 기초를 둔 설교는 공동체 의식을 강조하는 공적인 것이다. 이런 점에서 우리의 설교는 공적인 문제에 대해 권위 있는 말씀이 되어야 하는 주된 신학적 임무를 가지고 있다.

그러나 듀크(Duke)대학교의 설교학 교수였던 라이셔(Richard Lischer)가 지적한 것처럼, 현대 설교학은 전반적으로 개인과 공동체 모두의 차원에서 설교자가 자신의 신학을 구체화해야 할 것을 무시하고 있다.[41] 캅(John B. Cobb Jr.)은 "깊이 이해하기 위해 믿음을 구하는"(Faith-Seeking-Understanding)[42] 진지한 행위로서의 신학이 많은 교회들에서 사라지고 있다고 안타까워한다. 그의 지적에 의하면, 설교가 주로 인기 있는 심리학과 상식에 근거함으로 그것들을 재확인하고 동기를 부여하기 위해 마련될 뿐, 복잡한 시대에서 그리스도인이 된다는 것이 무엇을 의미하는지를 생각하도록 격려하지 않는다는 것이다.[43] 또한 루이스빌 장로교신학교의 설교학 교수였던 맥클루어(John McClure)는 현대 설교자들이 생각해야 할 것을 지적하면서 "19세기의 후천년설을 주장하는 설교와 20세기의 진보적 복음주의 설교에서 나타난 것처럼 현재 장로교의 설교는 지속적이고도 분명한 신학적 메시지가 부족하다."고 말한다.[44]

신학이 무시된 시대에서 우리의 설교는 주로 목회적 돌봄, 교육, 훈련 또는 상담과 같은 개인적 이상주의나 실리주의에 관심을 표현하였다. 그러나 설교의 주

---

41 Richard Lischer, *A Theology of Preaching: The Dynamics of the Gospel* (Durham, NC: The Labyrinth, 1992), x.

42 고전적 정의에 의하면, 신학은 "이해를 찾는 신앙"이다. "나는 이해하기 위해 믿는다."고 말한 어거스틴에 의하면, 하나님에 관한 지식은 믿음을 전재할 뿐 아니라, 믿음도 쉬지 않고 더 깊은 이해를 찾는다. 그리스도인들은 자신이 믿는 것, 바랄 수 있는 것, 그리고 사랑해야 하는 것을 이해하기를 원한다. Agustine, Confessions and Enchiridion, ed. Albert C. Outler (Philadelphia: Westminster, 1955), 338을 보라.

43 John B. Cobb, Jr., "Faith Seeking Understanding: The Renewal of Christian Thinking," *Christian Century* (June 29-July 6, 1994): 642-43. 또한 참조, *David Buttrick*, *A Captive Voice*, 9-14 & 45. 20세기 설교에 대한 버트릭의 평가에 의하면, 우리의 설교는 성서적 설교의 강압적인 성서주의, 성서일과 설교의 예전적 규칙성, 또는 문제해결식 설교의 개인적 심리학적 구원에 너무 지나치게 협소하게 빠져있다.

44 John McClure, "Changes in the Authority, Method, and Message of Presbyterian (UPCUSA) Preaching in the Twentieth Century," *The Confessional Mosaic*, ed. Milton J. Coalter, John M. Mulder and Louis B. Weeks (Louisville: Westminster/John Knox, 1990), 108.

된 사명은 목회적 돌봄이나 성서적 교훈이 아니라 신학적 의미를 부여하는 것이다. 이런 이유로 밴더빌트(Vanderbilt) 대학교의 설교학 교수였던 버트릭(David Buttrick)은 오늘의 설교자들이 다시 한 번 신학에로 돌아가서 신학적으로 생각할 것을 요청한다:

> 설교는 단순히 성경의 본문을 해석하는 것이 아니다; 설교는 의미를 부여하는 사역이며 우리가 사는 혼돈된 세상에서 의미를 주는 것이 진정 강단의 사명이다; 그러므로 우리는 성도들이 시대를 분별하도록 도와야 한다. 신학은 신앙을 현대 언어로 그리고 현대의 사고 구조 안에서 설명한다. 만일 설교가 무엇이 일어나고 있는지를 해석해야 한다면, 그 때는 설교가 사건들과 문제들에 대해 신학적으로 생각해야 한다.[45]

설교사역에 관한 신학적 이해가 교회의 생명과 갱신에서, 그리고 교회와 하나님께서 독생자를 십자가에서 죽이기까지 지극히 사랑하신 세상과의 관계에서 핵심적인 요소이기 때문이다.

두 번째 이유는 **우리의 설교가 복음에 근거하지 않기 때문**이다. 설교의 건강과 힘은 복음을 바로 이해하는데 달려 있다. 우리의 설교에서 복음과 그 중요성을 바르게 이해하는 것은 정말 우리 설교자들이 지닌 임무의 하나이다. 많은 청중들은 설교가 사회적, 정치적, 문화적인 문제들을 피해야 한다고 믿는다. 특별히 그들은 이런 문제들에 대한 자신들의 주장이 도전을 받을 때 심하게 반대 입장을 취한다. 따라서 설교자들은 성도들이 그 시대의 사회, 경제, 정치 문제들에 관하여 들으러 교회에 오는 것이 아니라 복음을 들으러 온다고 말할 것이다. 그러나 그것은 이것이냐 또는 저것이냐의 선택의 문제가 아니다. 복음의 관점에서 볼 때 우리의 설교가 개인적인 변화나 사회적인 변화 둘 중의 어느 하나를 선택할 수는 없기 때문이다.

오늘날 설교자들은 하나님을 개인적 삶의 문제들을 다루며 돕는 세계적인 치료전문가의 한 분으로 표현한다. 종교개혁의 전통 위에 서 있는 교회라고 자부

45 David Buttrick, *A Captive Voice*, 111-12.

하면서 종교개혁자들이 증거한 내용과는 아주 다른 내용의 설교를 전하고 있다. 청중들의 심리를 예리하게 파악해서 복음의 정신 앞에 굴복시키는 것을 사명으로 삼지 않고 그들의 심리의 향방을 간파한 후 더 재미있고 실용적이고 현실적인 패를 돌리는, 적당히 가공된 말씀을 곁들여 성공 비법을 제시하고 있다. 이와 같이 우리가 정말로 무엇을 설교하는지에 관한 위튼(Marsha Witten)의 보고에 따르면, 오늘날의 설교에서 "하나님은 개인 남녀의 심리적인 부담들을 완화시켜 주는 도구의 하나로 전락된다."는 것이다. 그런 하나님은 우리들의 "죄책감과 자기 의심의 고통을 덜어주고...가족들에게 견고한 '가정'을 제공할 뿐만 아니라 무엇을 선택할 지에 대한 우유부단함을 제거해주기 위해 필요한 분에 지나지 않는다."는 것이다.[46] 이런 설교들은 앞으로의 세상이 지금보다 더 많은 문제들을 가질 것이기 때문에 기독교의 신앙이 사람들로 하여금 세상의 문제들을 해결하도록 돕기 위해 있는 것이라고 생각하는 것 같다. 오늘의 설교에서 이와 같은 치료 전문으로 기울어지는 것은 또 다른 심각한 문제를 만든다. 그 이유는 성서가 말하는 하나님은 단순히 사람들이 어려운 세상에서 살아남도록 도우려는 분이 아니라, 모든 것들 속에서 분명히 정의로운 사회와 세계를 다시 만들기 위한 목표를 가지고 계신 분이기 때문이다. 사실 치료전문가인 하나님은 종종 우리 자신들이 느끼는 필요를 반영하는 그 이상이 되지 못한다. 치료를 전문으로 삼는 설교는 쉽게 하나님을 그런 이미지로 만든다. 이와 같이 많은 설교자들이 복음을 너무 오늘의 문화 속에 스며들고 있는 치료중심의 관심사에 맞춤으로 복음을 개인주의와 심리적인 경험으로 축소시켜 버린다.

이제까지 20세기 설교의 자취를 평가해 본대로, 우리의 설교가 세계와 사회의 변화를 위해 영향을 끼치지 못한 이유가 설교사역에 대한 전망과 일련의 우선순위 없이 노력하는 조각난 조직체로 전해졌기 때문이라는 사실을 알 수 있다. 효과적인 설교를 위해서 설교신학의 관점에서 다시 설교사역의 강조점에 대한 우선순위를 사려 깊게 결정하는 것이 시급하다. 21세기를 지나고 있는 우리의 설교는 너무 많은 사회와 세계의 문제들에 직면하여 죄책감과 무능력의 와중에 있

46 Marsha Witten, *All Is Forgiven: The Secular Message of American Protestantism* (Princeton, Princeton University, 1993), 34-53.

는 덫에 걸렸다.[47] 우리는 외치고 싶다. 또한 우리는 이 시대에 필요한 설교와 변화를 일으킬 설교 방법을 찾고 있다. 어떻게 사회적인 현실을 다루는 설교가 오늘의 교회에서 다시 들려질 수 있는가? 어떻게 복음에 충실하고 세상에 대해 열린 설교를 할 수 있는가?

본 연구는 이와 같은 문제들과 우리 시대를 위한 예언자설교의 정체성과 타당성에 관한 분명한 주장을 얻으려는 저자의 바램으로부터 나왔다. 설교에서 공적인 목소리를 신학적으로 회복하며 동시에 복음에 대한 충실함을 갱신하려는 설교학적 과제에 접근하려는 많은 시도들이 있었다. 또한 그 과제를 매우 효과적으로 이루려는 많은 모델들이 있었다. 그러나 본 연구가 주장하려는 것은 강단의 갱신과 현대적인 삶에 대한 설교의 타당성을 회복하는 것은 설교학적으로 새롭게 이해된 예언자설교를 통하여 배우는데 달려 있다는 것이다. 이것은 구체적으로 우리의 강단이 그 위치를 설교의 역사 중 예언자설교의 특별한 전통 안에 두어야 하며 또한 그 전통의 뿌리인 이스라엘의 예언자들의 설교 역사에까지 거슬러 올라가야 한다는 것을 의미한다.

5. 예언자설교의 연구 방법

설교자들은 점차 최근 사회와 세계의 변화에 의해 일어나는 문제들에 대하여 강단이 강하게 표현할 필요가 있음을 인식하기 시작했다. 이에 따라, 1960년대의 예언자설교를 연구할 필요가 미국 설교학 분야에서 증가하고 있다.[48] 그러나 1960년대의 예언자설교와 그 때의 지역교회에서 이루어진 예언자설교들

47 죄책감과 무능력에 관한 은유적 표현에 대하여 참조, Charles Elliott, *Praying the Kingdom: Towards a Political Spirituality* (New York: Paulist, 1985), 2-10.

48 한 예로, 1993년 Washington D. C.에 있는 설교자 대학(College of Preachers)에서 한 강연 "설교의 미래"에서 David Buttrick은 1960년대의 "소위 예언자설교"가 사라진 것을 안타까워하였다. 그는 오늘의 설교자들에게 현재 사회의 구조를 비판하는 예언자설교를 재형성하고 그에 대한 헌신을 재 다짐하도록 촉구하였다. 참조, William H. Willimon, "Would That All the Lord's People Were Prophets' Pentecost Preaching as Prophetic Preaching: Texts for Prophets," *Journal for Preachers* 16/4 (1993): 17; Samuel D. Proctor, "Prophetic Preaching Now: A Generation after King," *Preaching on the Brink: The Future of Homiletics*, ed. Martha J. Simmons (Nashville, TN: Abingdon, 1996), 155.

사이의 연결을 설명하기 위한 연구가 거의 부족하다.[49] 토머스 롱(Thomas G. Long)이 주장한대로, 가장 효과적인 예언자설교는 "교회의 사명을 설명하는 설교자들에 의해 이런 저런 골목이나 거리 주변에서 지나가는 많은 사람들에게 들려지거나 진열되는 것이 아니라," 지역교회의 회중들에게 지속적으로 전해지는 것이다.[50] 이와 같은 설교학적 관심 때문에, 본 연구는 제2부에서 1960년대 지역교회에서 지속적으로 회중들에게 예언자설교를 하였던 어네스트 캠벨(Ernest T. Campbell)의 설교들을 연구하고 분석하며, 그리고 해석함으로 예언자설교의 모델을 제시할 것이다.

1) 예언자설교의 모델 제시

예언자설교 또는 예언자적 설교는 실제로 지역교회의 강단을 통해 구약의 예언자들같이 설교하는 것이다.[51] 이것이 바로 본 연구의 목적을 위해 특별히 캠벨의 설교를 선택한 주된 이유이다.

첫째로, 캠벨의 예언자적 설교사역이 **1960년대의 사회적 문제들에 대하여 계속적인 관심을 나타내며 활동을 하던 지역 교회의 강단**을 통하여 이루어졌기 때문이다. 설교자는 설교의 콘텍스트인 교회와 청중들이 사는 지역 사회의 환경을 무시할 수 없다. 1960년대에 캠벨의 첫 목회지였던 미시건 주의 앤아버(Ann Arbor)에 위치한 제일장로교회의 주일 아침예배에는 500여명의 미시건 대학의 학생들과 교수들을 포함하여 약 2,500명의 청중들이 그의 예언자설교를 들었다. 그리고 그의 두 번째이자 마지막 목회지였던 뉴욕시 맨해튼 125가에 위치한 리버사이드(Riverside) 교회의 주일 아침예배에는 3,000여명의 다양한 인종들이 (백인, 흑인, 여러 남미인, 동양인 등을 포함하여) 그의 예언자설교를 듣기 위해 모였다.

둘째로, 캠벨이 자신의 강단을 통하여 **1960년대의 사회적 문제들에 대해 가**

---

49 혹자는 1960년대에 인권운동 지도자로 활동했던 Martin Luther King, Jr.와 William Sloane Coffin, Jr.(당시 Yale 대학의 교목)의 예언자설교들을 연구할 수도 있을 것이다. King의 설교에 대한 연구 참조, Richard Lischer, *The Preacher King: Martin Luther King, Jr. and the Word That Moved America* (New York: Oxford University, 1995).

50 인용, *Newsweek* (March 4, 1996): 51.

51 Roland Q. Leavell, "Prophetic Preaching: Then and Now," (1963) 미간행, 2. http://www.baptistbiblebelievers.com/LinkClick.aspx?fileticket=au3dlyhziCQ%3D&tabid=294&mid=975.

장 영향력 있게 그리고 가장 지속적으로 설교한 설교자이기 때문이다. 인종차별, 가난, 전쟁과 평화와 같은 사회적인 문제들은 캠벨의 설교사역에서 주된 관심사였다. 사회적 문제를 다룬 그의 주일 설교들은 매 주일 방송매체와 설교 단행본으로 미국 전역으로 전달되었다. 캠벨이 두 곳의 장로교회에서 설교하던 60년대는 여러 가지 사회적, 경제적, 정치적 문제들이 설교자들의 필수적인 관심을 끌어 강단의 주제로 표면화되었다. 흑인 교회와 관련된 인권운동(인종차별운동), 베트남전쟁을 반대하는 평화운동, 도시를 중심으로 일어난 가난퇴치운동 등이 강단의 가장 큰 관심을 끌었다. 이런 운동들이 미국 강단에 준 도전은 다양했으며 그 결과 또한 다양했다. 그 운동들은 60년대의 강단에 강한 도덕적 태도를 요구하였으며 특별히 설교자들의 역할에 가장 큰 변화를 요구하였다.

이런 점에서 다음과 같은 질문들이 제기된다. 1960년대의 설교자들이 자신들의 설교에서 그 시대의 사회적 사건들에 대해 무엇을 말해야 했는가? 그들은 설교에서 그 문제들을 어떻게 취급하였는가? 그들은 지역교회의 강단에서 계속적으로 사회적 문제들에 대해 설교하였는가? 그 시대의 그리스도인들은 공적인 문제들에 대한 설교를 얼마나 많이 그리고 어디에서 들었는가?

그러나 이런 질문들에 대한 1960년대의 강단에 관한 기록은 매우 큰 실망으로 나타난다. 1960년대의 설교들에 대한 연구 보고서들에 의하면, 이 시대의 많은 설교자들이 자신들의 설교에서 사회적 문제들을 언급은 하였지만 그것은 설교의 중심적인 주제가 아니었으며 또한 그들의 전체적인 설교 수에 비하면 지극히 적은 분량이었다.[52] 사실 1960년대는 교회에서 뿐 아니라 사회에서 제사장적 기능과 예언자적 기능 두 가지를 동시에 유지한다는 것이 매우 어려운 시기였다. 또한 기독교 내에서 인종차별, 전쟁과 가난을 반대하는 운동들과 프로그램들이 진행되었지만 그것도 지역교회를 중심으로 이루어진 것이 아니라 국가적이며 교단적인 차원에 의해 이루어 졌다.[53]

---

52 1960년대 강단의 침묵에 대하여 다음의 자료들을 참조하라. Harold E. Quinley, *The Prophetic Clergy: Social Activism Among Protestant Ministers* (New York: John Wiley & Sons, 1974), 123-31; Rodney Stark, Bruce D. Foster, Charles Y. Glock and Harold Quinley, *Wayward Shepherds: Prejudice and the Protestant Clergy* (New York: Harper & Row, 1971), 98-106; Hart M. Nelsen, "Why Do Pastors Preach on Social Issues?" *Theology Today* 32 (1975): 56-73.

53 참조, Ernest T. Campbell, *Christian Manifesto* (New York: Harper & Row, 1970), 5.

그러나 1960년대 지역교회의 설교자로 캠벨은 예언자적 성격을 띤 강단을 대표하였다. 인종차별, 가난, 전쟁, 그리고 평화와 같은 공적 이슈들은 캠벨의 설교사역에서 주된 관심사였다.[54] 1960년대에 미국의 책임 있는 강단들이 사회적 국가적 영향을 상실하여 무기력해진 설교가 간증과 예배의 형식으로 대치될 때에도, 캠벨의 강단은 사회적 문제들에 대한 설교를 계속하였다. 그는 항상 설교자의 양심을 가지고 설교와 실천을 통하여 응답을 요구하는 사회적 문제들을 청중들과 함께 나누기를 원하였다. 그의 강단은 계속 인종차별과 사회적 불평등 같은 국가적 문제들과 전쟁과 평화 같은 국제적인 문제들에 대한 관심을 나타내면서 사회와 국가 그리고 세계에 영향을 주었다. 그의 설교는 공적인 선포이었으며 개인과 사회 모두에 대해 말할 것을 가지고 있었다. 또한 그의 설교는 항상 교회와 지역사회가 요구하고 바라는 것들과 관련하여 이루어졌다. 이와 같은 캠벨의 설교들에 대한 연구는 예언자설교의 본질에 대한 깊은 이해와 다원화 사회에 대한 타당성을 회복하는데 도움을 주기에 충분하다.

2) 예언자설교의 연구방법론

일정한 기간에 지역 교회의 강단을 통하여 선포된 하나의 설교를 바르게 이해하는 것과 그런 목적을 성취하기 위해서는 그 설교가 하나의 콘텍스트 또는 여러 콘텍스트들 속에서 경험되어졌다는 것을 기억해야 한다.[55] 한 편의 설교는 하나님의 말씀에 관한 상황적 해석이다. 설교는 특수한 때에, 특수한 상황에 있는, 특수한 회중을 위한 것이다. 설교는 하나님의 말씀과 다른 말씀들이 특수한 방식으로 받아들여지고 이해되는 친숙한 공동체에 전달된다. 그러므로 이 연구는 캠벨의 예언자설교들을 그 콘텍스트 안에서 이해한다. 이런 목적에 적절한 방법론으로 이 연구는 예언자설교를 4중적 콘텍스트--성경적, 역사적, 신학적, 그리고 실제적--안에서 이해한다. 이런 콘텍스트 방법론은 설교학 분야에서 설교갱

54 예를 들어, 사회적 문제들에 대해 반응하지 않는 양심의 위기 상황에서, 캠벨은 자신의 강단을 통해 교인들과 인종, 가난, 그리고 전쟁과 같은 매우 두드러진 이슈들을 나누기를 희망했다. 캠벨의 설교, "The Christian and His Country," (October 12, 1969), 4를 보라.

55 Fred B. Craddock, *Preaching* (Nashville, TN: Abingdon Press, 1985), 31.

신을 위한 4가지 기준들을 제시한다.[56] 이 방법론이 1960년대 캠벨의 강단의 콘텍스트에 적용되면, 보다 더 구체적인 설교 현장을 통해 예언자설교를 잘 이해할 수 있게 될 것이다.

첫째로, **예언자설교의 성경적 전거를 찾는 것**이다. 먼저, 가장 오랜 역사를 가진 성경적 설교인 예언자설교를 바르게 이해하기 위해 성경적 관점, 즉 이스라엘 사회 속에 나타난 예언자들의 역할 또는 활동을 중심으로 이해함으로 예언자설교의 정의를 이끌어낼 필요가 있다. 하나님을 대신하여 공동체를 위한 설교자로서 사회적 역할을 성실하게 담당한 예언자들은 예언자설교를 설교학의 중요한 과제인 하나님의 말씀(성경 본문)과 신앙 공동체(청중) 모두에 대해 충실하게 증언하는 설교의 양식으로 보여주었다. 그들의 증언으로서의 설교 중심은 공동체가 하나님과 윤리적 관계를 회복하고, 사회적 변화를 요구하는 비판적 도전에 대해 응답하고, 하나님의 미래에 대한 종말론적 비전을 품을 수 있도록 하는데 있었다. 본 연구는 이런 증언으로서의 예언자설교가 성경 본문과 동시대적 상황을 연결하는 설교학의 임무에 충실한 것으로 주장한다. 예언자설교에 대한 성경적 관점들로부터 찾은 예언자설교의 근거와 정의는 캠벨의 예언자설교를 평가하는 기준이 될 것이다.

둘째로, **예언자설교의 역사적 발전을 살피면서 예언자설교의 모델을 제시한다**. 구체적인 목회 현장에서 예언자설교가 어떻게 준비되고 선포될 수 있는지를 제시하기 위해 1960년대 캠벨의 설교들을 연구한다. 이 부분은 예언자설교를 형성시킨 또는 재형성시킨 미국의 1960년대 사회적 환경을 다루면서 특별히 그 시대의 일반적인 상황과 특수한 상황에서 캠벨의 강단이 역사적으로 도전을 받은 외적 그리고 내적 문제들에 대해 어떻게 반응하였는지를 중점적으로 다룬다. 강단은 역사로부터 제외될 수 없기 때문에 구체적으로 역사적인 도전을 받는다. 모든 설교는 개인적이든 공동체적이든 역사에 의해 영향을 받는다. 그래서 설교자는 자신이 직면한 역사적인 사실에 대해 충분한 설명을 해야 한다. 강단은 회중의 삶이 형성되는 공동체 안에서 사회적인 행동에 대한 책임을 진다. 이런 이유 때문에, 본 연구는 캠벨의 예언자설교가 역사적인 도전들에 대해, 1960년대

56 James F. White, *Sacrament as God's Self Giving: Sacramental Practice and Faith* (Nashville, TN: Abingdon, 1983), 121을 보라.

그의 강단이 직면한 외적이며 내적인 문제들에 대해 어떻게 대응하며 형성되었는지를 다룬다. 1960년대 캠벨의 강단을 분명하게 이해하기 위해, 그 당시 그의 강단을 형성하거나 재형성한 사회적 환경을 광범위하게 연구하는 것이 필수적이다. 왜냐하면 강단은 그 환경 속에서 존재하며, 그 환경으로부터 자료들을 모으고, 그 환경 속에 형성된 영역들과 특징들을 반영하고, 그 환경에 의해 영향을 받기 때문이다. 이런 이유로, 본 연구는 캠벨의 강단을 그의 특수한 사회적, 경제적, 그리고 교회의 환경 속에서 이해한다. 강단과 그 환경 사이의 관계를 이해하면서, 본 연구는 캠벨의 환경, 즉 그의 특수한 교단과 회중, 그리고 그의 신학적 배경에 대해 집중적으로 다룬다.

셋째로, **예언자설교를 신학적으로 해석한다**. 1960년대의 주요 사회적 문제들이었던 인종차별, 가난, 그리고 전쟁을 다룬 캠벨의 설교들을 신학적으로 해석함으로 예언자설교신학을 제시한다. 이 부분은 1960년대 강단이 다양한 콘텍스트들로부터 직면한 도전들에 어떻게 반응하였는지에 집중하면서 특별히 설교자로서의 역할과 설교의 기능에 대한 캠벨의 설교신학을 구축함으로 진행된다. 이런 목적을 위해 필요한 것은 그 시대에 전달된 캠벨의 설교들을 묘사하고, 분석하고, 해석하는 것이다. 그의 설교들을 분명하게 신학적으로 해석하기 위해 다음과 같은 중요한 설교학적 질문들을 그의 각 설교에 적용할 것이다: 각 설교에서 성경의 본질과 역할은 무엇인가? 어떻게 예언자적 상황이 소통, 수사학에 영향을 주는가? 각 설교 배후에 있는 동기와 주된 신학적 통찰력(개념)은 무엇이며, 설교자는 그것들을 어디에서 얻었는가? 각 설교는 율법적인가 아니면 복음적인가? 설교자는 어떤 예언자 전통과 일치하는가? 캠벨은 자신의 예언자적 사역에 대한 자신의 생각을 어떻게 반영하며, 그런 이해로부터 준비되고 전달된 설교들을 자신의 회중과 어떻게 나누는가?

그리고 마지막 넷째로, **예언자설교에 대한 새로운 이해와 관점으로부터 실제적인 적용 가능성에 대해 다룬다.** 캠벨의 예언자설교들을 평가한 결과, 그의 예언자설교가 오늘의 강단갱신을 위한 가능성 뿐 아니라 강단갱신을 위한 설교신학을 제시할 수 있는지를 다룬다. 어떻게 캠벨의 예언자설교들이 오늘의 강단갱신을 위해 적절한 설교의 모델을 제공할 수 있는가? 여기에서 고려해야 할 것은 현대 교회의 설교 현상들 뿐 아니라 그 현상이 1960년대의 설교로부터 얼마나 바뀌었는지를 평가하는 것이다. 또한 1960년대 캠벨의 예언자설교의 중요한 설교학적 유산을 평가해야 한다.

제1부

예언자설교의 성경적 전거

제1부

예언자설교의 성경적 전거

제1부는 가장 오랜 설교 역사를 가진 예언자설교를 바르게 이해하기 위해 성경적 관점으로부터 예언자설교의 정의를 이끌어낸다. 이스라엘 사회 속에 나타난 예언자들의 역할 또는 활동을 중심으로 새롭게 정의되는 예언자설교는 가장 성경적 설교일 뿐 아니라, 설교학의 중요한 과제인 하나님의 말씀(성경 본문)과 신앙 공동체(청중) 모두에 대해 충실하게 증언하는 설교의 양식으로 밝혀진다. 예언자설교의 이론을 성경을 중심으로 제시하려는 이런 노력은 오늘날 우리 강단의 위치와 갱신이 예언자설교 위에 세워져야 한다는 본 연구의 출발점이 예언자설교의 역사적 뿌리를 찾기 위해 이스라엘 예언자들의 설교에까지 거슬러 올라가는 것임을 의미한다. 여기에서 본 연구는 예언자설교를 *성경적 설교의 원형*으로 전제하고(제1장) *설교의 목적에 충실한 설교*라는 설교학적 이론을 정립한 후(제2장), 예언자설교의 특징들을 *윤리적 설교*(제3장), *사회적 설교*(제4장), 그리고 *종말론적 설교*(제5장)로 제시한다.

제1장 성경적 설교의 원형

본장은 주로 이스라엘에서 시작된 예언자설교의 성경적, 규범적인 개념을 다룬다. 이 장은 구약 시대 예언자들의 사회적 역할이나 행위에 의해 예언자설교를 정의하려는 하나의 시도로 예언자설교의 목적, 형식, 그리고 특성들을 탐구한다.

1. 예언자설교에 관한 질문들

본 연구는 구약 성경이 말하는 예언자설교가 분명한 성경적 설교의 원형임을 밝힘으로 한국교회의 설교자들에게 예언자설교에 대한 오해와 부담을 극복하고 강단갱신을 위한 대안적 설교로 제시하려는 하나의 시도이다. 이와 같은 목적은 목회적이며 실제적인 면에서 예언자설교가 그리스도인들에게 제자도의 삶을 살도록 권면하고 삶의 변화를 이끌어야 하는 성경적 설교의 목적을 성취할 수 있음을 증명하려는 것이다. 결국, 성경은 우리를 먼저 그리스도에게로, 그리고 그 다음에는 그리스도와 같이 되도록 인도하기위해 주어진 것이며 이런 목적을 수행하는 가장 중요한 사역이 바로 설교이기 때문이다.

예언자설교가 역사적으로는 구약성경이 제시하는 가장 최초의 성경적 설교일 뿐 아니라, 현실적으로는 교회와 성도, 그리고 그들의 삶과 사회의 변화를 일으키기 위한 가장 효율적인 설교임에도 불구하고,[1] 목회 현장의 설교자들은 예언자설교에 대한 부담과 두려움을 쉽게 극복하지 못한다. 예언자설교에 대한 오해나 예언자적 본능(instinct)이 부족하다는 이유들은 제쳐두고라도,[2] 일반 설교자들에게 예언자설교가 가능하며 긍정적인 결과로 나타날 수 있는가? 또한 교회성장의 둔화와 사회적 신뢰도 상실을 회복하기 위한 설교학적 대안이 예언자설교뿐인가? 다양한 설교의 형태들 가운데 특히 설교자와 교인들에게 부담을 주는 예언자설교를 주장하는 것이 과연 타당성 있는 대안인가?

이와 같은 질문들은 예언자설교의 필요성과 효율성을 주장하는 목회자와 학자들 가운데 예언자설교의 특성과 기능에 대한 이해 차이로부터 일어난다. 그 차이는 주로 다음의 질문들에서 잘 설명된다: 예언자설교는 윤리적 설교인가 아니면 사회윤리적 설교인가? 다른 말로, 설교는 교회의 변화만을 요구해야 하는가, 아니면 사회의 변화까지 요구해야 하는가? 이런 질문들은 윤리학자들뿐[3] 아니라 설교학자들에게 하나의 논쟁 주제로 등장한다.

예를 들어, 김창훈은 "사회적 설교로서 예언자설교"라는 연구논문에서 예언자설교가 하나님의 백성들의 사회 개혁적 사명보다는 사회적 삶과 책임의 관점에서 이해되고 전달되어야 한다고 주장한다.[4] 그에 따르면, 일반적으로 구약의 예언자들은 타락한 세상에서 회개와 심판과 징벌을 선포하고, 사회정의를 실현하기 위해 사회적 행동으로 직접 참여하였던 사회개혁가로 간주되어왔다는 것이다.[5] 그는 이처럼 예언자설교에 대한 오해가 우선적으로 구약의 예언자들의 역

---

1 김운용은 장신대 제9회 소망신학포럼에서 예언자설교는 "그리스도인 개인들의 공적 신앙형성과 공적 공동체로서의 공교회 형성을 통해서 여러 차원의 공적 삶을 변형시켜 나가는 것"이라고 정의한 후, 예언자설교의 궁극적인 목표는 "참된 돌이킴과 회복, 그리고 그 과정을 통한 새로운 삶의 변형을 경험하도록 하는 것"이라고 주장한다. **기독교신문** 제1951호 (2008년 11월 16일), 20을 보라.

2 허도화, "강단의 갱신을 위한 설교신학: 통전적 변화를 위한 설교," **한국기독교신학논총** 46권 (2006): 234-237(예언자의 직관)을 보라.

3 윤리학자들 사이의 논쟁 가운데, 윤리를 행위가 아니라 존재 또는 인격의 문제로 이해하는 Stanley Hauerwas는 교회공동체의 윤리와 변화가, 그에 반해 Public Theology를 주장하는 Max L. Stackhouse는 사회공동체의 윤리와 변화가 운선되어야 한다고 주장한다. Stanley Hauerwas, *Community of Character* **교회됨**, 문시영 역 (북코리아, 2010); Max L. Stackhouse and Peter J. Paris, *God and Globalization vol 1.: Religion and the Powers of the Common Life* (Trinity Press International, 2000)을 보라.

4 김창훈, "사회적 설교로서 예언자설교," **성경과 신학** 39권(2006): 144.

5 Ibid., 130.

할과 메시지에 대한 잘못된 인식에서 기인한 것이라고 주장한다.[6]

하지만 최창국은 김창훈의 논문에 대한 논평에서 우리는 구약성경에 나타난 예언자들의 중요한 기능들 가운데 하나님의 뜻 안에서 그들이 처한 사회를 개혁하고자 하는 노력이 있었음을 발견할 수 있다고 주장한다.[7] 그에 의하면, 예언자들의 주요 목적 중에 하나는 개혁으로, 실제로 구약 성경에 등장하는 전기의 예언자들은 개인이나 여러 사람들에게 개혁을 부르짖었다. 다시 말하면, 그들은 백성들이 죄에서부터 돌이켜서 율법의 가르침으로 돌아서기를 원하였다. 전기 예언자들도 후기 예언자들과 같이 개혁자들이었다는 관점은 쉽게 입증될 수 있다

이와 같이 전통적으로 예언자설교에 대한 이해의 차이는 신학적인 보수 또는 진보 성향의 차이에 기원하기도 하지만,[8] 또한 구약성경에 나오는 예언자들의 역할과 그들의 설교 목적과 기능에 대한 이해의 차이로부터 출발하기 때문에 나타난다. 예언자들의 역할에 대해 널리 퍼져 있는 경향들 가운데 하나가 바로 윤리설교자나 사회개혁자로 보는 것이다. 그러나 구약학자 악트마이어(Elizabeth Achtemeier)에 의하면, 구약의 예언자들은 윤리에 제한되어 있지도 않았으며 사회개혁자들도 아니었다. 그들에게는 개인들과 사회를 판단하는 공의나 도덕적 기준들을 가지고 있지 않았다.[9] 오히려 누구보다 예언자들이 분명하게 가지고 있던 것은 하나님의 말씀을 전하라는 명령이었다. 오늘 우리가 예언자들에게 관심을 집중하는 이유는 그들의 인격이나 능력이 아니라 하나님에 대한 분명한 증언, 하나님의 뜻과 목적을 밝혀주는 말씀 때문이다.[10]

본 연구는 윤리적, 사회적, 또는 사회개혁적 관점으로부터 예언자의 역할을 이해하기보다 성경적 설교자의 모델이라는 전제로부터 출발하여 그 전제에 대한 설교학적인 대답을 제시하려는 의도로 진행된다. 이런 전제는 예언자설교가

---

6 김창훈, "예언자설교: 그 의의와 중요성," **성경과 신학** 52권(2009): 196.

7 최창국, "'사회적 설교로서 예언자설교'에 대한 논평," **성경과 신학** 39권(2006):156-157을 보라.

8 주승중은 2009년 8월에 지구촌교회 창립 15주년과 이동원 목사 성역 40주년을 기념하는 설교 심포지엄에 참석해 '설교학적 관점에서 본 이동원 목사의 설교'라는 제목의 발제를 통해 "예언자설교에 대한 진보와 보수의 평가는 객관성 잃었다...성경에 충실한 것이 가장 예언자적인 설교이다."고 주장했다(http://www.newspower.co.kr/sub_read.html?uid=14358&section=sc4).

9 Elizabeth Achtemier, *Preaching from the Old Testament* (Louisville, KY: Westminster John Knox, 1989), 177.

10 Ibid., 188.

가장 오랜 역사를 가진 성경적 설교임에도 불구하고 교회 내에서 가장 잘못 이해되고 사용되고 있는 설교 양식이라는 문제로부터 나온 것이다. 일반적으로 많은 설교자들이 예언자설교의 의미, 목적, 성격, 형식, 그리고 방법에 관해 잘못 이해하고 있다. 예언자설교에 관한 의문과 혼동은 다음과 같은 질문들 속에 잘 나타난다: 예언자설교가 오늘 우리의 강단에 타당한 이유는 무엇인가? 예언자설교에 대한 성경적 이해가 오늘의 설교자들에게 바람직한 또는 효과적인 설교를 하는데 안내와 도전을 제공하는가? 성경에 나오는 예언자들의 설교가 오늘의 상황에 적절한 설교를 위한 모형을 제공하는가? 이스라엘의 예언자들이 오늘의 설교자들을 위한 모델이 될 수 있는가?

이와 같은 질문들에 답하기 위하여 본 연구는 성경적 관점으로부터 예언자설교를 새롭게 이해하여 오늘 우리의 강단을 갱신하려는 목적에 성경적 기초를 제공하려 한다. 이런 목적을 위해 본 연구는 다음과 같은 질문들을 다룰 것이다: (1) 왜 예언자설교를 말하는가? (2) 성경에 나오는 예언자들은 누구인가? 그리고 (3) 그 예언자들은 무엇을 그리고 어떻게 설교하였는가?

2. 왜 예언자설교를 말하는가?

1) 교회의 예언자적 목소리

오늘날에도 그리스도인들에게 구약성경에 나오는 예언자들의 목소리가 필요한가? 예언자들의 메시지는 모든 문화 상황들에 관련되어 왔으며 모든 시대의 이슈들을 다루었다. 세계에서 일어나는 대혼란과 교회의 예언자적 목소리라는 두 주제들은 어느 시대에나 함께 현저하게 나타났다.

교회의 현실적 주제, 세계에서 일어나는 대혼란의 예로 최근 미국의 중심부에서 일어난 9/11과 같은 사건들은 세계를 놀라게 했다. 세계의 나라들은 테러와 전쟁 중이다. 중동은 아직도 혼란과 긴장으로 소용돌이치고 있다. 깨어지지 않을 것 같았던 서방 연합전선에도 금이 나타나고 있다. 오늘날 혼란과 소동들의 중심에 있는 나라들은 구약성경에 나오는 예언자들의 시대의 것들과 동일하다.

교회의 또 다른 주제, 예언자들의 목소리 역시 지난 세기 동안 세계 도처의 신앙 그룹들의 최전방에 위치했었다. 타당성을 지녀야 할 교회의 외침들이 예언자들에 의해 시도된 그리고 증명된 방법에로 돌아가고 있다. 교회들은 호세아, 아모스, 그리고 미가의 메시지들을 고찰하고 시대에 맞는 메시지들을 찾아내면서 하나님의 법정들에로 들어가고 있다. 또한 교회들은 9세기의 대 예언자 엘리야의 전통을 따르면서 자신들의 나라들의 양심에 성가신 존재가 되고 있다. 그들은 마지막 단어가 하나님의 말씀이어야 한다는 열정을 버리지 않는다. 예언자들의 메시지들은 의견들이 아니라 절대적인 것들이다. 사소한 것들이 아니라 중요한 것이다. 지엽적인 것이 아니라 우주적인 것이다.

예언자적 목소리는 단순히 나라들을 위한 것만이 아니라 하나님의 백성들을 위한 것이기도 하다. 예언자들의 메시지 안에서 발견되는 원리들을 적용하는 교회들은 갱신될 것이다. 거룩함, 회개, 정의, 자비와 헌신에로의 부름은 분명히 예언자들의 호소 속에 들리고 오늘날 교회의 예언자적 목소리를 통해 다시 들려져야 한다. 예언자적 목소리는 교회 지도자들과 회중 모두에게 나라들이 하나님에게로 돌아가도록 부르는 다양한 언어들로 들리는 다양한 신적인 목소리들의 혼합이다. 예언자적 목소리는 우리가 오늘날 그 목소리의 한 부분이 되도록 영감을 준다.

이런 점에서 오늘날 그리스도인들은 구약성경을 재발견할 필요가 있다. 구약성경은 주님이 자신의 교회들이 듣기를 원하는 말씀이기 때문이다. 그 속에는 하나님의 백성들의 영적 삶을 풍성하게 만드는 것들이 전달되지 않은 채로 있다. 그런 부족함이 영적 빈곤을 낳는 것처럼, 그것의 재발견은 영적 풍성함을 가져올 것이다. 교회는 역사적으로 오랜 동안 거룩한 삶들과 하나님의 은혜로운 섭리에 관한 보기들을 위한 역사적 이야기들의 가치를 인식해 왔다. 시편들은 교회에 2천년 동안 신앙적 노래들과 기도들을 제공했다. 그러나 우리 대부분에게 구약성경은 여전히 연구되지 않고 미지의 영역으로 남아 있다. 왜 그런지에 관한 몇 가지 이유들이 있다.

설교의 역사를 보면 기독교를 유대교의 배경으로부터 분리시키려는 자들이 항상 있었다.[11] 그러나 우리가 분명히 알 필요가 있는 것은 예수의 신앙이 그의 선조들의 신앙과 관련이 있듯이, 우리의 설교도 그보다 앞선 히브리인의 신앙과 뗄 수 없을 정도로 연결되어 있다는 것이다. 그러므로 설교를 한다는 것은 필수적으로 그리고 역사적으로 유대적인 관습의 하나이었다.[12]

우리는 구약성경으로부터 현대적인 설교를 위한 하나의 형태를 찾으려는 시도가 항상 성경을 현대화하려는 위험을 내포하고 있음을 알고 있다.[13] 그럼에도 이제까지의 설교학 이론 또는 그 전통은 설교자들을 성경의 예언자들과 관련시켜 그들의 설교의 내용들과 방법들을 그들 시대 이후의 설교자들을 위한 모델로 보려고 노력하였다.[14] 오늘의 설교자들이 설교 사역에 있어 항상 창조적일 필요를 느끼지만 그들에게 성경적 설교의 힘을 제공하고 모범을 보여준 히브리 예언자들의 긴 전통을 무시해서는 안 된다고 생각한다.

선포된 말씀의 힘과 효력은 분명히 설교학의 발전과정에서 중요한 요소들이었으며 이것들은 분명히 예언자들의 설교로부터 나타났던 것이다. 발터 찜멀리(W. Zimmerli)의 주장처럼 현재의 형태로 엮어진 개별 예언서 책들이 "예언자의 말로부터 예언서에로" 받아들여졌음을 전제할 때, 현 예언서에서 예언자의 원래의 선포를 가려내는 일보다 각 예언서의 전체 메시지를 이해하는 것이 더 중요하다.[15] 이것은 예언서들이 각 시대의 독자들에게뿐 아니라 그 시대 이후의 독자들에게도 살아있는 선포가 되고, 예언이며 진정한 설교가 될 수 있음을 의미한다. 예언자들은 백성들에게 하나님의 말씀을 전하면서 그들에게 의로운 삶을 요구하였으며 이에 응하지 않을 때는 그들이 받을 무서운 결과를 경고하였다.

---

11 그 한 예로, A. E. Garvie, *The Christian Preacher* (New York: Scribner's Press, 1921), 24; Edwin C. Dargan, *A History of Preaching* vol. 1 (Grand Rapids: Baker, 1970), 21.

12 A. Cohen, *Jewish Homiletics* (London: Cailingold, 1937), 3.

13 한 예로, Edwin C. Dargan은 구약성경에서 설교였을지도 모르는 부분들을 찾아내려고 시도하였다. 그의 책 *A History of Preaching* vol. 1, 15-16과 19-20을 보라. 또한 John Albert Brodus, *On the Preparation and Delivery of Sermons* (New York: Harper, 1944), 6-10을 보라.

14 예로, John Albert Brodus, *ibid.*, 18-21; Ronald E. Sleeth, *God's Word and Our Words: Basic Homiletics* (Atlanta: John Knox, 1986), 11.

15 W. Zimmerli, "Vom Prophetenwort zum Prophetenbuch," *Theologische Literaturzeitung* 104(1979): 481-496을 보라.

2) 예언자설교에 대한 오해

많은 현대 설교자들에게 예언자설교는 결코 인기 있는 설교가 아니다. 많은 설교자들이 설교 사역에서 예언자설교에 부담을 갖고 무시하는 주된 이유는 다음과 같이 두 가지로 설명될 수 있는데 구약성경의 예언서들과 예언자의 기능에 대해 널리 퍼져있는 잘못된 이해에 근거한다.[16]

첫째로, 많은 설교자들이 예언자설교를 본질적으로 **고대의 예언서들과만 관련된 옛날 형식의 설교로 생각한다**는 것이다. 이와 같이 예언서들이 설교자들에게 자신들의 설교를 위해 부적절한 자료로 자주 무시되어 온 이유는 예언서들의 사회적 배경이 오늘의 설교자들의 문화와 다름으로 설교하는데 어려움을 주는 책들로 간주되기 때문이었다.[17] 결국, 예언서들은 오늘의 설교자와 성경의 예언자 사이에 있는 시간적 그리고 문화적 먼 거리감 때문에 설교를 위한 자료로 제한을 받게 되었다. 더구나 현대의 설교자는 자신의 메시지를 하나님으로부터 직접 원형의 계시로 받는 예언자로서의 단순한 이미지보다는 다원론적 사회에서 제사장, 목자, 동시에 행정가로서의 복합적 이미지의 필요성을 느낀다.[18] 고대의 예언자들은 이와 같이 다양한 책임들을 감당할 필요가 없었다. 그러므로 현대의 설교자들은 자신들이 책임져야 할 목회의 전체 영역에 알맞은 방법들을 찾기 위해 단순히 고대의 예언자들을 흉내 낼 필요가 없다는 것이다.[19]

한국교회의 경우, 예언서들은 구약성서의 1/3이 넘는 방대한 분량을 차지하고 있음에도 그동안 강단에서 가장 소외되고 외면당하는 책들이었다. 아마 십일조를 강조하는 말라기만이 예외일 것이다. 그리고 간혹 예언서가 한국교회의 강단에서 다뤄진다 해도 신약과 예수에 대한 예표로 언급되었다. 예언서들이 다른 성경들과 달리 많은 한국교회의 성도들에게 가장 지루하고 어렵고 생소한 책들

---

16 Elizabeth Achtemeier, *Preaching from the Old Testament*, 109.

17 James Ward & Christine Ward, *Preaching from the Prophets* (Nashville, TN: Abingdon, 1995), 11.

18 지역목회에서 예언자와 목자로서의 두 역할이 조화를 이루기에 어렵다는 것에 대하여 Stanley Hauerwas, "The Pastor as Prophet: Ethical Reflections on an Improbable Mission," *Christian Existence Today: Essays on Church, World, and Living in Between* (Durham, NC: The Labyrinth, 1988), 149-152.

19 James M. Ward, *Thus Says the Lord: The Message of the Prophets* (Nashville, TN: Abingdon, 1991), 21-22; John R. W. Stott, *The Preacher's Portrait: Some New Testament Word Studies* (Grand Rapids: Wm. B. Eerdmans, 1961), 11.

로 남아 있는 이유는 무엇보다도 설교자들이 예언자설교를 부정적으로 이해한 나머지 예언서들이 다루는 독특한 시대적 상황에 대한 이해와 그것을 오늘의 상황에 맞게 풀어내는 해석학적 노력을 기울이지 않았기 때문이다.[20]

둘째로, 많은 설교자들이 예언자설교를 **비판적인 설교와 자주 동일시**하여 일반적으로 예언자설교가 잘난 체하는, 도덕적으로 설교자 자신을 의롭게 여기는, 심지어 예언하는 느낌까지 주는 설교로 이해되어 왔다.[21] 성경의 예언자들이 정의라는 절대적인 표준을 근거로 이스라엘의 사회를 정죄하였던 사회개혁자, 윤리주의자, 또는 정치인의 이미지로 이해되기 때문에 오늘의 설교자가 본받고 채택하기에는 난처한 모델로 간주되어 왔다.[22] 감정적이며 사회적인 항의 또는 도덕적 비난에 치중하는 예언자설교의 과격한 면이 교회를 분개시키기 때문에 결국 이와 같은 논쟁적인 문제들을 기꺼이 다루지 않도록 만든다.[23] 이런 견해가 정당화되는 이유는 예언자가 은혜와 희망보다는 "재앙"과 "회개"와 같은 심판적인 단어들을 선택하여 사용하기 때문일 것이다.[24]

확실히 많은 설교자들이 지적하는 것처럼, 예언자들의 설교가 부분적으로는 우리들의 것과는 매우 다른 역사적 환경에서 사회적 부정을 비판하고 사람들에게 사회적 행동을 권하면서 하나님의 말씀을 선포한다. 그러나 전체적으로 볼 때, 그들의 설교는 결코 시대에 뒤떨어진 과거 문화적 현상이나 공동체를 향한 분노와 심판의 목소리가 아니다. 오히려 예언자설교가 의미하는 것은 사람들의 태도와 그들의 공동체의 현상을 변화시키도록 도전하고, 논쟁적 문제들을 다루고, 제도적 개혁을 요구하는 메시지이다. 이런 이유 때문에 예언자설교는 잘못된 것을 바로 잡는 설교(corrective preaching)로 불릴 수도 있을 것이다.[25]

---

20 예언서들의 메시지들을 오늘의 시대 상황에 맞게 해석하여 강단에서 전달한 현장 설교문들에 대해 조헌정, **양심을 습격한 사람들: 예언자와 오늘의 시대정신** (한울, 2009)을 보라.

21 John R. W. Stott, 제목 표제어(1961), 11.

22 Elizabeth Achtemeier, "Preaching from Isaiah, Jeremiah, and Ezekiel," *Biblical Preaching: An Expositor's Treasury*, ed. James W. Cox (Philadelphia: The Westminster, 1983), 119.

23 Walter Brueggemann, "The Preacher, the Text, and the People," *Theology Today* 47 (1990): 237.

24 Otto J. Baab, *Prophetic Preaching: A New Approach* (Nashville, TN: Abingdon, 1958), 13.

25 Ronald J. Allen, "The Relationship Between the Pastoral and the Prophetic in Preaching," *Encounter* 49/3 (1988): 173, 181.

3. 성경에 나오는 예언자들은 누구인가?

1) 예언자의 사회적 역할

성경의 예언자들은 어떤 사람들이었는가? 깊은 신앙으로 충만하여 청중들의 신앙을 기대하는 예언자들의 복음전파를 하나님의 말씀을 선포한 설교로 간주할 수 있는가? 성경시대의 위대한 설교자들로 보였던 예언자들로부터 나온 설교 양식인 예언자설교는 어떤 주어진 시대와 장소에서 그들이 보여준 역할과 활동에 관련되어 이해되어야 한다. 그 이유는 그들의 선포가 그들의 역할과 분리될 수 없기 때문이다.[26] 이런 이유 때문에 예언자나 예언을 정의하는 것이 예언자설교를 정의하는 출발점이 된다.

성경에서 예언을 위한 주요 자료는 신명기적 역사서(특별히 사무엘 상하와 열왕기상하)와 예언자들과 연관된 책들(이사야, 예레미야, 에스겔과 12권의 소예언서)에서 나타난다.[27] 히브리 랍비의 입장에서 보면, 이 두 종류의 성경들은 지배적으로 나타나는 가치의 유사성을 비교함으로 전기 예언자들과 후기 예언자들로 알려졌다. 그러나 성경은 예언자가 무엇을 하였는지에 대한 정의를 제시하지 않으며 또한 "예언자"라는 성경의 히브리어 *나비(nabi)*는 독자가 분별할 수 있는 분명한 의미를 가지고 있지도 않다.[28] *Nabi*를 헬라어로 번역할 때, 번역자들은 "신적인 사람," "점쟁이," 또는 "예견자, 예언자"를 의미하는 단어 *만티스(mantis)*보다는 "공적으로 말하는 자," "신의 이름으로 말하는 자," 또는 "신의 뜻을 해석하는 자"를 의미하는 단

---

26 예언자들의 역할에 관한 이론에 대해 다음의 책을 보라. Joseph Blenkinsopp, *Sage, Priest, Prophet: Religious and Intellectual Leadership in Ancient Israel* (Louisville, KY: Westminster/John Knox, 1995), 169.

27 또 다른 예언자들에 관한 자료는 오경 여러 곳에(민수기 22-24장에 나오는 특별히 발람의 이야기와 신탁) 흩어져 나타난다.

28 성경적 전통은 예언자가 어떤 역할을 하는지, 어떤 사람인지, 그리고 좋은 이미지를 가지고 있는 지의 여부에 관하여 매우 불확실하고 정확하지 않다. 구약 성경은 예언자들에 관한 이야기와 그들을 다루는데 다른 모호하고 모순된 이야기들을 매우 많이 표현하기 때문에 현대 독자들은 고대 이스라엘 저자들이 예언자가 어떤 역할을 하는지 또는 해야 하는지에 관해 명확한 이미지를 가지고 있지 않다는 것을 인정해야 한다. 이처럼 정확성이나 정의가 부족한 예가 사무엘상서가 예언자의 역할과 인물에 관한 생각을 다루는 것에서 나타날 수 있다. 다음의 책을 보라: P. D. Miscall, *1 Samuel: A Literary Reading*, Indiana Studies in Biblical Literature (Bloomington, IN: Indiana University, 1986), 51-62.

어 *prophetess*를 선택했다.[29] 이렇게 "예언자"라는 단어는 이미 헬라어로 해석되어진 말로 히브리 성경으로부터 멀어진 것이다.[30] 그러므로 우리가 주의할 것은 오히려 히브리 성경에서 예언자에 관한 이해가 이후의 것들보다 포괄적으로 그리고 특별히 이상적인 표준에 따라 이루어졌다는 것이다.

오늘날 성경의 예언자들에 관한 분석가들은 역할 모델에 의해 정의 내리기를 좋아하여 예언자들을 사자(使者), 중개자, 영에 사로잡힌 자로, 또는 히브리 성경에서 각기 다른 용어로 구분되는 여러 역할들을 조심스럽게 기술함으로 이해한다.[31] 그러나 이런 분석들은 고대의 역할을 현대의 역할에 어울리도록 연결시켜 근사치를 얻으려는 노력이기 때문에 항상 의문의 여지를 남긴다. 예언자들의 역할에 관한 성경의 자료와 현대의 분석 사이에는 아직도 간격과 혼동이 존재한다. 그래서 구약 성경학자들은 예언자들의 역할을 여러 가지로 정의 내린다. 그들은 일반적으로 예언자를 하나님의 사자로 성격을 지음으로 미래에 관해 말하는 자, 신탁을 말하는 자, 예견자, 무아경에 빠진 자와 구분한다.[32]

그 예로, 헤쉘(Abraham J. Heschel)은 예언자의 "필수적인 임무가 하나님의 말씀을 지금 여기에 선포하는 것, 현재에 관련된 것을 조명하기 위해 미래를 밝히는 것"으로 이해한다.[33] 그의 이해를 따르면, 예언자는 하나님의 애절함에 대한 공감을 경험하고 하나님에 관해 느낀 것들을 공동체와 함께 나눈다. 예언자는 하나님의 소리를 듣고 그 분의 마음을 느낀다.[34]

---

29 '나비'로서의 예언(預言)은 앞날을 점치듯이 말하는 예언이 아니라 하느님의 말씀을 맡아 전달하는 말이다. 그래서 참 예언과 거짓 예언의 첫째 구분은 하느님의 말씀을 맡은 것인지, 하느님으로부터 보냄(파송)을 받았는지의 여부에 달려있다(렘 14:13f; 23:16,21; 28:15).

30 Robert P. Carl, "Prophecy and Society," *The World of Ancient Israel: Sociological, Anthropological and Political Perspectives*, ed. R. E. Clements (Cambridge: Cambridge University, 1989), 210.

31 참조, D. L. Peterson, *The Roles of Israel's Prophets* (Sheffield: Journal for the Study of the Old Testament. 1981)와 "Prophecy in Israel: Search for an Identity," Religion & Theology 10(1987); R. Rendorff, "Botenformel und Botenspruch," *ZAW* 74(1962): 165-77; C. Westermann, *Basic Forms of Prophetic Speech* (Philadelphia: Westminster, 1967); R. R. Wilson, *Prophecy and Society in Ancient Israel* (Philadelphia: Fortress, 1980).

32 참조, J. F. Ross, "The Prophet as Yahweh's Messenger," *Israel's Prophetic Heritage*, ed. B. W. Anderson and W. Harrelson (New York: Harper & Row, 1962), 98-107; J. S. Holladay Jr., "Assyrian Statecraft and the Prophets of Israel." *Harvard Theological Review* 63 (1970): 29-51. 이들의 연구는 다음의 책에 다시 나타난다: D. L. Peterson, ed. *Prophecy in Israel* (Philadelphia: Fortress, 1980).

33 Abraham J. Heschel, *The Prophets: An Introduction* (New York: Harper & Row, 1962), 12.

34 *Ibid.*, 26.

또한 폰 라드(Gerhard von Rad)에 의하면, 예언자는 종교적 전통에 깊게 뿌리를 둔 자로서 백성들이 그 뿌리로부터 이탈할 때 경고의 소리를 외치는 자이다.[35] 예언자는 시대를 분별하고 역사의 사건들 속에서 다가오는 하나님의 심판을 보고 하나님과 함께 미래를 바라본다. 하나님의 출현은 역사의 와중에서 전해진다. 그러나 심판을 선포할 때에도 예언자들은 구원을 위한 새로운 움직임의 시작을 알린다.

월터 브루거만(Walter Brueggemann)은 예언자를 한 사회의 지배 문화에 적응하고 동화되어 거룩성을 상실해 가는 교회를 경각시키는 사람으로 이해한다. 그는 예언자의 임무를 우리 주변의 지배적인 문화에 의해 영향을 받은 의식과 인식에 맞설 수 있는 대안적 신앙 의식과 인식을 끌어내고 발전시키는 것으로 정의한다.[36] 이 대안적인 의식은 비판과 격려에 의해 양육된다. 브루거만에 의하면, 예언자들이 비판할 때는 슬픔의 언어를 사용한다. 그 이유는 바로 슬픔이 "어떤 것이 옳지 않다는 것을 가장 노골적으로 선언하는 것"이기 때문이다.[37] 예언자들이 격려할 때는 하나님과 함께 새로운 미래를 그리는 희망의 언어를 사용한다.[38] 따라서 예언자는 슬픔과 희망을 품고서 저항과 대안을 이루는 일에 참여하는 공동체를 형성해 나간다. 그러나 예언자의 사역에서 나타나는 독특하면서도 또한 풍부하고 복잡한 임무를 간단하게 말할 수는 없다.

고대 사회에서 예언자의 역할의 독특성은 다른 지적 사회적 지도자들과 비교될 때 즉, 고대의 제사장, 장로, 현인, 또는 예견자들과 같이 이스라엘에서 공적인 입장에서 말하는 자들의 하나로 볼 때 더욱 잘 이해될 수 있다.[39] 드보(Roland de Vaux)는 고대 이스라엘의 제도에 대한 자신의 기념비적 연구에서 제사장에 의한 말씀의 사역과 예언자에 의한 말씀의 사역 사이에 있는 차이를 요약하였다. 그에 의하면, 제사장들은 모세의 율법에서 나타나는 것같이 하나님의 말씀을 해석하고 적용하는 일에 관심이 있었던 반면, 예언자들은 하나님께서 자신들에게 직접 계시하셨던 말씀을 백성들에게 선포하는 일에 관심이 있었다는 것이다. "일정한 상황에 맞는 특별한 메시지를 전하기 위하여 하나님에 의해 직접 영감 받

35 Gerhard von Rad, *The Message of the Prophets* (New York: Harper & Row, 1962), 12.
36 Walter Brueggemann, *The Prophetic Imagination* (Philadelphia: Fortress, 1978), 13-14.
37 Ibid., 20.
38 Ibid., 62-63.
39 참조, Joseph Blenkinsopp, *Sage, Priest, Prophet*.

은" 사람이 바로 예언자이었다.[40]

그러나 고대 이스라엘에서 공적으로 말하는 다른 사람들, 특별히 제사장과 비교될 때, 예언자는 독특한 또는 최소한의 신학적 목적을 가졌던 말씀의 사역자이었다. 이스라엘 백성들은 단정한 제의(祭依) 속에 자신들의 죄를 감추고 하나님을 대신하여 제단과 도시 입구에서 기다리던 제사장, 장로, 현인 또는 예견자들에게 찾아갔다. 이처럼 하나님이 백성들에게 말씀하시는 대화의 소극적인 방법이 예언자들을 통하여 철저하게 변했다.[41] 예언자를 통해 하나님은 먼저 대화를 시작하시고 대화의 주제를 여신다. 예언자를 통해 하나님은 죄로 가득한 백성들의 마음속의 비밀을 밝히며 하나님의 미래에 대한 종말론적 환상을 전하면서 그들과 만나기 위하여 그들의 집으로, 거리로, 일터로 찾아가신다. 예언자들을 통하여 하나님은 대화를 시작하는 새로운 방법을, 동시에 자신의 활동에서 새로운 방향과 새로운 시대를 세우신다.[42] 이런 이해가 예언자설교의 공적인 그리고 사회적인 차원을 나타낸다.

최근 예언자의 역할에 대한 연구는 예언을 인류학과 사회학과 상호 관련하여 새로운 통찰을 얻었다.[43] 특별히 고대 이스라엘의 사회에서 예언의 사회적 위치와 관련된 예언 분석이 암시하는 것은 예언이 하나의 사회적 현상, 즉 특별한 사회(사회학적 공동체) 안에 거하는 백성들 중에서 그리고 그들 사이에서 이루어지는 활동 그리고 그런 백성들에게 효과적인 사회적 규범을 따르게 하는 활동이라는 것이다. 그러므로 예언자들의 사회적 신분은 제도와 공동체의 사회적 가치에 의해 결정되었을 것이며 그래서 예언에 관한 적절한 사회적 분석은 고대 이스라엘

---

40 Roland de Vaux, *Ancient Israel*, 2 vols. (New York and Toronto: McGraw-Hill Books, 1965), 2: 354.

41 최근 대부분의 학자들은 거룩한 장소로서의 제단들이 하나님을 대신하여 백성들에게 메시지를 전하는 공적인 설교자들로 그리고 그 결과 제의에서 지도자들로 활동했던 예언자들에게 주어져 그들에 의하여 관리되었다는 주장을 인정하지 않는다. 특별히 참조, A. R. Johnson, *The Cultic Prophet in Ancient Israel* (Cardiff: University of Wales, 1962); Robert R. Wilson, *Prophecy and Society in Ancient Israel*; Robert C. Culley and Thomas W. Overholt, eds., *Anthropological Perspectives on Old Testament Prophecy*, Semeia 21 (Chico, CA: Scholars, 1982).

42 Paul N. Tarazi, "The Fundamental Aspects of Prophetic Preaching," *God's Living Word: Orthodox and Evangelical Essays on Preaching*, ed. Theodore G. Stylianopoulos (Brookline, MA: Holy Cross Orthodox, 1983), 13-15.

43 특별히 참조, David L. Peterson, *The Roles of Israel's Prophets*, Journal for the Study of the Old Testament Sup. 17 (Sheffield, England: JSOT, 1961); Joseph Blenkinsopp, *A History of Prophecy in Israel*.

사회의 구조와 가치에 대한 하나의 요구이었을 것이다.

이런 점에서 예언자들은 사회 조직과 어떤 사회적 역할 수행에 의하여 잘 이해될 수 있다.[44] 이스라엘에서 이루어진 예언자적 선포의 제도적 또는 사회적 배경을 재건하려는 최근의 시도들로부터 우리는 예언자들의 사회적 역할을 사회의 공적인 설교자로 말할 수 있다. 고대 이스라엘의 사회적 제도에 관한 분석으로 학자들이 점차 주목하는 것은 예언자들이 하나님의 말씀을 자신들의 공동체에 충실하게 전한 공적인 설교자들로서 그 공적인 설교사역에 의해 자신들의 역할을 정하고 사회와 관련된 자신들의 의식과 행동의 상태를 결정했다는 것이다.[45] 예언자의 정체에 관한 사회학적 연구는 예언자들이 사회에서 존경받거나 두려움을 주는 사회적 역할에 전념하여 사회적 권력과의 전통적인 타협 밖에 있는 하나의 목소리로 인정을 받았다는 것을 말한다. 예언자들은 그들의 사회로부터 격리된 개인들이 아니라 주어진 시대에 작은 소수 집단을 형성한 사람들이다.[46] 그러므로 예언자들은 종교적으로 무아경의 행위로부터 나오는 통제할 수 없는 면보다는 특별한 시간과 장소에 있는 하나님의 백성들에게 하나님의 말씀을 전하는 공적인 설교자로서의 선포적인 면을 더 많이 가지고 있었다.[47]

비록 이스라엘 사회에서 예언자들에 의하여 다양한 역할들이 행해졌지만 그들의 비평적인 역할에 관한 이론을 형식화하려는 시도가 있었다. 그 시도는 다음과 같이 예언자들의 규칙적인 세 가지 사회적 역할 범주에 의존한다: 계약 전통, 사회 정의, 그리고 하나님의 미래. 이런 범주들은 예언자들의 역할 수행에서 나타나는 특징과 그들의 설교 주제 사이에 있는 필수적 관계를 나타낸다. 이와 같은 세 가지 범주에서 나타나는 사회적 역할에서, 예언자들은 첫째로 하나님에 대한 계약 관계에 "호소하고," 둘째로 단체적인 탄압과 개인적 결탁을 "비판하

---

44 참조, R. R. Wilson, *Prophecy and Society in Ancient Israel*.

45 참조, J. Williams, "The Social Location of Israelite Prophecy," *Journal of American Academy of Religion* 37 (1969): 153-65; Joseph Blenkinsopp, *A History of Prophecy in Israel*, 30-39.

46 Joseph Blenkinsopp, 제목 표제어, 9; Max Weber는 자신의 이론적 연구 *Sociology of Religion*에서 예언을 카리스마적 권위의 맥락에 두고 예언자를 "카리스마를 순수하게 소유한 자"로 정의한다(46). 그러나 카리스마에 관한 Weber의 이론은 제도에 대하여 너무 반대 입장을 위하고 지나치게 개인들에게 가깝게 기울어진다.

47 Joseph Blenkinsopp, *A History of Prophecy in Israel*, 27.

고," 셋째로 구원의 가능성들을 보여줌으로 개인과 신앙 공동체를 "격려한다."[48] 이 세 가지 예언자의 임무가 예언자들로 하여금 하나님, 자신들의 공동체, 그리고 하나님의 역사에 대해 충실하게 만든다. 이런 역할들의 내용은 하나님의 명령을 설교하며, 그 명령에 순종하지 않은 것에 대해 엄하게 비난하고, 그리고 하나님께서 인간의 구원이나 종말을 가지고 올 미래 사건들에 대하여 예언하는 대변자 즉, 하나님에 의해 분명하게 권위를 부여받은 대변자의 개념과 관련된다.[49]

그 세 가지 예언자의 역할들은 시간적으로 과거, 현재, 미래를 모두 포함한다; 예언자들은 종종 과거에 주어진 계시(계약)를 해석함으로, 현재의 사회적 불의를 비판함으로, 그리고 하나님의 미래에 관한 새로운 계시에 의해 동시대인들의 기대를 산산이 부순다.[50] 요더(John Howard Yoder)가 지적하는 것처럼, 예언자들은 이스라엘에 대한 하나님의 부르심에 비추어 과거, 현재, 그리고 미래를 해석한 자들이다. 이와 같이 해석가로서의 예언자의 독특한 역할은 제사장의 역할과 비교될 때 더욱 분명하게 이해될 수 있다. 요더에 의하면,

> [제사장은] 역사에서 무엇이 일어나고 있었는가에 대해 그리고 그것이 무엇을 의미하는지에 대해 말했던 사람이다. 제사장은 본질을 해석하여 무엇이 항상 같은가 그리고 매년 무엇이 다시 일어나는가에 대해 말한다. 그는 별들, 곡식들, 가축 집단들에 관한 해석을 다룬다. 또한 그는 일상적이고 다시 일어나는 것, 즉 안정성을 다룬다. 그러나 예언자는 오직 한 번 일어나는 사건들을 해석한다. 만일 그가 그 사건들 속에 있는 어떤 양식을 본다면 그것은 삶의 의미와 방향을 인도하는 양식이다. 문화적으로 그리고 사회학적으로 말해, 모든 학자들은 이스라엘이 의미 있는 어떤 사건들 중심으로 모여 예언자들이 말한 그 사건들이 인도하는 방향으로 바라며 따

---

48 Edward Farley, "Preaching the Bible and Preaching the Gospel," *Theology Today* 51 (1994): 102.

49 Klaus Koch, *The Prophest: The Assyrian Period*, vol. 1, trans. Margaret Kohl (Philadelphia: Fortress, 1983), 16.

50 Elizabeth Achtemeier, *Preaching from the Old Testament*, 110.

랐던 백성들이라는 사실에 동의해야한다.[51]

그러므로 예언자의 설교는 하나님의 행위에 관한 삼중적인 면들 즉, "하나님이 이미 이루신 것, 하나님이 현재 이루고 계시는 것, 그리고 하나님이 앞으로 이루실 것"들과 관련하여 이해된다.[52]

그러면 예언자들은 그들의 사회적 역할들을 어떻게 성취하였는가? 그리고 그들의 임무 수행을 위해 어떤 기능이 요구되었는가? 호소하고, 비판하며, 격려하는 예언자의 역할들은 충실함(faithfulness)을 나타내는 이상적인 인물에 속했을 것이다. 또한 세 가지 예언자의 활동들과 그들의 이상론을 결합시키는 공통분모는 과거 조상들의 신앙전통, 현재 사회의 변화, 그리고 하나님 나라의 미래 환상에 대한 충실함을 강조하는 것과 함께 설교 임무의 핵심으로 사용될 수 있다. 인간적인 인품이나 행동보다는 임무에 대한 충실함을 강조하는 것이 예언자설교를 위해 중요한 의미를 가진다. 다시 말하면, 예언자설교는 설교자로 하여금 아모스나 예레미야의 인물됨을 모방하도록 요구하거나 허락하지 않는다. 오히려 예언자설교는 설교자들로 하여금 설교의 사회적 성격, 총체적 사회에 대한 설교자의 양심, 그리고 예언자들이 확신했던 하나님의 통치에 관한 미래 즉, 현재 무시되어서는 안 될 미래를 증언하면서 그들의 성경 본문을 충실하게 선포하도록 요구하거나 승인한다.[53]

2) 예언자설교의 정의와 특성

이제 예언자들에 의해 나타난 사회적 역할들과 이데올로기에 관한 이해로부터 우리는 **예언자설교에 대한 하나의 정의**를 발전시킬 수 있다. 예언자설교는 **"하나님의 말씀(텍스트)과 공동체(콘텍스트) 모두에 대해 충실하게 증언하는 형태의**

---

51 John Howard Yoder, *Preface to Theology: Christology and Theological Method* (Elkhart, IN: Goshen Bible Seminary, 1982), 246-247. Walter Brueggemann은 자신의 책 *The Prophetic Imagination*에서 이와 같은 해석을 지지한다.

52 Ernest Best, "Prophets and Preachers," *Scottish Journal of Theology* 12 (1959): 132.

53 Klaus Koch, *The Prophets: The Assyrian Period*, 5; William K. McElvaney, *Preaching from Camelot to Covenant: Announcing God's Action in the World* (Nashville, TN: Abingdon, 1989), 14.

설교로, 공동체가 하나님에 대한 **윤리적 관계**를 회복하고, **사회적 변화를 위한 비판적 도전**에 응하고, 그리고 **하나님의 미래에 관한 종말론적 환상**을 품을 수 있도록 한다."[54] 이 정의는 예언자설교를 판단하는 중요한 평가기준이 되며 동시에 다음과 같은 예언자설교의 분명한 특징들을 제공한다.

첫째로, 예언자설교는 그 **내용상 성경적 전통 안에 있는 성경적 설교**이다.[55] 예언자설교는 "복음의 예언자적 요소, 즉 파멸로 이끄는 공동체적 억압과 개인적 결탁을 들어내는 동시에 구속적 가능성들을 보여주는" 복음에 관한 설교이다.[56] 예언자들이 설교한 것이 "예수 그리스도 안에서, 이스라엘 안에서, 그리고 이스라엘을 통하여 행하셨던 하나님에 관한 기쁜 소식"과 다르지 않다.[57] 하나님의 사자들인 예언자들은 기독교 공동체의 신앙 구조를 제공하고, 그 공동체 안에서 일어난 예수 그리스도의 사건의 의미를 부여하며, 그리고 계약의 개념으로서의 그리스도의 중요성을 이해할 수 있게 하는 신앙을 위한 컨텍스트를 제공한다.[58]

복음서들에서 예수는 서기관들과 다르게 예언자설교의 모델로 그려진다.[59] 예언자적 증언을 하나님께서 그의 백성들을 다루시는 절정으로 그리고 지금 여기에서 어떻게 살아야 하는지에 대한 지속적 안내로 강조한다(마태 22:40 참조). 히브리서는 "하나님께서 옛날에는 예언자들을 시켜서, 여러 번에 걸쳐 여러 가지 방법으로 우리 조상에게 말씀하셨으나, 이 마지막 날에는 아들을 시켜서 우리에게 말씀하셨습니다."(히 1:1-2상)라고 주장한다. 사실 부분적으로는, 하나님의 충만한 말씀인 예수 그리스도가 예언자들을 통해 하나님으로부터 온 이전의 모든 말씀들을 대신했다고 결론지을 수 있을 것이다. 약속하고, 십자가에 달리고, 부활한

---

54 참조, Ronald J. Allen, "The Relationship Between the Pastoral and the Prophetic in Preaching," *Encounter* 49/3 (1988): 173; James Ward and Christine Ward, *Preaching from the Prophets* (Nashville, TN: Abingdon, 1995), 11. 알렌은 예언자설교를 "공동체가 하나님, 그 자체의 사명과 생활, 또는 세상에 관해 이해하는 것을 '바로잡기' 위해 노력하는 하나님의 은혜에 대해 증언을 하는 양식"으로 정의한다. 워드 형제는 예언자설교를 "공동체의 기초가 되는 하나님의 은혜에 대해 증언하는" 양식으로 이해한다.

55 Donald G. Bloesch, "Prophetic Preaching and Civil Rights," *The Pulpit* 37/2 (1966): 7.

56 Edward Farley, "Preaching the Bible and Preaching the Gospel," *Theology Today* 51/1 (1994): 102.

57 Otto J. Baab, *Prophetic Preaching*: A New Approach, 132.

58 David Buttrick, "Preaching the Lectionary: Two Cheers and Some Questions," *Reformed Liturgy & Music* 28/2 (1994): 79.

59 Ryan Ahlgrim, *Not as the Scribes: Jesus as a Model for Prophetic Preaching* (Scottdale, PA: Herald, 2002)을 보라.

그리스도가 예언자설교의 중심이요 판단 기준이다. 이런 면에서 오늘날 예언자설교자에게 필요한 것은 성경적 전통에서 약속되고 성취된 복음에 대한 예언자적 호소, 예수의 십자가에 달림을 같이 경험하는 사회적 문제에 대한 예언자적 본능, 예수의 부활 속에 나타난 하나님 나라에 대한 예언자적 환상이다. 예언자설교는 복음의 세계에 관한 분명한 구조를 가지고 고난, 악, 우상, 희망, 자유에 관한 문제들과 싸운다. 이 구조는 부분적으로는 현재를 견디기 위해 그리고 미래의 구원을 열기 위해 과거의 사건을 가지고 온다.

둘째로, 예언자설교는 그 **형식상 설교학적 과제에 충실한 설교**이다. 예언자설교는 설교자가 보고들은 것에 대한 "충실한 증언" 즉, 하나님의 말씀(텍스트)과 공동체(컨텍스트)에 충실한 설교이다.[60] 예언자는 자신의 신앙 공동체를 위해 하나님의 말씀을 해석하는 설교자로서 성경 본문과 공동체의 상황 사이에 서 있다. 예언자설교는 텍스트(성경)와 컨텍스트(상황) 간의 끊임없는 긴장과 대화 속에서 탄생한다. 구약성경의 예언자들은 먼저 하나님으로부터 온 말씀(본문)을 충실히 그리고 정확하게 해석하였으며 청중의 상황에 대한 치열한 고민을 가지고 적용하였다. 그러므로 예언자설교는 텍스트와 컨텍스트의 균형을 이루는 설교이다.

이런 설교학의 과제인 성경 본문과 청중의 상황에 충실한 예언자설교의 핵심은 그 설교 안에 세 가지 충실함의 특성들을 지니고 있다: (1) 윤리적 관계 또는 백성에 대한 하나님의 "사랑"에 대한 충실함, (2) "믿음"의 공동체를 위한 사회 정의에 대한 충실함, 그리고 (3) 하나님의 미래에 관한 종말론적 "소망" 또는 환상에 대한 충실함.[61] 이 충실함의 특성들은 특별히 윤리적, 사회적, 종말론적 설교에 알맞은 예언자설교의 성격을 설명하는 근거이다. 이런 의미에서 예언자설교의 목적은 복음 그 자체의 주된 목적과 일치한다: 하나님과 그를 멀리 떠난 인간 사이에서의 평화 회복, 하나의 신앙적 응답으로서 믿음과 순종에 대한 기

---

60 증언으로서의 설교에 대해 다음의 책들을 참조하라. H. H. Farmer, The Servant of the Word (Philadelphia: Fortress, 1942), 8 그리고 Thomas G. Long, *The Witness of Preaching* (Louisville, KY: Westminster/John Knox, 1989), 42-47.

61 참조, Dieter T. Hessel, *Social Ministry* (Louisville: Westminster/John Knox, 1992), 58-74.

대,[62] 그리고 하나님의 미래로부터 오는 희망에 대한 격려.[63]

셋째로, 예언자설교는 **예언자들의 사회적 역할에 근거한 설교**로 네 가지 주된 주제들을 이끌어 낸다: (1) 하나님으로부터 말씀을 전하라고 직접 부름을 받았다는 느낌(소명의식), (2) 진정한 종교적 헌신으로서 하나님의 의로운 계약에 대한 윤리적 순종, (3) 사회적 변화에 대한 윤리적 순종으로 표현되는 사회 정의에 대한 열정, 그리고 (4) 세계 속에서 활동하시는 하나님의 임재가 감추어지지 않고 실제로 인간의 응답을 요구하는 최후의 심판과 동시에 위로하는 희망적인 말씀의 혼합 양식으로 나타나는 종말론적인 확신.[64]

넷째로, 예언자설교는 **시간적으로 종말론적 설교**로 "과거에 대한 의미, 현재에 대한 긴급한 중요성, 그리고 미래에 대한 궁극적 의미"를 제시한다.[65] 이런 상황에서 예언자설교는 계시이며 동시에 무조건적인 명령, 고발이며 동시에 현재의 심판, 종말에 관한 말씀이며 동시에 약속의 말씀이다.

4. 성경적 설교란?

예언자들은 무엇을 그리고 어떻게 설교하였는가? 예언자설교가 설교학의 임무인 텍스트와 컨텍스트에 충실한 성경적 설교라고 말하는 구체적인 이유는 무엇인가? 예언서는 오경의 말씀이 역사를 통해 전개되는 상황에서 하나님의 백성이 하나님의 언약에 어떻게 반응하고 살았는가를 생생하게 증언한다. 구약성경 자체가 설교라면, 그중에 예언서는 설교 중의 설교라 할 수 있다. 하나님의 언약의 요구대로 산 백성에게는 약속한 복을, 하나님의 언약을 지키지 못한 백성들

---

62 Thomas G. Long, "Preaching, Theology of," *The Blackwell Encyclopedia of Modern Christian Thought*, ed. Alister E. McGrath (Cambridge, MA: Basil Blackwell, 1993), 464.

63 Thomas G. Long, "Preaching God's Future: The Eschatological Context of Christian Proclamation," *Sharing Heaven's Music: The Heart of Christian Preaching*, Essays in Honor of James Earl Massey, ed. Barry L. Callen (Nashville, TN: Abingdon, 1995), 195.

64 Russell S. Bartlett, "Let Justice Roll Down Like Waters: The Model of Hebrew Prophecy in the Ministry of Martin Luther King, Jr.," *The Journal of the Interdenominational Theological Center* 21 (1993-94): 11-12.

65 Thomas G. Long, "Preaching, Theology of," 462.

에게는 준엄한 심판이 임한다. 예언자의 목소리는 지금도 생생하게 들려오는 하나님의 음성이다. 그런 점에서 우리는 구약 예언서에서 설교의 한 전형을 찾을 수 있다. 그 한 전형이 바로 최초의 성경적 설교이다.

미국의 구약학자 브루거만(Walter Brueggemann)은 1989년에 자신이 저술한 책, *Finally Comes the Poet: Daring Speech for Proclamation*[66]의 서론에서 설교자가 쉽게 잊어버리는 기본적인 한 가지를 언급한다. 그에 의하면, 설교자가 성경을 너무 가깝게 접하여 지내기 때문에 성경이 새로운 삶을 요구하며 그런 삶을 야기하는 예언자적인 언어로 이루어졌다는 것에 주의하지 않는다는 것이다. 그는 다음과 같이 설교가 청중들에게 현실에의 안주를 극복하고 새로운 가능성을 일으키는 예언자적 목소리가 되어야 함을 주장한다:

> 일반적으로 성경의 언어는 예언자적이어서 우리가 실제적으로 일상 세계의 관습을 뛰어 넘어 살기를 기대하고 요구한다. 성경이 우리에게 확실하게 보장하는 바는, 단순히 기술과 이념을 강조하는 세계에서 아직도 예언자적 성격을 지닌 또 다른 세계가 가능하며 가치가 있으며 또한 실망과 체념, 체제에 의해 순종을 강요당하며 사는 자들에게 환영받는다는 것이다.[67]

브루거만이 암시하는 대로, 예언자설교는 오늘날 하나님의 백성들의 삶을 위한 하나님의 뜻을 가장 잘 분별할 수 있는 설교이다. 구약성경으로부터 온 예언자설교의 분명한 특징은 그 설교가 기독교 설교의 여러 형태 가운데 가장 오래된 성경적이며 규범적인 설교라는 것이다.[68]

또한 설교학자 롱(Thomas G. Long)이 지적한대로, 성경적인 설교는 기독교 설교의 규범적인 형태로 성경을 오늘의 상황에 맞추어 얼마나 충실하게 해석하느냐에

---

66 Walter Brueggemann, *Finally Comes the Poet: Daring Speech for Proclamation* (Minneapolis: Fortress, 1989). 이 책은 브루거만이 예일대신학대학원의 라이만 비처(Lyman Beecher)강좌를 위해 준비하고 발표한 강의안이다.

67 Ibid., 4.

68 T. Harwood Pattison, *The History of Christian Preaching* (Philadelphia: American Baptist Publication Society, 1912), 1; Yngve T. Brilioth, *A Brief History of Preaching* (Philadelphia: Fortress, 1965), 4.

달려 있다.[69] 이 말은 설교자가 자신의 설교를 성경으로 시작해서 성경으로 끝내거나 성경을 많이 인용한다고 성경적인 설교가 아니라, 설교학적으로 예언자적인 설교처럼 설교학적 과제인 "설교 본문과 청중들의 상황에 충실한 설교가 성경적 설교"라는 것이다.[70]

첫째로, 성경에 나오는 예언자들의 **설교의 중심이 "역사 속에서 활동하시는 하나님을" "그의 백성들에게" 충실히 알리는데 있기 때문에** 그들의 설교는 가장 성경적인 설교이다. 예언자들은 설교의 텍스트인 하나님에 관한 내용에 충실했으며, 또한 컨텍스트인 하나님의 백성들에게 전하는 데도 충실했다. 예언자들의 설교는 성경적 설교를 위해 필수적인 텍스트와 컨텍스트 간의 끊임없는 긴장과 대화 속에서 탄생했다.

한편으로, 예언자들의 설교는 설교의 텍스트인 역사 속에서 활동하시는 하나님을 분명하게 드러내기 때문에 성경적 설교이다. 이스라엘의 예언자들의 주된 임무가 윤리를 가르치는 교사가 아니다. 이스라엘에서 그들의 주된 기능은 하나님께서 만드신 세상에서 구체적으로 언제 어디에서 활동하시는 그 하나님의 역사를 명백하게 하는 것이다. 예를 들어, 이사야 10장에서 예언자는 하나님께서 앗시리아 제국의 지배권 속에서도 역사 하신다고 주장한다. 특별히 5-6절에서 하나님은 말씀하신다:

> 앗수르 사람은 화 있을진저 그는 내 진노의 막대기요 그 손의 몽둥이는 내 분노라. 내가 그를 보내어 경건하지 아니한 나라를 치게 하며 내가 그에게 명령하여 나를 노하게 한 백성을 쳐서 탈취하며 노략하게 하며 또 그들을 길거리의 진흙 같이 짓밟게 하려 하거니와

여기에서 이사야는 이스라엘이 잔인한 심판을 받는 속에서도 하나님이 어떻게 보일 수 있는지를 지적하고 있다. 백성들은 국내와 국제 세계의 관계가 하나님의 역사에 의해 영향을 받는다는 사실을 자주 이해하지 못한다. 오히려 그들

69 Thomas G. Long, *The Witness of Preaching*, 48.

70 James Ward & Christine Ward, *Preaching from the Prophets*, 35.

은 자신들의 운명과 미래가 정치가, 경제인, 군인들의 손에 달려있다고 이해한다. 대중은 그런 생각이 주는 공포에 숨을 죽인다. 그러나 예언자가 지적하는 것은 예언자적인 본문이 우리의 설교에서 다루어진다면 진리의 말씀이 우리의 설교로부터 일시에 쏟아져 나올지도 모른다는 것이다. 예언자적 메시지는 작은 일들뿐만 아니라 큰일들에 대해서도 전파될 수 있다. 설교자는 작은 일들로부터 시작하여 언제 어디에서 하나님이 활동하시는지를 백성들에게 설명할 필요가 있다. 예언자설교는 모든 단순한 사건이라도 하나님의 뜻과 깊은 관계가 있음을 말한다.

다른 한편으로, 예언자들의 설교는 하나님의 백성에 대한 사랑을 말하기 때문에 성경적 설교이다. 상투적인 예언자설교는 사람들의 죄를 징계하고 심판한다. 그러나 그런 이미지는 너무 자주 하나님과 설교자를 청중석에 앉아 있는 죄진 사람들과 반대쪽에 서 있는 것으로 나타낸다. 바르게 이해된 예언자설교에서는 하나님께서 자신의 죄 많은 백성들을 사랑하시기 때문에 그의 예언자들 역시 백성들을 사랑한다. 예언자들은 하나님의 말씀을 전할 때 어리석은 자녀들을 위한 하나님의 사랑 또한 전한다. 이와 동시에 예언자들이 자신들을 죄 많은 백성들과 동일시한다는 것을 우리는 결코 간과할 수 없다. 예언자들의 하나님은 의로운 심판자일 뿐 아니라 또한 구속주와 재창조주이시다. 그러므로 우리가 예언자설교를 오직 심판적 설교와 동일시할 때, 예언자들이 구원의 소식 또한 선포한다는 것을 깨닫지 못하게 된다.

둘째로, 예언자설교를 가장 성경적 설교라고 말하는 것은 그 **설교가 규범적인 내용에 충실하며 동시에 청중의 상황에도 충실하기 때문**이다. 한편으로, 예언자설교는 오늘날 교회의 삶을 위한 하나님의 뜻을 분별하는 가장 기본적인 길을 제시하는 규범적 내용에 충실한 성경적 설교이다. 또한 예언자설교는 하나님의 뜻을 전할 뿐 아니라 교회가 그 뜻을 알 수 있게 하는 기본적인 방법을 계속해서 제공하기 때문에 규범적이다. 이런 점에서 구약성경에 나오는 예언자설교는 한편으로, 오늘에도 최소한 고전적 설교의 전형을 분명하게 제공할 수 있는 기초 위에 서 있으며,[71] 또 다른 한편으로, 자신들이 살던 시대에 사회의 발전과 부패

71 Thomas W. Gillespier, *The First Theologians: A Study in Early Christian Prophecy* (Grand Rapids: William B. Eerdmans, 1994), ix.

과정에 대한 예언자들의 예리한 분석과 진단을 통해 설교자에게 필요한 사회적 양심과 당시 상황적 해석에 충실한 사회적 관심을 제공할 수 있다.[72] 이처럼 예언자설교에 관한 두 가지 견해가 의미하는 것은 고전적인 예언자설교가 최소한 이론적으로는 오늘의 설교자들에게 분명하고 이해 가능한 방법으로 본질적인 신학과 본질적인 문화-사회적 비판 두 가지를 결합하였다는 것이다.

다른 한편으로, 예언자설교는 하나님의 말씀을 상황에 철저하게 적용하려는 면에서 성경적 설교이다. 예언서들은 항상 하나님에 대해 관심을 가지고 그래서 모든 시대와 상황에 타당성이 있는 위대한 신학적 주제들을 제공한다는 면에서 철저하게 신학적이며 상황적이다. 예언서들은 고대 이스라엘의 생활에 대한 특별한 면들뿐만 아니라 또한 종교적 신앙과 인간의 관계에 관한 근본적인 문제들도 다룬다.[73] 이것은 예언자들의 설교가 오늘날 공동체의 생활과 신앙에 충분히 적절할 수 있다는 것을 의미한다. 그러므로 오늘의 설교자들이 알아야 할 것은 성경시대의 예언자설교에 의해 세워진 분명한 규칙과 제한에 따라 설교가 이루어져야 한다는 것이다. 이런 의미에서 예언자설교는 성경 본문과 같은 시대의 상황을 모두 포함하는 온전한 복음(The Whole Gospel)에 충실함으로 오늘의 강단을 유지하고 성장시킬 수 있다. 그러므로 예언자들의 설교에서처럼 오늘의 설교자는 매 주마다 지역교회에서 하는 설교에서 실제의 세계와 만나야 하는 온전한 복음에 충실해야 한다.

버트릭(David Buttrick)은 자신의 저서, *A Captive Voice: The Liberation of Preaching*에서 "설교는 무엇에 속박을 받아야 하는가?"라는 질문을 던진다.[74] 그는 한편으로, 최소한 20세기의 개신교 강단들이 자체 행동을 위한 합리적 기준으로 *오직 성서*(*sola scrptura*)를 주장한 바르트(Karl Barth)에게 과도하게 매달렸다고 비판한다. 또한 다른 한편으로, 강단들은 심리학적인 것을 하나님의 은혜로운 행위의 영역으로 여기고 그것에 견고하게 매달렸다.[75] 가톨릭의 교인들도 설교자들이 성경 구절 하나를 인용하면서 개인적인 구원의 차원에 대해 해설하는 것을 들을 때 개신교와

72 Ibid..

73 James Ward & Christine Ward, *Preaching from the Prophets*, 37.

74 David Buttrick, *A Captive Voice: The Liberation of Preaching.*

75 Ibid., 103-105.

같이 유사한 매력들을 발견하였다. 예언자설교는 우리의 설교를 그런 유혹들로부터 해방시켜준다. 예언자설교는 성경이 지니고 있는 사회적 의미들을 사장시키지 않는다. 예언자설교는 예수에게서 하나님 나라를 선포하는 양식으로 나타나 인간을 선전하려는 개인주의와 제국주의를 꺾는다. 예언자설교는 하나님의 말씀을 충실하게 해석하기 위한 규범으로서 성경의 이야기와 우리 시대의 상황을 연결시키는 설교학적 과제에 충실하였다.

이제까지 우리는 예언자설교를 무시하고 두려워하는 우리의 강단을 위해, 그리고 예언자설교를 설교학적으로 새롭게 이해하기 위해 이스라엘 사회에 나타난 예언자의 역할을 중심으로 예언자설교가 설교학적 과제인 텍스트와 콘텍스트 모두에 충실했다는 의미에서 가장 성경적인 설교임을 밝혔다. 또한 본 연구는 예언자설교 형태의 중요한 특징이 설교 본문과 상황의 연결에 충실한 형식인 성경적 설교라는 전제를 증명함으로, 성경적 설교가 기록된 하나님의 말씀을 바탕으로 하는 선포된 하나님의 말씀이라는 전통적 설교, 즉 본문으로부터 메시지를 추출하고 설교의 진행이 본문에 의해 영향을 받는 설교를 통칭한 것이라는 새로운 정의를 세웠다.

예언자설교가 의미하는 성경적 설교는 설교자에게 먼저 하나님의 계시인 성경 본문에 주목하고 그것에 대한 올바른 이해를 바탕으로 오늘 우리에게 무엇을 의미하는지를 해석하기를 요구할 뿐만 아니라 또한 그 말씀을 끊임없이 변하는 회중과 상황에 충실하게 전하기를 요구한다. 이런 점에서 모든 성경적 설교--성경 본문의 메시지를 올바르게 이해하고 그 메시지를 설교자 자신의 언어와 삶으로 전달하여 현재의 청중에게 연결성을 강조하는 성경적 설교의 범주에는 강해설교나 본문설교와 같이 다양한 설교들이 해당될 수 있을 것이다--는 하나님의 뜻을 선포한다는 의미에서, 즉 이 세상에 대한 대안의 세계로 하나님의 나라(하나님의 다스림)를 제시하고, 그것에 대해 선포하고, 그에 대해 응답할 것을 촉구한다는 의미에서 본질적으로 예언자적이라 부를 수 있을 것이다.

본 연구가 오늘 한국교회의 설교자들에게 제안하는 메시지는 기독교를 기독교답게, 그리고 교회를 교회답게 만드는 것이 바로 예언자적 전통이라는 것이다. 예언자설교에서 설교는 곧 하나님의 말씀이다. 그래서 구약성경의 예언자들이 보여준 것처럼 오늘의 설교는 하나님의 말씀, 의도, 계획 등을 더욱 의도적으로 전달되어야 한다. 현재 한국교회는 소비주의에 의해 순화되고, 문화에 종속되고 길들여져 성장과 치유에 집중한 결과 자체의 정체성을 상실하는 위기를 맞이하고 있다. 오히려 이런 소비주의는 예언자적 신앙과 특성이 활동할 가장 주요한 환경이다. 교회는 하나님께서 주신 변함없는 목적들로 말미암아 세상과 다를 수 있고 또한 달라야 한다는 확신이 반드시 필요하다. 이러한 확신이 예언자설교를 통해 강화되어야 한다. 이제 성경적 설교의 원형인 예언자설교의 전통에 서 있는 오늘의 설교자들은 강단의 갱신과 교회의 갱신을 위해 현장에서 항상 성경적 대안 의식과 대안 공동체를 모색하는 설교에 충실해야 한다.

제2장 설교 목적에 충실한 설교

"예언자설교는 **하나님의 말씀**(텍스트)**과 공동체**(콘텍스트) **모두에 대해 충실하게 증언하는 형태의 설교로**, 공동체가 하나님에 대한 윤리적 관계를 회복하고, 사회적 변화를 위한 비판적 도전에 응하고, 그리고 하나님의 미래에 관한 종말론적 환상을 품을 수 있도록 한다."

제1장에서 우리는 예언자설교를 무시하고 두려워하는 우리의 강단을 위해 그리고 예언자설교를 설교학적으로 새롭게 이해하기 위해 이스라엘 사회에 나타난 예언자의 역할을 중심으로 예언자설교의 정의를 끌어내어 서론적인 고찰을 하였다. 제2장에서는 앞에서 정리한 예언자설교의 정의를 중심으로 성경적 설교의 중심적 특징인 "설교 본문과 청중에 충실한" 예언자들의 설교 사역이 어떻게 이루어졌는지에 관해 광범위하게 동시에 구체적으로 살펴보려 한다.

본장은 예언자설교의 특징의 하나로, 구약의 예언자들이 설교의 목적에 어떻게 충실했으며 또한 성경이 알려주고 지시하는 설교 사역에도 어떻게 충실했는지를 다룬다. 설교의 목적이 무엇인지, 그리고 설교 사역(임무)에 얼마나 충실한지에 관한 질문들은 항상 설교자들이 스스로에게 던져야 할 정체성에 관한 중요한 것들이다. 하지만 오늘날 설교학자들과 설교자들 가운데 나타나는 안타까운 현상은 설교의 목적에 대한 관심과 열정이 놀라울 정도로 부족함으로 둔감하고 생명력 없고, 추상적이며 비인격적인 설교들을 양산시키고 있다는 것이다. 설교자들이 설교의 목적에 대해 충실하지 못하면 진리가 모호해지고 설교자로서의 삶이 즐겁지 않고, 하나님이 맡기신 설교 사역에 대한 헌신과 열정이 무너지고 숨 막히게 된다. 설교는 목적이 분명해야 한다. 설교의 목적이 분명하지 않으면 죽은 설교가 된다. 이런 점에서 예언자설교는 오늘의 설교자들에게 목적이 분명해야 하는 설교의 긴급한 임무를 회복하도록 도움을 준다.

우리가 얻은 예언자설교의 정의에 의하면, 예언자설교의 첫 번째 평가 기준인 "하나님의 말씀과 공동체 모두에 대해 충실하게 증언하는 형태의 설교"라는 말은 예언자설교가 설교학의 과제인 성경 본문과 현대 청중의 상황 사이에서 일어나는 대화에 충실한 설교임을 의미한다. 즉, 본문과 상황 사이의 설교학적 대화에 얼마나 충실한지가 예언자설교를 결정짓는 첫째 평가 기준이다.

설교는 성경의 예언자들에게 무엇을 의미하였는가? 예언자들의 설교의 중요성은 그들이 어떻게 설교하였느냐에 달려 있기 때문에 이 질문은 어떤 질문들보다 더욱 의미 있다. 우리는 예언자들이 자신들의 설교에서 보여준 견해뿐만 아니라 또한 그들의 설교에서 나타난 태도, 위치, 느낌, 반응도 함께 이해해야 한다. 그러므로 본 연구의 목적은 설교의 과제에 대한 예언자들의 의식을 묘사하고 분석함으로 예언자들의 설교를 이해하려는 것이다. 그 목적을 위해 먼저 설교에 대한 열정의 성격과 그 자료 그리고 설교의 과제에 대한 관계를 연구할 필요가 있다.

1. 설교 임무에 충실한 예언자

예언자들은 설교를 어떻게 이해하였는가? 예언자들의 설교는 그 출발에서부터 독특하다. 그들은 설교에 관하여 어떤 이론이나 관념을 가지고 있지 않았다. 오히려 그들이 가지고 있던 것은 설교의 과제에 대한 이해이었다. 예언자들에게 설교는 하나님으로부터 온 동기, 도전, 그리고 명령이었으며 그래서 매우 실제적이었으며 긴급하였다. 그들은 하나님의 말씀에 의해 감동을 받은 충실한 증인들이었다. 또한 그들에게 설교는 하나님에 관한 이해와 신적인 행동의 한 표현이었다. 그들의 설교는 이런 표현의 의미에 대한 생각과 세계 속에 계신 하나님의 임재에 대한 민감도에 근거한다. 그러므로 예언자들은 설교에서 하나님의 속성에 관한 자신들의 해석이 아니라 백성들에 대한 하나님의 통찰과 관심에 관한 해석을 제시한다. 그들은 하나님에 관한 관념보다는 그 분에 관한 태도를 보여준다. 어떤 면에서 예언자들의 설교는 하나님과의 사귐 결과이다. 그 이유는 설교를 위한 그들의 경험 확신이 직접 경험한 하나님과의 사귐에 근거하기 때문이다. 그러므로 예언자들의 설교는 하나님에 관한 태도를 중심으로 영감받은 대화나 사귐으로 구성된다.[1] 그 질적인 기준은 하나님과의 개인적 관계에 달려있다.

무엇이 예언자들의 설교를 독특하게 만드는가? 비록 그들이 하나님에 관한 표현에서 영감을 받고 역사 속에 나타난 하나님의 임재 표시를 느끼지만, 그들의 설교의 결정적인 요소는 설교의 과제에 대한 강한 열정이나 애정과 깊은 확신으로부터 온다. 그들의 설교는 이해의 행위나 경험의 의미로부터 유추되지 않는다. 예언자들은 오직 설교의 과제에 대한 그들의 성실한 헌신을 보여준다.[2] 이처럼 예언자들의 설교를 위한 열정은 "자유의지, 결정과 결단의 결과에 의존하여 의도적으로 형성된 행위"로 이해된다.[3] 참된 인간됨을 성취하기 위해 설교의 과제에 대한 예언자들의 열정이 주된 역할을 한다. 예언자의 열정은 하나님의 말씀을 전하는 설교자로서 갖는 힘과 효력에 핵심이 된다. 예언자들은 자신들을 올바른 길로 인도하며 의심과 고난을 만날 때 견딜 수 있는 힘을 주는 설교의 과제에 대해 강하게 사로잡힌다는 의미에서 변화된 사람들이다.

설교에서 예언자들의 열정이 어떻게 나타나는가? 어느 누구도 설교가 사회적인 현상이라는 것을 부인하지 못할 것이다. 예언자들은 어떤 신적 존재를 위해 말한다. 동시에 이 말은 필수적으로 그들이 특별한 그룹의 사람들에게 말한다는 것을 의미한다. 이런 의미에서 우리는 예언자의 중개역할을 인간의 영역과 신의 영역 사이에 있는 대화의 한 과정으로 정의할 수 있을 것이다. 그 대화의 두 방향에서 메시지는 사회에서 다른 사람들에 의해 중개자의 기능을 수행하는데 자격 있는 자로 인정받은 한 사람 또는 그 이상의 사람들을 통해 전달된다.[4] 예언자들이 자신들의 신적 사명을 받아들인다면, 설교자로서 그들의 궁극적인 목적

1 Abraham J. Heschel, *The Prophets*, II: 1-3.

2 Otto J. Baab, *Prophetic Preaching*, 13-14.

3 Abraham J. Heschel, ibid., 4.

4 M. J. Buss, "The Social Psychology of Prophecy," *Prophecy*, ed. J. A. Emerton (New York: Walter de Gruyter, 1980), 6.

은 하나님을 대신하여 백성들에게 말하는 것이다. 이런 사실로 보아 예언자들의 열정이 가지는 독특한 특징은 하나님의 말씀과 그의 백성들 사이에 있는 설교의 특별한 본질을 이해하려 할 때 발견되어야 한다.

예언서에서 설교의 과제를 위한 열정은 충실함으로, 즉 참 예언자와 거짓 예언자 사이의 근본적 차이로 나타난다. 그 차이가 매우 분명하게 예레미야 23장에 나타난다. 참 예언자는 "주의 회의에 참예하여 주의 말씀을 알아듣고 귀를 기울여 그 말을 들은"(18절), "주의 말씀에 주의하여 그 말씀을 들은" 자이다 (22절). 그러나 거짓 예언자들은 "주의 입술로부터 온 것이 아니라 자신들의 마음의 환상(몽사)"를 말한다.(16절) 그들은 "자신들 마음의 간교한 것을" 예언한다.(26절) 그들은 하나님의 이름으로 거짓을 말한다.(25절) 이런 대조는 28절에서 더욱 생생하게 나타난다: "몽사(꿈)를 얻은 예언자는 몽사를 말할 것이요 내 말을 받은 자는 성실함(충실함)으로 내 말을 말할 것이라."

이렇게 설교에서 "충실함"(faithfulness)"이란 단어는 예언자들에게 중요한 의미를 가진다. 그 이유는 참 예언자의 자격이 되는 표준이 설교의 과제에 대한 충실함이기 때문이다. 하나님은 예언자들에게 충실함을 요구하신다. 그러나 하나님은 일단 예언자들이 맡은 일을 즐거워하면 그들에게 설교의 과제에 대한 충실성을 끊임없이 요구하신다.[5] 그러므로 예언자들의 여러 목적이나 목표들로부터 다양한 메시지를 전하는 주된 목적을 구별하는 것은 가능하다. 모든 예언자의 설교는 분명한 목적과 관련이 있다. 예언자들은 자신들의 임무에 충실한 설교자로 두 가지 목적들을 가진다. 하나는 하나님의 말씀을 선포하는데 충실해야 할 궁극적 목적이며 다른 하나는 공동체의 상황뿐만 아니라 그 공동체의 계약적 책임에 알맞도록 하나님의 요구를 표현하는데 충실해야 하는 즉각적인 목적이다.[6] 그러므로 예언자들은 하나님의 말씀과 공동체 모두에 대해 충실하다. 그들은 두 개의 다른 극 사이에서 균형을 유지한다. 말씀의 종으로서 메시지에 대한 충실함과 그 말씀을 확실하고 충분하게 전달해야 할 대상인 백성들에 대한 충실함이 예언자들의 설교의 중심 원리이다.

---

5 Elizabeth Achtemeier, *Preaching from the Old Testament*, 116.

6 Otto J. Baab, *Prophetic Preaching: A New Approach*, 44.

첫째로, 성경의 예언자들은 **하나님의 말씀에 충실한** 설교자들이다. 하나님의 말씀에 대한 그들의 충실함이 예언자들의 메시지의 신실함을 나타낸다.[7] 구약성경은 예언자들을 하나님의 직접적인 입술로 간주한다.(출 7:1, 2, 4:10-17) 그래서 그들의 목적은 하나님의 백성들에게 그의 말씀을 전하는데 충실해야 하는 것이다. 설교자로서 예언자들의 목적은 "자기표현이나 감정정화가 아니라 하나님의 말씀에 관한 대화"이다.[8] 이스라엘 역사의 계속적인 소용돌이 와중에서 독특한 설교의 과제를 대할 때마다 예언자들은 하나님의 말씀과 그의 요구를 자신들에게 그리고 공동체에게 담대하게 전한다. 그들은 스스로 하나님의 메시지를 설교하며 그 일에 충실하는 중요한 책임을 맡았다고 느낀다. 이런 의미에서 예언자들이 하나님의 말씀과 설교자로서의 삶에 대한 부름에 충실하는 것은 모든 설교자들이 자신들의 설교 사역을 위해 필요로 하는 유일한 모델이 된다.[9] 예언자들의 설교의 강함은 바로 변화시키는 힘을 가진 하나님의 말씀에 대해 충실하게 증언하는 것으로부터 온다.

둘째로, 성경의 예언자들은 **공동체에 충실한** 설교자들이다. 공동체에 대한 그들의 충실함은 하나님에 대한 그들의 충실함에 근거한다.[10] 예언자들은 종교적 공동체의 양심이다. 그들은 외부인들이 아니라 공동체의 경험과 그들 자신의 직업을 구체화하는 공동체 안에 거하는 일원이다. 그들은 단순히 공동체와 대화하기 위한 하나님의 기계적인 도구가 아니라, 그 일에 충분히 참여할 뿐 아니라 실패도 하고 성공도 한다. 그러므로 예언자들과 백성들 사이의 관계는 매우 가깝다. 예언자의 메시지가 특수한 사회적 역사적 환경에 대해 전달된다는 것은 일반적으로 알려져 있다. 공동체에 대한 예언자의 충실함은 현재 사건들의 흐름을 평가하며 그 사건들에 전형적으로 반응하는 예언적 메시지를 형성하는데 예언자와 그의 청중의 역할을 극대화한다. 예언자의 메시지는 그의 청중들로부터 하나의 반응을 일으킨다. 청중들은 예언자가 말한 것에 어떻게 반응할 것인지를 결정해야 하며 반대로 그런 청중들의 반응이 예언자의 행동에 영향을 줄 것이

7 James Ward and Christine Ward, *Preaching from the Prophets*, 14.
8 Abraham J. Heschel, *The Prophets: An Introduction*, 7.
9 Ibid., 14.
10 Otto J. Baab, ibid., 25.

다. 그런 관점으로부터 우리는 백성들과 그들의 상황에 대한 예언자의 충실함이 예언적 대화의 역동성을 일으키는데 중요한 역할을 하였다고 주장할 수 있다.

예언자들은 그들이 받은 메시지를 조직화하는데 개인적 책임을 진다. 그래서 예언자들과 그들의 청중들 사이의 상호작용이 하나님과 예언자들 사이의 것만큼 중요하다. 예언자들은 하나님에 의해 그의 계획의 임박한 성취를 공동체에 선언하고 (사 22:11 참조) 그런 계획을 실행하는 이유를 해석하도록 부름 받는다.[11] 이런 과정에서 예언자들은 자신들이 받은 계시와 본대로 현 상황에 대한 상세함을 근거로 메시지의 내용을 만든다. 이런 과제를 완성하기 위해 그들은 특별히 "주의"해야 한다.[12] 정말 예언자들은 "자신들의 광범위한 경험, 즉 하나님의 부르심과 그분과의 교제에 관한 경험 그리고 청중들의 종교 역사에 관한 경험의 빛에 비추어 청중들의 현재 경험을 해석한다."[13] 그들은 현 상황과 다시 일어나는 위기에 관하여 하나님의 말씀을 설교한다.

그러므로 예언자들은 "공동체의 상황에 적절하게 독특한 방법으로" 하나님의 말씀을 전한다.[14] 그들의 설교는 특별한 상황에 있는 계약 공동체에게 전하기 때문에 항상 특수하고 구체적이다. 그들은 그들 시대의 사회적, 경제적, 정치적 사건들에 강하게 참여함으로 말씀을 구체화한다. 그들은 백성들의 문제에 민감하여, 단순히 윤리적/법적인 정의가 아니라 억압받는 자, 가난한 자, 주변인들에 관한 문제들에 대한 하나님의 정의를 적용한다. 그들은 백성들의 고통 소리를 듣는다. 참 예언자들은 하나님께서 세계 속에 참 공동체를 규정짓고 생산하는데 자신들을 사용하시기를 원하신다는 것을 안다. 그들은 하나님의 생각, 즉 역사 속에 펼쳐질 영원한 진리 그러나 대부분 인간의 의식 속에 지배적으로 남아있던 영원한 진리를 선포하고 해석한다.[15]

그러므로 예언자설교는 하나님의 말씀과 공동체 모두에 대한 충실함으로 평

---

11 Elizabeth Achtemeier, "Preaching from Isaiah, Jeremiah, and Ezekiel," *Biblical Preaching: An Expositor's Treasury*, ed. James W. Cox (Philadelphia: The Westminster, 1983), 120.

12 C. Westermann, *Basic Forms of Prophetic Speech* (Philadelphia: Westminster, 1967), 62-63, 86-87, 102-03.

13 R. B. Y. Scott, *The Relevance of the Prophets* (New York: Macmillan, 1968), 113.

14 James Ward and Christine Ward, *Preaching from the Prophets*, 11-12.

15 참조, Heinrich Ewald, *Propheten des Alten Bundes* (1980).

가되어야 한다. 예언자설교는 내적이며 외적인 평가 기준을 가지고 있다.[16] 헤셀 (Abraham J. Heschel)은 설교에 나타난 예언자들의 충실함을 그들의 위대함으로 묘사한다:

> 예언자의 눈은 그 시대의 상황으로 향한다; 사회와 그 사회의 방향은 예언자의 설교에 주요 주제가 된다. 또한 예언자의 귀는 하나님에게로 기운다. 예언자는 하나님의 영광과 임재에 의해 감동 받은 사람, 하나님의 손에 의해 능력 받은 사람이다. 또한 예언자의 참 위대함은 하나의 생각 속에 하나님과 인간 모두를 잡을 수 있는 그의 능력에 있다.[17]

비판적 예언자들의 삶과 행동을 보는 자들은 누구나 하나님의 말씀을 선포하는데 나타난 그들의 용기와 확고함을 존경해야 한다. 예언자들은 진실이라고 인정하는 신적인 정당성을 위해 자신들의 개인적 평안, 가족의 행복, 심지어 생명까지 위험을 각오하도록 준비된 개인들이다. 그들은 어느 누구도 듣기를 원치 않는 그러나 누구나 들어야 할 것을 계속 선포한다:

> 그들은 반항하는 족속이다. 듣든지 말든지, 자기들 가운데 예언자가 있다는 것만은 알게 될 것이다. 너 사람아, 비록 네가 가시와 찔레 속에서 살고, 전갈 떼 가운데서 살고 있더라도, 너는 그들을 두려워하지 말고, 그들이 하는 말도 두려워하지 말아라. 그들이 하는 말을 너는 두려워하지 말고, 그들의 얼굴 앞에서 너는 떨지 말아라. 그들은 반항하는 족속이다 (겔 2:5-6).

이런 이유로 하나님의 말씀을 충실하게 선포하는 것은 참 예언자들과 거짓 예언자들 사이의 큰 차이점이다. 하나님보다 자신들과 공동체를 즐겁게 하려는 것은 분명히 거짓 예언자들의 특징이다. 거짓 예언자들은 백성들에게 하나님이 말씀하시는 것보다는 그들이 듣고 싶어 하는 것을 말한다. 그러므로 거짓 예언자

---

16 참조, Paul N. Tarazi, "Fundamental Aspects of Prophetic Preaching," *God's Living Word: Orthodox and Evangelical Essays on Preaching*, 26.

17 Abraham J. Heschel, *The Prophets*, I: 21.

들의 메시지는 그들 자신의 마음에서 나오는 것이다. 이런 사람들은 말씀 선포에서 종교, 윤리, 신학 또는 정치에 대한 자신들의 의견을 말하기를 좋아하는 자들이다.[18] 거짓 예언자들은 자신들에게 대단한 이익을 거둘 수 있는 것이면 무엇이나 말한다. 예레미야(6:14, 8:11)는 이것을 매우 신랄하게 표현한다: "백성이 상처를 입어 앓고 있을 때에, 그들은 '괜찮다! 괜찮다!'하고 말하지만, 괜찮기는 어디가 괜찮으냐?"(렘 14:13, 23:17; 겔 13:10과 비교하라) 미가(3:5)의 지적에 의하면, 거짓 예언자들은 백성을 속이면서 입에 먹을 것을 물려주면 "평화"를 외치고, 먹을 것을 주지 아니하면 "전쟁"을 벌일 준비를 한다.

거짓 예언자들은 종종 목회 차원에서보다는 오직 자기 재산이나 권력을 확대하려는 목적으로만 계시를 밝히는 잘못을 저지른다.(미 3:11) 그런 자들은 예레미야(38:1-23) 또는 미가(왕상 22:27-2)처럼 자신들이 전하는 메시지의 진리를 위해 기꺼이 박해받으려 하지 않는다. 오히려 그들은 인기와 부유한 삶을 구하며 따라서 사람들의 감정을 상하지 않도록 거짓으로 예언한다.(렘 5:30, 31 참조) 그러나 참 예언자들은 결과가 어떻든지 하나님의 말씀을 적절한 때와 적절한 장소에 충실하게 전달한다.

2. 설교 임무에 충실함의 근거

설교의 임무를 위한 열정을 살아있게 하는 예언자들의 충실함은 어디에서 나오는가? 이 충실함은 어떻게 보존될 수 있는가? 예언자들이 지닌 충실함의 기원은 그들의 처음 부름 받은 경험에서 나타난다. 그들의 부름 받음에 대한 믿음은 하나님을 대신하여 공동체의 설교자가 되는 것이다.[19] 위대한 예언자들은 자신들이 하나님에 의해 부름 받았다고 확신한다. 예언자들이 하나님의 이름으로 설교하도록--거의 말로 표현할 수 없을 정도로 극적인 것에서부터 사실적인 것에 이르기까지 다양하게--정하신 하나님과 처음으로 특별히 만났다

---

18 John Stott, *The Preacher's Portrait*, 15-16.

19 Paul N. Tarazi, "Fundamental Aspects of Prophetic Preaching," *God's Living Word*, 25.

고 말하는 것이 그들에게는 의심할 것 없이 중요한 부분이긴 하지만, 그것이 단순히 그들이 거짓 예언자들과는 달리 하나님의 참 대변자들임을 주장하려는 이유는 아니다.

이처럼 중요한 부름 받은 경험은 분명히 아모스(3:8, 7:14이하), 이사야(6:1-13), 에스겔(1:1), 미가(3:8), 그리고 호세아(3:1)와 같은 예언자들에 의해 생생하게 기억된다. 그들이 예언을 하도록 부름 받은 것이 설교의 과제를 위한 동기의 근거가 된다. 이런 경험은 하나님의 말씀의 대변자와 선포자로서 그 일에 대한 예언자의 열정적 헌신의 차원을 이해하도록 돕는다. 예언자들은 단순히 직책을 갖게 되었다는 것보다는 사명을 받았다는 면에서 다른 종교 직업인들과 구별된다. 예언자들은 그 사명을 성취한 것에 대한 보수나 보상받는 것을 경멸한다. 그 대신 그들은 일반적으로 후원자들로부터 그리고 공적으로 오는 자발적 선물들에 의존한다. 그들은 자신들이 하나님에 의해, 하나님 경험에 의해 예언자들이 되었다고 느낀다.[20]

그러나 예언자들이 하나님과 감정적으로 연관된 것만이 그들의 말씀 선포의 유일한 자료는 아니다. 하나님의 말씀과 공동체 모두에 대한 예언자들의 충실한 증언의 전적인 자료는 하나의 통일된 경험으로 이해되어야 한다. 두 가지 분야의 경험들이 예언자들의 설교의 기초를 제공한다: 한편으로는 예언자들의 환상과 선포된 메시지에 관한 비밀 경험이며 또 다른 한편으로는 그들의 시대적 공동체에 관한 일반적 경험이다. 바압(Otto J. Baab)은 이 개념을 또 다른 방법으로 설명한다: "만일 하나님이 예언자의 부름 받음의 자료와 결정 요인이었다면 공동체는 그 부름의 대상이었다."[21]

예언자들은 하나님과 공동체 사이에 서서 그들이 후자에게 주어야 할 것을 전자로부터 받는다. 예언자들이 하나님 자신의 목소리를 알게 되는 비밀 경험에 의해 영향을 받는 정도를 강조할 필요는 없다. 그들은 자신들의 환경 속에 있는 조건들을 동시적으로 그리고 주의하여 나타낸다. 재미있는 것은 비밀 경험의 타당성이 때때로 사람들의 일반적 경험과 다르게 시험되어야 한다는 것이다(렘

20 하나님이 어떻게 예언자들과 대화하였는지에 대해 참조, B. R. Wilson, *Prophecy and Society in Ancient Israel*, 5-8.

21 Otto J. Baab, *Prophetic Preaching: A New Approach*, 19.

28:7-9). 하나님의 말씀에 대한 예언자들의 지배적인 관심은 그들이 공동체에 속해 있다는 느낌에 의해 자극 받으며 그들이 전하는 말씀이 사회적 목적과 방향을 가지고 있다는 것이다. 그들이 설교를 위해 부름 받았다는 것과 열정은 오직 공동체와 연관될 때에만 가능하다. 그 이유는 이 공동체가 예언자설교의 목적지이기 때문이다.

3. 설교신학 주제로서의 충실함

이제 우리가 스스로 묻고 싶은 중요한 질문은 어떻게 예언적 충실함이 설교신학과 연관될 수 있는 가이다. 이 질문은 하나님 앞에서 그리고 사회 속에서 예언자의 설교 과제를 이해하는 것이 근본적으로 중요하다는 것을 다룬다. 무엇보다 먼저, 비록 가끔 일어나긴 하지만, 예언자들이 하나님으로부터 부름 받은 것과 그들의 열정에 관한 경험을 기초로 예언자들의 설교신학을 세우는 것은 어렵다. 그 이유는 신학에서 사용되는 방법이 주로 연역적이기 때문이다. 연역적 방법은 결론을 교리적 또는 방법론적 이치에 기초한다. 그러나 다른 한편으로 예언자들은 귀납법적으로 생각한다. 예언자들에게 무엇을 어떻게 설교해야 하는지를 가르치는 이론은 없다. 그들의 설교의 실제적 성격은 결론적인 용어로 나타나는 것이 아니라 경험에 의해 계속적으로 교정되는 이론에 근거한다. 예언자들의 부름 받음과 열정의 경험적인 근거가 그들의 선포적 역할을 가능하게 한다. 모두가 하나님에 관하여 그리고 자신들의 상황에 대해 말한다.

예언자들의 설교는 하나님의 말씀과 청중을 위한 열정에, 즉 본문과 상황 사이에 대화를 만드는 설교학의 과제에 관심을 두는 충실한 설교이다. 예언자들의 설교가 매우 강하게 하나님의 말씀과 공동체 모두에 대해 충실함을 보여 주었기 때문에, 그들의 설교가 400년 이상 역사적 변화와 격동을 겪은 하나님의 백성들을 견디게 하였다. 예언자들은 성실한 설교자들로 그들의 설교 과제를 성취하는 과정에서 예언적 전통을 모든 시대와 장소에 새롭게 다시 이해시켰다. 설교의 과제는 백성들을 하나님에게로 부르고 그래서 결국 공동체에로 더욱 깊게 부르는데 충실해야 하는 것이다. 예언자설교를 성경 본문과 현대 상황 사이에 대화가 이루어지게 하는 설교학의 과제에 충실한 설교로 이해하는 것은 설교에 관한 중요한 신학적 주제가 될 수 있다. 우리는 어느 정도 예언자설교를 우리의 설교, 신학, 그리고 교회생활의 중심으로 인간의 모든 조건을 다루는 총체적 복음에 대한 충실함을 회복하려는 새로운 근거로써 연구할 수 있다.

예언자설교자의 이상적 열정으로서의 충실한 증언이 호소, 비판, 격려하는 3가지 예언자의 역할들이 사회에서 어떻게 작용하였는가를 평가한다. 이점에서 강조되어야 할 것은 모든 설교자들이 경험하는 하나님의 명령과 사회적 상황 모두에 관한 의식이다. 설교자를 위한 예언적 자아 인식과 행동은 예언자들을 부르신 하나님과 그들이 활동하였던 사회에 관한 기대에 의해 결정된다. 설교자로서 가지는 표준적인 사회의 위치는 어떤 권리와 의무에 관계되고 사회에 의해 규범적이며 관례적인 것으로 생각될 수 있는 충실한 실천을 요구한다. 하박국(2:4)의 유명한 말을 인용하자면, 예언자들은 그들의 설교에서 하나님의 말씀과 공동체 모두에 대한 충실함에 의해 살 것이다!

그러나 예언자들은 자신들이 받은 계시에 진실해야할 필요와 또한 사람들에게 인정받을 수 있는 예언적 메시지와 행동을 근거로 그들 사회의 이해를 따라야할 필요 모두 앞에서 자신들의 딜레마에 직면하였다.[22] 다시 말해 그들은 설교사역에서 하나님의 말씀을 위한 신적인 열정과 공동체를 위한 인간적 열정 사이에 있는 설교학적 긴장을 경험하였다. 그래서 하나님의 말씀에 대한 충실함과 동시에 공동체에 대한 충실함은 예언자설교자의 딜레마이다. 예언자는 하나님과 인간 사이의 중개자이며 또한 하나님의 백성을 위한 중재자이기 때문에 그의 역할이 그를 "긴장이 가득한 생활"에로 이끈다.[23]

한편으로 예언자들은 공동체의 대표자들로서 그 공동체 안으로부터 말하는 반면, 다른 한편으로 필요할 때는 하나님을 대신하여 그 공동체와 반대 방향에 선다. 그들은 심판에 관한 하나님의 말씀뿐만 아니라 위로에 관한 말씀도, 하나님의 요구뿐만 아니라 그의 선물에 관해서도 말한다. 예언자들이 공동체를 아는 바대로 참된 모습의 공동체에로 돌아가도록 또는 공동체에 도전하기 위해 충

22 R. R. Wilson, *Sociological Approaches to the Old Testament* (Philadelphia: Fortress, 1984), 72-74.

23 Terence E. Fretheim, *The Suffering of God: An Old Testament Perspective* (Philadelphia: Fortress, 1984), 159.

분히 그들과 별도로 위치할 수 있을 때에 진정 하나님의 참 공동체를 가장 적절하게 나타내게 된다. 이것은 모든 새로운 세대를 맞이하는 하나님의 설교자들이 경험하는 딜레마를 나타낸다. 그들은 공동체 내에 위치하여 그 공동체의 대표자들이 될 필요가 있다. 또한 그들은 하나님의 말씀을 공동체에 과단성 있게 전하기 위해 그 공동체로부터 따로 서야 할 필요가 있다.

그러면 어떻게 공동체 안에 위치하는 것과 밖에 위치하는 것 사이에 있는 이런 긴장이 설교 사역에서 유지될 수 있는가? 어떻게 하나님의 말씀 사역이 공동체 내에서 진정 대표적인 사역이 되며 또한 그 말씀이 전파되어야 할 공동체 밖에서도 흔들리지 않을 수 있는가? 예언자가 하나님에 대해 진실하며 동시에 청중들과 하나 되면서 그의 백성들에게 무엇을 설교할 수 있는가? 어떻게 예언자 설교자가 인간과 신 사이의 간격을 이을 수 있는가? 이처럼 성경 본문과 상황을 대화로 이끄는 설교학적 과제에 관한 질문들에 답하기 위해 인간의 생활 속에서 하나님의 임재를 증거 했던 독특한 방법과 메시지를 결정하는 것이 필요하다.

성경의 예언자들에 관한 근본적인 사실, 즉 그들을 통해 공동체에게 말씀하신 분이 바로 하나님이시라는 믿음이 간과되어서는 안 된다. 예언자와 공동체의 관계뿐만 아니라 예언자와 하나님의 관계가 있다. 혹은 예언자를 통한 하나님과 공동체의 관계를 말해야 할 것이다. 성경의 예언자들이 단순히 이런 저런 이유로 현 사회의 상태에 대한 정당한 불만을 표현했던 설교자들로 이해될 수는 없다. 그들은 무엇보다 신적인 주장--"여호와여 주께서 나를 권유하시므로 내가 그 권유를 받았사오며 주께서 나보다 강하사 이기셨나이다"(렘 20:7)--에 의해 사로잡히고 압도되었다. 그들의 설교 사역은 처음 하나님과의 불가항력적인 만남에서 하나님을 경험하였다는 것을 전체 공동체에까지 확대한 사역이다. 예언자들이 설교해야 하는 모든 것은 그들이 하나님에게 성령으로 대하는 그분과의 만남과 관계로부터 나온다. 그래서 그 관계를 떠나서는 예언자들이 설교할 것이 없으며 아무 것도 아닌 설교자가 될 것이다.

그러므로 예언자들의 설교에서 그리고 그들이 말해야 할 것에서 최고의 공동체에 대한 충실함이 바로 하나님의 말씀에 대한 충실함이다. 그들의 메시지를 이 하나님을 향한 관계로부터 떼어버리는 것은 그 메시지를 방해하며 약화시키는 것이다. 그 이유는 예언자들이 설교자로 부름 받음에 대해 충실한 것 자체가 그들이 선포하는 하나님의 역동적인 행위의 중요한 모델이 되기 때문이다. 그러므로 설교에서 공동체나 예언자-공동체의 관계에 대한 충실함이 하나님의 말씀이나 예언자-하나님 관계에 대한 충실함으로부터 분리된다면 그 의미는 상실된다.

그러나 이 하나님과의 관계가 예언자들을 인도하는 방향을 언급한다는 것이 매우 중요하다. 그들의 만남은 일반적으로 신비한 것으로 느껴지는 명확하지 않은 신의 존재와의 만남과는 다르다. 그들이 보고 들은 것은 분명히 일상 세계의 평범한 것이 아니지만 그렇다고 그들이 경험하는 세계로부터 멀리 떨어진 또 다른 세계도 아니다. 그들의 상당한 부분이 이 세상, 즉 이집트에서 신음하는 노예들, 북왕국 이스라엘에서 피를 흘리는 권력 투쟁, 예루살렘의 법정에서 결정하는 왕족, 바벨론 강가에서 절망하는 포로들의 세상에 머문다. 예언자들을 만나 압도시키는 하나님의 타자성은 그들에 의해 매일 예상되는 역사를 안으로부터 도전하고 변화시키려는 "또 다른, 선택적인 역사"로 이해된다.[24] 설교에서 하나님은 말씀하시고 백성들은 듣고 새로운 방법으로 행동하도록 감동 받는다. 예언자들을 사로잡는 것은 하나님 자신의 역사, 즉 백성들이 역사에 관한 잘못된 이해를 인정하기를 주장하는 하나님 자신의 역동적인 목적이다.

예언자들은 마음에 들고 인기 있는 사회와는 현저하게 다른 자신들의 삶과 세계에 무엇이 정말 일어날 것인지에 관한 설명으로 동시대인들을 대면한다. 물론 각 경우에 현재 사용되는 지혜와 선택적인 예언적 역사는 한 역사적 상황으로부터 또 다른 것에 이르기까지 현저하게 다르다. 예언자들의 설교는 그들이 하나님과 맺는 깊은 개인적, 실존적 관계를 포함한다. 이런 관계에서의 하나님의 타자성은 역사적 목적에서 "무엇이 일어나고 있었는가?"에 관한 사회의 전통적인 개념과는 매우 다르게 알려졌다. 이스라엘과 다른 나라들이 함께 중대한 심판, 희망, 또는 그 모두에서 나타난 하나님의 역사를 예언적으로 이해하는 것이 선택적으로 두려움을 주고 때로는 희망을 줌으로 예언적인 설교를 왜곡시켰다.

심판을 설교하든 구원을 설교하든 그런 선택적인 역사들은 청중의 이해에 심한 변화, 즉 다름 아닌 예언자들이 보던 것을 보기 위해 자유롭게 상상한 것에 대한 뉘우침, 그리고 그 선택적인 역사를 깨달으려는 의지의 새로운 방향을 요

---

24 Walter Brueggemann, *The Prophetic Imagination*, 11.

구하였다. 그래서 예언자들은 단순히 미래를 예견하는 자들이나 사회적인 도덕주의자들이 아니었다. 하나님과의 관계에 사로잡힌 예언자들은 사건들의 표면 밑에 있는 살아 계신 거룩한 하나님의 역동적인 행동과 목표, 즉 그의 미래를 보았다. 그리고 그런 행동과 미래의 빛에서 정의에 대한 인간의 적절한 반응을 요구하였다.

요약하여, 예언자들은 하나님으로부터 특별한 부름을 받았다고 의식하며 계시 경험을 가졌으며 백성들에게 계시를 통해 받은 메시지를 선포했던 충실한 설교자이었다.[25] 이런 의미에서 예언자설교는 하나님의 말씀과 공동체 모두에 충실한 설교이다. 그러나 이 점에서 그 충실한 설교의 내용에 관한 질문들이 일어난다. 예언자들은 무엇을 설교했는가? 하나님의 말씀과 공동체 사이에서 충실하게 설교하는 내용은 무엇인가?

예언자들은 하나님과 그의 백성들 사이에 있는 윤리적 관계, 사회적 비판, 그리고 미래에 대한 비전을 통해 본문(하나님의 말씀)과 상황(공동체)의 균형을 이루는 설교학적 과제에 충실함을 유지하려고 노력하였다.[26] 이런 질문들에 답하기 위해 우리의 예언자설교의 정의에 근거하여 본문과 상황에 충실한 설교의 핵심, 즉 3가지 특성들을 생각하는 것이 필요하다: 계약적 관계에 대한 충실함, 공동체에 대한 충실함, 그리고 하나님의 미래에 대한 충실함. 예언자설교에서 나타나는 충실함의 3가지 특성들을 특별히 윤리적, 사회적 그리고 종말론적 설교에 적절하다. 이제부터 예언자설교 형태의 중요한 특징들, 즉 설교 본문과 상황(제2장), 윤리적 관계(제3장), 사회적 변화(제4장), 그리고 종말론적 비전(제5장)에 충실한 설교의 내용들을 차례로 살펴볼 수 있을 것이다.

---

25 이 3가지 예언의 특징들에 대해 참조, Johannes Lindblom, *Prophecy in Ancient Israel* (Oxford: Basil Blackwell, 1962), 216-19.

26 William K. McElvaney, *Preaching from Camelot to Covenant: Announcing God's Action in the World* (Nashville, TN: Abingdon, 1989), 57.

제3장 윤리적 관계에 충실한 설교

"예언자설교는 하나님의 말씀(텍스트)과 공동체(콘텍스트) 모두에 대해 충실하게 증언하는 형태의 설교로, **공동체가 하나님에 대한 윤리적 관계를 회복하고**, 사회적 변화를 위한 비판적 도전에 응하고, 그리고 하나님의 미래에 관한 종말론적 환상을 품을 수 있도록 한다."

예언자설교의 두 번째 특징은 "신앙 공동체로 하여금 하나님과의 윤리적 관계를 회복하도록 하는 것"이다. 이처럼 예언자설교가 하나님과 그의 백성들과의 계약 관계 즉, 하나님의 사랑에 대한 그의 백성들의 충실함을 강조하기에 우리는 예언자설교를 윤리적 설교로 간주할 수 있다. 예언자들의 설교는 백성들에게 하나님과의 계약에 대한 윤리적 충실함을 요구하는 하나님의 소리였다. 그래서 그런 윤리적 순종에 대한 강한 요구는 이스라엘의 독특한 종교적 유산 중에서 중심 요소로 강조되었다.[1] 예언자들의 설교는 계약 백성들의 마음을 다루며 그래서 그들의 설교의 목적은 백성들이 받은 하나님의 사랑에 대해 반응하며, 모든 상황 속에서 하나님을 신뢰하고, 그리고 스스로 감사하고 순종하는 마음으로 행동하도록 촉구하는 것이었다.[2]

포로기 이후 예언자들의 설교는 모세의 계약에 관한 자신들의 경험과 고백으

1 R. B. Y. Scott, *The Relevance of the Prophets*, 53.

2 Elizabeth Achtemeier, *Preaching from the Old Testament*, 118-19.

로부터 이루어졌다.[3] 예언서는 오경의 말씀이 역사를 통해 전개되는 상황에서 하나님의 백성이 하나님의 언약에 어떻게 반응하고 살았는가를 생생하게 증언한다. 이런 점에서 구약성경 자체가 설교라면, 그중에 예언서는 설교 중의 설교라 할 수 있다. 계약 관계에 초점을 맞춘 그들의 설교에서, 이스라엘 공동체는 하나님에게 그리고 그들의 이웃들에 대한 관계에서 계속적인 윤리적 의무에 묶여 있다.[4] 하나님의 언약의 요구대로 산 백성에게는 약속한 복을, 하나님의 언약을 지키지 못한 백성들에게는 준엄한 심판이 임한다. 포로기 후의 예언자들은 특별히 이스라엘 백성들에게 하나님에 대한 윤리적인 역할을 부여하고 자신들의 설교의 중요성을 하나님과 그 모든 백성들 사이의 충실한 관계에 부여하기 시작했다.[5] 포로기 전의 예언자들은 비판적으로 공동체에 대한 충실성을 자신들 시대의 사회적 상황에 관한 비판을 위한 주장의 근거로 요구하였지만, 포로기 후의 예언자들은 하나님이 주신 계명들에 대한 충실성을 하나님과 공동체 사이의 윤리적 관계의 근거로 요구하였다. 포로기 후의 설교에서는 윤리적 관계에 대한 충실함이 최고의 윤리적 목표로 그리고 선한 행위와 구원 사이에 있는 모든 가능한 상호 관계성을 이끌어 내는 즉, 하나님과의 올바른 관계를 가능하게 하는 요소로 간주된다. 이처럼 포로기 이전 예언자들의 설교에서 충실함이 하나의 요구 사항으로 종종 언급되지만 신명기가 나타나기 이전에는 결코 계명들이나 율법과 연관되어 설명되지 않는다.[6]

이와 같이 결코 어떤 하나님의 계명에 대해 요구하지 않았던 포로기 전의 예언자들의 설교로부터 윤리적 관계에 대한 충실성을 요구하던 포로기 후의 설교에로의 변화는 매우 중요하다.[7] 그러나 이상하게도 이런 변화가 정의에 대한 사회적 설교를 "중성화"하는 결정적인 계기가 되었다.[8] 율리우스 벨하우젠(Julius Wellhausen)의 주장에 의하면, 그런 전환이 예언을 표면으로 드러나게 하였다: "이제

3 C. S. Horne, *The Romance of Preaching* (New York: Revell, 1914), 51; H. H. Rowley, *Worship in Ancient Israel* (Philadelphia: Fortress Press, 1967), 70.

4 E. Clinton Gardner, *The Church as a Prophetic Community* (Philadelphia: The Westminster Press, 1967), 111.

5 Klaus Koch, *The Prophets: The Babylonian and Persian Periods*, 1.

6 Ibid., 3.

7 Julius Wellhausen, *Prolegomena to the History of Ancient Israel* (Atlanta: Scholars, 1994 [1883]), 399.

8 Joseph Blenkinsopp, *Sage, Priest, Prophet*, 163.

는 권위가 가능한 객관적인 것으로 존재하게 되었다."[9] 그렇다면 포로기 후의 예언자들이 일반적으로 사회 정의 문제에 관한 관심을 매우 적게 보여주고, 사회적 학대에 대한 제거를 결코 언급하지 않고, 그런 학대들을 결과적인 재난으로 이끈 원인들로 결코 인정하지 않았던 이유는 무엇인가? 이런 질문들에 답하기 위해서는, 예언자들과 율법 사이의 관계가 이해되어야 한다.

신명기에 나오는 모세의 설교들은 다음 세대의 많은 예언자들이 자신들의 사명과 메시지들의 기초로 사용되었다. 이런 현상은 특별히 주전 8세기의 대예언자들--이사야, 호세아, 아모스, 미가--에게 나타났다. 모세는 이사야의 위엄, 에스겔의 비전, 아모스의 공의에 관한 열정, 호세아의 부드러운 사랑, 예레미야의 강렬한 애국심 등을 지녔다: "그 후에는 이스라엘에 모세와 같은 선지자가 일어나지 못하였나니 모세는 여호와께서 대면하여 아시던 자요"(신 34:10). 이런 의미에서 신명기는 예언자의 설교 연구와 신명기적 역사로 알려진 모세의 죽음으로부터 바벨론 포로에 이르기까지의 이스라엘의 역사 연구를 위한 가장 중요한 성서 자료 중의 하나이다. 신명기는 예언자를 예언자의 원형 모세의 역할과 활동을 이어가는 자로 다시 정의를 내리고 따라서 예언의 기원도 시내/호렙에서 이스라엘 백성들이 모세에게 중개자로 나설 것을 요구한 것에서 찾아져야 한다고 암시한다.(신 18:15-19; 참고 출 20:18-21; 신 5:23-29) 이런 모세의 설교 전통은 구약의 예언자들뿐 아니라 신약시대에는 예수님과 박식한 사도 바울에게도 나타났다.[10]

그러므로 포로 후기 예언자들의 주요 기능은 미래를 예견하는 것이 아니라 "율법을 반포하고, 모세가 행한 것을 따라 율법을 지킬 것을 설교하고, 그 율법을 후대에 전하는 것"이다.[11] 그렇게 함으로 그리고 설교를 통해 예언자들은 자신들의 관심을 현재로부터 과거에로 옮기고, 자신들의 기능을 직접적인 예언적 선포로부터 기록된 예언인 율법에 대한 해석으로 옮긴다.(사 11:16; 참고 렘 11:1-5; 호 2:15) 예언자들은 새로운 메시지를 만들어 낸 것이 아니라, 오히려 과거의 진리들을 현재의 국가 상황에 적용하였다. 그들은 혁신적인 신학자들이 아니라 오히려 백

---

9 J. Wellhausen, *ibid.*.

10 모세의 설교들을 자세하게 알고 있던 예수님은 모세의 말들을 인용하고, 그의 교훈들에 충실하고, 그의 예언들을 성취했다. 이런 의미에서 예수님과 바울의 설교도 예언자설교의 전통에 속한다.

11 Joseph Blenkinsopp, *Sage, Priest, Prophet*, 120.

성들을 하나님과 조상들의 신앙에 관한 전통적인 진리들에로 인도하려고 노력하는 부흥사들이었다.[12]

1. 계약 관계

우리가 예언자들의 설교에서 재차 만나는 기본적으로 신학적 강조점들 또는 전승들의 하나는 하나님께서 이스라엘을 자신의 백성으로 선택하신 것이다.[13] 이스라엘 백성들이 이집트에서 노예로 있을 때, 하나님께서 그들의 울부짖음을 듣고 그들의 고난을 보신 후 그들을 이집트의 속박으로부터 구출하기 위해 모세를 보내셨다. 많은 시련을 겪은 후, 모세는 그들을 하나님이 이스라엘과 계약을 맺은 시내 산으로 이끌었다. 그 계약의 내용은 야훼께서 그들의 하나님이 되실 것이며 이스라엘은 하나님의 백성이 될 것이라는 것이었다. 예언자들에게 하나님은 세상 사람들 가운데 하나님의 계약 백성으로서의 삶을 살아가야 할 이스라엘의 생명이 걸린 사건들을 형성하는 공동체를 통해 알려진다. 이스라엘이 모세 시대에 하나의 계약 공동체로 탄생하게 된 것은 그들의 역사적인 순례의 과정 속에 하나님의 사랑이 나타난 것에 대한 중요한 외적인 표현이었다. 하나님은 무엇보다 먼저 자신의 백성들이 고난을 당하는 울부짖음을 듣고 그들에게 해방과 치유를 주시는 분으로 알려진다. 이것이 바로 출애굽에 관한 메시지이다. 그러나 하나님께서 자신을 드러내심은 항상 구속함을 받은 자들, 즉 계약 공동체와의 결속을 만들어낸다. 이것이 바로 시내 산에 관한 메시지이다. 예언자들의 메시지는 이런 계약 공동체에 의해 형성되었다.

그러므로 이런 계약 전통에서 예언자들의 역할은 시내 산의 최초 계시와 현재의 공동체 사이에 있는 역사적인 간격을 연결하는 것이었다.[14] 그들의 설교는 하나님의 명령들을 어긴 것에 대한 역사가적인 의견을 반영한 것에 기초한다. 그

12 R. B. Scott, *The Relevance of the Prophets*, 64-65.

13 Eric C. Rust, "Preaching from the Minor Prophets," *Biblical Preaching : An Expositor's Treasury* (Philadelphia: The Westminster Press, 1983), 140.

14 Joseph Blenkinsopp, *A History of Prophecy in Israel* (Louisville, KY: Westminster John Knox,1996), 14.

들의 설교는 회고적이며 필수적으로 과거에 속한다. 예언자들은 하나님께서 그의 백성들과 맺은 긴 계약의 역사를 되풀이해 말한다. 역사는 자신이 택한 백성들을 향한 하나님의 자비와 사랑의 증거이었다.[15] 예언자들은 간단히 말해 모세를 통해 계시된 율법, 즉 토라를 신성하게 수여하는 설교자들로 이해된다. 그들의 열정적인 율법 수여는 하나님의 명령들에 대해 전적으로 순종할 준비로 이어진다. 그들의 준비는 동시대인들에게서 발견할 수 없는 것이었다.

그런 의미에서, 예언자들의 설교는 "하나님의 앞선 행위에 대한 하나의 응답이며 선언"이다.[16] 그들의 설교는 하나님과 그의 백성 사이의 관계는 하나의 약정(contract)이 아니라 계약(covenant)으로 이해되어야 함을 기억나게 한다. 예언자들은 이스라엘이 하나님과 맺은 계약 관계에 대해 호소한다. 그 계약의 성격이 그들의 관계의 기초를 형성한다(사 44:6-8). 이스라엘은 과거에 하나님께서 함께 하신 그들의 역사와 하나님의 신실하심에 관해 말한다(겔 16:1-4). 예언자들은 이스라엘에게 하나님과 맺은 계약의 필요조건들을 기억나게 하며(호 10:2) 어떻게 그 조건들을 지키고 안 지켰는지를 기억나게 한다. 그리고 예언자들은 계약을 지키면 하나님의 축복이, 지키지 못하면 저주가 임할 것을 반복적으로 외친다(사 1:18-20).

예언자들은 이스라엘 백성들에게 하나님께서 과거에 그들의 구원을 위해 행하신 것을 기억나게 하며 하나님에 대한 그들의 바른 계약 관계를 회복하도록 호소한다(왕하 17:13). 예언자들은 하나님과의 사귐을 요구한다. 그들은 하나님의 목적과 뜻을 아는 것이 그분과 유일하게 긴밀한 사귐, 자신의 남편을 사랑하는 아내나 자신의 아버지에게 순종하는 아들에 비교될 수 있는 사귐이라는 것을 지속적으로 주장한다. 그러므로 예레미야가 말한 것처럼, 예언자들을 바르게 이해하는 것은 우리들의 마음의 할례에 달려 있다. 또는 에스겔이 말한 것처럼, 그것은 우리 자신들이 새로운 마음과 새로운 영을 얻는 것에 달려 있다. 이런 의미에서 하나님과 살아 있는 관계를 가지라는 호소는 예언자설교의 중심 요구이다. 그러므로 그런 호소는 예언서들로부터 설교를 하려는 모든 시도들에 필요한 핵심이다.

---

15 Elizabeth Achtemeier, *Preaching from the Old Testament*, 117.

16 Thomas G. Long, "Preaching, Theology of," *The Blackwell Encyclopedia of Modern Christian Thought*, ed. Alister E. McGrath (Cambridge, MA: Basil Blackwell, 1993), 462.

그런 계약에 기초한 예언자들의 설교는 윤리적인 설교를 가리키며 율법적인 것이 아니라, "개인적인 관계, 참여, 관련, 긴장"에 중심을 둔다.[17] 예언자들의 설교는 하나님과 그분의 인간과의 관계가 그들의 모든 설교의 확실한 주제들이기 때문에 공동체적이다. 그들의 설교는 하나님과 그의 백성 사이의 계약 관계에 기초하고 그 관계에 의해 지배를 받는다. 그들의 충실한 증언을 통해 계약 공동체는 다시 또 다시 그 자체의 사명에로 부름을 받는다. 예언자들이 계약 안에 있는 하나님과 이스라엘 사이의 관계에 대한 약속들과 의무들을 함께 언급하기 때문에, 그들의 설교는 믿는 자들의 공동체에 대한 하나님의 관계의 본질에 대해 풍성한 신학적인 사고의 근거로 나타났다. 예언자적(모세의) 계약에서는 하나님께서 이스라엘을 십계명에 포함된 명령들을 지키도록 의무를 지우신다. 하나님이 오직 의무만 지시는, 그래서 기본적으로 하나님의 은혜를 나타내는 아브라함의 계약과는 달리, 예언자들이 계속 선언하는 모세의 계약은 그 계약을 받는 자들이 스스로 의무들을 이행하겠다는 서약 조항들을 포함하고 있다.[18] 그래서 사람들을 충실하게 하나님 쪽으로 향하도록 만드는 것은 예언자적인 종교 행위로 볼 수밖에 없는 윤리적 영향력을 지니고 있다. 이런 하나님을 향한 예언자들의 열정은 초월적인 하나님의 의로우심을 향한 하나의 윤리적 열정이었다. 이런 의미에서 예언자설교는 하나님의 명령들에 기초한 윤리적인 설교로 이해되어야 한다.

이렇게 예언자들은 도덕성과 윤리적인 종교의 설교자들이었다. 그들은 재차 그리고 다양한 방법들로 하나님의 의로우심이 요구하는 의무적인 본성을 확인했다.[19] 그들은 백성들을 하나님과의 과거 계약에로 불러내기 위해 하나님에 의해 부름을 받은 윤리적인 사자들이었다. 그들은 자신들의 공동체의 최고 권위와 귀중한 전승들과 기억들에 깊게 뿌리 박혀 있었다. 그들의 설교에는 하나님께서 자신의 백성들을 위해 행하신 것들, 즉 어떻게 하나님께서 그들을 출애굽을 통해 인도하셨는지, 어떻게 하나님께서 광야에서 그들과 함께 계셨는지(호 13:4-5)에 대한 이야기들이 포함되었다. 이렇게 이스라엘이 하나님의 백성으로 선택된 것과 그래서 계약으로 하나님에게 묶인 것이 예언자설교의 근본적인 동기를 형성

---

17 Abraham J. Heschel, *The Prophets*, vol. II, 10.

18 See E. Clinton Gardner, *The Church as a Prophetic Community*, 109.

19 Otto J. Baab, *Prophetic Preaching: A New Approach*, 57.

하였다. 예언자들은 그런 옛 전승들이 여전히 영향력이 있어 현재의 실체를 설명해주고 명확하게 만든다고 주장한다.

예언자들의 설교는 주된 충성이 하나님에 대한 것이었지 어떤 국가적인 일에 대한 것이 아니었음을 매우 분명하게 만든다. 이스라엘은 아직 하나의 국가가 되지 못했다. 이스라엘은 원래 신앙공동체였다. 백성들이 하나님의 부르심에 순종하여 함께 모였을 때, 그들은 주로 정치적인 것보다 종교적인 의미를 지닌 하나의 집단 또는 회중으로 모였다.[20] 예언자들이 하나님과 궁극적으로 관계를 맺은 것은 그들로 하여금 계약 공동체에게 하나님에 관해 설교할 수 있게 했을 뿐 아니라 또한 그 공동체가 다른 이들에게 설교할 수 있도록 하였으며 하나님이 그들의 삶을 위해 의도하신 것과 요구하신 것을 분간할 수 있도록 하였다.

한편으로, 예언자설교는 신앙공동체가 다른 사람들과의 충실한 관계를 유지하도록 제공된 계명들의 상호 공동의(조건적) 규범들에 기초되었다. 다른 한편으로, 예언자설교는 백성들이 하나님과의 관계에 매우 충실한지를 묻는 계명들의 필연적인(비조건적) 규범들에 기초되었다. 이런 의미에서 예언자설교는 계약 관계의 두 가지 윤리적 원리들에 의해 지배를 받는다: 윤리적 유일신론과 윤리적 인간론. 이 두 가지 윤리적 주제들을 선포하는 과정에서, 예언자들은 자신들의 설교의 신학적 근거들을 소개한다. 그들은 즉시 필요한 것들에 근시안적으로 매달리지 않았으며 신학적인 관점을 상실하지도 않았다. 또한 그들은 자기의 이익과 표면적인 것을 얻기 위해 설교를 시작하지 않았다.

2. 윤리적 유일신론

예언자들이 계약전승에 대한 신앙을 증언할 때는 철저하게 유일신론적이다.[21] 니이버(Richard Niebuhr)는 그런 예언자적 신앙을 묘사하기 위해 "철저한 유일신론"이란 용어를 사용했다. 그는 철저한 유일신론적 신앙이 사람들에

20 E. Clinton Gardner, *ibid.*, 111.

21 H. Richard Niebuhr, *Radical Monotheism and Western Culture* (New York: Harper & Brothers, 1960), 63.

게 하나의 성취보다 "희망과 목표"로 제공되는 중요한 것임을 알았다. 율리우스 벨하우젠(Julius Wellhausen)에 의하면, 구약의 예언자들은 "이스라엘 신앙의 참 선구자들"이며 "윤리적 유일신론의 창시자들"로서 일종의 종교적인 천재들로 묘사된다.[22] 이런 주장은 예언자들이 이스라엘 종교의 사상을 형성하는데 중심적 역할을 하였을 뿐 아니라 또한 그 종교를 혁신한 자들이었음을 의미한다. 버나드 둠(Bernard Duhm)에 의하면, 예언자들은 신학적이며 윤리적인 아이디어들을 제공함으로 과거와 단절하고 새로운 기본적인 원리들을 세우는 이상주의자들이다. 그들이 이스라엘 종교 앞에 제시한 이런 아이디어들은 종종 종교에 수반되는 이교적이며 마술적인 생각을 비판하는데 사용되었으며, 마침내 이런 이상주의는 대부분의 예언자들이 "최고의 종교적 도덕성"뿐 아니라 또한 개인적으로 하나님과의 직접적인 관계를 강조함으로 나타났다.[23]

이스라엘 종교에서 예언자들의 설교는 분명한 윤리적 유일신론을 통해 하나님이 도덕적 질서를 감시하시는 분으로서 세계가 자신의 계명들에 복종하도록 만들고 자신의 백성들과의 관계가 지닌 윤리적 의미에 중요성을 두시는 분임을 보여준다.[24] 예언자들은 이처럼 하나님에 대한 철저한 신뢰와 철저한 순종을 선포했다. 예언자들은 빈번하게 신학적으로 하나님의 은혜에 대한 자유로운 행위로서 윤리적 유일신론과 관련되어 있는 계약과 애굽으로부터의 해방에 대해 언급한다. 이것은 하나님에 대한 이스라엘의 역사적 신앙의 본질들을 가르치려는 예언자적 관심을 설명하는 것이다.[25]

유대인 학자들은 예언자들이 종교적인 개념들을 다듬고 윤리적 유일신론을 발전시키는데 공헌했다고 주장했다. 카우프만(Yehezkel Kaufmann)에 의하면, 예언자들의 공헌은 이미 사용되던 종교적인 개념들의 도덕적 의미들을 이끌어낸 것과 그 의미들을 일종의 역사신학을 위한 기초로 만든 것이었다.[26] 비록 이런 유일신

---

22 Ronald Clements, *One Hundred Years of Old Testament Interpretation* (Philadelphia: Westminster, 1976), 51.

23 Ibid., 52-56.

24 Abraham J. Heschel, *The Prophets*, vol. II, 10.

25 Otto J. Baab, *Prophetic Preaching: A New Approach*, 57.

26 Y. Kaufmann, *The Religion of Israel from Its Beginnings to the Babylonian Exile*, trans. and abridged by Moshe Greenburg (New York: Schocken Books, 1972), 341-451.

론이 이사야 40-55장 안에서만 충분하게 나타나지만, 모든 예언서들에 함축되어 있다. 모든 예언자적 선포들은 한 분 진실하신 하나님의 실체와 주권에 대한 열정적인 호소들이다. 그래서 어떤 예언자들도 이런 견해를 다른 것으로 대체하지 않는다. 이렇게 철저한 유일신론이 지닌 의미들은 중요하다.

무엇보다 먼저, 예언자들의 철저한 유일신론의 의미는 하나님께서 궁극적으로 **세계와 그 안에 거하는 모든 것들에 대한 주권자로 여겨진다는 것**이다. 예언자들은 하나님의 목적을 철저하게 유주적인 용어들로 이해하기 시작한다: 창조주(사 42:5; 45:5), 심판자(암 9:7; 렘 25:31; 사 47:10-11), 그리고 구원자(암 5:14-15; 호 2:19-20; 렘 31:33-34; 사 42:1-4; 49:1-6; 50:4-9; 52:13-53:12)로서의 하나님. 예언자들은 인간 세계에 관해 자주 언급하는 것만큼 자연 세계에 관해서는 거의 언급하지 않는다. 그러나 그들이 자연 세계에 관해 언급할 때는 인간들처럼 자연도 하나님의 능력에 복종하는 것으로 여기는 것이 분명하다. 다른 나라들도 이스라엘처럼 하나님에 관한 특별한 지식과 섬김을 공유하지는 않지만 하나님의 의로운 규칙에는 복종한다. 외국 나라들에 관련된 예언자들의 설교들은 대부분 그들의 지나친 자만과 다른 나라 백성들에 대한 학대에 대해 비판한다(사 13-23장; 렘 46-51장; 겔 25-32장; 암 1-2장). 그러나 그 나라들에게 하나님의 구원 역사에 적극적인 지위를 주는 설교들도 더러 있다(예를 들어, 사 19:19-25; 45:1-7; 암 9:7).

예언자들의 철저한 유일신론의 또 다른 의미는 우상숭배가 광범위하게 존재하는 것을 인정하지만, 그들이 **모든 종류의 우상들을 인정하지 않는다는 것**이다. 그들은 영적 우상숭배의 교묘한 형식들뿐 아니라 이교적인 우상숭배의 더욱 뻔뻔스러운 형식까지 알고 있다. 예언자들에게 계약 공동체의 하나님과의 관계는 모든 다른 이해관계들과 책임들보다 우선권을 지닌다. 그러나 다른 이해관계들과 책임들이 하나님과의 계약에 대한 충성과 충돌하지 않는다면 배제되지 않는다. 왜냐하면 생활 속의 평범한 행동들과 관계들 안에서만 하나님에 대한 충성이 이해되고 성취될 수 있기 때문이다. 그러나 모든 이해관계들과 책임들의 합법성은 계약의 빛에 비추어 평가될 때 나타난다.

예언자들은 윤리적 유일신론을 가장 옹호한 설교자들이었으며 그것에 의해 이스라엘 종교의 신앙을 세우고 또한 변화시켰다. 윤리적 유일신론은 어떤 시간과 공간에도 적용할 수 있는 보편적인 종교의 원리가 되었다. 여기에 오늘날 우리들의 예언자적 사역의 기본적 틀이 형성된다. 예언자설교의 중심은 공적 윤리이며 그 원리에 기초한 설교는 어떤 권력에도 진리를 선포할 수 있는 수단이다.

3. 윤리적 인간론

예언자설교는 윤리적 인간론, 즉 공동체의 기초가 되는 공동생활에 관한 윤리적 원리에 대해 증거한다. 예언자들이 선포한 계약은 공동체의 사회적 삶에 형식과 구조를 제공하는 중요한 기능을 했다. 계약의 요구사항들은 공동체의 공동생활에 참여하지 않는 단순히 개인들로 여겨진 개인들의 집합에 대해서는 전달되지 않았다. 반대로, 그 요구사항들은 이스라엘의 모든 생활이 하나님의 계명들에 순종해야 하고 그 공동체의 정치적이며 경제적인 구조들이 그런 순종을 예증하고 길러주는 필수조항들로 여겨졌다. 간단히 말해, 계약은 사회와 관계가 없는 개인들에게가 아니라 공동체 안에 있는 개인들에게 전달되었다. 하나님께서 직접 만드신 공동체로서의 백성들과 맺으신 것이 바로 계약이었다. 그래서 계약은 사이비 형식의 예배로나 백성들을 대신한 제사장들에 의해서 지켜질 수는 없었다. 오히려 계약이 전적으로 지켜져야 했다면, 공동체의 공동적인 생활에 의해 지켜져야 했다.

주전 8세기 예언자들의 사회적인 비판을 설명하는 신명기의 설교(신 24:17이하)는 가난한 자들의 상황이 발전되기를 목적하는 인도주의적이다. 신명기의 첫째 관심은 제의(예배)이지만, 경제적, 행정적, 그리고 공동체적 영역들도 포함된다. 신명기가 요구하는 모든 행동 규칙들의 정당성은 백성들의 조상들이 이집트의 노예생활로부터 해방된 것에 근거하여 제시된다. 계속 거룩한 백성이 되도록 부름을 받고 예정된 다음 세대들은 하나님께서 과거에 그들을 도우셨던 것처럼, 자신들의 권리를 상실했을 때에도 오직 하나님의 행위들을 본받고 다른 사람들을 도울 수 있다(신 24:22와 그 이외에서도 자주 언급된다).

계약에 기초된 예언자들의 설교는 인간 실존의 사회적 본질에 대한 더욱 깊은 이해를 반영한다. 사회적 지위보다는 의로움이 하나님의 심판의 근거이다. 예언서들에서는 왕들과 제사장들까지도 모든 사람들처럼 동일한 계약 기준들에 의해 심판을 받는다. 이런 전제를 지닌 예언자설교는 모든 사람들의 가치와 위엄을 고려하는 주된 자료들의 하나이다. 이런 관점으로부터 사람들을 구분하는 기준들이 제의적 요소들뿐 아니라 법적 요소에서도 부드러워지거나 파기되었다. 오직 자유인 성인 남자들만 제의에 참여할 수 있다고 정한 고대의 규정은 유월절 축제에만 제한되었다. 모든 다른 축제들에서는 아이들, 노예들, 땅을 소유하지 않는 레위인들, 과부들과 고아들, 심지어 이방인 거주자들까지도 참여하도록 허락을 받고 명령까지 받았다.(12:7, 16:11, 14) 이것 역시 거룩함과 청결함에 대한 전통적 개념들의 자유화를 의미했다.

주전 8세기 예언자들의 집중적인 단일-인간론에 의해, 법적 신분과 법적 행위들, 제의, 그리고 변호에 참여하는 권리가 여전히 땅 소유와 밀접한 관계가 있었다. 이것은 이제 제의에 참여하기 위한 선행조건으로 끝났다. 비록 신명기가 약속된 땅을 모든 축복들을 위한 전제조건으로 이해한다 해도, 개인의 종교적인 신분은 더 이상 땅의 소유와 연결되지 않는다; 이것은 흙이 비신화화된 것을 의미한다. 이때로부터 모든 것들은 하나님 앞에서 동일하다. 단순히 본질적으로 그리고 원칙적으로뿐 아니라 실제적인 제의 행위에서도. 그것은 아마도 무엇보다 미래의 이스라엘을 위한 이런 헌법을 유발시켰던 아모스와 이사야가 법적 권리가 거의 없던 사람들을 대신하여 열정적으로 중재한 것이었다. 그 헌법에서는 사회적 구분들이 최소한 이전보다 더 제거된다, 비록 그 구분들이 완전히 사라지지는 않더라도.(예로, 사 24:17이하를 암 2:7과 비교해보라)

행위들을 판단하는 가장 최고의 기준을 야훼에게 돌리기 위해 조심스럽게 형식화된 명령들을 선포함으로, 신명기 기자는 지금까지 유효하다고 여겨졌던 도덕성을 공동체에 대한 충실함의 개념으로 바꿨다. 반면 아모스와 이사야에게 가족, 백성, 그리고 제의 공동체를 성장시켰던 율법들은 여전히 최고의 가치들을 지녔다. 모든 이스라엘 백성은 본능적으로 어떤 경우에서도 공동체에 대한 충실함이 자신에게 요구된다는 것을 알고 있었다.

사실은 신명기에서 가장 이른 층을 이루는 것은 여전히 공동체에 대한 충실함을 가난한 사람의 땅을 보존하기 위한 전통적인 의미로 사용한다. 다시 말하면, 그것은 가난한 자의 존재에 대한 보증, 공동체에 대한 충실함과 일치된 보증이었다.(24:3, 16:20) 그러나 복수 형식의 연설에 나타난 후기 개정판은 공동체에 대한

충실함이 무엇을 의미했는지를 결정하는데 실제적이었던 법령을 이미 알고 있다.(4:8)

이것은 이미 나중에 하나의 확신이 형성되는데 근거를 제공한다. 즉 자발적인 감정의 결속이 아닌, 하나님의 명령들은 공동체에 도움이 되는 충실함이 의미하는 모든 것들에 안내 역할을 한다. 신명기 저자들에게, 공동체와의 자연스런 연합은 자체의 종교적인 위엄을 상실하는 것이다. 그러므로 친족이나 씨족 구성원들에 대한 충실함 그리고 하나님의 계약에 대한 충실함은 분리되기 시작한다. 이것은 분명히 포로기의 사건들에 의해 더욱 확대된 사회적 위기가 심각하다는 신호였다.

제4장 사회적 변화에 충실한 설교

"예언자설교는 하나님의 말씀(텍스트)과 공동체(콘텍스트) 모두에 대해 충실하게 증언하는 형태의 설교로, 공동체가 하나님에 대한 윤리적 관계를 회복하고, **사회적 변화를 위한 비판적 도전에 응하고**, 그리고 하나님의 미래에 관한 종말론적 환상을 품을 수 있도록 한다."

예언자설교의 세 번째 특징인 "공동체로 하여금 사회적 변화를 위한 비판적 도전에 응하도록 하는 것"은 예언자설교가 지닌 사회적 차원이 신앙공동체에 대한 충실함이나 가난한 자들과 억압받는 자들을 위한 정의에 대한 충실함을 강조하면서 정의에 대해 사회적인 설교로 여겨져야 한다는 것을 의미한다. 이것은 또한 예언자설교가 설교의 사회적 차원을 가장 잘 드러낸다는 것을 의미한다. 구약에 나타난 예언자들의 설교는 다른 유형의 설교들처럼 설교자가 하나님의 대언자로서 신적 권위를 지닌 말씀을 선포하는 성경에 기초된 성경적 설교의 한 형식이다.[1]

그럼에도 모든 성경적 설교들과는 달리 예언자설교를 특별하게 만드는 것은 청중의 필요들과 곤경에 대해 깊은 관심을 가지고 하나님의 정의를 선포하거나 "반문화적이고 사회적 현상 유지에 대에 비판적으로 도전하는 것" 같이 사회적 차원에 대해 깊은 관계를 유지하기 때문이다.[2] 구약의 예언자들로부터 시작된

1 허도화, "성경적 설교의 원형으로서의 예언자설교," **신학과 선교** 39집 (2011): 117-152를 보라.

2 Leonora Tubbs Tisdale, *Prophetic Preaching: A Pastoral Approach* (Louisville, KY: Westminster John Knox, 2010), 10.

설교의 사회적 차원은 신약의 예수와[3]사도 바울에게서[4] 발견되는 매우 중요한 전통으로 설교자가 자신의 설교를 사회적 콘텍스트와 그 안에 있는 사람들의 영적이며 인간적인 필요들까지 포함해야 된다는 것을 보여준다.

예언자설교의 사회적 차원을 이해하기 위해 먼저 최근 예언자 전통과 정체성에 관한 연구를 한 구약성서학자 브루거만(Walter Brueggemann)를 중심으로 구약 예언자들의 설교와 깊게 관련된 그들의 사회적 기능을 살펴본다. 그 다음으로, 예언자설교의 사회적 차원은 무엇을 의미하고 어떤 형태로 나타나는지를 살펴본다.

1. 구약 예언자들의 사회적 기능

구약 예언자들의 설교는 그들의 사회적 기능과 분리될 수 없다. 왜냐하면 예언자들의 설교는 특수한 시대와 장소에서 그들이 보여준 역할과 활동과 관련되어 이해되어야 하기 때문이다. 예언자들의 역할에 대한 사회학적 연구는 예언에 대한 이해에 새로운 통찰을 제공했다.[5] 그 새로운 통찰은 예언자들이 사회 조직과 사회적 역할 수행, 즉 이스라엘 사회에서 공적으로 활동하는 설교자로서의 기능에 의해 가장 잘 이해될 수 있다는 것을 알려준다.[6] 구약 예언자들의 설교가 신학적, 목회적, 종말론적 차원 등 포괄적 차원을 지니고 있음에도[7] 사회적 차원에 의해 더욱 분명하게 이해되는 이유는 그들의 설교의 주요 기능이 청중을 하나님의 백성으로서 사회적 책임을 감당하는 사회의 대안적 공동체로 세워가며 청중의 삶과 사회의 변화를 목적으로 삼기 때문이다. 공동체 또는 사회 변화를 목적으로 삼는 예언자설교의 사회적 주요 기능은 지속적으로 현상 유

---

3 Walter Brueggemann, *The Prophetic Imagination*, 2nd. ed. (Minneapolis, MN: Augusburg Fortress, 2001), 제5장(나사렛 예수에게서 나타나는 비판과 파토스), 제6장(나사렛 예수에게서 나타나는 활기를 돋우며 놀라게 만드는 기능)을 보라.

4 Daniel Patte, *Preaching Paul* (Philadelphia, PA: Fortress, 1984), 13.

5 인류학적 그리고 사회학적 관점에 의한 예언자들의 역할 연구에 대해 David L. Peterson, *The Roles of Israel's Prophets, JSOTSup* 17 (Sheffield: Sheffield, 1981)와 Joseph Blenkinsopp, *A History of Prophecy in Israel* (Louisville, KY: Westminster John Knox, 1995)를 보라.

6 Robert R. Wilson, *Prophecy and Society in Ancient Israel* (Philadelphia, PA: Fortress, 1980)를 보라.

7 "예언자설교란 무엇인가," http://blog.daum.net/yonsan36/12111080 (2007.6.8.).

지에 대해 도전하면서 하나님의 미래에 관한 낙관적인 비전을 유지하는 예언자들의 기능으로부터 나온다. 이런 관점에서 예언은 하나의 사회적 현상, 즉 특수한 사회 안에 거하는 백성들 중에서 그리고 그들 사이에서 이루어지는 활동 그리고 그런 백성들에게 효과적인 사회적 규범을 따르게 하는 활동으로 이해될 수 있다.

브루거만은 자신의 최근 저서, *The Practice of Prophetic Imagination: Preaching An Emancipation Word* (2012)에서[8] 예언자들의 본래의 모습과 예언자설교의 임무에 대해 새로운 정의를 내린다. 브루거만이 자신의 저서 전체를 통해 강조하려는 것은 "예언자 사역의 임무는 우리 주위의 지배 문화에 관한 의식과 개념에 대안적인 의식과 개념을 제공하고, 양육하고 일으키는 것"이었다."[9] 예언자들에 대한 이런 이해는 그들을 단순히 미래에 대한 예견자들로 보거나 예언을 단순히 의로운 분노와 사회적 행위와 동일시하는 자들과 반대된다. 그는 예언자를 "미래를 예견하는 자"(future teller) 또는 "문제를 일으키는 자"(trouble maker)가 아니라, 예언자 자신의 시대의 지배층인 왕족의 이야기를 분명히 규정하고 그것에 대해 반대하려고 노력하는 하나의 목소리로 정의를 내린다. 일반적으로 예언자들은 종종 광야에서 외롭게 외치는 소리, 즉 "권력에 대해 진리를 말하는" 무거운 짐을 지는 특별한 사람으로 이해된다. 하지만 브루거만은 성경적 예언자가 단순히 어떤 것에 반대하는 자가 아니라, 현상 유지에 대해 대안적인 어떤 것을 위해 부름을 받는 자로 이해하면서 자신의 정의를 매우 주의 깊게 발전시킨다.

브루거만에 의하면, 현상 유지에 대해 대안적인 어떤 것을 위해 부름 받은 예언자들의 설교 사역은 두 가지 임무들을 통해 분명히 나타난다. 첫째로, 예언자의 말씀은 사람들(회중)로 하여금 단지 우리로부터 지나가고 있는(passing) 세계를 포기할 수 있게 만든다. 둘째로, 예언자의 말씀은 사람들(회중)이 우리의 눈앞에서 하나님의 선물로 나타나고 있는(emerging) 새로운 세계를 받아들일 수 있게 만든다. 그의 주장에 의하면, 이런 두 가지 임무들은 사람들(회중)이 "이상론을 획일화 하는

---

8 Walter Brueggemann이 2012년에 출간한 *The Practice of Prophetic Imagination: Preaching An Emancipation Word* (Minneapolis, MN: Augsburg Fortress)은 2001년에 출간한 자신의 이전 저서, *Prophetic Imagination*을 기초로 예언자들의 본래의 모습에 대해 더욱 충분하고 더욱 조직적으로 분석한 업적이다.

9 *Ibid.*, 3.

것에 복종하지 않는, 즉 해방의 모체가 되는 전복적인(reversed) 발언"을 가능하게 한다.[10] 예언자의 선포는 마치 세상의 창조주, 이스라엘의 구원자, 우리 그리스도인들이 성부, 성자, 성령으로 부르는 우리 주 예수 그리스도의 아버지이신 야훼께서 이 세상에 계신 실제적인 분이며 효과적인 대행자이신 것처럼 상상하려는 하나의 시도이다. 이런 성경적 주석은 설교자만이 아니라 또한 현재의 회중들로 하여금 예언자의 사회적 기능을 순수한 믿음으로 받아들이도록 한다. 또한 이런 이해는 종종 버려진 망토를 집어 들고 설교하는 것 같은 오늘 우리들에게 열정적으로 호소함으로 현대 예언자적 훈련의 기능과 본질을 풍성하게 다룬다.

브루거만은 비판을 하며(criticizing) 동시에 활기를 돋우는(energizing) 예언자의 사회적 기능을 구체적으로 증명하기 위해 성경의 이야기들로부터 모델들을 제시한다. 예언자들의 사회적 임무들에 의해 지배 문화는 비판받아야 하고 대안적 공동체는 새로운 미래를 향해 활력을 받아야 한다.

첫째로, **이런 유형의 "예언자의 상상력" 출현은 모세의 계약 전통으로 시작된다.**[11] 왜냐하면 야훼가 이스라엘을 바로의 이집트의 사회적 현실과 철저하게 단절하도록 인도할 때 하나의 대안적 의식을 지닌 대안적 공동체 형성을 우리가 처음으로 본 것이 바로 모세의 사역에서 이기 때문이다.[12] 출애굽 이야기에 관해, 브루거만은 그 이야기가 전체적으로 이집트 신들에 관한 종교적 주장들이 어떻게 야훼에 의해 무효화 되는지를 점진적으로 증명하는 것과 관련된다고 주장한다. 여기에서의 비판은 불평들이나 비난들의 형식들을 취하지 않고 오히려 권위와 권력에 대해 이집트의 주장들의 거짓을 드러내는 행위로 나타난다.[13] 그럼에도 옛 정권을 비판하는 것으로는 단순히 충분하지 않다. 야훼께서 대안적 공동체에 앞으로 나아갈 수 있는 또 다른 시간과 상황의 약속을 주시는 것, 즉 활력을 돋우는 일이 일어나야 한다. 예언자의 상상력은 신뢰되고 의지될 수 있는 새로운 실체들에로 인도함으로 희망을 제공해야 한다. 이스라엘에게 그런 희

10 Walter Brueggemann, *The Practice of Prophetic Imagination*, 147.

11 *Ibid.*, 1. 여기에서 상상한다는 것은 우리 바로 앞에서 명백한 세계, 즉 야훼를 위한 대행이나 실제성 없이 쉽게 일반적으로 취해진 현재의 세계와는 다른 세계를 언급하고 생각하고 묘사하고 추론하는 것을 의미한다. 그러므로 예언자의 상상력을 제공하는 것은 우리 주위의 승인된 세계와 반대되는 것이다.

12 *Ibid.*, 2-6, 21.

13 *Ibid.*, 9-13.

망은 이스라엘 백성들이 야훼께서 자신들의 편에 계신다는 것과 야훼가 영원히 통치하실 분으로 바로가 아니라는 것을 깨달을 때 빛을 발하게 된다.[14] 이스라엘의 출애굽은 예언자의 상상력의 마지막이 아니다. 그것은 단지 시작일 뿐이다.

둘째로, **예언자의 상상력은 솔로몬의 통치 아래에서 얼마동안 지연된다.** 브루거만의 주장에 의하면, 솔로문의 사회적 비전은 모세의 것과 반대되었으며 솔로몬은 완전히 모세의 문화와 대조되었다. 평등의 경제들 대신, 풍요함의 경제들이 있었다. 정의의 정치들 대신 압제의 정치들이 있었다. 하나님의 자유함의 종교대신 하나님의 풍요함의 종교가 있었다.[15] 이렇게 주장하는 브루거만은 모든 사람이 이스라엘의 군주정치에 관한 자신의 관점에 동의하지 않음을 안다. 그러나 브루거만의 주장에 반대하는 사람들은 그를 설득시키지 못한 채, 그의 주장이 성경 본문들이 말하는 것과 다르다고만 주장한다.[16]

셋째로, **예언자의 상상력은 예레미야와 제2 이사야 저자와 같은 포로기 예언자들을 통해 갱신된다.** 지배적인 의식이 백성들을 무감각과 절망에로 인도하지만, 예언자의 상상력은 백성들에게 그들의 고난 경험들과 새로움의 약속들에로 인도한다. 예레미야의 파토스는 무감각한 백성들에 관한 비판이다. 제2 이사야의 희망은 절망하는 백성들에게 활기 돋우는 것이다.[17]

넷째로, **예언자의 상상력은 궁극적으로 예수 그리스도에게서 구체화된다.** 그가 지배 문화를 분명하게 비판하는 것과 대안 공동체의 분명한 활기 돋우는 것을 표현할 때 예수 그리스도가 단지 하나의 예언자로 여겨질 수 없는 반면, 예수는 그의 많은 기능들 가운데 하나의 예언자로 행동하였다. 예수의 출생, 사역, 하나님 나라 선포, 그리고 특별히 그의 십자가 죽음과 부활을 통해서, 지배 문화의 주장들이 해체되고 새 역사가 시작된다. 예수는 자신의 십자가 죽음을 통해 가장 철저한 형식으로 비판을 하며 자신의 주위 세계의 죽음을 구체화 했다. 그리고 예수는 자신의 부활을 통해 가장 철저한 형식으로 활기를 돋우며 하나님에 의해 주어진 새 미래를 구체화 했다.[18]

---

14 *Ibid.*, 14-19.

15 *Ibid.*, 21-37.

16 *Ibid.*, xiii.

17 *Ibid.*, 39-79.

18 *Ibid.*, 81-116.

2. 사회적 설교의 구성 요소

사회공동체를 위한 설교자로서 예언자들의 관심은 무엇이며, 그들이 해석하는 방식은 무엇이며, 그들의 설교에서 궁극적으로 지향하는 목표는 무엇인가? 이제부터 예언자설교를 사회적 설교로 만드는 기본적인 3가지 요소들, 즉 사회적 책임을 지기 위한 사회적 관심, 현실에 대한 사회적 비판(criticizing), 현실을 극복하기 위한 사회적 대안의식(energizing)에 대해 알아보자.

1) 사회적 관심

예언자들의 설교는 이스라엘에게 하나님의 언약 백성들로서 합당한 사회적 삶을 살고 하나님의 특별한 선민으로서 사회적 책임을 다하라는 권면으로 사회적 관심을 나타낸다.[19] 예언자들은 예외 없이 사회 변화를 지향한 것으로 공동체를 위한 사회적 조건들과 공적인 문제들에 대해 상당히 관심을 가졌다.[20] 그들의 사회적 관심은 그 관심의 대상과 내용, 그리고 텍스트에 의해 분명하게 나타난다.

첫째로, 예언자들의 **사회적 관심의 대상은 사회공동체에 대한 것**이었으며, 특별히 그 대상 중에는 **가난한 사람들, 고아, 과부, 이방인들**이 포함되었다. 구약의 예언자들은 자신이 속한 공동체를 향한 사회적 관심을 계속 강조하고 상세하게 설명한다. 예를 들어, 이런 말씀들이 출애굽기에서는 이른 자료 층에 나타난다: "너는 과부나 고아를 해롭게 하지 말라 네가 만일 그들을 해롭게 하므로 그들이 내게 부르짖으면 내가 반드시 그 부르짖음을 들으리라"(출 22:22-23). 또는 신명기의 후기 자료 층에도 이런 말씀들이 나타난다: "(하나님은) 고아와 과부를 위하여 정의를 행하시며 나그네를 사랑하여 그에게 떡과 옷을 주시나니"(신 10:18). 이런 구절들보다 더 설득력 있는 것은 신명기 24:19-21에 나온다: "네가 밭에서 곡식을 벨 때에 그 한 뭇을 밭에 잊어버렸거든 다시 가서 가져오지 말고 나그네와 고아와 과부

---

19 김창훈, "사회적 설교로서 예언자적 설교," **성경과 신학** 39권(2006): 130-158. 그는 사회적 설교에 관한 정의를 제시하지 않고 하나님의 백성들의 사회적 삶과 사회적 책임을 포함한 사회적 문제들에 대한 관심을 드러내는 설교로 이해한다(138).

20 Robert Balgarnie Young Scott, *The Relevance of the Prophets: An Introduction to the Old Testament Prophets and Their Message*, revised (New York: Macmillan, 1968), 15-16.

를 위하여 남겨두라 그리하면 네 하나님 여호와께서 네 손으로 하는 모든 일에 복을 내리시리라 네가 네 감람나무를 떤 후에 그 가지를 다시 살피지 말고 그 남은 것은 객과 고아와 과부를 위하여 남겨두며 네가 네 포도원의 포도를 딴 후에 그 남은 것을 다시 따지 말고 객과 고아와 과부를 위하여 남겨두라."

예언자들은 자신의 메시지를 통해 공동체를 위한 사회적 관심을 다양하게 표현한다. 누가 가난한 자들과 억압 받는 자들을 위해 변호할 것인가? 누가 어떤 법정도 막을 수 없는 불의가 퍼지는 것을 막을 것인가? 이런 사회적 관심은 예언자들의 메시지가 창조주 하나님의 피조물들 안에서 그리고 그들을 위해 시작되었음을 말하는 것이다. 사회공동체 구성원들 가운데 이방인, 고아, 그리고 과부들의 지속적인 필요들은 이스라엘이 주의를 기우리도록 명령을 받은 것이다. 이스라엘은 그들을 얼마나 대우하고 변호했는지에 의해 심판을 받아야 했다.

둘째로, 예언자들의 메시지 안에 반영된 **사회적 관심의 내용은 공동체를 위한 정의를 선포하고 요구하고 주장하는 것**으로 집중된다. 이런 점에서 예언자들의 설교는 사회 정의를 설교하는 것으로 설명될 수 있을 것이다. 예언자들은 사회 발전의 과정과 그들 시대의 부패에 대해 매우 날카롭게 분석하고 진단하였다. 그래서 그들은 동시대의 사회적 문제들을 해석하고 하나님에 관한 사회적 가치들과 미덕들을 강조했다.[21] 그들의 설교는 이스라엘과 유다의 사회적, 경제적, 정치적 역사에 관해 또는 그들의 종교에 관한 유용한 정보를 제공했다. 그들의 사회적 관심의 내용은 그 사회적 관심의 대상자들을 위한 것으로부터 나온 것이다. 왜냐하면 설교자들이 예언자설교에서 자신들의 주장을 변호하기에는 너무나 약한 자들을 위해 외치고, 다른 사람들에게 상처를 주는 잘못된 것들에 대해 항의하고, 표면적으로 그들의 관심이나 책임 어느 것도 아닌 문제들에 간섭하기 때문이다. 또한 그것이 바로 공동체 구성원들을 위한 상호관계이며 주장과 책임, 권리와 의무 모두를 함축하고 있기 때문이다. 예언자들의 설교에서 이런 근본적인 의미를 지닌 정의는 계약, 즉 남자와 여자, 그리고 하나님과 그의 백성들 사이의 진실한 관계를 유지하는데 도움이 되는 모든 행동들을 언급한다.[22]

21 Dieter T. Hessell, *Social Ministry*, 94-100을 보라.

22 모든 관계들의 기초가 되는 성경적 공의의 의미에 대해 Walter J. Burghardt, *Preaching the Just Word* (New Haven: Yale University Press, 1996), 2-18을 보라.

정의가 공동체에 유효한 것은 모든 개인들을 연합시키는 역할을 하기 때문이다. 그러므로 개인은 지속적으로 정의로운 계약을 지키기 위해, 즉 공동체의 모든 공통적인 생활을 유지하기 위해 행동해야 한다. 정의를 위한 관심은 전문가들이나 특별한 자들을 위한 문제가 아니라, 하나님께서 모든 사람에게 요구하시는 최고의 명령이다.

예언자들이 자신들의 설교에서 공동체를 위한 정의와 의로움을 강조한 이유, 비판하는 근본적인 이유는 정의와 의로움을 무시한 것 때문이다.[23] 헤셀(Abraham J. Heschel)이 지적하듯, 예언자들에게 정의와 "의로움은 단순한 가치가 아니라, 인간 생활에서 하나님이 차지하는 부분, 인간 역사에 대한 하나님의 지분이다."[24] 그들은 하나님의 파토스(pathos), 즉 세상을 향한 관심을 선포하는 자들이다. 이런 하나님에 관한 윤리적 감수성이 예언자들의 설교에 반영된다. 그들은 단지 정의에 관한 생각만을 설교하는 것이 아니라 정의의 하나님에 관해 그리고 정의에 대한 하나님의 관심을 설교한다. 예언자들은 하나님께서 정의를 요구하신다는 것과 그 성취가 바로 하나님의 관심을 실현한 것이라는 사실에 호소한다.

이런 관점으로부터, 정의는 모든 계층의 올바른 질서 유지를 의미한다. 그러므로 정의는 개인적인 관계뿐 아니라 "하나님이 관계된 행동, 하나님의 필요"이다.[25] 예언자가 선포하는 것은 하나님께서 백성들과 밀접하게 관련되어 있다는 것이다. 예언자들은 세상을 하나님의 눈으로 그리고 하나님의 관점으로 본다. 그들은 모든 세상을 정의 또는 불의에 의해 이해한다. 비판적인 예언자들은 사회가 아무리 자랑할 만한 종교적인 의식을 행할지라도 그런 질서를 무시할 때는 살아남을 가치가 없다고 말한다.[26] 진실한 예언자는 하나님께서 세상 속에서 참 공동체를 규정짓고 생산하는데 자신을 사용하기 원하신다는 것을 알고 있다. 그래서 예언자설교에서 가장 강력한 요소들의 하나는 예언자들이 사회적으로 그리고 경제적으로 가난하고 불이익을 당한 자들, 친족 관계에 기초된 다소 평등주의 구조의 결탁과 분위기에 의해 점진적으로 그리고 냉혹하게 상처를 입는 희

---

23 암 5:7, 24; 6:12; 사 5:7 등.

24 Abraham J. Heschel, *The Prophets*, vol. 1 (New Yor, NY: Harper & Row, 1962), 198.

25 *Ibid.*

26 참고, 암 5:21-24; 사 1:12-17.

생자들을 대신하여 항의한다는 것이다.[27] 서서히 잠식시키는 사회구조들에 대한 비판은 근본적으로 공동체를 위한 예언자의 관심사와 연결된다. 그리고 정의에 대한 절박한 요구는 압제를 받는 희생자들을 돕고 구조할 필요성을 의미했다. 그런 의미에서 정의는 "불의의 의미를 불러일으켜야 하는 것을 제거하거나 예방하는 적극적인 과정"으로 적절하게 설명될 수 있을 것이다.[28]

셋째로, 예언자들의 메시지에 나타난 **사회적 관심의 대상과 내용은 하나님과의 계약이라는 텍스트에 기초된 것**이다. 예언자들의 설교는 계약 공동체의 생활과 믿음에 매우 관련되어 있다. 하나님의 임재에 관해 개인적으로 상당히 경험했음에도, 예언자들은 개인들과 격리되지 않고 이스라엘의 종교적이며 사회적인 생활 속에 충분히 참여했다. 그들이 하나님과의 직접적인 만남은 그들로 하여금 공동체 안에 있는 다른 사람들과 강하게 연결되도록 동기 부여를 했다. 그렇게 함으로 그들은 자신들의 시대에 중요한 사회적이며 종교적인 문제들을 선포했다. 예언자들은 하나님의 백성들이 하나님께서 과거에 그들을 위해 행하신 것들을 기억할 뿐 아니라 현재 구체적이며 현대적인 상황들에 대해 선포된 말씀, 즉 하나님의 말씀에 경청하도록 불렀다. 그러므로 그들의 설교는 현재 사회의 악들에 대해 사회적 정의를 요구하고 사회의 개혁을 주장하면서 많은 시간을 종교적이며 인간관계들에 관한 근본적인 문제들을 다루는데 사용했다. 사회 정의와 의로움을 위한 그들의 부르짖음, 그리고 개인적이며 사회적인 도덕성을 위한 부르짖음은 하나님과 계약전통에 대한 그들의 믿음에 깊게 뿌리내려 있었다. 그런 이유 때문에 맥엘바니(William K. McElvaney)는 사회적 설교를 하나님의 나라 또는 하나님의 규칙(율법)에 대한 사회적이며 우주적인 관심들에 초점을 맞추는 "계약적 설교"로 이해한다.[29]

예언자들은 도덕적 부패와 사회적이며 정치적인 혼돈이 많은 때에 홀로 서 있었다. 그들의 설교에서, 죄는 백성들이 전통적으로 하나님에 대한 범죄뿐 아니라 공동체에 대한 붕괴도 포함한다. 그들의 설교는 공동체를 위한 투쟁, 붕괴, 분열,

---

27 Joseph Blenkinsopp, *Sage, Priest, Prophet*, 147.

28 E. N. Cahn, *The Sense of Injustice* (New York: Harper & Brothers, 1949), 13.

29 William K. McElvaney, *Preaching from Camelot to Covenant: Announcing God's Action in the World* (Nashville, TN: Abingdon, 1989), 13을 보라.

반목에 이르는 과정에 관한 이야기이다. 성경적인 정의가 관계 요구에 대한 충실함을 의미한다면, 죄는 책임에 대한 거부이다; 죄는 분열, 소외, 불화, 주변화, 거절을 만든다; 죄는 집단을 해체시킨다. 순수한 사회적 양심이 예언자들에 의해 불타올랐다. 하나님은 고립된 삶이 아니라 사회적 연합을 형성하기 위해 남자와 여자를 창조하셨다. 계약 공동체 안에 있는 모든 사람은 동등하게 하나님에 대해 충실하게 순종하는 생활을 할 책임이 있다. 이런 순종은 존재하는 것과 행동하는 것, 예배와 의로운 행위, 다른 사람들과 올바른 관계로 사는 것과 정의를 유지하게 위해 하나님의 계약 동반자로 행동하는 것 모두를 의미한다. 계약 공동체의 구성원들은 불의를 극복하도록, 배고픈 자들을 먹이도록, 그리고 고아들과 과부들을 돌보도록 부름을 받는다. 예언자들에게, 백성은 자신들의 생활의 모든 면에서 올바른 관계를 가질 때, 하나님을 향해서 뿐 아니라 공동체 안의 다른 남자들과 여자들을 향해 올바른 자세를 취할 때 정의롭게 된다. 그러므로 정의는 모든 관계들을 올바르게 지키는 것과 관계한다. 그러므로 정의는 모든 인간의 삶에 중심이다.

2) 사회적 비판

예언자들은 인간사회의 본질적인 변화들에 관심을 가졌다. 그래서 그들은 공적인 신념과 개인적인 바람 사이에 있는 야릇한 불일치를 이해했다고 주장되어 왔다. 그러므로 그들은 대안적인 공동체를 일으키고 개혁하는 하나의 방법으로 사회적 비판을 유지한다.[30]

예언자가 지닌 비판으로서의 사회적 기능이 20세기의 학문에서 처음으로 언급된 것은 아니다. 19세기에 소위 "사회적 복음"에 의해 자극을 받은 많은 기독교인들은 예언자들을 하나의 새로운 방법으로, 즉 예언자들이 사회적 개혁자들이었다는 확신을 가지고 예언자들을 이해했다. 현대사회에서의 예언에 관한 인류학자들과 사회학자들의 연구들의 도움을 받아, 윌슨(Robert R. Wilson)은 자신의 종합적인 연구, *Prophecy and Society in Ancient Israel* (1980)에서 이스라엘에서의 예언

30 Walter Brueggemann, *The Prophetic Imagination*, 13-14.

과 사회 사이의 관계에 대한 분석을 제시했다. 그의 견해에 의하면, 고대 근동지역과 이스라엘 사이에 나타나는 차이는 사회적 모델로서의 "중심적인" 예언자들과 "주변적인" 예언자들 사이에서 나타난다.[31]

중심적인 예언자들은 사회의 지배층에 속해 공적인 문제들에 대한 목소리를 지녔다. 그들은 궁전법정이나 성전예배에서 공적인 역할을 즐겼을 것이다. 그들의 관심은 힘과의 관계를 지키면서 일반적으로 자신들이 섬기던 사회 구조들을 유지하고 강화시키는 것이었다. 이와 반대로, 주변적인 예언자들은 사회의 지배층 밖에 있으면서 현상유지에 대해 비판적이었다. 그들은 이스라엘의 힘 있는 사회 구조들과 공적인 관계가 전혀 없었으며 어떤 도움도 받지 못한 자들었다. 그러므로 그들의 설교는 비록 사회적 불안을 초래하더라도 철저한 변화를 옹호했을 것이다.[32]

점차 최근 연구들에서는 구약의 예언자들이 새로운 정치적이며 사회적인 해석학에 대한 비판적인 연구들의 중심 주제들로 나타나고 있다. 그런 연구를 하는 학자들 가운데 두 사람을 언급한다면, 핸슨(P. Hanson)과 브루거만은 사회의 "권력소유자들"(power-amongers)에 대한 예언자들의 주변적인 관계에 대해 신학적으로 평가를 하였다.[33] 핸슨에 의하면, 예언자들은 개혁의 동인들을 대표한다. 그들의 사회적 정의, 세계 평화, 그리고 하나님의 의는 왕의 이상론에 의해 채택된 정지상태의 세계관에 대항하여 신앙공동체가 살아남는데 중요하다.[34] 브루거만에게, 모세, 예레미야, 그리고 예수님에게 구체화된 것과 같은 예언자적 사회의식은 제왕의 정치와 종교와 반대되는 입장에 서는 "대안적 의식"(alternative consciousness)이다. 이 대안적 의식은 지배 권력의 아연케 하는 압제를 "비판하고"(criticize) 정의, 자비, 그리고 평등에 관한 새로운 비전들을 상상하는 신앙공동체에 "활기를 돋우는"(to energize) 역할을 한다.[35] 주변적 예언자들이 항상 이끌림을 받는 권력 투쟁에 의해,

31 Robert R. Wilson, *Prophecy and Society in Ancient Israel*, 69-88.

32 Robert R. Wilson, *ibid*.

33 예를 들어, P. Hanson, *The Diversity of Scripture: A Theological Interpretation* (Philadelphia: Fortress Press, 1986)을 보라.

34 P. Hanson, *The People Called: The Growth of Community in the Bible* (San Francisco: Harper & Row, 1986), 5-10.

35 W. Brueggemann, *Prophetic Imagination*, 11-27 and 44-61.

브루거만은 예언자들의 사명이 "계속 상상의 사역을 살아 있게 하고, 왕이 유일하게 생각할 수 있는 자로 주장되기를 원하는 단 하나의 인물에 대안적인 인물들을 출현시키고 제안하는 것"이다.[36]

예언자들의 사회적 비판은 무엇을 향한 것인가? 예언자들의 설교는 그들의 시대에 이스라엘에서 일어나는 것이 상당히 구원 과정의 한 부분이라는 것, 단순히 하나님께서 배후에 계시다는 것만이 아니라 하나님이 그 구원 목적을 가지고 배후에 계시다는 것을 보여준다. 그런 관점으로부터 예언자들의 설교 속에 있는 사회적 의식이 이해되어야 한다. 포로기 전의 예언자들은 종종 현상유지에 비교하여 비판적인 입장을 취한 것으로, 그리고 사회의 양심 역할, 즉 예언자들이 일반적으로 불필요할지라도 권력구조의 밖에 설 것을 요구하는 역할을 하는 것으로 이해되었다. 그렇게 이해되었기 때문에, 그들은 공적으로 또는 널리 인정을 받은 지배적인 전통에 관한 이해들과 관련해서도 역시 비판적인 입장을 취할 것으로 기대되어 "하나의 사회 속에 널리 보급된 매우 중심적인 사회와 문화 경험들을 축적한 것으로, 집단적인 사회와 문화를 실제적으로 구성하는데 가장 영속적인 요소로" 이해되었다.[37]

예언자들은 인간의 이해할 수 없는 실패와 그 실패가 제일 먼저 다른 사람들에게 그 다음에 행동적인 사람들에게 주는 파괴적인 영향을 지적한다. 비판적인 예언자들이나 아모스, 호세아, 미가, 이사야와 같은 8세기의 "반대자들(dissenters)/항의자들(protesters)"[38]은 가끔 자신들을 일반적인 말들로 표현했지만, 대부분 그들의 비판은 사회적 불의, 거짓된 자만, 위선적인 신앙, 사치스런 생활(렘 7; 암 4:4-5; 사 1:12-17), 그리고 국가적인 불신앙(호세아)과 같은 특별한 형식들에 따라 구분되었으며 그래서 그들의 공격 목표들이 엘리트 지배계급들과 그들에게 의존하는 자들로 구체화된다. 그 예언자들은 모두 이런 저런 방식으로 이 엘리트들이 거주하

36 *Ibid.*, 45.

37 S. N. Eisenstadt and S. R. Braubard, eds., *Intellectuals and Tradition* (New York, NY: Humanities, 1973), 3.

38 Joseph Blenkinsopp, *Sage, Priest, Prophet*, 147.

는 중심 도시들을 공격한다(예로 암 6:4-7).[39] 이런 비난과 함께 회개 촉구가 따른다(렘 18:11).

비판적인 예언자들이 악한 것으로 공격하는 것은 공동체에 대한 충실함 결여, 남녀들을 유지하는 사회 기관들 속에서 상호인간적인 관계들에 충실하지 못하고 결속되지 못하는 것이다. 예언자들은 지속적으로 지도자들, 왕들, 왕자들, 거짓 예언자들과 제사장들을 공동체의 죄들에 대해 책임이 있는 자들로 지적했다. 공동체에 대해 저지른 그들의 죄들에 대한 예언자들의 태도들은 다양하다. 아모스는 현재의 통치자의 격한 죽음과 그 통치자가 대표한 왕조의 몰락을 예견했다(암 7:9-11). 비판적 예언자들 중 가장 이상주의자인 호세아는 제도 자체를 거부하고 군주제로 가는 것을 이스라엘의 "원죄"로 여겼다(호 5:8, 9:9, 10:9). 그와 반대로 이사야는 자신의 비난을 유다의 아하스에 의해 수행된 특별한 정치들에만 제한시켰다(사 7:1-17). 그들의 고발 또한 군주제를 섬기는 관료주의를 목표로 삼는다. 그런 비난들에는 지도적인 관원들(미 3:1-4), 지배자들이나 왕에 의해 임명된 자들(미 3:9-12, 사1:10, 3:7)을 언급하는 애매한 용어를 포함한다. 그리고 또한 사법적인 기능을 가진 왕자들이나 지방 통치자들, 군인들이나 시민들도 포함한다.[40]

3) 사회적 의식

예언자들은 얼마나 효율적으로 사회적, 경제적, 그리고 정치적인 문제들에 대해 설교할 수 있었는가? 예언자들의 설교에서 표현된 도전과 결단 촉구는 사회적 의식을 지닌 예언자들의 설교 배후에 있는 교육적인 동기부여이다. 예언자들의 설교는 예언자적 의식을 발전시킬 때 비판적이 된다. 예언자들의 설교가 지닌 차별성은 그들의 사회적 의식에 기초된 두 가지 목적들 안에 있다: 신앙 공동체의 변화를 위해 도전하는 것과 강화시키는 것, 즉 뒷받침하거나 인도하는 것.[41] 그들의 사회적 의식은 부정과 압제를 가차 없이 드러내고 사회적, 정치적,

39 예언자들의 사회적 메시지에 대해 Joseph L. Mihelic, "The Social Teachings of the Prophets," *Intergerini Partietis Septvm (Eph. 2:14): Essays Presented to Markus Barth on His Sixty-Fifth Birthday*, ed. Dikran Y. Hadidian (Pittsburgh, PA: The Pickwick, 1981), 181-204를 보라.

40 예로, 암2:3, 호7:3,5 사1:21-23.

41 William K. McElvaney, *Preaching from Camelot to Covenant*, 62.

종교적인 죄악들에 대해 이해할 때 잘 표현된다. 그래서 예언자들의 사회적 의식은 지적 완전함과 윤리적 자질에 의해 설명될 수 있을 것이다.[42]

첫째로, 예언자들의 사회적 의식은 종종 현대 설교자들에 의해 무시되는 **"예리한 분별력" 또는 "통찰력 있는 지식"과 관련**이 있다.[43] 그들은 당시의 사회적 현실을 정확하게 인식하였으며 사회적 비판능력을 분별할 수도 있었다. 그들이 사회의 문제를 분석하고 정밀하게 중요한 요소들을 찾아낼 수 있었기 때문에, 모든 사회적 환경, 국가적 사건, 그리고 모든 갈등이 정밀하게 평가되었다. 또한 그들은 국제 정치들의 복잡성과 국내 공동체에 관한 정책과 그 실행의 미묘한 실체들에 관해서도 말할 수 있었다. 그들은 경험하는 세계를 하나님의 행동을 위한 실제적인 무대로 보았다. 그들은 난해한 논리나 형이상학적 이론에 치우지지 않은 근본적으로 단순한 사람들이었기 때문에, 동시대의 문제에 대해 누구보다 매우 정확하게 진단을 했을 것이다. 그들의 관심은 시간에 제한을 받지 않는 사고와 자연에 대한 것이 아니라 모든 인간의 역사와 실제적인 생활에 대한 것이다.[44]

그들이 사회적인 현실들에 대해 진단한 객관성은 궁극적으로는 세상에서 직면하는 하나님의 정의에 대한 관점으로부터 온다. 하나님과의 깊은 교제를 통해 예언자들은 모든 경험과 진리에 대한 이해를 얻었다.[45] 이런 이유 때문에 예언자들의 사회적인 인식은 그 사회의 구체적인 현실들에 집중된다. 그러므로 그들은 인간적인 사소한 문제들까지 고려할 가치가 있는 것으로 이해한다.[46] 그들은 자신들의 생각들과 희망들을 우주적인 현실들에 의해 지지를 받은 생각이나 이론들과 혼동하는 잘못을 저지를 수 없었다.(겔 13:3) 사회적 현실들에 대한 예언자들의 견해는 하나님의 실체와 사회적 관계들의 형식 사이에 대담한 연결을 만들었다.

둘째로, 예언자들의 사회적 인식은 **도덕적 수준과도 연결**된다. 사회적 인식은 설교를 타당성 있도록 만드는 문화에 대해 매우 윤리적인 통찰력으로부터 온다. 예언자들의 사회적 인식은 그 뿌리를 사회적 악에 대한 깊은 민감성에 두기

---

42 Otto J. Baab, *Prophetic Preaching: A New Approach*, (Nashville, TN: Abingdon, 1948), 64-83.
43 *Ibid.*, 67-68.
44 Abraham J. Heschel, *The Prophets: An Introduction*, (New York, NY: Harper & Row, 1962), 5-6.
45 Abraham J. Heschel, *The Prophets*, vol. II, 1-3.
46 *Ibid.*, 5-6.

때문에(암 6:6) 감지할 수 없는 울부짖음도 놓치지 않는다(합 2:6,9,11-12).[47] 바압(Otto J. Baab)은 예언자들의 도적적 수준을 하나의 설교자로서 가지는 예언자들의 능력으로 이해한다:

> 예언자들은 설교와 하나님의 의를 공동체의 모든 생활 속에 성취하는데 전적으로 헌신되었다. 이것이 바로 예언자들이 도덕적으로 노력하는 목적으로 자신들을 개인적인 인간으로 또한 전문적인 설교자들로 세운 힘이었다.[48]

그들은 비록 하나님의 최고 선하심을 선포하는 것을 목표로 삼은 것은 아니었지만 그 메시지를 전하는데 헌신했다. 그들의 주된 목적은 사회적인 재건도 개인들의 도덕적 갱생도 아니었다. 오히려 그들이 보여준 메시지의 힘은 개인의 삶을 통해 사회적으로 그리고 도덕적으로 실제적인 영향을 준 것이었다.

예언자들의 도덕적 수준은 그들이 범죄와 희망에 관한 말씀들을 선포할 때 나타났다(렘 11:20). 그들은 청중들의 마음과 양심에 호소했다. 이런 의미에서 그들은 도덕적인 교리를 지지하는 자들이었으며 국가의 양심에 대해 말할 수 있었다. 그들은 높은 도덕성에 대한 해석자들로서 사회 질서에 나타난 이중성과 타락을 드러내는 임무를 맡았다. 그들은 세계 속에서 의로움의 근원이신 분의 이름으로 무자비하게 드러낸 것과 그런 일을 행한 자들을 비난했다. 그들은 하나님의 계시된 지식에 기초된 강한 도덕적 분노를 나타냈다. 그들은 열정과 용기로 현재의 비도덕적인 것들을 공격했다. 그들은 자신들이 선포한 심판의 말씀이 비인격적인 도덕적 질서에 대항하기 위해 재앙을 예언한 것이 아님을 철저하게 믿었다. 오히려 그들의 말씀은 하나님의 의로운 뜻을 드러내기 위해 하나님에 의한 최후의 심판이었다. 그러므로 예언자들의 도덕적 효과는 충실하게 신학적인 관점에 의해, 즉 이스라엘과 계약을 맺은 하나님의 존재와 목적 안에서 발견되어야 한다. 하나님의 윤리는 신학적인 윤리이다. 그리고 하나님의 도덕적 능력은

---

47 *Ibid.*, 3-5, 7-10.

48 Otto J. Baab, *Prophetic Preaching: A New Approach*, 71-72.

신학적인 윤리이기 때문에 존재한다.

예언자들은 자신들의 윤리적인 원리들을 자신들의 조상들을 구원하고 창조하고 심판하시는 하나님의 형식으로 증명한 가장 우선적인 실체에 의존했다. 그들은 오직 자신들의 도덕적인 이해를 위해 하나의 정당성과 지지, 즉 영원한 분의 마음에 있는 의로움을 지니고 있었다. 그들은 자신들이 하나님과 함께 하는 생활에 대한 요구들을 설교함으로서만 선한 생활에 대해 설교할 수 있음을 알았다. 이런 사람들의 힘의 원천은 불타는 분노에 대한 감동이 아니었다. 오히려 그것은 역사의 주님의 이로운 뜻을 사회적인 과정 속에서 나타내려고 노력한 최상의 헌신과 열정이었다.

지금까지 살펴 본 예언자들의 설교는 사회공동체에 관한 충실한 사회적 양심, 즉 사회적 관심, 비판, 의식을 반영했다.[49] 그들의 설교가 지니는 사회적 차원은 신앙공동체가 사회 변화를 위한 비판적 도전에 대해 반응하도록 만들었다. 이 말은 예언자설교가 공동체에 대한 충실함이나 가난한 자들과 억압받는 자들을 위한 정의에 대한 충실함을 강조하면서 "정의에 대해 사회적인 설교"로 여겨져야 한다는 것을 의미한다.[50] 예언자들이 공동체로부터 파생된 사회적 문제들, 즉 사실들과 대결해야 함을 인식했다는 것은 무시될 수 없다. 하나님에 대한 충실한 헌신으로부터 나온 예언자의 윤리적 열정은 막연한 감수성이나 자신의 관심을 높인 것도 아니었다. 예언자들의 확신은 하나님께서 자신의 모든 백성들과의 관계들과 행동들에 대해 요구하신 것과 밀접하게 연결되었다. 예언자설교에서, 하나님은 종교적이며 사회적인 영역들 사이에 있는 인위적 이분법을 종식시켰다(암 5:21-24; 호 6:4, 6-7; 미 3:1-4; 사 1:11, 13-16).[51] 그들의 설교는 필연적으로 하나의 사회적 방향을 취했다. 비록 그 방향이 이스라엘의 역사와 관련된 다른 나라와 인종들을 위한 것으로 여겨질 수도 있지만, 특별히 이스라엘의 사회를 위한 것이었다. 예언자들은 이 사회에 대해 설교를 했으며 그 사회의 복지와 구원을 위

---

49 설교에 나타난 사회적 양심에 관해 William K. McElvaney, *Preaching from Camelot to Covenant: Announcing God's Action in the World*, 17-35를 보라.

50 Klaus Koch, *The Prophets: The Babylonian and Persian Periods*, vol. 2 (London, SCM, 1983), 1.

51 Paul N. Tarazi, "The Fundamental Aspects of Prophetic Preaching," *God's Living Word,*: Orthodox and Evangelical Essays on Preaching, Theodore G. Stylianopoulos (Brookline, Mass: Holy Cross Orthodox, 1983), 20-22.

해 사역했다. 왜냐하면 잠재적으로는 그 사회가 구원 받은 자들의 사회, 즉 하나님의 나라였기 때문이다.

요약하면, 우리는 구약 성경에 나오는 예언자들의 설교가 지닌 사회적 차원들을 분석함으로 사회적 설교의 성서적 근거를 마련하였다. 이 연구의 첫 번째 결과는 예언자들로부터 시작된 사회 변화에 충실한 설교가 예수님과 그의 제자들을 통해 성서적 설교의 전통이라는 것이다. 예언자설교의 전통을 회복하는 것은 오늘날 교회를 위한 하나의 정체성을 회복하는 일이다. 이것은 모세와 그가 인도한 공동체 안에서 나타나는, 솔로몬의 통치 아래에서 보류된, 예레미야와 제2 이사야와 같은 포로기 예언자들을 통해 영구화된, 그리고 예수 그리스도에게서 구체화 되는 정체성이다. 또한 이것은 오늘날 지배 문화의 의식과 공동체에 대해 반대하는, 그래서 예언자적 상상력에 의해 창조되고 유지되는 정체성이다. 특별히 이런 정체성은 하나의 대안적 의식을 지닌 대안적 공동체의 정체성이다. 교회는 이런 정체성이 얼마나 대안적인지 분간하기 위해 그리고 그것이 하나님의 백성들 가운데서 계발되고 생명을 가지게 된다는 것을 확신시키기 위해 예언자의 상상력을 필요하게 한다. 이 연구의 두 번째 결과는 예언자설교가 오늘날의 강단에서도 가능한 사회적 설교의 구성 요소들—사회적 관심, 비판, 그리고 의식—을 제시하였다는 것이다. 앞으로 구약 예언자들의 설교를 사회적 설교의 모델로 만드는 요소들을 중심으로 우리의 사회적 설교를 가능하게 하는 접근 방법으로 연구하여 한국교회 설교의 사회적 성격, 사회적 역할, 사회적 책임과 과제, 그리고 그 미래적 전망 등을 조명하는 새로운 설교학 연구의 가능성이 열리기를 기대한다.

제5장 종말론적 비전에 충실한 설교

"예언자설교는 하나님의 말씀(텍스트)과 공동체(콘텍스트) 모두에 대해 충실하게 증언하는 형태의 설교로, 공동체가 하나님에 대한 윤리적 관계를 회복하고, 사회적 변화를 위한 비판적 도전에 응하고, 그리고 **하나님의 미래에 관한 종말론적 환상을 품을 수 있도록 한다.**"

예언자설교를 위한 네 번째, 마지막 평가 기준, "공동체로 하여금 하나님의 미래에 대한 종말론적 비전을 품도록 하는 것"은 예언자설교가 하나님의 미래 또는 하나님의 희망에 대한 충실함에 대한 "종말론적 설교"로 이해되어야 한다는 것을 의미한다. 예언자들은 설교에서 하나님의 미래에 대한 믿음을 강조하는데 충실했다. 예언자들의 설교를 능력 있게 만든 것은 설교자가 자신의 청중들을 하나의 가장된 신, 과거의 하나님을 만나도록 한 것이 아니라 종말론, 하나님의 역사, 그리고 윤리적-미래적인 유일신론과 같은 신학적 주제들과 관련하여 청중들의 삶이 진행되고 있는 현실에서 자신을 증거하시는 하나님과 마주하게 한 것이다.

사회 정의에 대한 설교가 모든 예언자들이 우리에게 가르치려던 것이었는가? 설교에서 만족될 만한 다른 요구들, 달성될만한 다른 목표들은 없는가? 예언자들은 동시대 세상과 관련하여 정의와 자비에 대한 설교뿐 아니라 또한 하나님의 나라가 온다는 약속(합 2:3)이나 다가오고 있는 하나님의 구원에 기초된 변화에 대한 희망(사 60-62장; 렘 29:11, 32; 겔 37장)의 설교도 행했다.[1] 그러므로 희망에 찬 비전은 예언자들의 설교를 위한 또 다른 목표이며 동인, 도전적인 메시지에 대한 지지력, 그리고 결단에 대한 촉구이다.[2]

예언자들의 설교는 보통 "개인들과 공동체들을 신앙공동체가 옮겨가야할 또 다른 시간과 상황에 대한 약속으로" 힘을 불어넣으면서 파멸에 대한 메시지로 시작하여 희망의 메시지로 끝난다.[3] 예언자들은 현재에 관현된 것을 조명하기 위해 현재 여기와 지금뿐 아니라 미래에 대해서도 하나님의 말씀을 선포한다. 비록 예언자들이 전한 메시지들이 자신들의 시대와 그 말씀을 들은 사람들에게 적합했을지라도, 그들은 또한 하나님께서 모든 나라를 위해 그리고 현재에 대해 앞으로 미래에 행하시려는 것을 선포했다.[4]

1. 종말론

첫째로, 예언자들은 새로운 시대에 관한 기쁜 소식, 즉 공동체를 "하나님의 미래"를 위한 희망에 집중하게 하는 종말론을 전하는 설교자들이다.[5] 그들의 설교는 이스라엘에게 새로운 생명을 가져올 하나님의 미래적인 구원의 행위를 신뢰하게 하는(사 42:9, 43:19), 그리고 그런 행위를 기다리도록 하는(사 40:27-31) 하나의 부름이다.[6] 그런 예언자들의 설교에서 사람들은 두 가지 실체들을 인식하게 된다: 예언자들의 믿음을 구성하는 하나님에 관한 진리와 역사에 관한 진리이다.[7] 수년 동안 성서학자들 중에는 예언자들의 미래에 대한 예측에 "종말론"이라는 이름을 붙일 수 있는지에 대한 논쟁이 있었다. 그 용어는 원래 세상의 마지막과 갱신에 관한 하나의 교리를 의미했다. 기독교 교리와 관련하여 종말론

---

1 Otto J. Baab, *Prophetic Preaching: A New Approach*, 138.

2 William K. McElvaney, *Preaching from Camelot to Covenant: Announcing God's Action in the World*, 62.

3 Walter Brueggemann, *The Prophetic Imagination*, 13.

4 Abraham J. Heschel, *The Prophets: An Introduction*, 12.

5 David P. Reid, *What Are They Saying about the Prophets?* (New York: Paulist Press, 1980), 48.

6 Elizabeth Achtemeier, *Preaching from the Old testament*, 118.

7 Otto J. Baab, *Prophetic Preaching: A New Approach*, 142.

은 최후의 심판과 새 창조에 관한 교훈들을 의미한다. 만일 그 용어가 어떤 연속성을 의미하는 것으로 사용된다면, 비록 마지막 구원, 즉 이전의 역사와 처음의 창조 사이에 있는 하나의 중단된 것이지만, 그 용어는 확실히 예언자적 역사관에 적용될 수 있다.

예언자들에게 구원사와 현재 사이에 있는 갑작스런 방향 전환은 미래에 유사한 하나의 끈에 비유된다.(참고, 렘 2:7상과 2:7하). 그러므로 하나님의 역사로 이해되는 역사는 두 개의 장소들에서 하나의 끊어진 선으로 나타난다. 이런 관점을 고려할 때, "종말론"을 예언자들이 앞으로 올 대격동 시대와 하나님의 사람들의 새 변화에 대한 기대를 위한 용어로 사용하는 것은 매우 적절하다. 그러기에 예언자들은 시간 상 어떤 특별한 지점에서 일어나는 대이변(하나님의 심판)이 그렇게 중요한 것이라고는 결코 생각하지 않는다는 것이 분명해 진다. 그들의 견해에 의하면, 곧 다가오는 붕괴는, 비록 지금까지는 알려지지 않은 차원들이지만, 지구가 제거되는 동안은 더 나은 인간 사회를 위한 하나의 준비로 과도적인 상태일 뿐이다. 이런 의미에서 종말론은 예언자들의 설교에서 필수적인 주제이다.

처음으로 종말론은 종교역사 가운데 예언자들의 설교와 함께 나타난다. 그러나 예언자들은 종말론을 역사의 "마지막"으로 이해하지 않았으며, 인간 역사가 다시 올 미래로도 기대하지 않았다. 그들이 주장하는 것은 역사 "가운데 있는" 종말론이다.[8] 예언자적 메시지의 내용은 마지막 자체가 아니라 그 마지막을 가져오시는 하나님이다. 그런 예언자적 관점으로부터 하나님은 마치 마지막의 한 표시처럼 오시는 것이 아니며, 사건들의 주기 마지막에 예기치 않게 나타나시는 것도 아니다. 그와 반대로, 예언자들의 눈에는 하나님께서 그 마지막을 마음으로 그리고, 계획을 세우고, 유발시키고, 인도하고, 행동으로 옮기고, 끝을 맺으신다.[9] 다시 말하자면, 예언자들은 변혁이 일어날 것이며, 그 후에도 계속 진행될 것이지만 새로운 자연환경 속에서 그리고 새로운 인류학적, 사회학적, 그리고 신화적 상황들과 함께 진행될 것으로 추정한다. 이런 생각은 특별히 에스겔과 같은 예언자들의 선포의 밑그림에서 분명하게 나타난다(암 4:7-8, 6:4; 사. 5:25-26, 1317-19; 렘.

8 Klaus Koch, *The Prophets: The Babylonian and Persian Periods*, 199.

9 Paul N. Tarizi, "The Fundamental Aspects of Prophetic Preaching," *God s Living Word*, 18.

5:15, 호 10:10).

2. 하나님의 역사

둘째로, 예언자들은 하나님의 "메타히스토리"(metahistory) 또는 보편성에 기초된 종말론적 비전을 선포하는 것으로 나타난다. 예언자들의 설교에서 사람들은 두 개의 실체들, 즉 예언자들의 믿음을 구성하는 하나님에 관한 진리와 역사에 관한 진리를 인식하게 된다.[10] 메타히스토리는 현대 용어로 이사야가 "야훼의 역사"라고 부르는 것이며 예레미야가 "야훼의 길"이라고 부르는 것이다. 그 용어는 하나님, 하나님의 "우주적인 심판" 아래 있는 인간과 세계의 진행 속에서 서로에게 작용하는 다양성을 지원한다.[11] 예언자들은 하나님을 과거의 시간과 장소에서 역사하신 창조주로, 가능한 모든 창조의 주인으로 설교했다. 그들은 과거의 시간과 장소에서 하나님을 모든 나라들의 운명을 주관하시는 분으로, 하나님의 목적을 성취하시기 위한 하나의 방법으로 모든 나라들을 사용하시는 분으로 설교했다. 그러므로 예언자들에게 메타히스토리는 시간을 통해 운행되는 전적인 움직임을 의미하며, 이스라엘 백성들뿐 아니라 그들과 하나님의 근원적인 실체 사이에 존재하는 모든 것들까지 포함하고 또한 추진시키는 전적인 움직임을 의미한다.

이사야가 국가적인 생존 수준, 정치적이며 군사적인 수준에 관해 말할 때, 그는 하나님과 그분에게 묶여 있는 백성들에 대한 특별한 종류의 움직임을 알고 있다(사 10:27 이하). 이사야는 다윗으로 끝난 구원역사 시기뿐 아니라 현재와 미래에서도 그 움직임을 감지한다. 그것은 예언자 이사야와 그의 청중들이 스스로가 저항할 수 없을 정도로 끌린 것을 알았던 하나의 운동이었다. 앗시리아의 세력이 몰락했을 때, 예레미야의 동료 주민들은 너무 기쁜 안도의 한숨을 놓았다. 그러나 젊은 예레미야는 비전과 소리를 통해 희망을 가질 이유가 전혀 없다는 것

10 Otto J. Baab, *Prophetic Preaching: A New Approach*, 142.

11 Paul N. Tarazi, *ibid.*, 19-20.

을 깨달았다. 메타히스토리에 의해 예레미야는 모든 역사의 경향을 공동체의 인간생활이 현재와 미래에 발전하는 과정으로 의미 있게 나타나는 방식으로 해석했다. 아모스에게는 하나님께서 알게 하신 것이 미래를 형성한다, 즉 예상하는 말씀사건이 역사를 형성한다. 아모스는 개인들에 대한 하나님의 주장이나 약속에는 관심이 없다. 그는 역사적인 발전을 알리는 것에, 더욱 그 준비에 관심이 있다. 아모스가 전달하는 야훼의 말씀은 효과적인 말씀이다. 그것은 곧 가까운 미래에 실현되고, 심지어 가시화된다(암 3:8, 7:10-17).

많은 구원에 관한 예언 언급들은 이런 종말론이 인간 역사가 끊어질 것을 추정하지 않음을 보여준다. 그 대신 그것은 야훼의 창조적인 중재에 의해 나타나게 될 필수적인 "새로운 방향"을 기대한다.[12] 선포된 새로운 시대의 구원은 모든 인류를 위한 더 좋은 역사를 가져올 것으로 기대된다. 새로운 구원 역사가 시작될 것이며, 이런 의미에서 최초의 시대가 마지막 때의 형식으로 되돌아갈 것이다. 그러나 새 시대는 지금까지 존재한 어떤 것이라도 훨씬 능가할 것이다. 그것은 단순히 자연 속에 놀라운 변화들을 일으킬 것만이 아니라 또한 근본적으로 인간의 구조들도 변화시킬 것이다. 그런 이스라엘의 재난의 역사가 지금 경험되고 있으며 이후부터 고난이 일어날 수 없을 것이다. 예언자들의 열정은 이 새로운 시작에 또한 그 후에도 무엇이 일어날 것을 기대하는 것으로부터 나온다. 모든 이전의 계시는 그런 흥분시키고 혁명적인 사건들을 앞에서는 중요하지 않게 될 것이다(렘 23:7이하; 사 43:18이하). 이런 종류의 예언자설교는 종교적인 사고에 처음으로 미래적인 방향을 제공한다.

3. 윤리적-미래적 유일신론

셋째로, 예언자들의 설교로부터 처음으로 "윤리적이며 미래적인 유일신론"의 시작들을 본다. 여기에서 "미래파"라는 단어는 우리 시대의 어떤 문

12 R. North, "Angel Prophet or Satan Prophet?" *Zeitschrift fur die Alttestamentliche Wissenschaft* 82 (1970): 31-67.

체적 경향들이나 "종말론적 윤리"보다 더 광범위한 의미로 사용된다.[13] 그들의 설교를 흥미 있게 만드는 것은 현재의 도덕적 행위와 미래에 나타날 조화롭고 만족스런 생활 사이에 있는 하나의 필수적인 연결이다.[14] 만일 이 연결이 존재하지 않는다면, 논리적으로 말해 남아있는 모든 것들은 예언자들이 경우에 따라 자신들의 대적들 탓으로 돌리는 이기심과 실제적인 허무주의이다: "우리가 먹고 마시자, 왜냐하면 내일 우리가 죽을 것이 때문이다."(사 22:13) 그러나 원인과 결과 사이에 있는 이런 도덕적 연결이 어떻게 이해될 수 있는가? 오직 하나님을 전제할 때에만 가능하다.

예언자들의 설교에 나타난 윤리적-미래적 유일신론과 관련하여, R. B. Y. Scott는 그것을 그들의 설교의 본질로 표현한다:

> [예언자들의 설교]는 계속 종교적인 상황 속에 활동적이며 흥미를 끄는 신성에 대한 긴급한 도덕적 요구들을 주입시킨다. 그들은 반응과 결단을 요구함으로, 그리고 하나님의 역사적인 목적과 그분의 세상을 다스리심에 의해 현재를 미래에 연결시킴으로 윤리적 생명력을 부여한다.[15]

예언자들은 한편으로는 그들의 청중들에 대한 간단한 책임과 다른 한편으로 간단한 하나님의 실체의 근거로부터 솟아나는 미래에 관한 설교자들이었다. 예언자들에게, 미래는 기계적으로 예정된 어떤 것으로 이해되지 않고, 오히려 도덕적으로 현재에 그리고 하나님의 의로운 뜻에 관련된 것으로 이해되었다. 현재의 배교는 미래의 심판을 의미할 것이고, 현재의 회개는 미래의 하나님의 구원 약속 성취를 의미할 것이다. 그러므로 예언자들의 설교는 현재에 그리고 현재에 대해 선포된 말씀이며 하나님이 행하신 것에 대한 선포뿐 아니라 그의 거룩한 뜻에도 근거되어 자신들의 시대의 구체적인 상황에 대해 영향을 준다.

예언자들은 현재 생활을 위한 윤리적 교훈을 강조한 종말론적 설교자들이었

---

13 On eschatological ethics, see Willem A. Van Gemeren, *Interpreting Prophetic Word: An Introduction to the Prophetic Literature of the Old Testament* (Grand Rapids, MN: Zondervan, 1990), 355-68.

14 R. B. Y. Scott, *The Relevance of the Prophets*, 12.

15 *Ibid.*, 102.

다. 그들의 설교는 미래로부터 분리될 수 없는 현재에 대한 하나님의 뜻을 전달하는 것이다. 미래는 우연히 결정되는 것이 아니라 현재 이런 도덕적 요구들을 만드는 동일한 뜻에 의해 결정된다. 그래서 그들의 미래에 대한 설교는 하나님의 뜻에 대한 하나의 의로운 행위이다.[16] 그들은 공동체로 하여금 과거 하나님의 길이 하나님의 미래 행위들을 희미하게 반영하는 것으로 이해하도록 도왔으며, 그리고 현재의 삶이 하나님의 메타히스토리의 입장에서 중요하다는 것, 그리고 영광스런 미래는 이미 믿는 자들의 마음속에 존재한다는 것을 이해하도록 도왔다. 종말론에 대한 예언자들의 공헌은 현재의 결정들과 행동들이 하나님께서 자신에게 복종하는 모든 사람들을 위해 개방하는 새로운 시대의 빛에서 보일 수 있는 하나의 참고 구조로 중요성을 갖는다. 그들의 설교는 현재 윤리적 생활에 대한 새로운 관점을 그런 관점을 받아들이는 자들에게만 주었다. 그러나 또한 그들의 설교는 이런 세상의 조작, 권력, 그리고 동료들의 압제에 집중하는 모든 사람들에게는 하나님의 비전을 닫는다. 예언자들은 미래와 과거 그리고 현재가 하나님의 영원한 목적 안에 포함되었음을 인정했다. 그들은 현재에 곧 일어날 것에 근거해서, 자신들 주위의 사람들의 도덕적 행동으로부터 결론들을 이끌어오는 의미의 단순한 예언자(점쟁이들)들과는 구별된다. 그들의 도덕적 미래주의는 궁극적으로 말하자면 모든 사람들에게 깊게 뿌리를 내린 필요에 근거한다.

예언자들은 모든 나라들의 존재의 근거와 팔레스타인 고향의 배경으로서의 한 분 하나님이 모든 백성들이 각자의 고유한 운명을 성취하도록 허락하신다는 이스라엘의 확신의 근거에 반대하여 등장한다. 구약성경의 하나님에 대한 광범위한 서구적 해석과는 반대로, 히브리인들은 이 하나님을 필요하다면 벌을 주거나 보상을 하시기 위해 개입하시는 다른 세상의 심판자로, 그리고 밖으로부터 계속 백성들을 지켜보시는 분으로 이해하지 않았다. 그와 반대로 하나님은 나라와 백성들을 안으로부터 인도하시고 하나의 연결이 땅 위의 모든 이들을 위한 행동과 결과 사이에 분명하도록 하신다. 이런 관점으로부터 전체적인 역사 또는 초역사의 과정(metahistory)의 그림이 나타난다. 비록 예언자들이 특별히 이론에 관심을 가지지 않지만 이론적인 요소들이 역할을 한다. 예언자들이 관심을 갖는 것은 사람들

16 *Ibid.*

이 역사의 의미를 인식해야 하고 그 빛 안에서 자신들의 미래를 이해하고 염려해야 하는 것이다. 예언자들은 자신들의 공동체를 위한 그리고 다른 백성들을 위한 대안적인 미래를 분명히 설명하면서, 외관적으로 성공한 것 같은 공동체들의 수고를 예상하며 절망적인 공동체들의 평안을 약속한다. 그들은 하나님께서 이스라엘, 다른 나라들, 그리고 피조물들을 위해 인간의 행위나 정책에 의해 방해를 받거나 일어날 수 없는 대안적인 미래를 준비하셨다는 것을 확신했다.

4. 예언자설교를 위한 동기와 타당성

지금까지 우리가 살펴본 바로, 구약 성경이 말하는 예언자들의 설교는 독특한 장르의 설교이다. 예언자설교의 특징은 하나님께서 종종 "특별한 시간"과 "특별한 장소"를 위한 "특별한 말씀"을 가지고 계신다는 것이다. 예언자설교는 그 성격상 획일화, 제도화, 또는 종교적 목적을 위한 부분이 될 수 없다. 하나님이 예언자에게 주시는 말씀은 현재 상태에 대한 개혁을 요구하는 메시지임으로 이미 확립된 제도적인 종교나 정치 질서로부터 오는 것이 아니다. 성전에서 드려진 전통적 예배에도 예언적 차원이 이었다. 예레미야와 아마도 이사야는 성전 예언자이었으나 엘리야, 아모스, 미가는 분명히 제도 밖에 있었다. 특별히 아모스는 직업적인 예언자는 아니었으나 그의 사역은 우리에게 예언자설교의 개략을 제공한다.

오늘날 예언자들의 설교를 보존하고 그것을 진지하게 생각하는 설교자의 문제는 "우리와 다른 시대에 살면서 다른 문제들에 직면했던 구약시대의 사람들에게 전파된 하나님의 말씀이 어떻게 오늘 우리를 위한 하나님의 말씀이 될 수 있는가"이다.[17] 오늘의 교회를 위한 예언자설교의 성격과 중요성을 설명하거나 이해하는 것이 단순히 히브리 성경에 나타난 예언자들을 흉내 내려는 시도일 수는 없다. 그러면 오늘날 예언자설교를 위한 동기는 무엇인가?

한편으로, 근본주의자들이 세상의 종말에 대한 정확한 시간표를 제공하기 위

17 Joseph Blenkinsopp, *A History of Prophecy in Israel*, 257.

해 사용하는 것을 제쳐놓으면, 형용사 "예언적"이라는 말은 오늘날 거의 사회정의를 옹호하는 자들의 독점이 되었다. 사실 "예언적"이라는 말은 현대 사회, 그리고 보통 교회와 관련하여 실제적으로 솔직하거나 비판적인 입장을 의미하게 되었다. 이런 관점에서 예언자설교는 인종차별로부터 세계적인 무기 판매, 대량 실직으로부터 환경 공해에 이르기까지 불의와 억압의 모든 형태에 대항하기를 요구한다. 이와 같은 사용 배후에는 전형적인 성서의 예언자들에 관한 분명한 이미지가 있다. 또 다른 한편으로, 덜 치명적으로 사용된 예언자설교는 너무 쉽게 비난할 때 사용하는 불쾌한 말의 완곡한 표현으로 설교자 자신의 의로움을 드러내는 것이나 다름없을 수 있다. 이로 인하여 분명히 예언적인 설교에 대한 성서적 정당성이 반대와 무관심을 직면한 설교자가 자기 유도적인 순교의 달콤한 고통을 주장하는 방편이 될 수 있다.

그러나 예언자설교를 위한 동기가 이와 같이 사용되는 경우 근본적 약점은 최근의 사회 운동들과 인물에 관한 언급이 그들의 실제적인 상황으로부터 추상화되는 것처럼 예언자들의 말도 그것들이 실제적으로 나온 삶으로부터 왜곡된다는 것이다. 그들의 말은 구체화되지 않은 표현이 되어 전반적으로 예언자와 예언에 관해 심하게 왜곡된 이해를 낳는다. 이로 인해 예언자설교를 위한 동기의 많은 실제적 힘이 상실되고, 총체적 복음에 대해 충실하려는 노력대신 단순히 따라갈 본보기들이나 채택할 설교 형태로 변질된다. 그처럼 위험을 느끼는 분위기에서는 오늘의 설교자들이 결코 쉽게 예언자설교자가 되지 않음으로 비판받게 될 것이다. 그들의 죄책감과 사기저하에서는 대답되지 않는 질문들이 남게 되고 만일 있어도 거의 질문되지 않게 될 것이다: 어떻게 예언자설교자가 되는가?

이와 같이 예언자설교를 위한 동기를 이해하는 태도에 대해 본 연구의 의도는 그처럼 예언자설교에 관한 불충분한 이해를 와해시키려는 것이 아니라, 그 설교를 강화시키고 그 설교에 더욱 포괄적인 내용을 주기 위해서이다. 본 성서적 관점으로부터 새롭게 이해함으로 정말 예언자설교가 하나님의 말씀과 공동체 모두에 관한 충실한 설교를 의미할 수 있다.

예언자들의 설교는 하나님의 말씀과 그의 백성들에 대한 열정을 회복시키며, 잠자고 있는 열정을 불러일으키고, 열정의 상실한 목소리를 찾아주고, 그리고 열정 부재를 직면하게 한다. 예언자들은 복음을 자유롭게 하여 부정과 억압에 맞서게 한다. 그들의 목소리는 항상 하나님의 백성들에게 자신들의 삶을 성서적 진리에 비추어 재해석하도록 도전한다.

그러면 오늘날 설교자들을 위한 예언자설교의 타당성은 무엇인가? 설교자를 위한 그 타당성은 무엇보다 먼저 그들의 설교 임무에 대해 충실한, 진지한, 책임 있는 태도이다.[18] 그들의 메시지는 그들 시대의 백성들에게, 그 백성들이 살던 조건들과 상황에서, 그리고 그들이 충분히 이해할 수 있는 언어로 전해졌다. 그러므로 설교학의 과제에 대한 예언자들의 충실함을 이해하지 않고서는 그들의 설교를 이해할 수 없다. 예언자들이 하나님의 말씀을 공동체에 전한 때와 장소에 관계없이 그들은 설교의 텍스트와 콘텍스트에 충실하였다. 그들은 때를 얻든지 못 얻든지 하나님의 방법을 설명하면서 동시대인들에게 관계된 메시지를 전하였다. 그들은 하나님의 말씀을 준비하고 설교하는데 충실하며 하나님의 백성들이 그의 말씀 안에서 그리고 그 말씀을 통하여 하나님의 권위를 느끼도록 하였다. 즉 그들에게 맡겨진 공동체에 충실하였다. 예언자들은 두 개의 다른 극 사이에서 복음의 균형을 이룬 최초의 설교자들이었다.

18 R. B. Y. Scott, *The Relevance of the Prophets*, 217.

제2부

예언자설교의 역사적 발전

제2부

예언자설교의 역사적 발전

제2부는 역사적인 관점으로부터 구약의 예언자설교의 전통에 서 있는 현대적 예언자설교의 형성 및 발전 과정을, 그리고 성경적 예언자설교가 하나의 특수한 시대와 특수한 교회들의 강단을 통해 어떻게 나타나게 되었는지를 살펴보려는 연구이다. 이 연구는 설교학적으로 현대적 예언자설교(사회적 문제들에 대한 설교)가 나타난 1960년대에 지역교회의 강단을 통해 예언자설교를 지속적으로 그리고 효과적으로 선포한 설교자와 그의 목회와 설교들에 대해 관심을 가진다. 어떻게 그가 예언자설교를 하게 되었는지 그리고 동시에 그 특수한 시기에 어떤 역사적인 도전들과 목회적인 도전들이 그의 강단으로 하여금 예언자설교를 하게 하였는지에 관한 역사적 배경을 살펴본다.

이와 같은 역사적 연구는 현대적 의미의 예언자설교가 가장 잘 나타난 시대와 예언자설교를 가장 효과적으로 선포한 강단을 통해 선포된 설교들을 위한 역사적 배경과 그 강단이 사회, 정치, 경제적 상황들에 의해 영향을 받은 설교 방식들에 대한 실마리들을 발견하기 위한 역사적 배경을 제공하려는 의도를 지녔다. 하나의 특수한 시대의 예언자설교들을 정확하게 이해하기 위해, 그 당시의 강단을 형성하고 또는 재형성한 광범위한 사회적 환경을 연구하는 것은 당연한 일이다.

이런 연구의 중심 주제는 모든 설교가 역사에 의해, 즉 개인적으로 그리고 공동체적으로 영향을 받으며, 그래서 설교자는 이런 사실을 충분히 이해해야 한다는 것이다. 강단은 그 콘텍스트 안에 존재하고, 그 콘텍스트로부터 자료들을 끌어온다. 그리고 그 콘텍스트 안에 강단의 특성이 나타나고 또한 그 콘텍스트에 의해 영향을 받는다. 그러므로 더 큰 사회에서 일어나는 다양한 사건들과 변화들을 해석하는 것은 특정한 기간의 강단을 역사적으로 평가하는데 중요한 역할을 한다.

이와 같이 강단과 그 강단의 콘텍스트 사이의 관계를 고려할 때, 제2부는 1960년대를 미국의 설교역사에서 예언자설교를 위한 새로운 설교학적 관심이 출현한 시기로 보고, 그 시대가 예언자설교를 이해하는데 중요한 이유들을 조사한다. 이와 같은 연구 목적을 성취하기 위해, 본 연구는 1960년대의 강단들에게 예언자의 목소리에 대한 반응이나 부름을 일으키는 사회적 콘텍스트 사이에 있는 긴장들을 묘사하고 해석할 필요가 있다.

그러므로 이 논의는 역사적인 도전들, 즉 1960년대의 강단들이 사회-정치적 콘텍스트 안에서 직면한 외적이며 내적인 문제들 또는 역사적 도전들이 강단들에게 준 의미들과 영향들에 집중한다. 그런 이유 때문에, 제6장은 현대적 의미의 예언자설교인 "사회적 문제들에 대한 설교"의 형성과정과 관련된 주제, 즉 1960년대에 일어난 사회운동들과 종교현상들(예언자설교를 위한 외적 환경)에 대한 일반적인 강단의 반응과 해석에 특별한 관심을 가질 것이다. 제7장에서는 한 지역교회의 강단이 1960년대의 사회적 문제들과 종교현상들, 그리고 설교의 위기 현상들에 대해 어떻게 반응하고 해석하였으며 예언자설교를 *강단갱신을 위한 설교*로 지속적으로 그리고 효과적으로 선포하게 되었는지를 다룬다. 그리고 제8장에서는 한 지역교회의 강단을 통해 지속적으로 선포된 *예언자설교의 모델들*을 공적 이슈들을 중심으로 해석하고 분석한다.

제6장 사회적 문제들에 대한 설교

본장은 4중(성경적, 역사적, 신학적, 실제적 관점)의 상황적 방법론들 가운데 역사적 관점으로부터 예언자설교를 이해할 필요와 관련하여, 예언자설교가 현대적인 의미에서 "사회적 문제들에 대한 설교"로[1] 나타난 과정을 역사적으로 살핀다. 이런 목적을 위해 본장의 초점은 현대 설교사에서 사회적 문제들에 대한 설교가 하나의 설교학의 장르로 태동하는데 특수한 배경이었던 1960년대 미국의 다양한 사회운동들과 종교적 현상들에 대해 강단이 어떻게 반응하였으며 또한 설교의 타당성을 어떻게 회복하려고 했는지를 밝히는 데에 있다. 하나의 설교 유형을 정확하게 이해하기 위해 그 설교 유형을 형성시키고 또는 재형성시킨 광범위한 사회적 환경을 연구하는 것은 당연한 일이기 때문이다.

예언자설교나 사회적 문제들에 대한 설교의 타당성을 확보하려면 먼저 성경의 예언자설교가 어떻게 현대 설교학의 한 장르로 나타났으며 또한 자리를 잡게 되었는지 그 동기와 역사적 배경에 대한 이해가 필요하다. 또한 현대 설교학에서 예언자설교의 특성에 속하는 설교의 사회성 또는 사회적 차원에 대한 관심이 어떻게 형성되기 시작했는지에 대한 연구도 필요하다. 하지만 그 동안 오늘날 교회와 강단의 갱신을 위해 설교자의 예언자적 역할이나 사회적 문제들에 대한 설교가 필요하다거나 설교의 사회성을 회복해야 한다는 연구들은 대부분 구

1 예언자설교는 최근 설교학자들에 의해 "사회적 문제들에 대한 설교," "논쟁적 문제들에 대한 설교," 또는 "사회적 변화를 위한 설교"와 같은 표현으로 인간의 총체적 상황을 위한 포괄적 의미로 사용된다. William K. McElvaney, *Preaching from Camelot to Covenant: Announcing God s Action in the World* (Nashville, TN: Abingdon, 1989), 55를 보라.

약의 예언자설교와 현대의 사회적 문제들에 대한 설교가 왜 그리고 어떻게 연결되는지에 대해 충분히 다루지 않았다.[2] 그 동안 사회적 문제들에 대한 설교에 관한 현상학적인 연구는 더러 있었지만,[3] 현대 설교학에서 사회적 문제들에 대한 설교의 배경이나 역사에 대한 연구는 너무 부족하였다. 이런 점에서 본 연구는 사회적 문제들에 대한 설교와 예언자적 설교를 단순히 동일하게 취급하지 않는다. 넓은 의미에서 구약성서에 나오는 예언자적 설교가 사회적 설교의 전례임에는 분명하지만,[4] 좁은 의미에서 볼 때는 예언자설교가 사회적 설교의 하위 범주에 속하기 때문이다.[5]

현대적 예언자설교로서 사회적 문제들에 대한 설교를 이해하려면 먼저 설교의 사회성이 어떻게 형성되는지, 그 설교 유형의 태동과 역사를 이해해야 한다. 특별히 사회적 문제들에 대한 설교를 하나의 설교학 장르로 태동시킨 1960년대 미국의 사회와 교회강단의 관계를 이해해야 한다. 설교의 한 형식이 강단을 통해 자리를 잡아가는 것은 그만큼 필요와 영향력이 인정을 받았다는 것을 의미하기 때문이다. 그러므로 사회적 문제들에 대한 설교가 현대적 예언자설교로서 오늘 우리의 설교갱신을 위한 방법의 하나로 필요하다고 강조하기 전에 그런 설교가 등장하게 된 배경, 그리고 그런 설교가 교회와 사회에 미친 영향에 대한 연구가 필요하다.

본 연구의 절차는 사회적 문제들에 대한 설교의 주요 콘텍스트인 사회와 교회

---

2 한 예로, 김창훈, "사회적 설교로서의 예언자적 설교," **성경과 신학** 39권(2006): 130-148을 보라.

3 한 예로, 김금용, "사회적 이슈에 대한 설교방법론 고찰," **설교한국** 2권1호(2010 봄), 9-40을 보라.

4 Dieter T. Hessel은 사회적 설교의 3가지 기본 유형을 예언자적 설교와의 관계 속에서 이해한다: 1) 현재의 사회적 이슈들을 예언자적으로 해석하는 설교, 2) 기독교의 사회적 가치들과 미덕들을 강조하는 설교, 3) 성경에 대한 사회적 해석을 발전시키는 설교. 그의 저서, *Social Ministry*, 2nd ed. (Louisville, KY: Westminster/John Knox, 1992), 94를 보라.

5 사회 문제들에 대한 설교는 현대 교회의 지도자들과 설교자들이 종종 직면하는 현대 사회의 경제적이며 사회계층적인 문제들이나 갈등들, 인종, 성별, 성에 관련된 도덕적 곤경들, 정당한 전쟁, 저항운동과 군국주의에 관한 질문들, 그리고 생태학 및 환경적인 이슈들 등의 문제들을 다룬다. 또한 이런 사회적 문제들을 해결하기 위한 이론들과 방법들에 관한 질문들을 다룬다. 예를 들어, 우리가 사회적 갈등들에 참여하게 하는 도덕적 원리들은 무엇인가? 이런 갈등들을 정확하게 이해하는 질문들과 적절한 대답들은 무엇인가? 설교에서 사용되는 윤리적 방법론의 역할은 무엇인가? 설교에서 도덕적인 주장을 어떻게 세우는가? 사회에서 예언자의 역할은 무엇인가? 이와 같은 질문들을 다루는 사회적 문제들에 대한 설교는 윤리적인 이론과 방법들을 활용한다. 이 방법은 궁극적으로 어려운 사회 문제들에 대한 설교에서 도덕적인 주장을 확인하고 구체화한다. Ronald J. Allen, "The Relationship Between the Pastoral and the Prophetic in Preaching," *Encounter* 49 (1988): 173-190을 참고하라.

안에서 일어나는 문제들과 현상들에 대한 원인결과의 형식으로 전개된다. 첫 번째 단계는 현대 사회적 문제들에 대한 설교를 태동시킨 1960년대에 대한 미국 강단들을 다룬다. 두 번째 단계로, 본 연구는 1960년대 사회의 다양한 문제들로 인한 사회운동들에 대한 강단의 해석을 다룬다. 세 번째 단계로, 그 사회운동들로 인한 종교현상들에 대한 강단의 해석을 다룬다. 그리고 마지막으로, 그 사회운동들과 종교현상들에 대한 강단의 반응, 즉 사회적 문제들에 대한 설교의 태동을 다룬다.

1. 시대에 대한 강단의 이해

설교학적으로 1960년대는 미국교회의 강단들의 갱신을 요구한 특별한 시기로 이해된다. 몹시 거친 시대로 이해되는 이 시기는 종종 미국의 종교역사에서 급진적으로 신학적, 사회적, 윤리적 변화가 일어난 10년 기간으로 묘사된다. 이런 정의와 함께, 이제 설명해야 할 것은 어떻게 이런 새롭고 급진적인 종교 현상들이 1960년대의 미국 강단들과 관련되었는지 이다. 이와 같이 강단을 위한 급진적인 변화의 의미들은 무엇인가? 어떻게 윤리적, 지적, 종교적 분위기에서 생성된 이런 새로운 요소들이 1960년대 미국 강단에 스며들게 되었는가?

그런 질문들에 대답하기 위해, 우리는 강단에 대한 도전들이 특별히 우연적으로 그리고 부분적으로는 집중적으로 일어났다는 것을 고려해야 한다. 1960년대의 강단들이 직면했던 사회적 도전들(외적 문제들)과 신학적 도전들(내적 문제들)이 함께 끼친 영향은 사회적 문제들에 대한 설교를 위한 촉매 역할을 했을 것이다.

그렇다면 무엇이 1960년대를 예언자설교 또는 사회적 문제들에 대한 설교를 위한 특별한 시대로 만들었는가? 강단이 1960년대에 사회적 도전들에 의해 얼마나 영향을 받고 갱신되었는지를 충분하게 이해하기 위해, 먼저 이 기간의 종교적인 분위기에 대한 느낌을 되찾는 것이 필요하다. 그래서 본 장은 설교학적 관점으로부터 1960년대의 강단들을 통해 표현된 종교적 현상들을, 특별히 시민인권, 가난, 그리고 평화와 같은 사회적 문제들을 해석하려 한다. 그래야 그 1960년대가 그 기간의 설교자들이 표현한 방식으로 해석될 수 있기 때문이다.[6] 이런 이유로, 무엇보다 먼저 사회에 대한 교회의 타당성과 그 시대의 예언자설교를 위한 요구를 다루기 전에 60년대에 관한 이해와 정의가 먼저 설명되어야 한다.

미국인들에게 1960년대가 지닌 의미는 뜨거운 감자와 같다. 1960년대가 기억되는 이유는 그 시기가 좋았기 때문이며 또한 쉽게 잊어지지 않기 때문이다. 어떤 미국인들은 가난한 자들, 무력한 자들, 그리고 소수 그룹들에 대한 관심을 표현하기 위한 다양한 노력들이 있었기에 1960년대를 기억하려고 한다. 그와 반대로, 다른 이들은 미국인들이 자신들의 등을 돌린 현상들, 즉 주로 많은 젊은이들이 길거리에서 무질서하고 미친 듯 데모를 한 현상들이 일어났기에 그 시기를 잊어버리려 한다. 그러나 많은 미국인들에게 1960년대의 10년은 한편으로는 시민인권운동이나 베트남전쟁으로, 다른 한편으로는 하나님의 죽음신학이나 대도덕적 혁신운동으로 기억될 수 있을 것이다.[7]

번즈(Stewart Burns)는 1960년대를 그 시대의 사회적 운동들과의 관계를 중심으로 정의해보려는 시도에 유익한 개요를 제공한다. 번즈는 1960년대를 4개의 주요 사회적 운동들, 흑인자유운동, 학생운동, 베트남전쟁에 대한 반전운동, 그리고 여성운동의 역사와 그 운동들이 미국 사회에 준 영향력과 관련하여 묘사한다:

> 1960년대는 수백 만 명의 미국인들이 역사를 만드는데 참여하도록 요구했다. 그들은 사회의 관습들을 변화시키기 위해 일반적인 시민권의 영역을 넘어 행동했다. 많은 이들은 새로운 사회를 창조하기를 열망했다. 그 과정에서 그들은 자신들의 삶을 변화시켰다. 비록 그들이 자신들의 꿈을 실현하지 못했다 해도, 그들은 가장 구체적으로 법적인 인종차별철폐하고, 베트남전쟁을 끝내고, 인종차별과 성차별을 제거시키고, 전통적인 남녀 역할들을 바꿈으로 미래를 형성했다. 더 나아가 변화가 일어났는데, 특별히 덜 알려지거나 측정하기 힘든 문화적 변화들이 일어났다. 이런 공적 행동주

---

6 Harold E. Quinley, *The Prophetic Clergy: Social Activism among Protestant Ministers* (New York: John Wiley & Sons, 1974), 292.

7 Sydney E. Ahlstrom, *A Religious History of the American People* (New Haven: Yale University Press, 1972), 1080.

> 의는 많은 다른 사람들이 그 시대 이후로 좋은 때가 아니더라도 역사를 만들어가도록 영감을 주었다.[8]

1960년대를 한 단어로 또는 한 문장으로 간단하게 정의할 수는 없지만 변화를 위한 하나의 기념비로 말하는 것은 틀린 말이 아니다. 그리고 그 시대의 시민인권운동과 다른 사회 운동들이 그 기원을 교회 안에 두고 그 활력을 교회로부터 많이 얻었기 때문에, 1960년대가 지닌 중요성을 교회역사에서 하나의 획기적인 변화로 말하는 것은 상당히 정확한 판단이다.

비록 많은 사람들이 1960년대를 소외와 대결의 시대라고 기억하지만, 오히려 그 시기는 열정, 목적, 그리고 적극적인 변화의 시대였다. 그런 이유로, 미국의 종교역사학자들은 변화되지 않은 것보다 변화된 것에 대해, 즉 1960년대 이후 미국 사회 속에서의 종교의 위치에 관한 긍정적 논평을 시도한다.[9] 1950년대의 종교적 현상들과 비교할 때, 1960년대는 신학적, 사회적, 그리고 윤리적인 면에서 급진적인 변화들이 일어난 시기로 기록된다. 1960년대에 인간의 본성과 권력에 관한 새로운 낙관론이 나타나기 시작했고, 잠재가능성과 발전에 대한 이해가 새로워졌다. 인간보다는 사회가 위기 속에 있었으며 제도적인 변화의 필요성의 중심으로 나타났다.

워스나우(Robert Wuthnow)에 의하면, 1960년대의 미국 종교는 더 큰 사회 속에서 일어나고 있던 변화의 힘에 의해 새로운 모습을 갖춰가면서 주요한 개혁을 경험했다.[10] 사회적 변화가 많은 목회자들로 하여금 공적 문제들에 대해 깊이 생각하고 사회적 행동으로 참여하도록 촉구하는 새로운 분위기를 교회 안에 일으켰다.[11] 워스나우는 이점에 대해 다음과 같이 언급한다:

> 1950년대에 비교적 의견의 일치와 성장을 보이던 분위기가 1960년대에

8 Stewart Burns, *Social Movements of the 1960s: Searching for Democracy* (Boston: Twayne, 1990), xi.

9 Robert Wuthnow, *The Restructuring of American Religion: Society and Faith Since World War II* (Princeton, NJ: Princeton University, 1988), 그는 7장과 8장에서 세계 제2차 대전 이후 1960년대 미국 사회의 종교적 신념과 조직에 나타난 변화를 잘 분석한다.

10 *Ibid.*, 5.

11 Harold E. Quinley, *The Prophetic Clergy: Social Activism among Protestant Ministers*, 1.

> 나타난 더 큰 사회적 불안에 의해 극적으로 변했다. 정의, 평등, 전쟁과 평화, 권리와 책임과 같은 이슈들이 국가적인 관심으로 나타나기 시작할 때, 종교 지도자들은 방관자들로 조용히 앉아 있을 수 없음을 발견했다. 광대한 제도적 자원들을 자기들 나름대로 양심에 따라 적극적인 방향으로 움직이게 하면서, 그들은 그 기간 동안 가장 논쟁적인 문제들에 깊게 관여하게 되었다.[12]

미국 교회사가 알스트롬(Sydney E. Ahlstrom)은 거친 1960년대를 미국의 종교 집단들이 사회적 분열의 실체와 그 분열을 일으킨 힘을 직접적으로 만나게 된 기간으로 표현한다. 그는 1960년대의 미국 교회들의 반응들을 소개하면서 그 10년이 어떻게 미국인들이 자신들의 교회들과 국가에 대한 이해를 변화시켰는지를 설명한다:

> 1960년대는 미국인들의 도덕적이며 종교적인 태도들에 근본적인 변화를 경험했다...간단히 말해 그 10년 동안은 과거의 국가적인 신뢰, 이상적 애국주의, 도덕적 전통주의, 그리고 심지어 역사적 유대-기독교 유일신론에 대한 기초들이 휩쓸려간 시기였다.[13]

1960년대에 대한 워스나우와 알스트롬의 해석들이 그 10년 동안에 일어난 급진적인 변화들을 강조하였기 때문에, 우리는 1960년대를 사회적 각성과 도덕적 위기의식을 깊게 하는 기간으로 묘사할 수 있다. 그러므로 1960년대는 신학과 윤리학뿐 아니라 종교적인 태도들과 도덕적 기준들에 나타난 "혁명적인" 변화들의 시기로 정의될 수 있다.[14]

또한 개신교, 가톨릭, 그리고 유대교에도 전반적인 교회 상황들이 심하게 변

12 Robert Wuthnow, *ibid.*, 145.

13 Sydney E. Ahlstrom, "The Radical Turn in Theology and Ethics: Why It Occurred in the 1960's." *The Annals of American Academic of Political and Social Science* 387(1970), 3.

14 Sydney E. Ahlstrom, "The Moral and Theological Revolution of the 1960's and Its Implication for American Religious History," *The State of American History*, ed. Herbert J. Bass. (Chicago: Quadrangle Books, 1970), 100.

화되었다. 급진적 신학, 강력한 반문화적 운동들, 새로운 생활양식에 대한 추구, 종교적인 표현들의 전통적 양식들에 대한 강한 불만, 그리고 교회에 대해 오랜 동안 수용된 견해들에 대한 광범위한 의문 등이 1960년대를 전쟁 이후의 풍요함과 종교적 부흥 시기와 심각한 대조를 이루게 하였다. 이렇게 비교적 갑자기 일어난 변화는 결코 쉽게 설명되지 못한다. 특별히 숨어 있던 지적이며 사회적 이슈들이 수백 년 동안 서서히 성숙되고 있었다. 그러나 특별히 신학적이고 윤리적인 차원에서 1960년대의 교회 안에 일어난 혁명적인 변화에 대한 그 어떤 설명도 교회와 사회와의 관계에 대한 갱신이 일어나던 방식들을 인식하지 않는다면 완전하다고 볼 수 없다.

2. 사회운동과 종교현상에 대한 강단의 해석

1) 사회운동들

1960년대의 강단은 사회적 요인들, 즉 교회와 이 기간에 특별히 현저한 사회적 이슈들의 상호작용에 의해 영향을 받았다. 일반적으로 다양한 사회적 이슈들은 1960년대의 강단이 직면한 역사적 도전들과 관련될 수 있다. 1960년대에 표면화 된 사회적, 경제적, 정치적 이슈들은 설교자들의 관심을 필요로 할 수 밖에 없었다. 교회 안에서 설교의 중심이 될 만한 주요 사건들 중에는 흑인 교회의 성숙과 관련된 시민인권운동, 평화에 대한 반전운동, 그리고 가난의 성쇠가 있었다. 미국 강단이 직면한 이런 도전들은 다양하지만 매우 익숙한 결과들을 낳았다.

비록 종교적인 관심들과 관련된 다양한 사회적 이슈들이 있지만, 우리의 설교학적 관심들은 주로 다음의 3가지 관련된 공적 또는 성경적 이슈들에 집중된다: 시민인권(인종차별), 가난, 평화. 이런 문제들은 1960년대 중기와 후기에 지역교회 차원에서 많은 목회자들이 적극적으로 참여한 이슈들이었다.[15] 이런 이유로, 시민인권운동과 베트남전쟁은 특별히 자유적인 강단이 피할 수 없는 강한 도덕적

---

15 Ibid.

명령을 표현하는 공적 문제들이었다. 1960년대 강단에 영향을 준 그 두 가지 운동들의 특징을 묘사하는 것이 필요하다.

(1) 시민인권운동

시민인권운동은 "인종적 평등함"이라는 근본적인 이슈를 1960년대 강단에 가장 논쟁적인 문제로 등장시켰다. 강단은 인종적 차별에 대한 미국의 양심을 자극했다. 그 시기에 시민인권운동과 인종 관련 문제들은 점차 모든 미국인들과 관련된 가장 타당성을 지니며 강력한 강단의 주제들이었다. 그 두 가지 이슈들 모두 인종차별의 단면을 보여줄 수 있기 때문이었다. 인종관련 이슈는 광범위하고도 강한 종교적 의미를 지녔다. 하지만 되돌아보면, 그 당시 인종적인 문제가 실제적인 이슈가 된 이유를 이해하는 것이 쉽지는 않았다.

1960년대 민주적인 미국을 위한 기대 가운데 표현된 정치적 합의에 대한 믿음이 주요 주제가 된 것은 시민의 인권에 관한 의문이 1960년대 초기에 가장 중요한 국내 이슈로 나타났을 때였다.[16] 시민인권운동은 미국 사회가 인종차별심리로 가득 찼다는 흑인들의 확신, 미국 도처에서 흑인들이 매일 직접 관찰하고 경험함으로 얻은 확신에 기초되었다.[17] 시민인권운동은 또한 백인들의 권력 구조가 흑인들과 다른 소수 그룹들의 곤경에 대해 민감해질 필요가 있는 신념, 일반적으로 백인들이 흑인들이 계속 견뎌야 하는 인종적 편견, 차별, 공공연한 학대에 관해 변화될 필요가 있다는 신념에 기초되었다. 시민인권운동은 또한 백인들이 자발적으로 자신들의 특권과 권력의 위치를 포기하지 않을 것이라는 인식에 기초되었다. 그런 분명한 실례들은 평등을 위한 운동이 백인들에 의해 증오의 대상이 되고 강한 저항을 받았을 때 분명했다.

또한 교회와 세상의 관계에 급진적인 변화가 일어났기 때문에 시민인권운동은 미국의 교회역사에서 새로운 시대로 이해되었다. 교회는 설교와 교육을 통해

---

16 시민인권운동에 관한 뛰어난 견해에 대해, Robert Weisbrot, *Freedom Bound: A History of the American Civil Rights Movements* (New York: W. W. Norton Press, 1990)를 보라.

17 1960년대의 사회적 정의를 위한 아프리카 출신 미국인들의 투쟁에 대해 David R. Goldfield, *Black, White, and Southern: Race Relations and Southern Culture*, 1940 to the Present (Baton Rouge: Louisiana State University, 1990)와 Jack Blom, Class, Race, and Civil Rights Movement (Bloomington: Indiana University, 1987)를 보라.

성경의 가치에 충실하기를 바라는 강한 요구에 직면했다. 많은 교단들은 시민인권을 지지한다는 선언을 했으며 지역 목회자들이 그 이슈에 대해 말하도록 용기를 주는 경향을 띠었다. 신학생들은 이전 세대 학생들보다 인종적인 문제들을 더 잘 다루도록 준비되어 졸업했다. 종교 지도자들은 흑인들 편에 서서 말하고 다른 사람들도 동참하도록 격려했다. 점차 인권운동을 찬성하는 인쇄물들이 늘어남에 따라 설교를 위한 정보들로 제공되었다.[18] 직접 사회적 행동으로 나타내는 전략에 대해 의문을 가지는 동안, 많은 지역 목회자들은 공적 생활에서의 교회의 역할은 개인적인 양심에 호소할 때 가장 잘 성취된다고 주장했다.[19]

초기 시민인권운동 자체가 지지한 도덕적 가치를 교회에 제시한 것은 비교적 분명한 선택이었다. 이 과정에서 인종차별문제는 침묵하는 동반자 이상의 역할을 했다. 만일 교회들이 사회적 타당성에 대한 주장을 해야 했다면, 그것은 교회들이 인종들 사이의 관계를 해결하기 위해 적극적으로 노력해야 할 것으로 보였다. 더구나 시민인권운동에 의해 제시된 인종들을 화해시키는 해결방안은 적절한 것이었다. 그 방법은 마치 성경으로부터 읽은 것처럼 그리고 정말 종종 그런 일이 일어난 것처럼 느껴졌다. 설교자들은 그 이슈들을 무시할 수 없었다. 그러나 그들이 기독교를 대변하는 자들로 인종적 평등에 대한 요청을 반대하기는 어려웠다.

게다가 초기 시민인권운동의 전략은 종교 지도자들에 의해 가장 잘 제공되는 지도력 형식을 유발시켰다. 특별히 흑인들의 대부분의 지도력은 강단으로부터 나왔다.[20] 초기 단계에서 시민인권운동은 인종적인 문제에 관한 미국인의 가치와 행동 사이에 나타난 모순을 드러내는데 집중했다. 미국인들은 그런 모순을 인식한 후에는 인종차별철폐를 지원할 것으로 알려졌다. 목회자들은 그런 문제들에 대해 도적적인 대변자들로 봉사하는 것과 그 운동의 주요 전략이 된 상징적인 저항 행동들(데모)에 참여하는 것을 매우 적절하다고 생각했다. 결국 스스로

18 William Pinson, "The Pulpit and Race Relations 1954-1966," *Preaching in American History: Selected Issues in the American Pulpit*, 1630-1967, ed. DeWitte Holland (Nashville, TN: Abingdon Press, 1969), 377-8.

19 Robert Wuthnow, *The Restructuring American Religion*, 146-147.

20 DeWitte Holland, "Sermons in American History: An Introduction," *Sermons in American History: Selected Issues in the American Pulpit 1630-1967*, 23.

저항운동에 참여한 사람들에게는, 그런 전략들이 특별히 호소력이 있는 것으로 주장되었다. 개인적인 감정이입을 느끼고 관여하는 일이 일어나는 것은 백인 성직자들이 흑인 형제들과 손을 맞잡고 평화와 형제애를 위해 행진할 때였다. 이와 같은 이유들로 인해 1960년대에 시민인권운동을 위한 성직자들의 지원은 매우 강하게 나타났다.

비록 대부분의 분석가들이 시민인권운동을 나라의 정치 역사에서 나타난 하나의 중요한 사건으로 묘사하더라도, 그 운동이 종교적인 것으로 이해되지 않는다면 그 운동이 어떻게, 왜 그리고 무엇을 말하는지에 관해 대답하기 매우 모호해진다.[21] 물론 시민인권운동은 교회 안에서 시작되지 않았으며 더구나 그 운동의 불씨가 교회의 양심에 의해 지펴진 것도 아니다. 시민인권운동이 다른 장소에서 힘을 모은 후에야, 교회가 마지막으로 그 운동에 참여했으며 늦게 무대에 나섰다. 하지만 그 운동의 열정과 힘은 종교적이었다는 데에는 이의가 없었다. 성직자들은 그 운동의 중심적인 역할을 했다. 그 운동에 교회가 남긴 흔적은 특별히 음악을 통해 군중이 행진하고, 항의하고, 앉아 기도하는데 메트로놈 역할을 했다. 옛 흑인영가를 번역한 노래들은 그 운동의 분위기를 고조시켰으며 또한 그 운동의 정신까지 반영했다. 이런 교회의 노래들이 그 운동을 위해 사용될 때 세속화되거나 무절제하게 이용당하지 않았다. 이런 노래들에 포함된 신학적이며 윤리적인 의미가 강조되었다. "자유"와 "정의"는 그 노래들의 의미들이었으며, 그래서 자유와 정의가 그 운동의 메시지가 되었다.

1960년대의 시민인권운동을 통해 미국은 가장 설득력 있는 흑인 설교를 탄생시켰다. 그런 의미에서 그 운동은 흑인 교회의 평신도와 성직자 리더십을 낳는 주요 토대가 되었다. 1960년대의 시민인권운동 이후에야 비로소 신학적 훈련이 아프리카-미국 전통의 정당성을 인식하기 시작했으며, 또한 정당성과 지배력 있는 문화인지에 대한 평가 없이도 자신들만의 문화를 위한 적임자로 목회자들을 준비시키기 시작했다. 이렇게 흑인 설교의 사회적 타당성은 주로 시민인권운동에 의해 만들어졌다.

---

21 John S. Badeau, "The Critical Role of the Church in the Modern Age," *Andover Newton Quarterly* 7.3 (1967), 104.

(2) 베트남전쟁

반전운동은 강단을 공적 영역에로 인도한 또 다른 효과적인 수단이었다. "평화"와 "가난"이 지닌 가치들이 1960년대의 5년 동안 강단의 두 번째 공적 이슈로 등장했다. 시민인권운동에 의해 자극을 받은 인종적 문제들에 대한 감수성이 전쟁에 반대하는 또 다른 주장을 이끌어냈다.[22] 그레이함(Elinor Graham)의 해석에 의하면, 흑인들의 해방운동이 전통적인 지배 그룹들에게 하나의 강력한 위협으로 등장하였기 때문에, 그들은 그 혁명적인 의미들을 제어할 수 있는 경로에로 돌리기 위한 하나의 수단을 찾았다. 그 대답이 바로 가난 프로그램이었다. 가난 프로그램은 "공적 백인 지도자들의 권력적인 위치들을 위협하지 않으면서 그것들을 비재할 수 있는 방법으로 시민인권을 재정의했다." 더구나 인종차별에 의해 일어난 도덕적 질문들을 저지하기 위해, "가난" 문제는 "인종" 문제를 위한 대안이었다: "백인 미국인들은 인종적인 대결에 의해 감정적 긴장과 정치적 난국을 풀기위해 가난이란 이슈를 논의해야 했다."[23] 이런 이유로 베트남전쟁을 반대하는 많은 사람들은 그 전쟁을 인종주의의 한 표현으로 해석했다.

베트남전쟁은 미국 내에 이전의 어떤 다른 미국인들의 전쟁보다 더 많은 논쟁을 일으켰다. 다른 전쟁들에서처럼, 대부분의 교단들은 미국 정부의 정책을 반대하는 입장을 취하지 않았다. 하지만 베트남전쟁이 시작된 이후, 대부분의 논쟁은 그 전쟁이 필요한지의 여부보다 어떻게 진행되어야 하는지에 집중되었다. 미국의 성직자들은 전쟁에 대해서는 어떤 일반적인 열의를 가지고 반응하지 않았다. 특별히 강단에 서는 목회자들에 의해 전쟁을 찬성하거나 반대하는 설교들이 많이 출판되지 않았다. 하지만 모든 성직자들이 침묵한 것은 아니었다. 예를 들어, 브라운(Robert McAfee Brown)은 자신의 저서, *베트남: 양심의 위기(Vietnam: Crisis of Conscience)에서* 교회는 기독교의 국제적인 책임을 거부해서는 안 된다는 것을 기억나게 했다:

> 교회와 회당의 의무는 그 구성원들이 나라의 정치적, 사회적, 경제적인 생활에 대해 책임 있게 말하고 행동하도록 촉구하는 것이다...개인의 의무

22 Elinor Graham, "The Politics of Poverty," *Poverty as a Public Issue, ed. Ben B. Seligman* (New York: The Free Press, 1965), 107-21을 보라.

23 Ibid.

> 는...자신의 의견을 말하고 공무원들의 선출을 위해 일하고, 투표하고, 비판하고, 지원하고, 도전하면서 민주주의 과정에서 책임 있는 역할을 하는 것이다. 교회와 회당은 결코 종교가 개인들로 하여금 그런 책임으로부터 회피하기 위해 이용당하지 않도록 해야 한다. 이런 책임이 베트남전쟁을 반대하는 것보다 더 큰 공적 이슈는 없다.[24]

베트남전쟁에 관해 염려하던 2천명의 성직자들이 관련 문제들을 연구하기 위해 워싱턴에서 세미나를 열었다. 화해(Reconciliation)라는 모임은 그 문제들을 연구하고 해결 방안을 제시하기 위해 성직자 대표단을 베트남으로 보냈다. 교회들은 대통령이 국제연합기구와 협상하거나 호소하도록 촉구했다.

이와 같은 점들이 시민인권운동에서처럼 성직자들이 반전운동에도 참여하도록 만들었다. 베트남전쟁은 소통돌이 치는 긴장의 중심부였다. 그 전쟁은 미국인들로 하여금 자신들의 사회의 본질, 즉 그 사회의 도덕적 목적, 그 사회의 특징이 지닌 강점이나 약점, 역사적 역할, 남성적 특성들, 정치제도의 합법성에 관한 가장 근본적인 전제들을 다시 생각하도록 만들었다.[25] 전쟁을 비판하는 자들에게 그 전쟁은 한편 배운 자들의 지도자들 가운데 제국주의, 인종차별주의, 그리고 오만함을 고집하고 있다는 것을 보여주었다. 베트남 남부에서 민주주의를 지키기 위해 싸우는 전쟁은 국가적인 목적뿐 아니라 개인적인 목적을 위해서도 대단한 도덕적 모호함을 드러냈다. 도덕적 질문은 해결할 수 없는 것이었다. 그래서 그 질문이 논쟁의 중심이 되었을 때, 베트남전쟁은 머리의 문제라기보다는 가슴의 문제였다.[26]

형제애와 같이 평화도 그리스도인들에게는 특별한 관심을 끄는 문제로, 교회들이 쉽게 피할 수 없었던 문제이었을 것이다. 더구나 초기 반전운동의 전략들은 시민인권운동의 찬성자들에 의해 진행된 것들과 유사하게 도덕적 격분과 상징적 항의를 강조하는 것이었다.

---

24 Robert McAfee Brown, *Vietnam: Crisis of Conscience* (New York: Association Press, 1967), 12.

25 Richard John Neuhaus, "The War, the Churches, and Civil Religion," *The Annals of the American Academy of Political and Social Science* 387 (1970), 128-40을 보라.

26 David Steigerwald, *The Sixties and the End of Modern America* (New York: St. Martin's, 1995), 95-120.

시민인권운동과 반전운동에 나타난 저항 분위기는 세계의 그리스도인들이 자신들의 신앙을 세속 사회와 관계를 갖도록 만들기 위한 도구들로 절실하게 찾았다는 사실로부터 왔다. 많은 그리스도인들에게 나타난 분위기는 교회의 갱신을 찾는 것이었다.[27] 그리스도인들은 자신들이 스스로 세상과 연결될 수 있는 실제적인, 구체적인, 그리고 진실한 어떤 것을 찾고 있었다. 시민인권운동과 베트남 반전운동과 같은 사건들 속에 나타난 항의와 행동이 바로 이런 요구들에 대한 대답으로 보였다.[28] 사회적 투쟁이 점차 강해지는 것은 미국의 교회 생활의 시간중심의 구조들이 나라의 실제적인 상황에 "관계성이 없다"는 것을 보여준 것이다. 더구나 많은 비평가들에게, 단지 교회만 출석하는 흑인과 백인들 모두는 도덕적인 "땅 속의 누룩"으로서가 아니라 변화에 하나의 장애물로 보였다. 교회의 사명이 사회를 구원하는 것이 아니라 "영혼을 구원하는 것"이라고 믿은 자들은 이런 사회적인 관계가 없는 것에 덜 당황했다. 그러나 강한 사회-복음의 경향을 지니고 하나님의 나라를 세우려는 주요 개신교 교단들에게는, 1960년대가 깊고 넓게 스며드는 환멸을 느끼게 했다.

2) 종교현상들

미국 강단이 직면한 중요한 도전은 혼란스런 1960년대에 형성된 설교신학들로부터도 왔다. 1960년대의 중요한 특징의 하나는 많은 사람들이 전통적인 신학구조로부터 이탈하기 시작한 것이다. 일반적으로 문화와 교회에서 목소리조차 없던 그룹들인 흑인들, 아시아인들, 라틴 아메리카인들, 동성애자들, 여성들, 젊은이들이 문화뿐 아니라 교회에서도 중심 위치를 잡았다.[29] 시민인권운동과 다른 사회 운동들이 등장하면서, 교회가 갱신되어야 한다는 도전을 받았다. 흑인들과 여성들과 같은 종교 그룹들 안에서 그들 자신의 신학들이 사회 운동들에 관한 신학들에 변증법적인 반응들이 되었다. 시민인권운동은 전형적인 신학적 논의들 가운

---

27 Charles E. Rice, "The Crisis in Christian Leadership," *Katallagete* 1.2 (1966), 26.

28 John S. Badeau, "The Critical Role of the Church in the Modern Age," *Andover Newton Quarterly* 7.3 (1967), 105.

29 Barbara L. Tischler, "Introduction: 'It Was Twenty Years Ago Today' or Why We Need More 1960s Scholarship," *Sights on the Sixties*, 4.

데 흑인, 여성, 라틴 등과 같은 여러 해방신학들을 위한 공간을 제공했다.

1960년대 가장 극적인 두 가지 사건들이 권리와 자유와 관계가 있었다. 비록 세계 제2차 대전이 미국과 모든 "자유 진영"을 보전하기 위한 싸움이었지만, 미국의 1960년대는 많은 사람들이 여전히 사회의 경제적인 영역에 동등하게 참여할 기본적인 인간의 권리와 기회를 얻지 못하고 있다는 사실과 함께 시작되었다. 자신들의 신분에 관한 항의에 매우 적극적인, 또는 부족한 두 그룹들은 바로 흑인들과 여성들이었다.[30] 이런 운동들은 모두 1960년대에 태어난 것이 아니라 각각 긴 전통을 가지고 있었다. 그러나 1960년대에 그들은 질적인 면에서 전례 없는 열정과 효과를 거두었다. 그들은 각기 사회에 대해 매우 깊은 영향력을 주어 그 결과로 후대의 흑인들과 여성들이 결코 이전과 같은 신분으로 돌아가지 않았다.

(1) 흑인신학

흑인신학자들은 흑인신학이 단순히 1960년대 후기의 현상이 아니라, 항상 미국의 흑인들의 경험의 한 부분으로 존재했다고 주장한다. 흑인신학의 주요 자원들은 과거 위대한 철학자들이나 사상가들이 아니라 성경과 흑인들 자신의 경험이었다. 흑인신학을 형성하는 과정에서 신학자들은 무엇을 말해야 하는지에 대한 관심보다 노예들, 미국남부인종차별법(Jin Crow Laws) 하에서 살면서 계속 폭력의 위협을 받고 있는 흑인들의 경험과 교회의 장의자에 앉아 배우지는 못했지만 종종 성자 같은 흑인 설교자들의 성령 충만한 설교를 듣고 있는 흑인들의 경험에 더 관심을 가졌다. 이것은 흑인신학이 비이성적이거나 비논리적임을 말하는 것이 아니라 단지 학대를 받은 상처들에 성경적인 통찰을 적용하는 경험에 근거된 것임을 말하는 것이다.

그러므로 억압받은 자들에 관한 문제들, 즉 해방은 오랜 동안 많은 흑인 교회들의 주된 주제이었다. 흑인신학은 인종차별, 집단적인 적의, 그리고 편협한 신앙의 속박으로부터의 해방을 말한다. 흑인신학은 그들 자신의 문화와 경험에 의해 성장했다. 노예시절과 그 이후의 사회적, 경제적 억압으로부터 생성된 그들의

---

30 Marlene Dixon, "Why Women' s Liberation?" *Female Liberation: History and Current Politics, ed. Roberta Salper* (Alfred A. Knopf, 1969) and *Ramparts* 8 (Dec. 1969)을 보라.

경험은 "흑인영가"라는 매개물을 통해 표현된 하나의 독특한 종교적 전통으로 자랐다.[31] 전통적으로 흑인들의 종교적인 견해는 몇 가지 영속적인 주제들을 포함했다: 모든 인간의 평등함 (또는 하나님의 공평하심),[32] 흑인공동체의 정의와 그 결과로 인한 궁극적 승리, 그리고 현재의 좌절에 대한 경험.[33]

1960년대의 시민인권운동은 미국 흑인의 역사를 특징 지은 종교적 주제들에 대한 관심을 다시 불러 일으켰으며 그 주제들에 강한 의미를 부여했다.[34] 콘(James Cone)은 "노예제도가 하나님에 반하는 것이기에 하나님께서 흑인들을 해방시키실 것이라."는 영적인 영역의 중심 주제를 선언했다.[35] 이 운동은 흑인들 가운데 새로운 자의의식을 주입시켰으며 또한 특별히 그들의 상황을 위한 복음에 대한 새로운 이해, 즉 흑인들 정체성에 관한 새로운 인식과 잘 조화되는 이해를 발전시키는 결과를 가져왔다. 이런 필요에 대한 흑인 신학자들의 반응이 바로 흑인신학의 형식으로 나타났다.

1966년 6월 13일에 흑인교회대표자들(National Committee of Black Churchmen)은 일반적으로 의식적으로 발전된 흑인신학의 시작을 위한 기초 문서로 여겨진 선언문을 발표했다:

> 흑인신학은 해방신학의 하나이다. 흑인신학은 흑인들의 상황을 예수 그리스도 안에 나타난 하나님의 계시에 비추어 이해하려 한다. 그래야 흑인 공동체가 복음이 흑인의 인간성의 성취에 상응하다는 것을 이해할 수 있다. 흑인신학은 "검음"(black- ness)에 관한 신학이다. 흑인의 인간성에 대한 긍정이 흑인들을 백인들의 인종차별로부터 해방시키고 백인과 흑인 모두를 위해 진정한 자유를 제공한다. 또한 이것은 백인들의 불법적인 억압에 대해

---

31 Joseph R. Washington, Jr., *Black Religion* (Boston: Beacon Press, 1966), 206-220.

32 James H. Cone, *Speaking the Truth* (Grand Rapids: Eerdmans, 1986), 144-145.

33 Benjamin May, *The Negro' s God as Reflected in His Literature* (New York: Russel and Russel, 1968), 245-255.

34 흑인영성신학에 대한 새로운 관심은 James H. Cone의 저서들에 잘 반영되어 있다. 예를 들어, *The Spirituals and the Blues* (New York: Seabury Press, 1972)를 보라.

35 *Ibid.*, 72

아니요 라고 말하지 않는 백인들의 인간성을 확인한 것이다.[36]

이 선언은 아프리카-미국의 역사가 보여준 것, 즉 흑인신학이 항상 흑인해방을 위한 투쟁에 본질적이었다는 것을 분명하게 나타냈다. 이것은 항상 흑인 공동체의 언어 속에 표현되어 왔으며 그래서 그들의 사회적 콘텍스트나 주변과 분리될 수 없다. 그래서 흑인신학은 다음과 같은 질문들을 던졌다: 어떻게 예수 그리스도의 복음이 백인의 억압으로부터 자유를 얻으려는 흑인들의 갈등과 관련되는가?[37]

흑인신학이 비록 1960년대의 사조에 참여했지만, 그 10년 동안 목소리를 낸 흑인신학은 이 혼란한 시대에 우후죽순처럼 나타났다가 사라진 많은 급진적인 신학들과는 달랐다. 흑인신학은 세속화된 문화의 지식적인 문제들에는 관심이 없었다. 오히려 흑인신학의 관심은 미국흑인들의 경험의 실체들에 있었다. 그 결과, 흑인 신학자들은 하나님에 관한 이해가 어떻게 현대인의 사고방식에 맞을 수 있는지에 관한 문제를 다루지 않았다. 그 이유는 이런 문제는 흑인들의 관심사가 아니었다. 오히려 그들은 흑인 공동체의 발전을 목표로 하는 성경적인 이미지를 구체화하려 했다.

다른 급진적인 운동들과 다르게, 흑인신학은 또 다른 차원에서 그 운동들과 유사성을 유지했다. 흑인신학 역시 1960년대의 모든 신학자들이 직면한 중심적인 문제, 즉 어떻게 하나님에 관한 이해가 동시대에서 효과적이며 강한 상징으로 남을 수 있는지의 문제로 갈등했다. 급진적인 신학자들이 하나님에 관한 지적인 타당성에 대해 논쟁을 하는 반면, 흑인 신학자들은 억압받는 자들을 위한 하나님, 그리고 종종 그리스도인이라고 주장하는 사람들에 의한 하나님에 관한 이해의 타당성으로 갈등했다. 이런 이유로, 흑인신학은 일반적으로 해장신학들의 하나로 분류되었다.

---

36 Gayraud S. Wilmore and James H. Cone, eds., *Black Theology: A Document History, 1966-1979* (Maryknoll, NY: Orbis Books, 1979), 101.

37 James H. Evans, Jr., "Black Theology," *A New Handbook of Christian Theology*, eds. Donald W. Musser and Joseph L. Price (Nashville, TN: Abingdon Press, 1992), 71-2.

(2) 여성신학

흑인들은 1960년대에 해방, 권리인정, 그리고 동등한 기회를 얻기 위해 노력하던 유일한 사람들은 아니었다. 여러 억압 형태들에 대해 투쟁하던 다른 소수집단들도 많았다. 비록 여성들이 숫자상으로는 소수집단이 아니었지만, 그들은 하나의 그룹으로서 차별대우와 열등한 신분을 경험한 느낌을 발전시켰다. 결과적으로 여성들은 자신들의 특성을 성취하려는 것을 부정하려는 관념과 행동형식들을 깨뜨리는데 착수했다. 그러나 아마도 여성들의 억압받은 신분에 대한 인식에 다시 불을 붙이는 선두 역할을 한 것은 시민인권운동 가운데 미국 흑인들에 대한 새로운 인식이었다. 이런 의미에서 우리는 여성신학을 여성들의 평등권리를 위한 "흑인해방운동의 유사한 논리"로 이해할 수 있다.[38]

20세기 후반부로 갈수록 신학은 점차 성장하는 여성학자들의 자각에 의해 영향을 받았다. 그러나 "미국의 여성신학이 주로 사회-경제 영역에서 영성들의 해방을 위한 더 큰 유사한 현상들로부터 파생된 1970년대의 한 현상"이라는 일반적인 인식 이외에, 1960년대 후기가 시작될 때 여성 신학자들과 신학생들은 여성신학(feminist theology)이라고 알려진 새로운 양식의 현대 기독교의 사상을 발전시켰다. 어떤 면에서 여성신학은 1960년대의 광범위한 미국 사회에서 발전된 여성운동의 한 산물이며 밀접하게 연관되었다.

20세기 후반 여권주의의 뿌리들이 실제로 100년 이전에 있었지만, 몇 가지 요소들이 1960년대에 여권주의자 충격이 재출현하는데 공헌했다. 여성신학의 영역에서 하나의 중요한 연구서가 1960년대 초기에 세이빙(Valerie Saiving Goldstein)에 의해 출판되었다. 10년 동안 거의 주목을 끌지 못했던 세이빙의 논문, "인간의 상황: 여성의 관점"(The Human Situation: A Feminine View)은 1970년대 중반에야 상당한 주의를 끌기 시작했다. 세이빙은 우리가 어떻게 신학을 인식하는지에 대한 중요한 차원이 우리의 성적 정체성이라고 주장했다.[39] 그녀는 다음과 같이 주장했다:

---

38 Deane W. Ferm, "Feminist Theology in America," *Scottish Journal of Theology* 34 (1981), 157.

39 Valerie Saiving Goldstein, "The Human Situation: A Feminine View," *The Journal of Religion* 40 (1960): 100-12, 이 논문은 Valerie Saving라는 저자 이름으로 재출간되었다: *Womanspirit Rising: A Feminist Reader in Religion*, eds. Carol P. Christ and Judith Plaskow (San Francisco: Harper & Row, 1979), 25-42.

> 남성의 경험과 여성의 경험 사이에는 중요한 차이가 있다. 그래서 여성의 경험은 현존하는 인간의 상황들을 더욱 강한 형식으로 보여주지만 남자들의 경험에서는 덜 분명하다. 나는 사랑에 관한 현대의 신학 교리들이 주로 남성적 경험의 기초 위에 세워졌으며 그래서 인간의 상황을 남성적 관점으로부터 보아왔다고 믿는다. 결과적으로, 이런 교리들은 여성들의 상황에 대해 적절한 해석을 제공하지 않으며, 또한 특별히 우리 자신의 사회에서 지금 일어나고 있는 분명한 근본적 변화들을 비추어볼 때 남성의 상황에 대한 적절한 해석도 제공하지 않는다.[40]

세이빙에 의하면, 전통적인 신학은 남성적인 편견을 지녀왔다. 역사적으로 남성들에 의해 성경이 해석되었으며 신학이 형성되었다. 그런 남성적인 편견은 죄와 은혜에 관한 교리들과 같이 대부분의 근본적인 신앙에 관해에서도 나타났다. 이런 점에서 세이빙은 여성들의 상황에 대해 더욱 민감한 신학을 요구했다.[41]

다른 요소들도 여성신학을 발전시키는데 공헌했다. 60년대는 여성 지위에 관한 대통령 위원회(1961)의 약속과 함께 시작되었다. 많은 찰자들은 그 중요한 요인이 1963년에 출판된 베티 프리단(Betty Friedan)의 *페미니스트의 비결*(*The Feminist Mystique*)이었다고 믿는다. 이 책은 1960년대 초기의 여성 해방을 위해 가장 중요한 촉매 역할을 했다. 프리만은 이 책에서 계속 중산층 여성들을 가정주부와 어머니로서의 전혀 차원 없는 역할에 묶여있도록 만든 신화와 자기패배적인 생각들이 얽혀있는 것, 그리고 그런 신화들을 만들고 지지한 문화적인 세력들을 단호하게 해부했다. 프리만은 전쟁을 위해 고용되었던 많은 여성들이 온전히 가정으로 돌아간 세계 제2차 대전 후, 어떻게 교육가들, 사회과학자들, 매스컴 관련 일, 공적 홍보 관련 일, 무엇보다 "과학적 종교"로 여겨진 프로이드의 여성의 성에 관한 이론들 모두가 지적이며 재능 있는 여성들에게 여성들의 유일한 성취 재원은 가정, 가족, 그리고 성이라는 믿음을 주입시키는데 연합되었다.[42]

---

40 *Ibid.*, 27.

41 Ronald B. Flowers, *Religion in Strange Times: The 1960s and 1970s* (Philadelphia: Mercer University, 1984), 205.

42 Betty Friedan, *The Feminine Mystique* (New York: W. W. Norton, 1963, 1983), 125.

매우 교육수준이 높고 재정적으로도 안정된 도시 주부들과 인터뷰를 한 후, 프리만은 "오늘날 여성들의 문제의 핵심은 성적인 것이 아니라 여성적인 매력에 의해 영구화되어 성숙을 위한 발육부진이나 회피를 선택하는 정체성의 문제"이라는 것을 발견했다.[43] "병명을 붙일 수 없는 그 문제"에 대한 프리만의 해결방법은 여성들이 스스로의 "생활 계획들"을 세우고 집 밖에서 의미 있는 일들을 행함으로 여성의 정체성을 발견하는 것이었다.[44]

1966년에는 몇몇 여성운동가들이 전미여성기구(National Organization for Women)를 결성하는데 참여했다. 전미여성기구의 설립취지 선언문은 "전미여성기구로 출발하는 우리는 이 선언문을 통해 미국의 모든 여성들의 진정한 평등함을 위하고 온전히 동등한 성의 한 동반자를 위한 새로운 운동을 위한 시대가 국내외에서 지금 일어나고 있는 세계적인 인권 혁명의 한 부분으로 도래했다고 믿는다."라는 표현으로 시작한다.[45] 교회는 처음에 매리 달리(Mary Daly)의 저서, *교회와 제2의 성*(1968)과 같은 종교적인 여성운동을 위한 중요한 문서를 통해 그 운동을 자세히 지켜보는 입장을 취했다. 가톨릭 신학자인 달리의 주장에 의하면, 교회는 여성이 남성보다 열등하다는 견해를 부추겼으며 그런 교회가 여성들을 계속 억압하는데 선두적인 역할을 했다.[46] 1960년대에는 종교적 여권주의에 대한 연구들이 많지 않았으며 또한 여권운동도 거의 없었다.[47] 그러나 달리의 저서가 출판된 후부터 1970년대부터 여성 관련 문헌들과 운동들이 폭발적인 힘을 얻기 시작했다.

여성신학은 흑인신학과 분명히 유사한 점들을 공유했다. 여성신학은 억압 상황으로 시작하면서 남성들의 지배로부터 자유로워야 할 억압 받은 여성들의 경험이라는 실제 상황에 대한 비판을 반영하기 시작했다. 여성신학은 죄와 구원이

---

43 *Ibid.*, 77.

44 *Ibid.*, 15.

45 Betty Friedan, "NOW Statement of Purpose," *It Changed My Life: Writings on the Women's Movement* (New York: W. W. Norton, 1985), 87에서 재인용.

46 Mary Daly, *The Church and the Second Sex* (New York: Harper & Row, 1968).

47 1960년대 여성신학에 관한 자료들은 다음의 저서들과 논문들에서 발견된다: Elizabeth Achtemeier, *The Feminist Crisis in Christian Faith* (Nashville, TN: Abingdon Press, 1965); Doris and Howard Hunter article, "Neither Male Nor Female," The Christian Century, April 28, 1965: 530; Hannah Bonsey Suthers, "Religion and the Feminine Mystique," *The Christian Century* (July 21, 1965), 914; Elsie Thomas Culver, *Women in the World of Religion* (New York: Doubleday, 1967).

라는 사회-정치적인 차원에 초점을 맞추고 철학적이기보다는 사회학적인 영역들을 더 활용했다. 흑인신학자들이 신학은 인종의 피부색에 의해 시작된다는 것을 받아들인 것처럼, 여성들도 신학은 남녀의 성별에 의해 시작된다고 주장했다. "백인" 신학이 유색 인종들을 억압하려는 정당성을 제공하고 지원하는 기능을 한 것처럼, 또한 "남성" 신학도 여성들과 반대되는 방향으로 움직였다. 흑인신학자들이 백인신학의 결과들을 무력화하는 신학을 드러내려고 한 것처럼, 많은 여성들도 가부장적인 문화와 교회를 반대하고 여성신학을 명확하게 드러내려고 노력했다.

3. 사회운동들과 종교현상들에 대한 강단의 반응

몹시 거친 1960년대는 종종 미국의 종교 역사에서 급진적으로 신학적, 사회적, 윤리적 변화가 일어난 10년 기간으로 묘사된다. 이런 정의와 함께, 이제 설명해야 할 것은 어떻게 이런 새롭고 급진적인 종교 현상들이 1960년대의 미국 강단들과 관련되었는지 이다. 이와 같이 강단을 위한 급진적인 변화의 의미들은 무엇인가? 어떻게 윤리적, 지적, 종교적 분위기에서 생성된 이런 새로운 요소들이 1960년대 미국 강단에 스며들게 되었는가? 이런 질문들에 대답하기 위해, 우리는 강단에 대한 도전들이 특별히 우연적으로 그리고 부분적으로는 집중적으로 일어났다는 것을 고려해야 한다. 1960년대의 강단들이 직면했던 사회적 도전들(외적 문제들)과 신학적 도전들(내적 문제들)이 함께 끼친 영향이 사회적 이슈들에 대한 설교를 위한 촉매 역할을 했을 것이다.

1) 새로운 설교해석학

1960년대에는 해방신학이 중요한 논쟁들에서 승리했다. 미국의 흑인신학자들과 여성신학자들이 전통적인 설교학적 해석학을 재조정하고 회복하기 위한 싸움을 인도했다. 대부분의 신학교들에서 인종차별주의자, 엘리트, 그리고 가부장적 영역들, 언어와 은유들이 근절될 위험에 놓였다.[48] 설교자들이 가난한 자들, 억압받는 자들, 그리고 주변으로 밀려난 자들의 관점으로부터 성경을 해석하고 온전한 복음을 설교하도록 인도하는 새로운 설교학적 신학이 지적으로는 자극적이고 정치적으로는 파괴적인 주장으로 세계 속에 다시 태어나고 있었다. 시민인권과 반전을 위한 운동들이 진행되는 동안 사회적 운동과 공적 이슈들에 대해 설교하는 목사의 전형적인 예언자적 역할이 이런 많은 발전들을 위한 촉매제로 많은 신뢰를 얻었다. 새로운 설교학적 해석학이 이런 다양한 해방신학들에게 도움을 입은 것은 1960년대 사회적 문제들에 대한 설교의 출현을 위한 중요한 원인이 되었다.[49]

흑인신학과 여성신학은 미국의 설교학에서 예언자적 설교의 등장을 위한 전형적이며 매우 중요한 의미를 지니는 것으로 나타났다. 그 두 신학들은 현재 사회적이며 경제적으로 억압을 경험하고 있는 사람들의 다양한 예들에 의해 제시된 도전에 관심을 가졌다. 사실 이런 많은 목소리들은 이전의 모든 현대 신학들에 대해 강하게 비판적이었다. 그 목소리들에 의하면, 신학자들이 스스로를 기독교를 비판한 계몽주의 첫 단계, 즉 무신론에 대한 지적 도전에만 초점을 맞춘 것에 만족하였다. 하지만 그 목소리들은 이제 계몽주의의 둘째 단계, 즉 칼 마르크스와 같은 사상가들에 의해 제시된 사회경제적 현상유지에 대한 도전에로 움직여야 할 때가 왔다고 주장했다. 1960년대의 급진주의자들은 신학이 사회 속의 억압받는 자들과 주변으로 밀려난 자들의 편에 서야 하며 그들을 대신하여 그들과 함께 인권투쟁에 참여해야 한다고 강하게 요청했다. 그 시대의 많은 사람들은 이런 방법을 통해서만이 신학자들이 하나님의 실체를 발견할 수 있다고 믿었다.

대체로 이런 신학들은 이론과 실제 사이의 전통적인 관계에 대한 현저한 반전 현상을 반영했다. 처음에는 기독교 신앙을 해석함으로 이론적인 문제들을 해결하고, 그 다음 그 신앙을 구체적인 실제 상황에서 실현하려는 적절한 방법들을 찾으려는 시도 대신, 이런 신학들은 이미 1960년대의 사회적이며 정치적인 위기들과 관련되어 나타난 기독교 목회의 새로운 형식들에 대한 반응들이었다. 그

---

48 Robert Michael Franklin, "The Case for Social Ethics: Lessons from the Civil Rights Movement," *Theological Education* (Autumn 1989), 43.

49 *Ibid.*, 43-44.

신학들은 흑인 혁명으로부터, 급진적인 학생 운동들로부터, 베트남전쟁에 대한 저항 운동들로부터, 그리고 남미, 아프리카, 아시아의 혁명적인 운동들로부터 지침들을 취했다. 대부분 이런 신학들은 특별한 목적을 지니는 경향을 띠면서 사회적 변화를 일으키려는 노력들로 특수한 이슈들에 대한 타당성을 드러내기 위해 기독교 신앙적인 주제들을 선택적으로 드러냈다.[50] 급진적인 신학들을 위한 무대가 하비 콕스(Harvey Cox)를 중심으로 여러 신학자들에 의해 마련되었다.[51]

그런 급진적인 신학들이 1960년대의 미국 설교학에 새로운 해석학을 탄생시켰다. 해석학 분야에서는 설교자가 해석자로서 사회적이며 정치적인 환경이라는 렌즈를 통해 성경 본문들을 읽고 설교해야 한다고 주장했다.[52] 또 다른 해석학 그룹에서는 신앙인들이 자유롭게 하는 말씀을 들으려면 성경의 자료들이 원래 신앙인들에게 초월되어야 할 가부장적 의식을 통해 여과된 것이었다는 의심을 추가해야 한다고 주장했다.[53] 그렇게 1960년대의 새로운 해석학은 성경 본문들을 특권과 힘의 렌즈를 통해 읽던 북미 학자들 세대와는 맞지 않았다.

급진적인 신학들의 등장과 함께, 동시대의 억압, 가난, 변두리의 경험에 반응하기 위한 다양한 시도들이 모두 해방이라는 주제에 호소했다. 그 이유는 새로운 급진주의자들이 지적인 무신론보다 기독교 신앙에 대해 더 깊게 비판했기 때문이었다. 많은 사람들이 계속 만일 하나님이 실재한다면 그런 하나님은 반드시 압제, 가난, 변두리로부터 해방을 일으키기 위해 현재의 투쟁들에 참여해야 한다고 주장했다. 그리고 만일 기독교가 진리이라면, 기독교의 메시지는 반드시 해

50 Martin E. Marty and Dean Peerman, ed., *New Theology* No. 6 (New York: Macmillan, 1969)을 보라.

51 Harvey Cox, *The Secular City* (New York: Macmillan, 1965); Richard Shaull, "Theology and the Transformation of Society," *Theology Today* (April 1968); Michael Novak, *Theology for Radical Politics* (New York: Herder and Herder, 1969), 그리고 "Christian Theology and Social Revolution," *Perkins School of Theology Journal* (Winter 1967-68); Carl Oglesby, *Containment and Change* (New York: Macmillan, 1967)를 보라.

52 Joseph Washington, *The Politics of God* (Boston: Beacon Press, 1967); C. Eric Lincoln, *Is Anybody Listening to Black America*? (New York: Seabury Press, 1968); Vincent Harding "The Religion of Black Power," *The Religious Situation*, ed. Donald R. Cutler (Boston: Beacon Press, 1968); James H. Cone, *Black Theology and Black Power* (New York: Seabury Press, 1969); Juan Luis Segundo, *Liberation of Theology* (Maryknoll, NY: Orbis Books, 1976)를 보라.

53 Sarah Bentley, ed., *Women's Liberation and the Church* (New York: Association Press, 1970); Phyllis Trible, *God and the Rhetoric of Sexuality* (Philadelphia: Fortress Press, 1978); Schussler Fiorenza, *In Memory of Her* (New York: Crossroad, 1983)를 보라.

방에 관한 것이어야 한다. 억압, 가난, 변두리, 그리고 새로운 급진주의의 다양한 경향들로부터 오는 해방이라는 공통적인 주제가 일반적으로는 "해방신학"에 의해 광범위하게 알려지게 된다는 전제 하에 연합되었다.

2) 사회적 문제들에 대한 설교의 필요성

1960년대 사회적 이슈들에 대한 설교의 주요 사회적 콘텍스트, 즉 사회적 운동들과 설교학적 신학들은 성경 본문과 교회 안에서의 성경의 콘텍스트를 이해하는데 가장 큰 영향력을 가진다. 그렇다면 1960년대의 강단에 대한 그런 사회적 운동들과 신학들의 영향력은 무엇이었는가?

어떤 사회적 운동들과 신학들의 영향이라도 1960년대 전반적인 강단에 특수한 도전들을 제공할 수 있었다. 하지만 그 영향들을 구체적으로 확인하려면 강단이 그 10년 동안에 일어난 주요 도전들을 자세하게 관찰할 필요가 있다. 그 도전들의 하나가 바로 예언자적 설교의 필요성이 등장한 것이었다.

사회적 운동들과 설교신학들로부터 온 도전들이 강단에 준 주요 영향은 사회적 문제들에 대한 설교를 위한 필요로 나타났다. 기독교의 설교가 항상 사회적 상황들에 대해 관심을 가졌지만, 1960년대 이전까지의 강단은 개인적인 도덕성에 관한 이슈들을 주로 나타내는 경향이 있어서 제도들보다는 개인들을 변화시키는 목표를 가졌다. 비록 사회의 변화가 최소한 사회 복음을 선포하려는 월터 라우센부쉬의 노력에 의해 일찍이 일어났음에도, 1960년대에 다시 "사회적 이슈들에 대한 설교"에 대한 관심이 새롭게 일어났다. 미국 설교학의 새로운 시대가 급진적인 사회 운동들과 설교신학들의 출현과 함께 시작되었다.[54] 1960년대의 강단에 도전을 준 사회적 운동들과 설교신학들이 사회에 대한 타당성을 얻기 위해 서로 연결되면서 사회적 이슈들에 대한 설교를 위한 새로운 설교학적 관심을 불러일으키는 촉매력으로 이해되었다.

한편으로, 1969년대는 시민인권투쟁들, 여권주의의 출현, 베트남전쟁, 그리고 가난과의 전쟁과 같은 사회적 격변들을 경험했다. 1960년대에 사회적 운동은 많

54 Sydney E. Ahlstrom, "The Moral and Theological Revolution of the 1960's," 104를 참고하라.

은 성도들이나 그들의 성직자들이 자신들의 기독교 헌신의 진지성을 평가하는 기준이 되었다. 결과적으로 설교학의 영역에서는 급진적인 변화를 요구하는 이런 사회적 운동들에 대한 특별한 반응이 사회적 이슈들에 대한 설교에 대한 새로운 관심을 불러일으켰다.[55]

다른 한편으로, 1928년부터 1960년까지의 미국의 설교학이 성서신학운동에 의해 형성된 반면, 1960년대의 설교학은 아프리카-아메리카 신학과 여성신학과 같은 새롭고도 더욱 역동적인 "설교신학들"을 출현시킨 민감한 변화들에 의해 영향을 받았다.[56] 그런 급진적인 신학들에 의한 역사-비평적 방법들에 주어진 도전들은 해석자들이 객관적으로 하나님을 성경 본문들 배후에 있는 역사적인 사건들 안에 둘 수 있는지, 그래서 하나님의 능력과 행위들이 성경에서 그려진 구원역사에 더욱 제한받지 않을 수 있는지를 질문하는 새로운 의심의 해석학에로 이동했다.[57] 또한 설교학의 근저에 있는 새로운 해석학 방법은 1960년대의 강단이 가난한 자들, 억압받는 자들, 그리고 변두리로 밀려난 자들의 관점으로부터 설교할 것을 도전했다.

그런 급진적인 신학들에 기초한 의심의 해석학에 의해 영향을 받은 1960년대의 강단은 일반적으로는 공적으로 말하는 모든 형식들에로 그리고 특별하게는 설교의 공적 차원에로 방향을 정하기 시작했다. 결과적으로, 1960년대의 강단은 사회적 이슈들에 대한 설교에 대한 다양한 신학적 관점들을 경험했다. 그와 같은 급진적 신학들의 등장과 함께, 1960년대의 설교자들은 억압받은 자들, 가난한 자들, 또는 변두리로 밀려난 자들의 관점으로부터 성경을 읽고 복음을 설교하기 시작했다.

1960년대의 급진적인 사회 운동들과 역동적인 신학 운동들의 출현으로 미국의 강단은 사회적 이슈들에 대해 설교하도록 도전을 받았으며 그래서 그 10년은 미국의 설교역사의 발전에서 새로운 무대로 나타났다. 사회적 격변들에 직면

---

55 O. C. Edwards, Jr., "History of Preaching," *Concise Encyclopedia of Preaching*, eds. William H. Willimon & Richard Lischer (Louisville, KY: Westminster/John Knox, 1995), 224.

56 Don M. Wardlaw, "Homiletics and Preaching in North America," *Concise Encyclopedia of Preaching*, 248.

57 Brevard S. Childs, *Biblical Theology in Crisis* (Philadelphia: Westminster Press, 1970); Walter Wink, *The Bible in Human Transformation: Toward a New Paradigm for Biblical Study* (Philadelphia: Fortress Press, 1973)를 보라.

하고 동시에 신학적 근거를 동경하는 과정에서, 1960년대의 미국 강단은 새로운 설교의 장르, 즉 사회적 문제들에 대한 설교를 일으켰다. 좋게 말한다면, 강단의 예언자의 역할을 매개 수단으로 삼은 것은 사회 변화를 위한 강력한 도구였다.

지금까지의 연구는 1960년대를 미국의 설교학 역사에서 사회적 문제들에 대한 설교를 이해하는 중요한 역사적 계기로 이해하였다. 이런 새로운 설교에 대한 관심과 설교 장르의 변화가 현대 설교학에서는 일찍이 20세기 초에 라우쉔부쉬(Walter Rauschenbusch)가 사회적 복음을 선포하려는 노력으로 일어났지만, 전체적으로 새로운 변화는 1960년대에 일어난 미국의 여러 가지 사회적 운동들--시민권운동, 반전운동, 학생운동, 여성운동, 그리고 빈곤퇴치운동 등--로 시작되었다. 사회 운동들(시민 권리와 반전 운동들)과 설교학적 해방신학들(흑인신학과 여성신학)을 통해, 강단은 공적 이슈들, 즉 주요 사회적 문제들인 시민의 권리들, 가난, 그리고 평화를 다루어야 할 도전을 받았다.

1960년대에는 다양한 사회적 행동들로 인해 점차 논쟁을 일으키는 문제들에 대한 설교가 사회적 변화를 일으키기 위해 사용된 강한 도구로 인식되기 시작했다. 이때의 미국 강단은 설교의 임무를 어려운 주제, 즉 때로는 애매하지만 항상 논쟁을 일으키는 하나님의 정의를 선포하는 것과 연관시키려고 계속 노력하였다. 또한 점차 사회적 행동주의가 많은 성도들이나 성직자들에 의해 기독교에 대한 참된 헌신을 평가하는 기준이 되었다.

21세기의 한국교회의 강단들도 점차 국제화와 다문화가정 양산으로 인한 인종차별, 경제적인 빈부격차의 심화, 그리고 세계에서 유일하게 분단국가가 직면하고 있는 전쟁위협 등의 사회적 이슈들로 도전을 받고 있다. 이런 사회적 문제들은 한국교회의 설교자들로 하여금 점차 최근 우리의 사회와 세계의 변화에 의해 일어나는 문제들에 대하여 강하게 표현할 필요가 있음을 전제하고 있다. 한국교회의 설교가 사회적 조건들에 대해 항상 무관심한 것은 아니지만, 지금까지도 우리의 설교 대부분은 사회적 조건들을 개인적인 문제들을 위한 것으로 표현하는 경향을 띠고, 그래서 사회적 제도의 변화보다는 개인의 변화를 설교의 목표로 삼고 있다. 이에 따라, 한국교회의 강단도 사회적 문제들에 대한 설교에 관심을 가지고 연구할 필요가 있다. 한국교회의 강단의 갱신과 미래가 설교자들이 예언자적 사명을 인식하고 사회적 공신력을 회복하기 위해 현재 우리 사회의 다양한 문제들에 대해 비판하는 설교를 재형성하고 헌신을 재다짐하는 것으로부터 시작되어야 하기 때문이다.

3) 교회의 타당성 회복하기

강단이 사회적 도전들에 의해 영향을 받고 갱신된 정도를 충분히 이해하기 위해 무엇보다 먼저 필요한 것은 이 시대의 종교적인 분위기를 포착하고 종교의 역할을 고려하는 것이다. 1960년대의 교회들은 스스로 그 시대와 사회 속에서의 역할을 이해하는 과정에서 2중적 위기들에 직면하게 되었다. 첫째로, 1960년대의 교회는 기독교의 역사적인 공동체로서의 경험과 유산에 뿌리를 둔 신앙공동체로서의 진정한 정체성을 상실할 위기에 처했다. 둘째로, 그 시대의 교회는 다원론적이며 기독교 후기시대와 같이 다양하게 묘사되는, 철저하게 새로워진 문화적 상황 속에서 사회와의 관계에 대해 새롭게 이해할 필요성에 직면했다. 이런 두 가지 문제들은 서로 밀접하게 연결되어 있어서 어느 하나라도 분리해서는 바르게 이해하는 것이 불가능하다. 설교자에게 이런 의문들, 즉 교회의 자아 정체성과 세속 사회와의 관계에 대한 역할이 강단갱신과 직접적으로 연결된다. 설교에서는 현대 생활에 대한 교회의 타당성에 관한 논의는 필수적으로 공적 이슈들과의 관계에 대한 교회의 역할을 고려하도록 인도한다.

1960년대에 개신교회들은 (그리고 일반적으로 미국의 종교는) 심각한 정체성과 재평가의 위기를 맞이하고 있었다. 1960년대에 일어난 급진적인 변화와 관련하여, 그 10년 동안은 교회가 스스로를 세계와 관계를 만들려고 시도한 때, 그리고 단순히 개인적인 경건함을 유지하는 것보다 예언적 사역에서의 역할을 더 실현한 시기로 가장 잘 묘사될 수 있다.[58] 1960년대의 제도들이 자체의 타당성에 대한 의문을 가진 이후, 교회 또한 비판과 의혹을 받을 수밖에 없었다. 교회 내의 신학적 권위의 옛 근거, 사회적 이상주의와 전통적인 도덕의 제재, 그리고 공적 행동의 기준들의 옛 형식이 사회에 대한 부적절한 관계로 비판을 받았다.[59] 그 기간 동

58 DeWitter T. Holland, *The Preaching Tradition: A Brief History* (Nashville, TN: Abingdon Press, 1980), 95.
59 Sydney E. Ahlstrom, "The Moral and Theological Revolution of the 1960's and Its Implications for American Religious History," 103.

안 일반적인 공공기관들과 대부분의 사회기관들이 세상의 현실들을 변화시키는데 일치한 후에도 교회는 움직이는데 실패했다.[60]

"의미와 목적"의 상실이라는 위기를[61] 경험한 1960년대의 교회는 이 세상에서 교회의 현상유지와 사회적 불의를 끝내라는 신학과 윤리학, 그리고 "새로운 유형"(New Breed)의 성직자들의 새로운 목소리들에 의해 도전을 받았다.313[62] 그들은 사회에 대한 교회의 전통적인 역할을 비판했다. 이유는 그들이 자신들의 신앙에 관한 신학적 근거를 재해석했으며, 그렇게 함으로 자신들의 신앙이 이 세계의 문제들에 훨씬 더 적극적으로 헌신했다고 느끼게 되었기 때문이다. 교회는 공적 영역에서 자체의 타당성, 효율성, 그리고 정당성이 지니는 큰 중요성을 인식하기 시작했다.[63]신학적 권위의 옛 근거들, 사회적 이상주의, 전통적인 도덕제재, 그리고 공적 행동의 기준들의 옛 형식들이 사회에 대한 그것들의 부적절함 때문에 비판을 받았다.[64]

그 타당성 요구에 대한 응답으로, 교회가 자체의 타당성 회복을 위해 노력한 새로운 분위기가 가장 공적으로 광범위하게 알려진 영역에서 분명했다: 신학, 사회적 행동주의, 그리고 윤리학. 교회는 그런 영역들에서 새로운 경험과 새로운 형식들과 관련된 자체의 역할을 생각하기 시작했다. 이런 의미에서, 교회의 변화들은 비록 그 자체가 원인이 된 것은 아닐지라도 전통적으로 이뤄진 합의의 가장 확실한 근거들에 대한 중요한 재평가를 보여줬다. 신학, 기본적으로 밀접하게 연결된 사회적 행동주의, 그리고 윤리학의 3가지 요소들이 1960년대의 종교적인 반 전통주의가 꾸준히 일어나도록 보급했거나 특징을 지웠다. 물론 미국인의 생각의 기초를 깊이 있게 변화시킨 이런 현상은 가난한 자들, 무력한 자들, 그리고 소수집단들에 대한 관심을 보여주기 위한 더 큰 노력의 일부였다.

1960년대 교회 안의 신학, 사회적 행동주의, 그리고 윤리학의 새로운 3가지

---

60 Pierre Berton, *The Comfortable Pew* (New York: J. B. Lippincott Company, 1965), 15-16.

61 1960년대 교회가 직면한 3중 위기들에 대해 Jeffrey K. Hadden, *The Gathering Storm in the Churches* (Garden City, NY: Doubleday & Company, 1969), 3-33을 보라.

62 See Harvey G. Cox, "The 'New Breed' in American Churches: Sources of Social Activism in American Religion," *Daedulus* (Winter, 1967): 135-50.

63 David Steigerwald, *The Sixties and the End of Modern America*, 243.

64 Sydney E. Ahlstrom, "The Moral and Theological Revolution of the 1960's and Its Implications for American Religious History," 103.

목소리들은 교회가 사회에 대해 타당성을 유지하기 위한 시도를 반영하고 공헌했다: 1) 신학에서는 "하나님의 죽음"(Death of God), 2) 사회적 행동주의에서는 하비 콕스(Harvey Cox)의 *세속도시*(*The Secular City*, 1965), 그리고 3) 윤리학에서는 존 로빈슨(J. A. T. Robinson)의 *신에게 솔직히*(*Honest to God*, 1963).

1960년대 미국 교회 안에서 서로 관계가 있는 이런 새로운 목소리들은 본회퍼(Dietrich Bonhoeffer)가 한 쌍으로 요구한 성서 언어에 대한 "세속적 해석"과 "성인이 되는" 인간의 종교에 의해 자극을 받았다.[65] 그 10년 동안의 미국 신학과 윤리학의 경향은 본회퍼의 두 저서들, *옥중서간*(1953)과 *윤리*(1955)로부터 많은 영감을 받았다.[66]

본회퍼는 "비종교적 기독교"라는 표현을 사용하면서 종교를 세속적 삶의 영역으로부터 거룩한 것을 분리시키려는 한 사람의 시도로 정의를 내렸다.[67] 이런 관점에서 보면, 종교는 우리가 교회 안에서 경건하게 행하는 것이었다. 이것이 지닌 문제는 실제 세계로부터 종교를 분리시키는 경향을 띤다는 것이다; 그리고 종교가 한 사람의 삶의 중요한 부분으로부터 분리된다는 것이다. 종교가 실행되는 거룩한 영역이 있으며, 사람들이 자신의 대부분의 시간과 에너지를 하나님에게 드리지 않는 세속적 영역이 있다.

본회퍼는 그리스도 안에서 하나님의 행위가 그리스도인의 삶을 살아가는 데 모델이 되었다고 이해했다. 그는 그리스도인의 삶이 종교보다는 세상 속에서 연관되어야 한다고 믿었다. 그리스도인은 거룩한 영역 안에 머무르지 않고 세속적 영역에 참여해야 한다. 본회퍼는 교회를 믿었지만 교회와 개인적인 그리스도인이 세상 속에 있으면서 세상의 구원을 위해 일하고 모든 사람에게 하나님께서 그 세상을 사랑하신다는 것을 기억하게 해야 한다고 주장했다. 그래서 그리스도인들의 임무는 경건한 삶을 사는 것이 아니라 세상에서 그리스도인의 행동을 통해 그리스도를 증거하는 것이다. 그것이 바로 본회퍼와 그를 따르는 많은 사람들이 "비종교적 기독교"라는 단어를 사용한 의미이다. 이와 같은 본회퍼의 주제

---

65 Sydney E. Ahlstrom, *A Religious History of the American People*, 1082.

66 Ronald B. Flowers, *Religion in Strange Times: The 1960s and 1970s*, 15.

67 Dietrich Bonhoeffer, *Letters and Papers from the Prison* (New York: The Macmillan Company, 1953), 특별히 후기의 편지들.

들과 그 시기의 심각한 문제들이 1960년대 신학, 사회적 행동주의 그리고 윤리학의 가장 가시적인 형식을 위한 의제들이 되었다.

첫째로, 기독교 신앙에 대한 전통적 교리들에 관한 가장 현저한 의심과 불확실성의 증거는 자신들을 "기독교 무신론자들"이라고 부르고 "하나님의 죽음"을 선언한 한 작은 신학자들 그룹의 출현이었다. "하나님의 죽음" 신학자들은 급진적인 종교의 본성을 요약한 본회퍼의 개념들을 채택하여 그것들을 1960년대에 필수적인 교회의 종류로 확대했다.[68] 그들의 급진적 신학은 타당성 있는 종교를 창조하려는 시도였다. "하나님의 죽음" 신학은 단순히 하나님의 전통적인 이미지에 점차 불만족하던 또 다른 표시로 이해될 수 있다. 그러므로 하나님의 죽음을 선언함으로, 그들은 타당성이 없는 종교적 권위에 도전했다.

그런 급진적인 신학 밑에 깔린 가설은 기독교의 유산에 충실하고 현대 세속사회의 현실에도 타당한 의미 있는 신학을 발견하려는 것이었다. 특별히 과학과 기술의 발전으로 인해, 점차 많은 사람들이 인간의 문제들은 인간들에 의해 해결될 것임을 발견했다. 이런 관점에서 보면, 하나님에 관해 생각하고 말하는 전통적인 방식은 진부하고 무의미했다. 그래서 신학자들은 초월적인 하나님의 죽음을 사후에 대해 마음 산란한 염려, 율법을 따라야 하는 강박관념, 그리고 타락한 인간성에 대한 믿음으로부터 그리스도인들을 자유하게 하는 하나의 수단으로 선언했다.

이런 의미에서 하나님의 죽음을 받아들이는 것은 이 세상에서 사는 그리스도인의 도덕성에 생기를 불어넣는 것이었다.[69] 예를 들어, 해밀톤(William Hamilton)은 하나님의 죽음이 유익한 것이라고 주장했다. 왜냐하면 인간이 하나의 세속적인 기독교 이후의 사람으로 하나님을 경험할 수 없거나 하나님의 심판을 받아들일 수 없기 때문이며, 그리고 새로운 사회적 행동주의 관점에서 볼 때 하나님의 나라가 이 땅에 오고 있기 때문이었다.[70] 교회에도 60년대의 방식과 모순되지 않으려면 "대상과 함께하는"(with it) 방식의 필요를 느꼈다. 그들의 신학은 60년대의 정치적

---

68 "하나님의 죽음"에 관한 논쟁에 대해 Harvey G. Cox, "The Death of God and the Future of Theology," *The New Christianity*, ed. William Robert (New York: Delacorte Press, 1967), 377-89를 보라.

69 David Steigerwald, *The Sixties and the End of Modern America*, 246.

70 Thomas J. Altizer and William Hamilton, *Radical Theology and the Death of God* (Indianapolis, 1966)를 보라.

이며 사회적 행동주의에 어울렸으며 그런 정당성을 얻기 위해 의도되었다.[71]

둘째로, 당면한 문제에 대한 상관성 있는 신학의 결과로, **"사회적 행동주의"가 종교적인 동기들로 태동하기 시작했다**. 인간은 역사에 대한 책임을 충분히 져야 한다는 생각이 1960년대를 위해 독특하게 여겨진 이유는 그것이 새로운 것 때문이 아니라 그런 인식이 전례 없이 많은 사람들에게 인상을 주고 도처에 있는 권위들이 재평가를 받고 있던 문화적 상황에서 궁극적인 혁명의 형식을 대표했기 때문이었다.

하비 콕스는 자신의 책, *세속사회*(1965)에서 현대판 대중 사회학을 제시했다. 사회적 변화와 사회적 유동성이란 개념을 발견한 콕스는 도시화와 세속화가 전통적인 기독교를 구식으로 만들었으며 그래서 "기술을 지배하는 사회인"에 적합한 새로운 윤리가 타당성을 지닐 것임을 주장했다. 그는 "세속화는 계속되고 그래서 우리가 현시대를 이해하고 소통해야 한다면, 끊임없이 세속화되어 가는 시대를 사랑하는 법을 배워야 한다."고 썼다.[72] 그에 의하면, 이것은 "교회가 사회 변화에 지속적으로 반응해야 하지만, 그렇게 하는 것이 낡아빠진 고전 기독교의 시기에 만들어진 교회 교리들에 의해 방해를 받았으며 보존과 불변의 이상론에 감염되었다."는 것을 의미한다.[73] 콕스는 사회에서 일어나고 있는 새로운 힘들, 즉 세속화에 타당성을 갖고 반응하기를 원했기 때문에 자신의 새로운 윤리학을 내세웠다. 그는 세속화의 힘을 주로 전통적인 종교를 타당성이 없는 종교로 만드는 것으로 이해했다.

많은 사람들은 그런 견해에 동조했으며 따라서 1960년대는 중요한 작은 종교 공동체들에게 강한 사회적이며 정치적인 행동주의를 위한 시대가 되었다. 콕스가 주장한 바는 교회는 자체의 관심을 예수님이 행하셨던 것처럼 가난한 자들, 소외된 자들, 그리고 집 없는 자들의 관심과 동일하게 해야 한다는 것이었다. 교회의 역할은 자유로운 상태에로 인도하는 역할과 조금도 다를 바 없다. 그래서 교회의 역할은 도시의 억압받은 자들을 돕는 일에 책임을 지는 것이다. 실천해야 할 일은 분명했다; 흑인들, 가난한 자들, 그리고 다른 혜택을 받지 못한 자들

---

71 Ronald B. Flowers, *Religion in Strange Times: The 1960s and 1970s*, 18-9.

72 Harvey Cox, *The Secular City*, rev. ed. (New York: The Macmillan Company, 1969), 3.

73 *Ibid.*, 91.

을 위한 정의와 반전 운동. 다른 이유들로 이런 주요한 운동들에 참여한 자들도 있었지만, 대부분의 사람들의 참여 동기는 분명히 종교적이었다.

셋째로, 교회의 타당성을 회복하려는 매우 중요한 시도가 **"새로운 도덕성"이라는 행동적인 표현으로 나타났다**. 그 용어를 가장 보급시킨 사람은 로빈슨(John A. T. Robinson)이었다. 그가 주장한 대로, 새로운 도덕성은 원래 성적인 것과는 무관하고, 실존주의 또는 상황윤리와 관련을 가졌다.[74] "새로운 도덕성이란 확실히 면죄부가 아니라, 모든 도덕적 판단들의 기초로 순수한 인간관계의 필요를 추구하려는 청원이다."[75]

새로운 도덕성운동은 급진적 신학에 기초된 현대 윤리(하나의 윤리적 이론)와 사회적 행동주의에 기초된 인간행동의 현상을 연결하는 하나의 구성요소이었다.[76] 1960년대는 성상파괴와 같은 일반적인 분위기가 매우 보급되었으며 행동의 자유와 결과적인 변화가 요구된 때였다. 이런 이유로, 60년대 교회 안의 새로운 도덕성은 "전통적인 도덕 생활에 대한 거부와 새로운 양식의 도덕 생활에 대한 강한 승인"으로 이해되었다.[77]

중요한 것은 어떤 추상적인 윤리학 이론이나 전통적인 규칙이 아니라 순수하고 진실한 의도였다. 만일 우리가 진실하며 도덕적이라고 느끼는 것이 있다면, 그것은 진실하고 도덕적인 것이다. 여기에서 가장 중요한 것은 개인적인 진정성, 실현, 그리고 사랑이었다. 어떻게 우리의 느낌이 진정한 것임을 알 수 있는지에 대해 로빈슨은 다음과 같이 대답했다: 사랑은 "도덕적인 나침반을 지니고 있어서 다른 사람의 가장 깊은 요구에 대해 본능적으로 "집을" 찾아갈 수 있도록 하여 완전히 그 상황에로 향할 수 있도록 만든다."[78]

새로운 윤리를 현대 생활에 적합하도록 공식화하려는 시도는 니이버(H. Richard Niebuhr)의 신학적 윤리학에 기초되었다. 니이버에 의하면, 책임 있는 결정과 행동은 경험적이며 신학적인 것을 연결시켜 그로 인해 현실적인 상황에 타당성을 지

---

74 See John A. T. Robinson, *Honest to God* (London: SCM Press, 1963), ch. 4.

75 John A. T. Robinson, *Christian Morals Today* (Philadelphia: The Westminster Press, 1964), 8.

76 Sydney E. Ahlstrom, *A Religious History of the American People*, 1084.

77 James T. Laney, "The New Morality and the Religious Communities," *The Annals of the American Academy of Political and Social Science* 387 (1970): 14.

78 A. T. Robinson, *Honest to God*, 115.

니며 하나님의 적극적인 의지에 성실한 실제적 반응을 얻게 한다.[79] 기독교 사랑의 콘텍스트 안에 있는 현대적인 감수성을 위한 새롭고 적절한 표현을 찾으려는 새로운 도덕성은 개인적인 발견과 자신이 믿을 만한 경험들에 대한 강한 강조가 반드시 광범위한 사회적 인정과 책임을 질 능력을 유지할 필요가 없었다는 하나의 증거이었다.[80]

우리가 살펴본 것처럼 많은 비평가들은 종종 신랄한 용어들로 교회가 현상유지와 공모하여 중요한 사회적 문제들에 대한 도덕적 리더십을 제공하지 못했다고 공격했다. 그들의 비난은 교회가 도덕적으로 중요한 일들에 대해 윤리적 리더십을 제공하는 종교적 책임을 포기했을 뿐 아니라, 또한 인종적 편협성, 경제적 부도덕성(탐욕), 그리고 맹목적인 애국주의의 세력들과 부정한 동맹을 맺었다는 것이었다. 개신교에 대한 이런 모든 비판들은 종교적인 사상과 제도적인 형식들에 하나의 방향조정, 즉 교회를 현대적인 생각과 상황들에 더욱 타당성을 지니도록 만들 근본적인 변화들을 요구했다.

새로운 운동들의 호소력은 분명하다. 그 운동들은 많은 전통적인 신학적 개념들을 신뢰할 수 없는 것으로 그리고 시간 중심의 윤리적 개념들을 참을 수 없는 것으로 거부했다. 더구나 그 운동들은 사람이 성인이 된 후로는 더 이상 전통적인 권위에 의해 보호를 받는 어린아이가 되어서는 안 된다고 주장했다. 1960년대 초기에는 이처럼 교회의 타당성을 유지하도록 하려는 새로운 노력들이 다른 문화적 영역들에서 분명하게 나타난 문화적 변화를 반영했다: 과거에 대한 반감, 전통적인 의무들과 규범들에 대한 싫증, 그리고 다른 목소리를 전혀 듣지 않는 자아판단 중심의 도덕성에 대한 강조.

79 See H. Richard. Niebuhr, *The Responsible Self* (New York: Harper and Row, 1963).

80 James T. Laney, "The New Morality and the Religious Communities," *The Annals of American Academy of Political and Social Science* 387/1 (1970): 21.

4. 예언자설교를 위한 요구

알스트롬(Sydney E. Ahlstrom)은 1960년대 동안 교회 안에서 일어난 변화들에 대한 태도에 대해 다음과 같이 지적한다: 목회자들과 평신도 지도자들은 모두 교회의 제도들에 대한 신뢰감을 상실했으며, 초자연주의에 대한 반대 분위기가 강단 안에 깊게 침입했으며, "이 세상주의"(worldliness)과 "세속주의"(secularism)에 반대해 오던 기독교의 수천 년 동안의 전통이 급속도로 약화되었으며, 결국, 종교 영역 자체가 심각하게 교회 안에서 의문시되었다.[81]

1960년대 미국의 교회들 안에 서로 밀접한 관계가 있던 신학, 사회행동주의, 그리고 윤리학으로부터 나온 새로운 목소리들이 사회에 대한 교회의 타당성을 강하게 요구했다. 이런 실망적인 상황에서 사회는 교회에 대해 비난조로 바라보면서 "도대체 현재 교회가 사회에 제시해야할 도덕적 인도가 어디에 있는가? 교회들 안에서는 서로 간 신학적 논쟁들만 넘쳐나지 않는가! 우리가 무엇을 행해야 하는지를 분명하게 말해보라. 우리의 모자 정수리 부분에 부착할 수 있는 당장 믿고 사용 가능한 규칙들을 우리에게 제시해보라!" 당시에 이런 사회의 요구들은 교회가 들을 수 있는 것이었다. 그렇다면 60년대의 강단들이 직면한 그런 비판의 목소리들이 준 영향은 무엇이었는가? 그 질문에 답하기 위해 그 10년 동안 일어난 강단의 주된 변화들을 자세하게 살펴볼 필요가 있다.

1960년대의 새로운 상황은 강단에 의해 인식되기 시작했다. 그 상황이 강단으로 하여금 공적 사회와 그 사회의 공적 삶과의 관계를 전반적으로 재점검하게 만들었다. 1960년대 교회가 자체를 이해하는 과정에서 나타난 2중적 위기, 즉 세속 사회와의 관계에 대한 자아 정체성과 역할은 교회 갱신 문제와 직접적으로 연결되었다. 동시대에 대한 교회의 타당성에 대한 논의는 필수적으로 강단을 통한 교회의 갱신 문제를 고려하도록 만들었다. 1960년대 교회의 갱신을 위한 새로운 목소리들이 설교의 성경 본문과 콘텍스트, 즉 사회적 문제들에 대해 새롭게 이해하는 방식에 가장 큰 영향을 주었다. 어떤 사회적이며 신학적인 영향력들이라도 1960년대 동안에는 전반적인 미국교회의 강단갱신에 공헌했던 특수

81 Sydney E. Ahlstrom, "The Moral and Theological Revolution of the 1960s...," 103-04.

한 변화들로 나타날 수 있었다. 그러나 강단의 변화들에 주로 영향을 준 것이 공적 이슈들에 대한 설교의 타당성, 즉 예언자설교를 위한 요구로 나타났다.

기독교의 설교가 현 시대까지 항상 사회적 조건들과 관련 있지만, 설교는 그런 조건들을 개인의 도덕적인 이슈들로 표현하려는 경향을 보였으며 그래서 사회 제도들보다는 개인들을 변화시키는 것을 목적으로 삼아왔다. 비록 그런 변화가 최소한 월터 라우쉔부쉬(Walter Rauschenbusch)에 의해 사회 복음을 선포하려는 노력만큼 일찍이 나타나기 시작했음에도, 사회적 문제들에 대한 설교에 대한 새로운 관심은 1960년대에 일어났다. 이런 점에서 미국 설교학의 새로운 시대가 급진적인 사회 운동들과 설교신학들의 출현과 함께 시작되었다고 말할 수 있다.[82] 상호 밀접하게 연결된 강단에 대한 두 가지 사회적 도전들과 신학적 도전들이 사회에 대한 강단의 타당성에로 집중되었으며, 그래서 그 도전들은 사회 이슈들에 대한 설교를 위한 새로운 설교학적 관심을 불러일으키는 힘으로 이해되었다.

1960년대에 급진적인 사회 운동들과 역동적인 신학운동들의 출현과 함께, 미국 강단은 사회 이슈들에 대한 설교와 설교신학들에 대해 새로운 관심을 가지도록 도전을 받았다. 그래서 그 10년은 미국의 설교 역사를 발전시킨 새로운 단계로 기록되었다. 사회적 대혼란을 직면하고 그에 대한 신학적 해답이 필요한 때에 60년대 미국의 강단은 새로운 설교학 장르, 즉 구약성경의 예언자들의 말씀과 그들을 모델로 삼는 예언자설교를 일으켰다. 이런 점에서 최소한 예언자가 사회 변화를 위한 강력한 도구로 이해되었다.

1) 사회적 문제들에 대한 새로운 관심

몹시 거친 1960년대 예언자설교에 대한 첫 번째 중요한 요구는 인종차별, 가난, 그리고 전쟁과 같은 사회 이슈들에 대한 설교에 대한 새로운 관심이 일어남으로부터 나왔다. 그 이유는 그 60년대가 시민인권투쟁, 가난과의 전쟁, 베트남 전쟁과 같은 여러 가지 사회적 혼란들을 경험했기 때문이었다. 설교자들은 60년대의 그리스도인들이갈등과 긴장의 와중에서 직면한 3가지 문제들, 즉 가난을

82 Ibid., 104를 참조하라.

가지고 살아가며 인간대접을 받고 사는, 그리고 다른 인종들과 함께 살아가는 문제들을 다루었다. 그 10년 동안은 사회행동주의가 많은 그리스도인들과 그들의 성직자들이 자신들의 기독교에 대한 헌신의 진지함을 평가하는 기준이 되었다. 그 결과로, 설교학 분야에서는 철저한 변화를 요구하는 사회 이슈들에 먼저 반응하던 이런 사회 운동들에 대한 특별한 반응, 즉 사회 이슈들에 대한 설교에 대한 새로운 관심이 일어났다.[83]

첫째로, 60년대 미국의 강단은 **인종주의에 대해 설교하도록** 부름을 받았다. 종교역사가인 시드니 알스트롬(Sydney E. Ahlstrom)은 우리에게 "인종차별과 다양한 형태의 압제가 '미국의 생활 방식'의 특징들, 근본적인 특징들이었음"을 강조한다.[84] 60년대의 미국 강단은 인종차별, 즉 미국에 거주하는 백인들과 흑인들 사이에 존재하는 윤리적 관계에 대해 설교하도록 부름을 받았다.[85] 만일 설교자들이 사회적 타당성에 대한 어떤 주장을 해야 했다면, 그들이 인종적 정의에 대해 설교하거나 인종들 사이의 관계들을 발전시키려는 노력들에 적극적으로 참여할 필요가 있는 것처럼 보였다.[86]

상당히 많은 인종적인 증오심과 편협함이 1960년대 동안 미국의 개인들의 입술들로부터 쏟아져 나왔다. 악한 사람들 사이에서 감정이 감정을 낳고, 빈정댐이 더 많은 빈정댐으로 번지고, 증오가 더 많은 증오를 일으켰다. 그래서 많은 설교자들은 그리스도인들이 그리스도에 의해 그와 같이 중간에 세워진 벽들을 무너뜨리도록 위임받은 자들이라고 선포했다.[87] 설교자들은 이 세상에서 식별 가능한 희망적인 법들이 무엇이든 그것들은 모두 창조주의 사랑하는 성품과 그리스도의 화해하며 평화를 이루는 성품 때문이라는 것을 주장했다.

1960년대에 존재하던 인종차별과 인종적인 증오는 미국에 살던 모든 사람에게 분명하게 나타났으며 매우 심각한 문제들로 나타났다. 어떤 것도 미국 사회 속에는 인종적 증오 문제 때문에 견고하게 세워질 수 없었다.[88] 또한 가장 자주

83 O. E. Edwards, Jr., "History of Preaching," *Concise Encyclopedia of Preaching*, 224.
84 Sydney E. Ahlstrom, "The Radical Turn in Theology and Ethics...," 10.
85 Will D. Campbell, "A Man Had Two Sons," *Pulpit Digest* (February 1961): 37-48.
86 Robert J. McCracken, "The Christian Way in Race Relations," The Pulpit 32.2 (1961): 11.
87 George Harkness, "The Middle Wall of Partition," *Pulpit Digest* (February 1960): 31-36을 보라.
88 Ernest T. Campbell, *Locked in a Room with Open Doors* (Waco, TX: Word Books, 1974), 22.

언급되었지만 가장 실천되지 않은 것으로 시민인권운동에 적용될 수 있는 원리가 바로 그리스도인의 사랑과 이웃사랑이라는 것이 분명했다. 또한 분명한 것은 이것은 증오와 전쟁으로 가득한 세상에서 실천하기엔 매우 어려운 원리였다.

설교자들은 그런 이슈들을 무시할 수도 있었으나, 기독교를 대변하는 자들로서 두 인종들 사이를 연결하는 사랑을 위한 부름을 거절하기가 어려웠다:

> 우리의 첫 번째 관심은 우리의 믿음이 어떻게 이런 [인종적 위기] 문제와 관련되는지를 알아야 하는 것이었다. 시민의 인권과 그리스도인의 의로움이 반드시 서로 상반되진 않지만, 교회 안에서 우리의 주된 관심은 그리스도인의 의로움이어야 한다.[89]

그러나 강단은 모든 믿는 자들에게 우주적인 이웃사랑에 관한 교리를 선포했음에도 자신과 다른 국민이나 피부색을 지닌 사람들로부터 먼 거리를 유지하였다. "인종 관계에서 내가 저지른 실수들"이라는 제목의 설교에서, 윌리암 버드(William O. Byrd)는 강단이 인종적 위기문제를 다룰 필요에 대해 언급한다.[90] 데이빗 우드야드(David O. Woodyard)는 "흑인은 이웃입니다"라는 제목의 자신의 설교에서 강단으로부터 인종차별문제에 대해 언급할 필요를 느낀다.[91]

1960년대에 인종적 위기에 대한 대부분의 설교들은 성경의 이미지로 두드러지게 나타나는 두 차원들을 강조했다. 첫째는 남자나 여자가 마땅히 되어야 할 존재와 상반되는 깊이의 차원이었다. 둘째는 우리 인간성의 공동체적 차원이었다. 먼저 우리의 종교적 신앙은 우리의 자아 결단을 형성하고 재형성하도록 만드는 다른 결단도 인정한다. 그래서 60년대의 설교자들은 구약성경의 하나님과 인간 사이의 계약 이미지에 의해 그리고 신약성경의 교회를 하나의 몸의 이미지에 의해 상징화되는 상호의존성에 관해 언급했다. 각 경우에 각 사람의 시작은 홀로 선한 것을 결정하거나 일으키는 것이 아니다. 이스라엘을 선택하시고 계약

---

89 John H. McClanahan, "Civil Rights or Christian Rightness," *Pulpit Digest* (February 1965): 29.

90 William O. Byrd, "Mistakes I Have Made in Race Relations," *Best Sermons* vol. VIII, ed. G Paul Butler (Princeton, NJ: D. Van Nostrand, 1962), 271 또는 The Pulpit 32.2 (1961): 13-15.

91 David O. Woodyard, "The Neighbor Is a Negro," *Best Sermons* vol. X, 289-90.

의 조건들을 정하신 분은 바로 하나님이시다. 마찬가지로 교회의 근거가 되며 머리가 되는 분은 바로 그리스도이시다. 더 나아가 그 두 가지 이미지들은 공동체가 존재하는 면들을 말한다. 하나님의 계약은 백성들과 맺어진다. 교회에서는 서로를 돌보고, 서로의 즐거움을 나누고, 함께 고난을 겪는 많은 교인들로 구성된 하나의 몸이다. 나에게 일어나는 것은 모든 사람에게도 일어난다.

그러므로 1960년대 강단의 중요한 임무는 두 인종들 사이의 적대적인 관계 분위기에 있는 그들을 위한 새롭고 적절한 메시지로 다른 사람들을 위한 기독교의 사랑에 호소하는 것이었다. 왜냐하면 중요한 설교학의 임무가 사랑 아래에서 살아가려는 공동체들을 형성하는 것이기 때문이다.[92] 스탠리 하우어워즈(Stanley Hauerwas)에 의하면, 어떻게 그리스도인의 확신들이 도덕적 생활을 형성하는지는 특별히 신앙공동체 안에서 이루어지는 그리스도인의 성품 형성과 밀접한 관계가 있다.[93] 그리스도인 사랑의 콘텍스트 안에서 두 인종들은 서로에게 그리고 그리스도에게 연결된다.

1960년대 설교자들은 강단으로부터 인종 이슈들과 씨름하면서 자신의 나라가 직면하고 있는 중요한 문제들에 대한 대답들을 제시하려고 노력하고 있었다. 윤리적인 인간 관계를 상징하는 계약 관계는 60년대의 설교들에서 발견되는 지배적인 주제였다. 이런 의미에서 그 10년 동안은 강단이 도덕적 결단을 이끄는 예언자설교의 중요성을 경험할 수 있는 시기였다.

둘째로, 60년대 미국의 강단은 **가난과 사회 정의에 대해 설교하도록** 부름을 받았다.[94] 설교자들은 청중들에게 굶주리고 집 없는 사람들의 절망감에 대해 그리고 공동체 안에서 느낄 수 있는 인간적인 자유에 대해 점차 가슴아파하며 이해하도록 마음을 열라고 호소했다.[95] 가난을 해결하거나 저층 계급 사람들의 학

---

92 Arthur Van Seters, "Ethics," *Concise Encyclopedia of Preaching*, 118.

93 Stanley Hauerwas, *The Peaceable Kingdom: A Primer in Christian Ethics* (Notre Dame: University of Notre Dame, 1983), 24-30.

94 Jeffrey K. Hadden, "Clergy Involvement in Civil Rights," *The Annals of the American Academy of Political and Social Science* 387 (1970): 119.

95 예를 들어, John W. Vannorsdall, "The Siren Song of Wisdom's Maids," *Renewal in the Pulpit: Sermons by Younger Preachers*, ed. Edmund A. Steimle (Philadelphia: Fortress, 1966), 40: "문제는 여러분 자신의 가난이 아니라 한 남편, 아내, 그리고 그의 자녀들이 밖에서 배고프고 추운 채로 여러분의 집 창문을 통해 들여다봄에도 불구하고 어떻게 여러분만 고기를 즐기는지에 관한 것이다."

교와 인간 이하의 취급을 받으며 사는 것에 대한 사회 정의 실현은 60년대 예언자설교들에서 발견되었던 주제들의 하나였다.[96]

1960년대 동안 부유한 사회 속의 가난은 강단으로 하여금 공적 이슈들을 다루도록 만드는 효과적인 수단들의 하나였다. 그러나 설교자는 가난 문제를 시민의 권리 혁명을 언급하지 않고서는 적절하게 다룰 수 없었다. 왜냐하면 한 국가와 세계 속의 가난문제는 인종차별과 밀접하게 연결되어 있었기 때문이었다.[97] 앞에서 언급된 인종차별 문제와 동일한 많은 문제들이 또한 다른 주요 문제인 가난과 연결될 수 있다. 이런 이유로 유사한 문제가 가난한 사람들을 돕는 성직자들의 태도들에서 일어났다. 대다수의 목회자들은 교회가 가난한 사람들이 노동조합을 결성하는 것을 도와야 한다고 느꼈다.[98]

번영하던 1940년대와 1950년대에서는 교외지역과 더욱 도시에서 살고 싶어하는 상류층과 중산층 사람들이 이 나라에서도 가난의 주머니들이 있어서 많은 사람들이 경제적으로 매우 부족한 상태에서 살고 있다는 것을 알고는 충격을 받았다. 더구나 이전시대보다 더욱 부유한 1960년대에는 미국 전체 인구의 5/1과 6/1 사이에 해당되는 3천 4백만 명 이상이 가난한 상태에서 살고 있었다는 것을 미국인들이 알고는 매우 놀라고 당황하였다.[99]

시민의 인권혁명이 인종차별들을 제거하던 동안, 남부와 미국 전역에 걸쳐 경제적인 장애물들에 대해서는 그런 영향이 많이 나타나지 않았다. 비록 미국에서 가난한 사람들의 대부분이 흑인이 아니었지만, 인종차별과 빈곤문제가 서로의 문제를 심화시켰다. 전반적으로 사회적으로 불의, 압제, 그리고 무관심의 희생자들, 즉 저층 계급의 사람들은 1964년에는 뉴욕의 할렘(Harlem)과 로체스터(Rochester), 그리고 필라델피아(Philadelphia)에서, 1965년에는 로스엔젤리스(Los Angeles), 1966년에는 클리블랜드(Cleveland)와 애틀랜타(Atlanta), 1967년에는 디트로이트(Detroit)에서 일어난 인종 폭동에 참여해 저항하거나 무관심해지는 경행을 나타냈다. 그들이 처한 상황들에 의해 나타난 불평등들 때문에, 저층 계급의 사람들은

96 예를 들어, Hugh J. McCandless, "Any 'Deserving' Poor," *Pulpit Digest* (June 1969): 35-38.

97 Martin Luther King Jr., "Remaining Awake Through a Great Revolution," 1968년 3월 31일 수난주일미국의 수도 워싱톤의 성공회(National Cathedral) 강단에서 전달한 설교, *A Testament of Hope*, 271.

98 Harold E. Quinley, *The Prophetic Clergy: Social Activism Among Protestant Ministers*, 82-83.

99 E. Clinton Gardner, *The Church as a Prophetic Community* (Philadelphia: The Westminster, 1967), 29.

경제적인 지원과 사회적인 정의를 매우 필요로 했다. 특별히 그들은 교육, 특별 훈련, 그리고 취업에 의해 자립을 위한 현실적인 기회들이 제공되기를 원했다. 또한 그들은 더 좋은 주거, 의료지원, 경찰의 보호, 그리고 오락 시설들을 필요로 했다. 간단히 말해, 그들은 공동체 전반에 참여하는 사람들로 통합될 필요가 있었다. 그래야 그들이 전반적으로 사회와의 관계에서 진정한 인간의 존엄성을 성취할 수 있기 때문이었다.

교회의 사명을 위해 미국의 사회 계층 구조의 의미를 평가하려는 시도에서 중요한 것은 가난이 풍요와 상호 성장하는 의존성을 지닌 사회에서 새로운 의미를 취한다는 것을 인식하는 것이었다. 가난은 사람들이 일반적으로 사회에서 기근이나 식량부족과 같은 것이 부족한 상태에 처하게 되는 것들 중의 한 가지였다. 또한 전반적으로 자원이 인구의 기본적인 필요들을 충복시키기에 필요한 사회에서 심지어 세계에서 부족한 상태에 처하는 것은 또 다른 심각한 문제였다. 가난한 자들을 돕는 것은 전통적으로 교회들의 관심 영역이었다. 전통적으로 교회는 가난 상태를 만들고 지속화시키는 정치적인 상황들에 관여하는 것보다 가난한 사람들에게 직접적인 도움들을 제공해왔다.

그러나 1960년대에 하나의 주요 이슈는 교회가 정치적으로 가난한 자들을 조직화해(노동조합) 도우려는 노력들로 포함시키기 위해 그런 섬김의 사역을 확대시켜야 하는지의ㅐ 여부였다. 그런 의문은 성직자들이 정치적으로 교회를 가난한 자들의 문제들에 의도적으로 관여하도록 만들었다. 이런 일이 처음 단계에서는 설교를 통해 공적인 이슈에 대해 비판적으로 말하는 예언자 리더십을 통해 이루어졌으며, 그 다음 단계에서는 지역에서 경제적인 기회를 제공하는 프로그램에 참여하거나 조직화하는 과정 자체에 직접 참여하는 것에 의해 이루어졌다.

셋째로, 미국 강단은 **세계의 전쟁과 평화에 대해 설교하도록** 부름을 받았다.[100] 1960년대에 더욱 절박한 문제들 중 하나는 무기들에 의한 충돌이었다. 그 때까지 전쟁의 문제는 베트남전쟁에서처럼 매우 민감한 주제가 된 적이 없었다. 전쟁이 이루어지고 있는 동안 설교자들이 백성들에게 복음을 전하기를 원했다면, 그들은 당연히 전쟁 문제에 대해 자신들의 믿음을 적용시켜야 했다.

---

100 예를 들어, John R. Brokhoff, "Can a Christian Support the Vietnam War?" *Pulpit Digest* (July-August 1967): 15-20.

전쟁에 맞서는 "평화"의 가치들도 60년대 중 마지막 5년 동안에는 강단을 위한 공적인 이슈로 나타났다. 시민의 인권운동에 의해 촉진된 인종차별 문제들에 대한 민감함이 전쟁에 반대하는 또 다른 주장을 일으켰다.[101] 전쟁이 이루어지는 기간은 교회가 다른 공적 문제들에 비해 어떤 역할을 취해야 하는지를 결정하는데 가장 예리한 딜레마를 제공했다.

많은 전쟁 반대자들은 베트남에 대한 미국의 행위들을 하나의 인종차별을 나타낸 것으로 해석했다. 이웃사랑과 같이 평화도 그리스도인들에게는 하나의 특별한 관심의 문제로 보일 수도 있을 것이다. 그래서 교회들이 쉽게 회피할 수 없는 문제였다. 더구나 초기의 반전운동 전략들은 시민인권운동 지지자들에 의해 진행된 것들, 즉 도덕적인 격분과 상징적 항의를 표현하는 것을 강조하는 방식과 유사했다.

베트남전쟁은 미국 내에서 어떤 다른 이전의 미국인들의 전쟁보다 더 논쟁을 불러일으켰다. 다른 전쟁에 대해서는, 대부분의 교단들이 미국의 정책을 반대하는 입장을 취하지 않았다. 그러나 베트남전쟁이 시작된 이후에는 대부분의 논쟁들은 그 전쟁이 싸울 필요가 있는지의 여부보다 그 전쟁이 어떻게 처리되어야 하는지에 집중되었다. 미국의 성직자들은 전쟁에 대해 어떤 일반적인 열정으로 반응하지 않았다. 특별히 강단에서 설교를 하는 목사들에 의해 전쟁에 대한 찬반에 관한 많은 설교들이 선포되지 않았다. 그러나 모든 설교자들이 침묵한 것은 아니었다.[102] 베트남전쟁에 관해 관심을 가졌던 2천명의 성직자들이 그 전쟁에 관한 의문들에 관해 연구하기 위해 워싱톤에서 세미나를 개최했다. Fellowship of Reconciliation 단체는 그 질문에 대해 연구하고 의견들을 제안하기 위해 성직자 대표를 베트남에 보냈다. 교회들은 대통령이 UN과 협상을 하거나 호소하도

---

101 Elinor Graham, "The Politics of Poverty," Poverty as a Public Issue, ed. Ben B. Seligman (New York: The Free, 1965), 107-21을 보라. 그레이함의 해석에 의하면, 흑인 해방운동은 전통적으로 지배 계층들에게 강력한 위협이 되었다. 그 당시 지배층들은 흑인해방운동의 혁명적 중요성들을 통제할 수 있는 채널로 바꾸려는 방법을 찾고 있었다. 가난해결 프로그램이 바로 그 대답이었다. 그 프로그램은 "백인 지도층들의 강력한 지위들을 보장하는 방법으로 시민의 인권들을 재 정의하였으며 통제가능하게 만들었다." 더구나 인종차별문제에 의해 일어난 도적적인 문제들을 억제하기 위해, "가난" 문제는 "인종차별" 문제를 위한 대안이었다: "미국의 백인들은 가난 문제를 인종차별문제에 의해 일어난 감정적인 긴장감과 정치적인 곤경을 완화시키기 위한 수단으로 제시했다."

102 예를 들어, Robert McAfee Brown은 자신의 저서, *Vietnam: Crisis of Conscience* (New Yokr: Association, 1967), 12에서 미국의 교회들에게 그리스도인의 국제적인 책임들을 회피하지 말라고 말했다.

록 격려했다.

시민인권운동에서와 같이 동일한 주장들이 반전운동에 성직자들이 참여하는 것에 관하여 일어날 수 있다. 베트남전쟁은 긴장들을 혼합시키는 하나의 소용돌이였다. 그 전쟁은 미국인들에 자신들의 사회의 본질, 즉 사회의 도적적인 목적, 사회의 특징적인 강점들과 약점들, 사회의 역사적인 역할, 사회의 남성적인 속성들, 사회의 정치 제도적 합리성 등에 관한 가장 근본적인 폭력임을 다시 생각하게 만들었다.[103] 이런 사회를 비판하는 자들에게 그 전쟁은 한편 계동된 지도자들 가운데 있는 제국주의, 인종차별, 그리고 교만함을 나타냈다. 남부 베트남의 민주주의를 위해 싸웠던 그 전쟁은 국가적인 목적을 위해서 뿐 아니라 또한 개인적인 목적을 위해서도 매우 심한 도덕적 모호함을 드러냈다. 그 도덕적인 문제는 해결 불가능한 것이었다. 그리고 특별히 그 문제가 논쟁의 중심이 되었을 때 베트남전쟁은 머리의 문라기보다는 가슴의 문제였다.[104]

확실히 핵의 파괴력이 주는 위협은 매우 민감한 일인 국제적인 문제들을 해결하기위해 힘을 사용하게 만든 빌미를 제공했다. 이런 상황 가운데 강단은 성경의 가르침에 근거하여 전쟁에 대한 그리스도인의 태도의 모델을 제공해야 했다. 그러나 강단은 행동을 위한 특별한 방향을 발견하기보다는 성경으로부터 일반적인 원리들을 이끌어낼 수 있는 이런 중요한 주제에 관해 거의 말하지 않았다. 그럼에도 불구하고 설교자들은 관심을 가지고 베트남전쟁이 미국에게 주는 의미들을 발견해야 했다: "세계와 교회는 지금 어느 편에 서 있는가?"

시민인권운동, 가난퇴치운동, 그리고 반전운동이 지닌 항의 분위기는 그리스도인들이 그리스도인으로서의 사명을 자신들이 살고 있는 세속 세계와 관련시키는 도구들을 열정적으로 찾으려 했다는 사실로부터 왔다. 많은 그리스도인들의 집단들 안에는 교회의 갱신을 시도하려는 분위기가 무르익었다.[105] 그리스도인들은 자신들을 세상과 연결시킬 수 있는 실제적인, 구체적인, 그리고 현실적인 어떤 것을 찾고 있었다. 시민의 인권, 가난, 그리고 베트남전쟁과 같은 원인들로

103 Richard John Neuhaus, "The War, the Churches, and Civil Religion," *The Annals of the American Academy of Political and Social Science* 387 (1970): 128-40을 보라.

104 David Steigerwald, *The Sixties and the End of Modern America*, 95-120을 참조하라.

105 Charles E. Rice, "The Crisis in Christian Leadership," *Katallagete* 12 (1966): 26.

인한 항의와 행위는 이런 필요에 대해 대답한 것 같았다.[106]

1960년대의 인종차별, 가난, 전쟁과 평화와 같은 당황스럽게 만드는 이슈들은 모두 중요하기 때문에 쉽게 사회뿐 아니라 개인의 관심을 사로잡았다. 그러나 그 이슈들을 모두 함께 고려해야 하지만, 그 모든 이슈들은 실제적으로 강단을 억누르고 있었다. 종교와 도덕의 영역에서 이렇게 관심을 집중시키는 사회 운동들의 촉매적 힘은 엄청난 것으로 증명되었다. 점점 사회적 갈등이 첨예화되는 것은 오랜 시간을 거쳐 존경을 받게 된 미국 교회생활의 구조들이 나라의 실제적인 상황에 "타당성이 없다"는 것을 입증하는 것 같았다. 더구나 많은 비판적인 연구자들에게 흑인들과 백인들 중 교회에 출석만 하는 사람들은 "나라에서 도덕적인 누룩"으로서가 아니라, 변화에 걸림돌이 된 것으로 보였다. 교회의 사명이 "영혼 구원"이지 사회 구원이 아니라고 믿었던 사람들은 이런 사회적으로 타당성 없음에 의해 훨씬 적게 당황하였다. 그러나 강한 사회 복음을 지향하는 하나님 나라를 건설하려는 에큐메니칼적 개신교의 주요 교단들에게 그 시기는 환상이 깊고 넓게 깨졌다.

사회의 한 구성요소로서 미국 개신교회들은 1960년대의 어떤 제도들이 경험한 것처럼 이런 급진적인 사회 운동들의 영향력을 충분하게 느꼈다. 1960년대 중반 이후로 여러 설교학자들은 미국 강단이 구원을 이해하고 강단의 중심 기능을 이해하는데 사회적이기보다는 개인적이었음을 기적했다. 그들은 이런 개인주의가 구체적인 사회-역사적인 상황에서 모든 인간들을 위한 약속으로서 성경의 지배적인 메시지와 상반된다고 설득시켰다. 이런 운동은 또한 1960년대의 흑인신학과 여성신학과 같은 자유주의적 설교신학들과 연합전선을 이루었다.

2) 새로운 설교신학들의 등장

혼란스런 60년대에 예언자설교를 필요로 하는 또 다른 중요한 요소는 해방신학이 60년대에 미국 강단들에 가져온 새로운 설교학의 해석학 등장으로부터 파생되었다. 1965년 이후 "인종차별," "갈등의 역사," "새로운 교단중심주의," "부족

---

106 John S. Badeau, "The Critical Role of the Church in the Modern Age," *Andover Newton Quarterly* 7.3 (1967): 105.

중심주의," "새로운 민족주의," "다문화주의," 그리고 흑인의 힘, "자매의 힘" 멕시코계 미국인의 힘과 같은 다양한 "힘들"이 문화적으로 더욱 신뢰할 수 있게 되고 표어들이나 이념들의 목소리가 더욱 자주 커졌다. 신학은 이런 변화들에 추진력을 주었으며 그 변화들을 반영했다.

미국의 설교학회가 1928-1960의 시대에는 성서신학운동에 의해 형성된 반면, 1960년대에는 아프리카 출신 미국인 신학과 여성신학과 같이 새롭고도 더욱 역동적인 "설교학 신학들"을 양산한 감성적인 변화들에 의해 영향을 받았다.[107] 그런 급진적인 신학들에 의한 역사비평 방법론에 대한 도전들이 해석들이 객관적으로 하나님을 본문 뒤에 있는 역사적 사건들 안에 둘 수 있는지를 물어보는, 즉 하나님의 강력한 행위들을 성경 속에 그려진 구원사로 제한시키지 않는 새로운 의심의 해석학에로 이끌었다.[108] 또한 설교학 배후에 있는 그 새로운 해석학 방법이 60년대의 강단으로 하여금 가난한 자들, 압제받는 자들, 그리고 변두리 사람들의 관점들로부터 설교하도록 도전하였다.

1960년대의 강단은 그런 급진적인 신학들에 근거된 의심의 해석학에 의해 영향을 받았으며 일반적으로는 공적으로 말하는 모든 형식들을, 그리고 특별히는 공적 차원의 설교를 향하게 하였다. 결과적으로 1960년대의 강단은 사회적 문제들에 대한 설교에 대해 다양한 신학적 관점들을 경험했다. 그런 급진적 신학들의 출현과 함께, 60년대의 설교자들은 성경을 읽기 시작했으며 압제 받은 자들, 가난한 자들, 또는 주변인들의 관점으로부터 복음을 선포하기 시작했다.

1960년대는 전통적인 신학 체계로부터 상당히 자리 이동을 한 것으로 나타났다. 그 이유는 대체로 문화와 교회에서 목소리를 내지 못하는 그룹들, 즉 흑인들, 아시아인들, 남미인들, 동성연애자들, 여성들, 그리고 젊은이들이 문화뿐 아니라 교회 안에서도 중심의 위치를 찾게 되었기 때문이다.[109] 시민인권운동과 다른 사회 운동들의 출현과 함께, 교회는 갱신되도록 도전을 받았다. 흑인들과 여성

---

107 Don M. Wardlaw, "Homiletics and Preaching in North America," *Concise Encyclopedia of Preaching*, 248.

108 Brevard S. Childs, *Biblical Theology in Crisis* (Philadelphia: Westminster, 1970); Walter Wink, *The Bible in Human Transformation: Toward a New Paradigm for Biblical Study* (Philadelphia: Fortress, 1973)을 보라.

109 Barbara L. Tischler, "Introduction: 'It Was Twenty Years Ago Today' or Why We Need More 1960s Scholarship," *Sights on the Sixties*, 4.

들과 같은 종교적 공동체들 안에서 그들 자신의 신학들은 사회 운동들의 신학에 대한 변증법적 반응들이었다. 시민인권운동은 전형적인 신학 논쟁들에서 흑인, 여성, 남미인들, 등의 여러 해방신학들을 위한 공간을 제공했다.

1960년대의 가장 극적인 두 가지 사건들은 인권과 자유와 연관이 있었다. 비록 세계 제2차 대전이 미국과 모든 "자유세계"의 자유를 보존하기 위한 싸움이었지만, 1960년대는 미국에 거주하는 많은 사람들이 여전히 사회의 경제적인 영역에 동등하게 참여하는 기본적인 인권과 기회를 인정받지 못했다는 사실과 함께 시작했다. 자신들의 신분이나 그 신분 부족에 관해 항의하는데 가장 적극적인 두 그룹들은 흑인들과 여성들이었다.[110] 이런 운동들 중 어떤 것도 1960년대에 시작하지 않았다. 각기 긴 전통을 가지고 있었다. 그러나 1960년대에 그 운동들은 강도와 효과 면에서 선례가 없었다. 그 운동들은 사회에 매우 강한 영향력을 주어서 결코 이전과 동일할 수 없었다.

이와 같이 10년 동안 해방신학은 중요한 전투에서 승리했다. 흑인신학자들과 여성신학자들은 미국에서 일어나는 투쟁을 전통적인 설교학의 해석학들을 재교육시키고 되찾도록 만들었다. 대부분의 신학교들에서, 인종차별주의, 엘리트와 가부장적 패러다임들, 용어와 은유들이 뿌리 채 뽑히는 과정 속에 있었다.[111] 설교자들이 가난한 자들, 압제받는 자들, 주변인들의 관점으로부터 성경을 해석하고 복음을 선포하도록 초대하는 새로운 설교신학이 세계 도처에 지적으로는 흥분하게 만들고 정치적으로는 파괴적인 담론으로 재탄생하고 있었다. 시민인권운동과 반전운동이 전개되는 동안 사회운동과 공적 이슈들에 대한 설교를 위해 목회자의 모범적인 예언자 역할은 이런 많은 발전들을 위한 하나의 촉매로서 매우 신뢰를 얻었다. 새로운 설교학적 해석학들이 이런 다양한 해방신학들에 빚을 진 것이 1960년대 예언자설교의 출현을 위한 중요한 동기를 제공했다.[112]

흑인신학과 여성신학은 미국 설교학에서 예언자설교의 출현에 관한 전형적이며 매우 중요한 배경 이야기의 역할을 하였다. 그 두 가지 모두 당시의 사람들

---

110 Marlene Dixon, "Why Women's Liberation?" *Female Liberation: History and Current Politics*, ed. Roberta Salper (Alfred A. Knopf, 1969) 그리고 Ramparts 8 (Dec. 1969)을 보라.

111 Robert Michael Franklin, "The Case for Social Ethics: Lessons from the Civil Rights Movement," *Theological Education* (Autumn 1989): 43.

112 Ibid., 43-44.

에 의해 경험된 사회적이며 경제적인 압제의 다양한 보기들에 의해 제시된 도전들에 관심을 가졌다. 실제로 이런 많은 목소리들은 이전에 분명하게 표현된 모든 신학들을 심하게 비판하였다. 그들의 비판은 신학자들의 주장이 기독교에 관한 계몽주의적 비판의 1차적인 면, 즉 무신론에 대한 지적인 도전에만 집중되어 있었다는 것이다. 그 비판에 의하면, 이제 계몽주의의 2차적인 면, 즉 칼 마르크스(Karl Marx)와 같은 학자들에 의해 제시된 사회경제학적 현상 유지에 대한 도전에로 이동해야 할 때가 되었다는 것이다. 1960년대의 급진주의자들은 신학이 사회에서 압제받으며 짓밟힌 사람들에게 집중하고 그들과 함께 그리고 그들을 대신하여 투쟁에 나서야 한다고 광범위하게 요청하였다. 오직 이런 방식으로만 신학자들이 하나님의 실체를 발견할 수 있을 것이라는 주장이 많은 사람들에 의해 신뢰를 얻었다.

대체로 이런 신학들은 이론과 실제 사이에 있는 전통적인 관계를 현저하게 뒤집어야 함을 반영했다. 먼저 기독교 신앙을 해석하는데 관련된 이론적인 문제들을 해결하려는 시도와, 그 다음으로 그 신앙을 구체적인 실천으로 현실화하는 적절한 방법들을 발견하려는 노력대신, 이런 신학들은 이미 60년대의 사회적이며 정치적인 위기들과 관련하여 나타난 기독교 사역의 새로운 형태들에 대한 반응들이었다. 그 신학들의 지침들은 흑인들의 혁명, 급진적인 학생운동들, 베트남 전쟁에 반대하는 행위들, 그리고 남미, 아프리카, 아시아에서 일어나고 있는 혁명적 운동들로부터 취해졌다. 대부분 이런 신학들은 임시적인 목적, 즉 사회의 변화를 일으키기 위한 현재의 노력들에서 특수한 이슈들과의 분명한 관련에 의해 기독교 신앙 관련 선별된 주제들들 드러내기 위한 경향을 띠었다.[113]

그런 급진적인 신학들은 1960년대의 미국의 설교학에 새로운 해석학을 가져왔다. 해석학자들은 설교자는 하나의 해석가로서 해석자의 사회적이며 정치적

113 Martin E. Marty & Dean Peeman, eds., *New Theology* No. 6 (New York: Macmillan, 1969)을 보라. 급진적 신학들을 위한 무대는 Harvey Cox의 The Secular City (New York: Macmillan, 1965); Richard Shaull, "Theology and Transformation of Society," *Theology Today* (April 1968); Michael Novak, *Theology for Radical Politics* (New York: Herder and Herder, 1969), 그리고 "Christian Theology and Social Revolution," *Perkins School of Theology Journal* (Winter 1967-68); Carl Oglesby, Containment and Change (New York: Macmillan, 1967)을 보라.

인 환경의 렌즈를 통해 성경본문을 읽고 설교를 해야 한다고 주장했다.[114] 또 다른 해석학자들은 해석자의 고리에는 성경의 자료들이 원래 믿는 자들이 해방의 말씀을 듣도록 하기 위해 초월되어야 할 가부장적 양심을 통해 믿는 자들에게 여과되었다는 추가적인 의심이 포함되어야 한다고 주장했다.[115] 1960년대에 새로운 해석학 견해는 성경 본문들을 특권과 권력의 렌즈를 통해 읽었던 북미 학자들 세대에는 낯선 것이었다.

급진적 신학들의 출현과 함께, 새로운 급진주의자들에게는 지적 무신론보다 기독교 신앙에 대한 깊은 비판을 형성한 압제, 가난, 그리고 변경성에 대한 현대인들의 경험에 반응하려는 여러 시도들 모두가 해방이란 주제에 호소했다. 많은 시도들이 있었는데 하나님께서 존재한다면 그런 하나님은 압제, 가난, 변경성으로부터 해방을 일으키기 위해 현재의 투쟁들에 참여해야 한다는 의견들로 계속되었다. 만일 기독교가 진실하다면, 기독교의 메시지는 해방을 위한 것이어야 한다. 압제, 가난, 변방으로 밀려난 삶으로부터의 해방이라는 이런 보편적인 주제 때문에, 다양한 종류의 새로운 급진주의들이 일반적으로 해방신학의 광범위한 영역에 속한 것으로 연합되었다.

요약하자면, 본 장에서 1960년대의 10년은 미국 설교사에서 예언자설교를 이해하는데 역사적으로 중요한 때로 이해되었다. 우리가 이미 지적한 대로, 그 10년은 보통 때와는 다르게 시민인원운동들과 도시의 폭동들, 학생운동과 그들의 소외감 증가, 그리고 베트남전쟁에 관여한 것에 대한 반대운동의 확산 등으로 특징 지워지는 공적인 의식과 정치적 행동주의의 기간이었다. 그 10년은 많은 개인들로 하여금 이런 사회적 문제들을 다루는 국가 지도자들과 제도들의 능력을 의심하고, 새로운 사회와 정치 형태의 실존을 추구하도록 함으로 끝이 났다. 실제로 진보적인 개신교 교단들의 많은 지역 목회자들이 미국 사회에 대한

114 Joseph Washington, The Politics of God (Boston: Beacon, 1967); C. Eric Lincoln, *Is Anybody Listening to Black America?* (New York: Seabury, 1968); Vincent Harding, "The Religion of Black Power," *The Religious Situation*, ed. Donald R. Cutler (Boston: Beacon, 1968); James H. Cone, *Black Theology and Black Power* (New York: Seabury, 1969); Juan Luis Segundo, *Liberation of Theology* (Maryknoll, NY: Orbis Books, 1976)을 보라.

115 Sarah Bentley, ed., *Women's Liberation and the Church* (New York: Association, 1970); Phyllis Trible, *God and the Rhetoric of Sexuality* (Philadelphia: Fortress, 1978); Elizabeth Schussler Fiorenza, *In Memory of Her* (New York: Crossroad, 1983)을 보라.

이런 재평가하는 일과 인종차별, 가난, 외국의 문제들에 의해 제시된 문제들을 해결하려는 노력에 동참했다.

한편으로, 종교적인 관점에서 1960년대는 그 기간의 교회들이 상실했던 사회에 대한 타당성을 새로운 형식들의 신학, 사회행동주의, 윤리에 의해 회복하려고 노력했던 철저한 변화들의 시기로 정의되었다. 다른 한편으로, 설교학적 관점에서 1960년대는 예언자설교에 관한 새로운 설교학적 관심이 출현한 시기로 정의되었다. 1960년대의 급진적인 사회운동들과 해방신학들을 통해 강단은 인종차별, 가난, 전쟁과 평화와 같은 공적 이슈들을 설교의 주제로 다루도록 도전을 받았다.

1960년대에 사회 운동들과 급진적 신학들에 의해 강단에 주어진 도전들은 많은 사랑하는 인종적 관계, 사회정의, 그리고 하나님의 나라와 같이 그 동안 무시되었던 주제들을 드러냈으며, 그 결과로 예언자설교를 위한 새로운 콘텍스트를 만들었다. 이런 주제들은 교회가 먼저 1960년대에 공적 문제들에 연루되게 되는 주요 이슈들이었으며, 그 결과는 예언자설교를 위한 현대 설교학 패러다임을 제공했다. 그러므로 이런 주제들은 사랑, 정의, 하나님의 나라가 새로운 도덕성, 사회 행동주의, 급진적 신학과 같은 새로운 형식들에 의해 교회가 공적 영역과의 타당성을 재발견하기 위한 시도와 관련하여 고려되어야 한다.[116]

116 William A Irish, "Shall the Church Speak to the Issues of Our Day?" Pulpit Digest (October 1966): 30-31, 34를 보라. "여기에 '이 전쟁이 하나님 보시기에 옳은가?' 라는 특별한 질문에 대해 말하고 있는 타당성 있는 한 종교가 있다." 여기 성경 안에 정치적으로 세속적인 이슈와 관련된 한 종교가 있다. 물론 성경은 삶을 신앙의 세속적 영역과 세속 종교와 구분하지 않는다.(30)...우리가 교회에게 우리 시대의 이슈들에 대해 말하지 않기를 요구할 때, 그것은 곧 우리가 우리 시대에 전통성을 상실한 교회와 놀라울 정도로 히틀러의 독일의 교화와 스탈린의 러시아의 교회와 같은 교회를 요구하는 것이다.(34)"

제7장 강단갱신을 위한 설교

우리는 제6장에서 1960년대의 역사적 콘텍스트, 즉 사회적 문제들과 종교적 현상들이 그 당시의 강단들에게 준 의미들과 영향들을 살펴보았다. 이것은 강단들이 사회적 상황에 대해 어떻게 해석하고 반응하였으며 또한 예언자설교가 어떻게 형성되고 선포될 수 있었는지를 밝히려는 의도였다. 이제 제7장에서는 하나의 강단이 직면한 특수한 도전들, 즉 지역 교회와 이웃들과 같이 좁은 목회적 콘텍스트 안에서 만난 사회적 문제들과 종교현상들을 어떻게 해석하고 반응하면서 예언자설교를 형성하였는지를 다룬다. 여기에서는 캠벨의 강단과 그 강단의 특수한 콘텍스트 사이에 존재하는 긴장을 중심으로 설명하고 해석하면서 어떻게 그 시대 그 사회가 캠벨의 강단을 예언자 목소리로서의 부름에 응답하도록 만들었는지를 살펴볼 것이다.

이런 접근 방법의 중심에 있는 전제는 모든 설교는 역사(상황), 즉 개인적인 역사(목회와 설교)와 공동체적 역사(사회, 정체, 경제) 모두에 의해 영향을 받는다는 것이며, 동시에 설교자는 그 역사적(상황적) 사실들을 설명해야 한다는 것이다. 강단과 콘텍스트의 밀접한 관계를 전제로 할 때, 강단은 그 콘텍스트 안에 존재하며, 그 콘텍스트로부터 설교 자료들을 끌고 오며, 그 콘텍스트를 형성하고 있는 영역들과 특수성을 반영하고, 역으로 그 콘텍스트에 의해 영향을 받는다. 그러므로 교회보다 더 큰 사회에서 일어나는 다양한 사건들과 변화들에 대한 해석은 하나의 특정한 기간의 강단들에 대해 역사적으로 평가할 때 중요한 역할을 한다. 다시 말해, 예언자설교는 그 설교의 콘텍스트인 특정한 시대에 사회 속에서 일어나고 있는 역사적인 사건들과 변화들(도전)에 대한 해석과 반응으로부터 나온다.

이와 같은 관점으로부터 이제 우리는 1960년대 지역 강단을 통해 전달된 예언자설교들을 분명하게 이해하기 위해 지역 강단이 직면한 구체적인 콘텍스트를 살펴보려고 한다. 우리는 먼저 7장에서, 그 시대의 지역교회와 설교 속에 있는 주요 위기들, 즉 강단이 극복해야 할 사회적 문제들과 설교의 내용과 형식에 관한 문제들을 생각할 것이다. 이런 접근방법은 설교의 임무와 현대의 필요들이나 문제들 사이에 있는 설교학적 긴장을 다룬다. 왜냐하면 강단은 항상 사회-정치적 상황 안에 존재하고 설교 임무의 변하는 역할이 많은 논쟁적 이슈들에 의해 도전을 받기 때문이다. 그런 다음 8장에서, 우리는 그 시기에 사회적, 경제적, 정치적 이슈들에 대해 그가 말한 것과 어떻게 그의 설교들이 미국의 설교 역사에서 새로운 설교학적 형식으로서의 예언자설교에 상호 영향을 주었는지 그리고 예언자설교의 시작과 관련되었는지에 집중하면서 캠벨의 설교신학을 다루고 자신의 콘텍스트들 안에 있는 긴장을 경험한 그의 예언자설교들을 해석할 것이다. 캠벨은 자신의 강단이 1960년대에 직면한 교회론적, 사회적, 정치적, 그리고 경제적 콘텍스트들로부터 오는 도전들을 어떻게 맞이하였는가?

1. 예언자설교를 위한 목회

캠벨이 지역교회에서 행한 설교사역을 이해하기 위해 먼저 그의 교육과 목회를 간단히 살펴볼 필요가 있다. 캠벨은 1923년 뉴욕시 맨해튼 125가에서 부모 윌리암(William J.)과 캐롤린 블레어(Caroline Blair)의 맏아들로 태어나 뉴욕에서 공립학교를 다녔으며 상업고등학교를 졸업할 때까지 브로드웨이(Broadway) 장로교회를 다녔다. 그는 자신의 가족 가운데 처음으로 대학에 들어갔다.[1] 그는 뉴욕대학교를 1년 동안 다니다가 1948년에 보수주의 학교인 밥 존스(Bob Jones) 대학교를, 1953년에는 그에게 신학적 경향을 심어준 프린스톤 신학교를 졸업하였다.[2]

---

1 "New Riverside Minister: Ernst T. Campbell," *New York Times* (June 14, 1968): 38을 보라.

2 캠벨은 여러 대학들로부터 박사 학위들을 받았다: D.D.(Westminster College, New Wilmington, PA in 1959); Litt.D.(Grove City College, PA in 1970); L.H.D.(Drury College, Springfield, MI in 1973); D.D.(Albright College, Reading, PA in 1978); L.L.D.(Wartburg College, Waverly, Iowa in 1980).

캠벨은 일찍이 신학교를 졸업하자마자, 뉴욕시에 있는 매디슨 에버뉴(Madison Avenue) 장로교회에서 목사 버트릭(George Buttrick)의 예배 지도를 받았다.[3] 캠벨은 세 곳으로부터 동일한 이름인 제일장로교회들에서 목회 하였다: 펜실베이니아 주의 스트라스벅 제일장로교회(Stroudsburg; 1949-1954)와 요크 제일장로교회(Yoke; 1954-1962), 그리고 미시건주의 앤아버 제일장로교회(Ann Arbor; 1962-1968). 지역교회로는 마지막으로 1968년부터 1976년까지 미국에서 가장 큰 교회의 하나로 가장 큰 영향을 주던 리버사이드(Riverside) 교회의 강단을 담당한 설교목사로 활동하였다. 설교에 충실하면서 설교목사로 만족하던 캠벨은 그 초대형교회로부터 담임목사 직을 요청 받은 1968년 가을에 갑자기 그 교회를 사임하였다. 그는 목회를 떠난 후 수년 동안 설교자들을 위해 순회강의를 하며 설교 정보지를 발행하였다.[4]

캠벨은 목회 현장을 떠난 후 1981년부터 1989년까지 일리노이즈 주 에반스톤(Evanston)에 위치한 개럿복음주의(Garrett-Evangelical) 신학교(1981-1989)의 예배와 설교학 교수로 재직하였으며, 1970년대에는 프린스톤 신학교에서, 1989-1990년까지는 뉴욕에 있는 유니온신학교에서 설교학을 강의하였다.[5] 그 이후에는 미국 전역의 다양한 신학교들에서 강사로 활동하였으며 목회자들을 위한 여름 강습회들에도 주강사로 초청을 받았다.

우리는 이와 같은 캠벨의 예언자설교의 배경이 된 그의 신학교육과 목회를 중심으로 설교학적 관점으로부터 1960년대 캠벨의 강단이 직면한 특수한 도전들을 묘사하고 해석할 것이다. 캠벨의 강단이 직면한 도전들을 충분하게 이해하기 위해, 무엇보다 먼저 필요한 것은 그의 지역교회가 위치한 특수한 교회의 상황과 지역 공동체에 관해 간단하게 묘사하는 것이다. 이런 일은 캠벨의 강단이 1960년대의 특수한 교회적 콘텍스트와 사회적 콘텍스트 안에서 직면했던 포괄적인 인종주의(내적 도전), 도시의 가난과 베트남전쟁(외적 도전들)에 특별히 집중하는 것이다.

---

3 Ernest T. Campbell, *Where Cross the Crowded Ways: Prayers of a City Pastor* (New York: Association, 1973), 8.

4 캠벨은 3권의 저서들을 남겼다: *Christian Manifesto* (New York: Harper & Row, 1970), *Locked In A Room With Open Doors* (New York: The Riverside Church, 1973), *Where Cross The Crowded Ways: Prayers Of A City Pastor* (New York: Association, 1973).

5 캠벨에 관한 정보와 그의 저서 및 설교 사본들은 Princeton Theological Seminary에 소장되어 있다. (http://manuscripts.ptsem.edu/collection/229)

1) 인종차별 극복

몹시 거친 1960년대에 캠벨의 강단이 직면한 첫 번째 중요한 도전은 그의 강단이 교회와 사회의 콘텍스트들 안에서 일어난 인종적 포괄 문제로부터 파생되었다. 원래 캠벨은 인종차별이 없는 교회와 인종 차별이 없는 사회를 위해 헌신된 설교자였다. 그는 교회가 우리들의 것이 아니라 그리스도의 것이며,[6] 이 세계가 어떤 인종의 것이 아니라 하나님의 것이라고 믿었다.[7] 그는 교회와 사회를 하나의 건물이나 조직으로 보지 않고 보편적 은혜를 경험함으로 함께 누리게 되는 포괄적인 친교 모임으로 이해했다.[8]

캠벨의 목회 경력에서 미시건주 앤 아버의 제일장로교회(First Presbyterian Church of Ann Arbor, Michigan; 1962-1968)와 뉴욕의 리버사이드 교회(Riverside Church of New York; 1968-1976)는 1960년대 그의 설교를 이해하는데 매우 중요하다. 그 이유는 그 두 교회들이 그 10년 동안 그의 설교의 배경이었기 때문이다. 60년대에 캠벨이 목회하던 그 교회들은 오랜 동안 시민 인권을 위해 투쟁하고 공적 사건들에 참여하기 위해 많은 다양한 과정의 행동들을 추구해 왔다. 처음부터 그 교회들은 모든 남자와 여자, 즉 모든 인종을 섬기려 하였다. 그 교회들은 사람들의 영적 필요들을 섬기기 위한 목회를 그들의 인간적 필요들을 섬기기 위한 목회와 통합시켰다. 예를 들어, 캠벨은 자신이 목회한 리버사이드 교회가 어떤 인간의 필요들을 섬기려 했는지를 다음과 같이 설명한다:

> [교회는] 사람에게 기도하는 것을 가르치려 하였다-예스, 그러나 또한 페인트 칠을 하는 것도. 영광송을 부르는 것을-예스, 그러나 또한 농구공을 드

---

6 Ernest T. Campbell, "Where Sound the Cries of Race and Clan," 1963년 5월 19일 미시간주 앤 아버(Ann Arbor, Michigan)의 First Presbyterian Church에서 전한 설교를 보라.

7 Ibid.

8 Ernest T. Campbell, "The Formation of Ministries for the Late 20th Century: Community on Campus," *Theological Education* 2 (Autumn 1965): 3.

리블하는 것도. 설교를 듣는 것을-예스, 그리고 또한 연극도 보는 방법을. 하나님을 예배하는 것을-예스, 그리고 또한 공동체에서 일하는 방법도.[9]

캠벨은 교회가 사회적인 영역에서 섬김의 증인이 되고 공헌할 수 있는 리더십을 지녀야 한다는 것을 인식했다. 그래서 두 교회들에서 그의 목회 경력은 설교를 통해 다른 사람들을 향한 그리스도인다운 태도와 책임을 발전시켰으며 모든 종류의 그룹들 사이에 존재하던 비기독교인적 장애물들을 부수거나 줄이는데 특별히 관심을 가졌다.[10] 이런 영역에는 인종, 사회, 경제, 정치, 그리고 종교와 관련된 장애물들이 모두 포함된다.

여러 해를 지나면서 캠벨의 교회들은 대표적으로 기독교 신앙에 관해 광범위하게 진보적인 해석을 하고 복음을 생활 속에 실제적으로 적용하였다. 그 교회들의 사명의 한 부분은 어떻게 복음의 원리들이 교회, 국가, 세계에서의 삶에 기초들을 세울 수 있는지를 보여주는 것이다.[11] 여기에서 복음화와 기독교화, 개인구원과 사회복음은 서로 보완적이다. 교회의 구성원들인 부모들, 노동자들, 시민들은 모두 자신들의 유산을 최선을 다해 보존할 뿐 아니라 건설적인 사회 변화를 촉진시키며 하나님께서 아주 오래된 기도에도 응답하실 수 있는 통로를 깨끗하게 만드는 책임도 지녀야 한다: "하나님의 나라가 임하게 하시옵소서. 하나님의 뜻이 하늘에서처럼 이 땅에서도 이루어지게 하소서."

이런 교회의 사명은 예수 그리스도의 교회들로서 1) 다른 사람들과의 모든 인간관계들과 2) 삶의 모든 면들, 즉 교회의 사회에 대한 사명 속에 포함되는 모든 인간의 제도들에 관심을 가져야 한다는 것을 인정하는 것이다.[12] 이것은 교회가 밖에 있는 자들을 위해 존재한다는 것을 의미한다. 사람들 사이에서 목회자의 사역은 평안하고, 해를 당하지 않고, 서로의 모임들을 즐거워하고 하나님의 특별

---

9 캠벨이 1970년 10월 4일 Riverside Church에서 전한 설교, "Forty Years on the Hights." 이 설교에서 캠벨은 회중에게 지난 40년 동안 리버사이드 교회가 세계의 삶에 주요한 공헌을 했다는 것을 기억나게 한다.

10 1976년 앤 아버의 제일장로교회의 150주년을 기념하는 보고서, A Sesquicentennial History of the First Presbyterian Church, 1; 그리고 1958년 10월 21일 그리스도인의 사회 연구와 행위 위원회와 1958년 11월 13일 실행위원회에 의해 채택된 Report of Committee on Christian Social Study and Action, 4, 7을 보라.

11 Ibid.

12 Chapter II, "The Mission of the Riverside Church" of The Riverside Church: Its Structure and Organization (New York: The Riverside Church, 1969), 6을 보라.

한 은혜를 보장받고, 모든 사람이 서로에게 잘 대해주고 좋은 시간을 지내기를 희망하는 그룹을 형성하는 것이 아니다. 사람들 사이에서 성직자의 사역의 핵심은 공동체를 구하기 위한 섬김 사역을 형성하는 것이다.[13] 이와 같은 교회의 사명을 인식한 캠벨의 강단은 인종차별, 가난, 전쟁과 같은 문제들을 인식하고 그것들에 대해 관심을 나타내야 할 책임을 회피할 수 없었다.

캠벨은 설교가 무엇보다도 변하고 있는 사회와 세계로부터 나오는 사회적 문제들에 의해 영향을 받는 지역적 콘텍스트 안에서 이루어져야 한다는 것을 알았다.[14] 그의 강단은 사회의 요소들, 즉 특별히 1960년대에 두드러진 사회적 문제들과 교회의 상호작용에 의해 영향을 받았다. 지역 교회들과 주위 이웃들 안에서 일어나는 다양한 사회적 문제들은 캠벨의 강단이 직면한 특수한 도전들과 관련되었다.

캠벨을 인종차별, 가난, 전쟁과 같은 사회적 문제들에 대해 급진적인 입장을 취하게 한 경로는 몹시 거친 1960년대의 사회 때문에 대도시와 도시들에 한데 모였던 그의 회중, 그들의 이웃, 그리고 대학생들에 의해 만들어졌다. 60년대 동안 캠벨의 강단은 그의 사회의 지배적인 사회적 가치들과 관심들과 가깝게 조화를 이루고 해석하면서 발전했다. 그 결과, 그의 설교는 시민인권운동과 다른 사회적 운동들에 열중하게 되었다.

1960년대에 인종적 정의는 수도권 선교 정책에서 가장 우선권을 가졌다.[15] 캠벨이 60년대에 목회했던 두 교회들은 인종차별을 하지 않는 사회 속에 인종차별을 하지 않는 교회를 세우는 것에 최고의 우선권을 부여했다. 캠벨은 어떤 수도권의 교회라도 교회 생활과 도시 사회에서 인종적 정의를 위한 투쟁에 참여하지 않음으로 인종 차별과 불의에 의한 고통을 함께 나누지 못한다면 교회의 사명을 성실하게 성취하고 있는 것이 아니라고 이해했다.

그 두 교회들의 상호 인종적이며 상호 문화적인 구성원과 프로그램들은 교회 공동체와 미국과 세계 도처로부터 방문한 다양한 방문자들에게 강한 그리고 오

---

13 캠벨이 1965년 12월 19일에 전한 설교, "Not To Be Ministered Unto But To Minister"를 보라.

14 캠벨이 1984년 3월 28일 Garrett-Evangelical Seminary에서 전한 설교, "The Fall and Rise of Preaching," Aware (Spring/Summer 1984): 2를 보라.

15 Board of National Mission of the United Presbyterian Church in the U.S.A., *Guidelines for Development of Strategy for Metropolitan Mission* (September, 1967): 9.

래 지속되는 영향력을 주었다. 이것은 기독교 복음의 의미들 중 하나에 대한 조용하지만 분명한 증거가 되었다.[16] 하나의 교회에 대한 그런 사회적 영향력은 부분적으로는 1960년대의 시민인권투쟁이 주로 취한 자기 이해를 통해 표현되었다. 1960년 동안 교회의 구성원들인 흑인들, 남미인들, 그리고 아시아인들의 공헌은 교회로하여금 인종차별, 가난, 그리고 베트남전쟁 문제들과 마주해야 할 필요를 강조하도록 교회의 활동과 중요성을 증가시켰다.

캠벨이 목회한 미시건 주 앤 아버의 제일장로교회와 뉴욕주 맨해튼의 리버사이드교회가 위치한 수도권 영역의 이질적인 면은 교회의 구성원들에게 다양성을 증가시켰으며 이것은 점차 교회의 프로그램과 사역이 광범위하고 다양하게 이루어져야 할 필요성을 의미했다. 그 교회들은 인종의 다양성과 그런 관점이 교회를 기본적으로 강하게 만든다는 것을 보여주었다. 교회의 다양한 구성원의 필요를 채우고 교회의 광범위한 사명을 성취하기 위해, 그 교회들은 변화의 필요성을 받아들이고 계속적으로 새로운 목회 영역들을 발견하기를 기대했다. 결과적으로 교회의 제도적인 구조들 또한 계속 변화되었다. 그 교회들은 이런 방식에 의해서만 자신들이 변화하고 있는 사회와 세계에 계속 타당성을 가질 수 있다는 것을 알았다.[17]

캠벨에 의하면, 미국의 1960년대에는 인종적인 정의가 교육, 고용, 그리고 주거와 같은 3가지 특수한 영역들에서 매우 부족하였다.[18] 교육 영역에서 흑인들이 충분히 알지 못한다고 그들의 존재나 신분을 부인하는 것과, 동시에 흑인들이 충분히 알기 위해 배울 수 있는 학교에조차 접근하지 못하게 한 것은 간접적이며 또한 악의적인 인종 차별이었다. 고용 영역에서 유일한 해결은 어떤 인종에 속한 사람이든 그들의 능력과 재능에 적합한 어떤 높은 자리에까지라도 올라가도록 허락하는 것이었다. 이런 점에서 소수파인 흑인들에 관한 보고서는 정말

---

16 A Sesquicentennial History of the First Presbyterian Church (The First Presbyterian Church of Ann Arbor, Michigan, 1976), 1 and A Report of Committee on Christian Social Study and Action (New York: The Riverside Church, 1963), 18.

17 *The Riverside Church Structure and Its Organization* (New York: The Riverside Church, 1969), 6을 참고하라.

18 캠벨이 1963년 5월 19일 미시간 주 앤 아버의 제일장로교회에서 전한 설교, "Where Sound the Cries of Race and Clan,"을 보라.

로 하나의 가능성 있는 보고서였다. 주거 영역에서 흑인들은 집을 사고 싶고, 또 한 살 돈을 가지고 있어도 살 수 없었다, 그럼에도 불구하고 그리스도인들은 이런 주거 영역에서 인종적으로 정의롭게 대하는 것이 인종적으로는 백인들과 "분리되어 있으나 동등하게 취급하는 것"(separate but equal)이라고 믿었다.

(1) First Presbyterian Church of Ann Arbor

캠벨은 미시건 주 **앤 아버의 제일장로교회에서** 앤 아버의 교육, 고용, 주거 영역에서 인종적 정의를 촉구하기 위해 공정주택거래법(Fair Housing Ordinance)을 실현시키려고 노력했다. 그는 강단을 통해 자신의 회중에게 공정하게 거주지를 선점할 수 있는 계약(Covenant of Open Occupancy)에 동조하도록 격려했다. 캠벨은 자신이 목회하고 있는 도시에 인종적 정의를 추진하기 위해 공정한 주거 선점 운동을 전국에 있는 다른 공동체들에로 확산시키기를 원했다.[19]

1960년대의 주요 특징이었던 인종적 정의를 위한 운동을 지지한 캠벨의 제일장로교회는 부목사 죠지 로렌트(George Laurent)가 공정주택거래 지지운동을 확산시키던 50년대에 시작되었다. 제일장로교회의 공동의회가 인종적 정의에 대한 지지를 대담하게 선언한 것이 깨어있던 많은 선한 교인들을 놀라게 했으며, 동시에 다른 한편의 성도들을 불쾌하게 만들었다. 공동의회는 당시 미국 장로교의 부총회장(Stated Clerk)인 유진 블레이크(Eugene Carson Blake)와[20] 협력하여 매년 총회를 통해 성명서들(position papers)을 작성하여 선언함으로 지속적으로 "연합적인 행동"을 펼쳐나갔다. 제일장로교회와 그 교회의 사회위원회(Society Committee)는 이런 노력이 총회 기간 중 참석자들에게 관심을 끌게 될 것으로 보았다. 예를 들어, 1965년의 장로교 176회 총회는 "인종적 자유와 정의 실현을 위한 특별한 노력에 동의하고 이런 내용을 승인과 함께 회중에게 확산시켰다.[21]

1960년에 국가 재정부에서 일하는 많이 알려진 한 평신도가 행동주의를 반대하는 자신의 주장을 원고로 *Presbyterian Life*에 기고했다. 제일장로교회의 공동의

---

19 Ibid.

20 Eugene Carson Blake (November 7, 1906~July 31, 1985)는 1950-60년대 미국 개신교의 지도자로 미국의 교회협의회(NCC, 1954-57)의 회장과 세계교회협의회(WCC, 1966-74)의 총무로 에큐메니칼운동을 촉진시켰다.

21 The Annual Meeting Report in 1965 at the First Presbyterian Church.

회가 더욱 행동주의를 지원하기로 동의한 1965년까지 그 평신도는 한 명의 동맹자를 얻었으며, 잘 나가는 휘발유와 보험사업의 중역인 그 두 사람은 1968년까지 뜻을 같이 하는 12명의 사람들을 모아 대부분의 총회의 행위들에 반대하는 잡지, *The Presbyterian Layman* 제1권 제1호를 출간했다. 종종 총회에 의해 비판을 받고 검열을 받던 이 잡지는 1971년에는 이사회의 한 사람을 통해 5개월 동안 출간된 잡지들을 모든 이사들에게 보내달라는 요청을 받았다. 1960년대 형식의 반응에 충실하던 공동의회는 기독교교육위원회로부터 올 보고서를 한 달 동안 기다렸으며 결국 그 요청들을 거부하기로 결의했다. 이렇게 캠벨에 의해 심겨진 씨앗들이 계속 열매를 맺었다.[22]

앤 아버(Ann Arbor)의 제일장로교회의 교회와 사회위원회는 1967년 1월에 공동의회가 고용의 기회를 누구에게나 평등하게 제공하는 계약을 채택하기를 제안했다. 그 제안은 교인들은 이런 평등 고용법에 찬성하는 지지자들과만 사업을 할 것임을 의미한 것이다. 투표 결과는 찬성 16표, 반대 15표로 나타나 어렵게 통과되었다. 반대표를 던진 사람들은 교회가 경제적인 제재들을 적용해서는 안 된다고 주장하고, 고용주들에게 노동력을 인종과 일의 영역들에 의해 표현하려는 제안에 찬성하지 않기를 요구하였다.[23]

제일장로교회의 부목사인 말콤 브라운(Malcolm Brown)은 1964년 오클라호마 시에서 열렸던 총회로부터 돌아온 직후 그가 회기 중 발표했던 것처럼 여전히 흥분되어 있었다. 1937년 동일한 도시에서 열렸던 총회에 참석했던 흑인 대표들은 회의장 구석, 다른 대의원들로부터 멀리 떨어진 줄로 막아놓은 구석에 앉아야 했다. 하지만 계몽된 1964년에는 총회가 흑인 목사인 엘더 호킨(Elder Hawkins)을 전 미국 연합장로교회의 총회장으로 선출했다.[24]

총회 회기는 의심할 것도 없이 부목사 말콤의 열정을 이해했지만 또한 어떻게 흑인 교사들을 고용하는 일을 촉구하는 지역의 교육위원회에 해결 방안을 보낼지에 관해서는 조용히 그리고 만족스럽게 반영할 수 있었다. 캠벨은 총회 회기

---

22 Lila Miller, Robert M. Warner and Carl R. Geider, eds., *A History: The First Presbyterian Church of Ann Arbor, Michigan 1826-1988* (Ann Arbor, MI: The First Presbyterian, 1988), 37.

23 Ibid., 36.

24 Ibid.

에 장로회의 주장을 지원하는 이유를 설명한 편지에서 학교 이사들은 단순히 비인종차별적인 정책을 제시하는 것을 뛰어넘어야 할 필요가 있다고 말하면서 흑인들을 "찾아 나서서 [그들을] 고용해야한다"고 주장했다.[25]

1960년대에 쿠바는 카스트로의 지배 아래 있어서 미국의 플로리다 주는 피난민들로 넘쳤다. 1962년 9월에 미시건 주 앤 아버 시에 위치한 4개 장로교회들의 연합 총회는 한 쿠바 피난민 가족을 앤 아버로 데리고 가서 그들을 복지지원자 명단으로부터 제외시킨 후 대신 교회들이 계속 후원하려는 의도를 가졌다.[26] 그 해 9월에는 제일장로교회의 당회는 "예, 우리가 함께 할 것입니다."라고 말했다. 그로부터 7개월이 지난 1963년 5월에는 한 쿠바인 의사가 대상자로 선정되었다. 그러나 7월에 그 피난민 가족이 미시건 주 앤 아버로 오지 않고 플로리다 주의 마이애미 시에 머물기로 결정했다는 설명을 들었다. 9월에 실망한 제일교회 교인들은 쿠바 피난민을 후원하기 위해 모았던 600달러를 다른 일에 사용하기로 결정할 정도였다. 그러나 12월에 Juan Tomas라는 수의사가 선정되었으며 1964년 4월까지 토마스 가족이 엔 아버에서 잘 지내고 있었으며 곧 자립할 것 같았다. 부목사 말콤 브라운은 당회에 앞으로 또 다시 그런 피난민 후원을 할 것인지를 질문했다. 당회는 "예"라고 답변했다. 그 결과, 7월에 제일교회는 펠레즈(Pelaez) 가족을 후원하기로 결심하고 자신들의 결심을 증명했다. 그들은 후원금을 지불하기 위해 처음으로 한 여름철 성만찬 예배에서 드려진 일반 헌금을 따로 모았다. 그것이 당시에 필요했던 마지막 후원금 지불이었으며 후원 프로그램의 마지막이었다.[27]

(2) The Riverside Church

뉴욕시의 리버사이드 교회는 처음부터 초교파, 초인종교회로 출발했다. 그 교회는 교단에 관계없이 교회로 등록하려는 그리스도인이라면 누구라도 자유롭게 환영받을 수 있다고 주장했다.[28] 리버사이드 교회가 처음에는 북 침례교총회

---

25 Ibid.

26 Inter-Session은 이 지역의 4개 장로교회들-Calvary, Northside, Westminster, First-의 연합 실행위원회의 이름이었다. *A History: The First Presbyterian Church*, 40.

27 Lila Miller et al eds., *A History: The First Presbyterian Church*, 40.

28 *The Riverside Church in the City of New York* (New York: The Riverside Church, 19780, 6.

에 속해있었고 나중에는 그리스도 연합교회(United Church of Christ)에 속해있었지만, 교인들은 회중의 은사들을 특정 교단만을 통해서가 아니라 공동체, 국가, 그리고 세계 안에서 개인적으로 선택된 것들을 통해서 나타내도록 결심했다.[29]

리버사이드 교회는 모든 인종들과 국가들의 사람들에게 문을 열고 모든 경제적 배경들을 지닌 사람들의 필요들과 관심들에 호소하려고 했다. 그런 확신이 견고하게 세워졌기 때문에, 리버사이드 교회의 회중은 단순히 환영하기보다는 다양성을 더욱 인정하고 중요하지 않은 사람이더라도 개인의 자유가 외부의 권위에 의해 통제되거나 지배되지 않는 것이 매우 중요하다는 신념을 증명하기로 결정했다. 그 교회는 예배와 그리스도인 섬김 사역에 헌신하였다. 주간 7일 프로그램을 통해 교회는 대체로 공동체의 영적, 심리적, 육체적, 그리고 사회적 필요들을 채우려 노력했다.[30]

교회 주위 공동체의 변화는 교회 인구에 변화를 가져왔다. 리버사이드 교회는 항상 출석하기 원하는 누구에게나 열려있었지만, 주로 전문직과 공공단체에 다니는 중산층에 호소했다. 공동체 안에 있는 모든 사람들을 섬기는 정말 포괄적인 교회 사역을 성취하는 문제는 인종적이거나 민족적인 영역에서보다는 경제적이며 교육적인 영역의 문제들을 해결하기가 더욱 어려웠다. 한 좋은 예는 1958년에 인종이 혼합된 교인들로 조직된 젊은 부부(Young Couples) 그룹이었다. 그러나 그 그룹은 경제적이나 교육적인 성취 능력이 훨씬 적은 부부들에게 관심을 끌거나 가입시킬 수 없었다. 오히려 다른 부부들이 가입했지만 곧 빠져나갔다. 하나의 그룹에 지적으로 관심을 끄는 프로그램은 모든 사람에게도 그렇다고 증명되지는 못했다.[31]

주일에 출석하는 회중이 아마 교회생활에서 가장 통합적인 부분이었다. 1960년대 초기 리버사이드 교회의 새 교인들에는 실제로 매우 많은 흑인들과 푸에르토리코인들이 포함되었으며, 많은 흑인들이 전형적인 교인들은 아니었지만 정기적으로 교회 예배에 참석했다.[32] 훈련된 목소리를 필요로 하는 성가대에는 포괄적인 인종 문제가 전혀 없었다. 소수 인종에 속한 잘 훈련된 대원들의 매

29 Ibid., 9.

30 Ibid.

31 Donald H. Elliott, "Inclusiveness in Riverside Church," *Social Action*, 30 (1963): 37.

32 1962-63년 동안 리버사이드 교회의 인종관계소위원회(Sub-Committee on Race Relations)에 의해 제7회 공동의회(Council VII)에 제출된 보고서, *Racial Inclusiveness in the Riverside Church*, 1을 보라.

우 많은 수가 성가대에서 자신들의 길을 발견했다.[33]

1960년대에 소수 그룹들은 사회의 조직을 찢는 이슈들에 민감했다. 리버사이드 교회는 어떻게 교회의 프로그램이 개발되어 외부인들에게 더 많은 도움을 줄 수 있을지에 관한 책임 있는 제안들에 항상 개방적이었다. 그 교회는 흑인들과 남미인들이 만들고 듣고 싶은 종류의 프로그램을 위해 그들의 공동체들 안에 있는 책임 있고 대표적인 그룹들에게 맡길 실제적인 시간표를 만들 가능성을 고려하기 시작했다.[34]

리버사이드 교회의 기독교 교육 프로그램이 인접한 공동체에 매우 직접적으로 연결되었다. 참석자들 구성이 중산층 백인들로부터 경제적으로 그리고 인종적으로 매우 혼합된 자들로 바뀌었다.[35] 캠벨이 리버사이드 교회로 오기 전 과거 10년 동안 청소년부 부장은 이미 교회 직원부서를 담당한 목사 중 하나인 폴크(Robert L. Polk) 목사로 흑인이었다. 문제들은 다른 인종 그룹들을 혼합하는데서가 아니라 매우 다양한 배경들을 가진 아이들에게 의미 있는 경험을 제공하는데서 우연히 나타났다. 다양한 기술들이 시도되었다; 그리고 많은 질문들이 해명되지 않고 남아있는 반면, 프로그램은 어느 때보다 건전했다. 교회의 남쪽 날개를 건축한 이래로 처음으로 기독교 교육 프로그램이 공간을 비좁게 느끼게 만들었다.[36] 더구나 흑인 한 사람이 흑인 프로그램을 촉진시키고 발전시키기 위해 리버사이드 교회의 방송국에 고용되었다. 이렇게 리버사이드 교회의 흑인 대표자들 모임이 정기적으로 이루어지고 있었다.[37]

교회를 더욱 인종 포괄적인 것으로 만들려는 첫 번째 실제적인 자의적 시도는 남미-미국인 목회(Hispanic-American Ministry)를 만든 것이었다.[38] 주변 이웃 가족들을 초대하기 위해 스페인어를 말하는 한 평신도를 파타임으로 고용한 후, 교회는 스페인어 사역을 조직하기 위해 푸에르토리코 출신의 스페인어를 말하는 목

33 Ibid.

34 Ernest T. Campbell, "The Case for Reparations," *Theology Today* 26 (1969): 274.

35 *Racial Inclusiveness in the Riverside Church*, 2.

36 *The Riverside Church of New York City*, 14.

37 Ernest T. Campbell, "The Case for Reparations," *Theology Today* 26 (1969): 276.

38 *Racial Inclusiveness in the Riverside Church*, 15-17을 보라.

사, 파블로 코토(Pablo Cotto)를 청빙했다.[39]

1960년에 이 프로그램이 시작된 후 스페인어 회중을 가능한 교회생활의 한 부분으로 만들려는 노력이 있었다. 동시에 교회는 스페인 고어를 말하는 1세대를 위한 언어 장벽이 결코 극복되지 않을 것이라는 것을 인식하였다. 그러므로 스페인어 회중은 매월 3회 별도의 주일예배를 드렸으며 1회는 전교인을 위한 성만찬예배에 동참했다. 파블로 코토 목사는 성만찬예배에 참석하여 보통 스페인어 예배 때와 같은 음악으로 특별한 공동예배를 인도했다.[40]

남미 출신 미국인 사역에 관련된 평신도위원회는 동일한 수의 스페인어 회중과 영어 회중으로 구성되었으며 집사회(Board of Deacons)의 회원 중 한 사람이 회장을 맡았다. 예기치 않았던 몇 가지 사건들이 극복되었지만 전반적으로는 교회가 승인한 일들은 매우 잘 진행되었다. 스페인어를 말하는 그룹에 속한 교인들은 기대했던 대로 교회의 다른 조직들에는 참여하지 않았다. 그러나 문제는 앞에서 언급한 대로 민족적인 배경보다는 근본적으로 경제적인 차원과 교육적인 수준의 하나로 보였다.[41]

1960년대에 교회가 직면한 주요 문제는 평신도 지도력을 발휘하는데 더 나은 통합을 성취하는 것이었다. 집사회는 30명의 회원 중 한 명의 흑인을 회원으로 뽑았지만 아직은 스페인어를 말하는 그룹 출신은 나오지 않았다.[42] 그런데 교회는 1962년에 처음으로 집사회에 의해 제시된 후보자들 가운데 7명의 집사들을 선출하였다. 그러나 한 명의 중국인을 제외하고는 소수 집단의 어떤 사람도 선출되지 못했다. 흑인 남자 한 명과 푸에르토리코인 여성 한 명 모두 선거에서 아슬아슬하게 떨어졌다. 종신직인 당회(Board of Trustee)는 결코 소수 집단에 속한 사람을 포함시키지 않았다.[43]

소수 집단 구성원들의 교회 참여는 교회 내의 옛 조직들에 의해서는 실제적으

---

39 Donald H. Elliott, *Social Action*, 30 (1963): 38.

40 Ibid.

41 Ibid.

42 주변 이웃에서 일어나는 그런 인종적 포괄성의 변화에 뒤지지 않기 위해, 캠벨은 1968년 여름 리버사이드 교회로 가기 전 스스로 스페인어 공부를 다시 할 계획을 세웠다. "New Riverside Minister: Ernest T. Campbell," *The New York Times* (June 14, 1968), 38.

43 *Racial Inclusiveness in the Riverside Church*, 1.

로 추구되지 않았으며, 이런 태도에 변화도 느리게 나타나고 있었다. 진화적이든 혁명적이든 어떤 발전도 반대에 부딪히지 않은 것이 없었다. 리버사이드 교회의 재정에 크게 공헌하던 많은 사람들이 죽거나 은퇴하고 또한 먼 곳으로 이사를 갔다. 그래서 더 많은 인종 포괄적인 교회가 미래에 적절한 재정적 지원을 받아낼 수 있을지 여부가 대두되었다. 이런 의문과 함께 새로운 교인들에겐 교회가 자랑스럽게 여기던 높은 수준의 지도력이 더욱 인종 포괄적인 교회로 향할지의 여부가 비교적 소수의 주장으로 남아있었다.

캠벨은 인종적 포괄성 목회를 위해 리버사이드 교회의 설교 목사로 지명을 받았다. 그 이유는 그가 포괄적이며 에큐메니칼적 사고를 가진 목사로 알려졌기 때문이었다. 그는 교회란 자신을 하나님께서 세상이 전반적으로 어떻게 되어야 하는지를 미리 예상할 줄 아는 종류의 공동체로 형성하시도록 허락할 책임이 있다고 믿었다: "상호적인 사랑과 이해는 우리의 삶을 그리스도의 지체 중 하나로 함께 표현해야 한다. 여기에는 피부색, 성, 부, 또는 인종적 연결 등에 근거한 차별이 보장받을 방이 전혀 없다."[44] 리버사이드 교회의 전임자였던 맥크라켄(Robert J. McCracken)은 캠벨을 그 교회 강단을 맡는 설교목사로 청빙하는 일에 대해 다음과 같이 말했다: "배경, 훈련, 인물, 신앙으로 볼 때, 그는 우리 교회가 스스로 인정한 세계적이며 초인종적인 교회의 설교목사가 되기에 적절한 유일한 분이었다."[45]

2) 가난 극복

폭풍 같은 1960년대에 캠벨의 강단이 직면한 두 번째 중요한 도전은 외부적인 상황인 가난과 베트남전쟁으로부터 나왔다. 인종차별이 없는 사회를 위한 캠벨의 헌신은 도시의 가난과 밀접한 관련이 있다. 그 이유는 인종적 정의의 동기가 경제적 근거에 의해 촉구될 수 있기 때문이다.[46] 캠벨은 어떤 것도 사실상 도시들과 미국의 북부 외곽지역들에서 일어나고 있는 지역적 인종차별의 미묘한

44 Ernest T. Campbell이 1973년 5월에 The Metropolitan Mission Study에 발표하기 위해 준비한 글, "How I See the Church." Robert Polk, *Metropolitan Mission Study* (January 28, 1974), Appendix I (A1-1)을 보라.

45 1968년 6월 12일 수요일과 6월 13일 목요일의 방송(Riverside Radio WRVR)에서.

46 캠벨이 1963SUS 5월 19일 미시건 주 앤 아버의 제일장로교회에서 전한 설교, "Where Sound the Cries of Race and Clan,"를 보라.

오명보다 미국의 인종적 정의에 더욱 해로운 것은 없다는 것을 알았다.[47]

캠벨은 설교를 통해 도시 사회 속의 가난으로부터 사람들을 구하는 일에 헌신했다. 캠벨이 자신의 이웃들을 더욱 새롭고도 창조적인 방식들로 섬기기 위한 용기와 상상력을 발견한 것은 바로 그의 도시 사역에서였다. 그의 사역은 더욱 점점 깊어지는 하나님의 사랑에 의해 영양을 공급받는 용기로 유지되면서 가난한 이웃들에게 주는 도움을 더욱 효과적으로 만들었다.[48] 1960년대에 가난과 평화는 미시건 주의 Ann Arbor와 뉴욕시와 같이 대형도시의 박탈당한 공동체들 안에 있는 교회들의 사역에서 매우 우선적인 이슈들이었다.[49] 그런 이유 때문에 캠벨의 설교들은 비판적인 사회적 관심들을 다루고 도시 생활과 세계의 곤경에 대해 적극적인 관심을 나타냈다.[50] 1960년대에 캠벨의 강단은 그의 목회 환경이 처한 "매우 힘든 상황"(pressure cooker atmosphere)에 관심을 가졌다.[51] 1960년대에 캠벨이 목회한 교회들은 기독교 신앙이 인간의 전체 생활에 타당성을 지녀야 한다는 의미에서 진보주의의 상징으로 알려졌다.[52]

캠벨의 목회에서 도시는 그의 영혼 안에 있다. 뉴욕 시에서 태어난 캠벨은 현저하게 도시적인 남자였다. 그의 도시 생활은 사회적인 인식을 발전시켰으며 매우 많은 도시인들과 가까이 지낸 것이 그에게 사회적인 노련함을 부여했다. 그 의미들, 즉 복잡한 도시생활과 다른 그룹들과의 충돌에 대한 경험이 캠벨에게 사회 정의에 대해 지속적인 관심을 부여했다. 비록 기독교 공동체와 함께 지내면서 캠벨은 도시인들뿐 아니라 세계인들에 대한 매력을 느꼈다. 그는 사람들을 사회에서 그들의 기능과 능력에 의해서보다는 자신의 친구로 보았다.[53]

앤 아버의 제일장로교회는 펜실바니아 주의 요크(York)에서 목회를 하던 캠벨

---

47 Ibid.

48 캠벨이 1966년 5월 8일에 전한 설교, "Jesus' Summary of the Law,"를 보라.

49 Board of National Missions of the United Presbyterian Church in U.S.A., *Guidelines for Development of Strategy for Metropolitan Mission*, September, 1967: 12-13.

50 *The New York Times* (Friday, June 25, 1976)을 참고하라.

51 Lila Miller, et. al. eds., *A History: The First Presbyterian Church*, 41.

52 Ibid., 35. 그리고 *Report of Committee on Christian Social and Action*, 18을 보라.

53 도시인들과 그들의 이슈들을 다룬 캠벨의 설교들을 보라. 예를 들어, "A Christian and His City" (April 28, 1963), "The Christian and His Country" (november 19, 1967 and October 12, 1969), "Give Ye Them To Eat" (January 25, 1970), 'A Tourist in Your Home Town" (April 19, 1970), "Home Is Where It Happens" (May 10, 1970), 그리고 "Has the City Defeated You?" (June 4, 1970)을 보라.

을 담임 목사로 청빙했다. 그는 요크 시에서 1960년에 시민의 자유를 위해 공헌한 자에게 수여하는 상을 받았다. 6년 동안 캠벨은 미시건 주의 앤 아버에 위치한 제일장로교회에서 목회를 했다. 그 교회는 도시 목회뿐 아니라 미시건 대학교의 학생들과 교수들을 위한 사역으로 유명했다. 주변 이웃의 변화들에 뒤지지 않기 위해 그리고 미시건 주 앤 아버의 대학생 회중에 맞추기 위해 캠벨은 자신의 공부를 다시 하고, 사회학, 신학, 윤리학에 대한 저서들을 독서했다. 캠벨은 1960년대의 대학들을 무능하게 만든 학생 파업에 관해 다음과 같이 말했다:

> 나는 권력의 흐름이 사회의 모든 구조들, 즉 가정, 교회, 그리고 심지어 정부에서도 실제적으로 의문시되고 있다고 믿는다. 나는 그런 권력의 흐름에 대해 도전하는 것이 유익한 것이라고 생각한다. 그래서 나는 어떤 권력이 우연히 일어나야 할 곳보다 더 의도적인 기초들 위에 세워지는 것을 받아들이지 않는다. 그러나 터무니없는 파괴는 불필요하다. 그림을 변화시키기 위해 뼈대까지 부술 필요까지는 없다.[54]

캠벨은 사회적 열정을 회피하는 경건은 참 종교의 명예를 더럽히는 것이라고 믿는다. 그의 강단은 인간이 되신 하나님에게 중심을 두며, 그래서 사람들의 행복을 밝게 만드는 모든 것들에 대해 현실적(down-to-earth) 관심을 가져야 했다.[55] 이것은 캠벨의 앤 아버의 제일장로교회 오전 11시 주일예배에 가까이에 위치한 대학으로부터 거의 500명의 학생들이 참석한 이유를 설명한다.[56]

제일장로교회에서 목회하던 초기에 캠벨은 1964년 공동의회에서 "우리는 정치적으로 그리고 사회적으로 타당성을 유지해야 한다는 목표를 세웠다. "교회는 [정치적이며 사회적인 일들에] 관여해서는 안 된다고 주장하는 사람들은 실제로는 타당성이 없는 교회를 주장하는 것이다"고 말했다.[57] 캠벨이 교회에 도전을 준 사회적 문제들의 하나가 "깨어진 삶들에 큰 피해를 준 도시 생활"이었다.[58] 복

54 "New Riverside Minister: Ernest Thomas Campbell," *The New York Times* (June 14, 19680, 38.
55 캠벨이 1966년 5월 8일에 전한 설교, "Jesus' Summary of the Law"를 보라.
56 "New Riverside Minister: Ernest thomas Campbell," *The New York Times* (June 14, 1968), 38.
57 1964년 미시건주 앤 아버의 제일장로교회에서 전달된 *The Annual Meeting Report*.
58 Ibid.

음이 왜곡되지 않도록 하기 위해 캠벨은 1967년 공동의회에서 다음과 같이 강조했다:

> 타당성을 유지하려는 노력들은 우리 교회 성도들에게 교회가 더 이상 교회 초기의 충성에 헌신하지 않는다는 인상을 주었습니다. 그러나 예배는 여전히 진지하게 드려지고, 기독교 교육은 여전히 시간과 재정적인 지원을 약속받으며, 병자들, 외출 할 수 없는 자들, 그리고 상담이 필요한 자들에 대한 목회적 돌봄은 여전히 이전만큼 민감합니다. 철저한 변화의 시대에 복음을 전하고 사는 방법을 아는 것은 쉽지 않습니다. 우리 모두 함께 영원하고 여전히 타당성을 지닌 그리스도의 임재를 지원할 필요가 있습니다.[59]

캠벨은 교인들이 "개인적인 종교와 세계의 발전에 건설적으로 참여하는 것 사이에 지극히 중요한 균형을 유지하도록" 도우려고 노력했다.[60] 그는 동시대 교회 생활이 처한 두 가지의 딜레마들을 인식할 이유들을 지니고 있었다. 한 가지 딜레마에 대해, 그는 "오직 사회적 타당성만을 원하는 사람들은 믿음 소망 사랑을 위한 개인적 필요가 관심을 얻을 때는 한탄하는 경향이 있다."고 말했다. 그와 반대로, 다른 딜레마에 대해서 그는 "개인적 종교만을 원하는 사람들은 교회가 전쟁, 가난, 또는 인종과 같은 이슈들을 다루려고 움직일 때는 빠지려고 노력한다."고 지적했다.[61]

캠벨이 생각하고 있는 도시는 공정주택법을 세우는 것을 염려했다.[62] 앤 아버에서 6년을 지낸 후 캠벨은 앤 아버의 공정주택법을 위해 일한 것과 지역의 종파간 평화위원회를 적극적으로 지원한 것 때문에 공동체 지도자로서의 명성을 얻었다.[63] 1963년에 캠벨과 그의 회중은 시의회가 추진하는 공정주택법을 위해 일했다. 그 법은 그들의 공동체에 그들이 정말 자신들의 주거적 인종차별을 제거하기를 원하는지에 관한 질문을 긍정적으로 대답할 기회를 제공했다. 캠벨과

---

59 1967년 1월 미시건 주 앤 아버의 제일장로교회의 The Annul Meeting Report.

60 Ibid.

61 Ibid.

62 캠벨이 1970년 2월 15일 전한 설교, "Searching the Mind of Christ (I) Jesus on Power."

63 "New Riverside Minister: Ernest T. Campbell," *The New York Times* (June 14, 1968), 38.

다른 목회자들, 그리고 앤 아버의 시민인권운동 지도자들은 시의회에 의한 주택법을 지원할 수 없었다. 왜냐하면 그 비용이 기껏해야 이 도시 주택들의 약 30%만을 해결할 수 있을 것이기 때문이었다. 그러나 캠벨이 새롭게 제안한 주택법은 그 지역의 주택들 100%를 해결할 것이었다.[64]

공정주택법으로도 알려진 주거개방법(Covenent of Open Occupancy)을 추진하는 것이 계속 논쟁의 대상이 되었지만, 그럼에도 회기의 찬성을 이끌어냈다. 캠벨과 그의 회중은 인종에 무관하게 선한 성격을 지닌 사람은 그가 자신의 재정 능력에 따라 살고 싶어하는 곳에서 살도록 허락받아야 한다고 믿었다.[65] 시의회와 일하면서 그들은 정말 스스로 주거적인 인종차별을 제거하고 싶어 했다.

그 시의회가 가능한 법을 많은 교회 성도들에 의해 지원받았던 것보다 "상당히 약하게" 진행하기 시작했을 때, 시의회의 모임들에 참석하여 한 시의원에게 전화를 건 한 교인에 의해 강력하게 추진되었다. 그 주거개방법은 매 2개월마다 예배 후에 교인들로부터 서명을 받아냈다. 주거개방법에 관한, 즉 그 법의 역사와 중요성에 관한 서신들이 개정법이 추진된지 3년 후인 1962년에는 교회에 참석한 모든 사람들에게 전달되었다. 1963년에는 회기가 지역 교회 연합회에 의해 지원을 받은 주거개방법을 만장일치로 승인했다. 이 법은 앤 아버의 공정주택법 추진위원회가 더욱 순수한 "개방"법을 채택하도록 시의회에 홍보를 요청한 것과 함께 진행되었다. 제일장로교회 성도들의 느낌은 교회 연합회의 대표들을 통해 시청사 앞에서 피켓들을 들고 시위를 함으로 시의회에 압력을 가했다. 주거개방법은 1963년에 법률로 제정되었으며 후에 수정안들에 의해 강화되었다.[66]

회기의 관심은 이제 법률 시행의 효율성에로 옮겨졌다. 이미 1963년에 제일교회는 그 시의 인권위원회(Human Relations Commission)가 주거문제에서 발생하는 인종차별에 관한 불만들을 해결하는 과정들을 세우고 지주들과 세입자들이나 구매자들 사이에서 일어나는 논쟁들을 해결할 것을 요구했다. 더 나아가 교인들은 인종차별반대 정책에 대한 자신들의 관심에 협력을 얻기 위해 지역 단체들에게 설명하고 지주들, 중개업자들, 고용주들을 작은 그룹들로 회집함으로 인권운동

---

64 캠벨이 1963년 9월 15일에 전한 설교, "People, Property, and Jesus"를 보라.
65 캠벨이 1963년 5월 19일에 전한 설교, "Where Sound the Cries of Race and Clan"을 보라.
66 Ibid.

이 교육적인 운동으로 시작되기를 요청했다. 주의 공정주택조례가 1967년에 논쟁의 대상이 되었을 때, 제일장로교회는 "우리는 이 조례에 강력하게 찬성합니다."라는 말을 첨가하면서 인종차별에 반대한다는 결정을 주지사, 주 상원의원, 하원의원들, 그리고 지역 정당의 대표들에게 전달했다.[67]

미시건 주 앤 아버에서 목회하는 동안 캠벨은 장로들이나 집사들이 잠시 일을 내려놓거나 과거의 성취감에 안주하는 것을 허락하지 않았다. 이런 이유로 그 교회의 어떤 교인도 시온(Zion)에서 편히 쉼을 얻을 수 없었다. 예를 들어 1967년 7월에 비영리 주택건설제공운동(Operation Fresh Start)이 출범했다. 그 운동의 목표는 각 구성원이 예배에 참석하는 것 이외에 최소한 한 가지를 행하도록 하는 것이었다. 9월 한 직원 수련회에서 52명의 장로들, 집사들, 직원들이 작은 그룹별로 모여 1967년의 고백문(Confession of 1967)을 자세하게 공부했다. 또한 참석한 사람들은 목록을 작성하여 11가지는 잘되고 있지만 12가지는 충분하게 진행되지 않음을 발견했으며 교회의 프로그램의 확대를 요청하는 10가지 영역들을 인정했다.[68]

그 중 한 영역이 노인들을 위한 주택공급이었다. 노령자 위원회(Committee of Aging)는 1년 또는 2년 동안의 연구가 끝난 1968년에 설문지에 대한 응답들로부터 발견한 것, 즉 "주택공급 필요에 관한 조사를 위한 분명한 지시"가 있었다는 것을 보고했다. 그 결과 회기는 실행위원회에 노령화 주택공급에 대한 종합적인 위원회를 임명해주기를 요청했다. 그 위원회는 1969년에 임명되었다. 위원회는 개당 월 120달러에 임대될 수 있는 주택이나 "가옥"(home)을 구매할 수 있다고 보고했다. 그 제안은 처음으로 미시건 주 남부 장로회에 보내져야 했었다. 그러나 장로회는 응답하지 않았고, 위원회는 활동하지 않았으며, 의제는 개정되고 노령자들을 위한 새로운 주택공급위원회가 임명된 1975년까지는 잠자고 있었다.[69]

1960년대에는 모든 수도권 지역이 사업, 경제, 학문, 정치, 커뮤니케이션 등의 네트워크를 통해 세계의 수도권 지역들과 연결되었다. 이런 연결을 통해 수도권 교회들은 국가들 사이에서 평화를 위한 일을 할 수 있는 선교의 기회들을 가지게 되었다. 점차 중요하게 된 것은 수도권 생활의 국제적인 특징과 관련된 선교

67 Ibid.

68 Ibid., 40.

69 Ibid.

의 기회들이 수도권 선교 전략을 발전시키는데 적절한 관심을 얻게 되었다.[70]

3) 전쟁 극복

캠벨은 앤 아버에서 공적으로 베트남전쟁을 반대하는 입장을 취한 첫 번째 성직자들의 한 사람이었다. 앞에서 인용한 대로, 1967년 1월 공동의회에서 캠벨이 전달한 말들은 한 달 먼저 베트남전쟁에 대한 반대를 선언한 1달 전의 설교에 비추어 볼 때 더욱 의미가 있다. 1966년에는 목사가 그런 이슈에 공적으로 분명한 입장을 취하는 것은 가장 이상하게 보였다. 회기에 의해 간단한 질문을 받은 캠벨은 교인들이 자신들의 담임목사가 어떤 의견을 가졌는지를 들을 권리가 있다고 설명했다. 왜냐하면 목사의 견해가 목사에게 상담을 받으러 온 교인들의 자녀들이 결정하는데 영향을 줄 수도 있기 때문이다. 캠벨은 젊은이들이 군복무를 하도록 설득할 수 없었다. 그의 주장에 의하면, 상담가의 역할은 누군가를 위해 결정내리는 것이 아니라 내담자와 함께 선택에 동반되는 고통에 동참하는 것이다. "다음 순서는 토론입니다"라는 말은 캠벨이 상담가로서 항상 저녁 모임의 순서를 마치는 인사말이었다.[71]

1967년에 미국 안에 베트남 전쟁에 관한 감정 표현들이 나타나기 시작했다. 언뜻 보기에는 어려운 나라의 전쟁에 참여하는 것이 매우 친절하고 적절한 판단처럼 보이지만, 캠벨은 베트남 전쟁에 관련된 제안에 대해 자신의 통찰력을 표현하였다. 경향에 관한 통찰력은 시간이 지나고 먼 지점에서는 매우 친절하고 적절한 것으로 보이는 제안에 어떤 일이 일어났는지에 관한 기록에 의해 제공된다. 그의 통찰력은 베트남인들에게 의료품들을 제공하는 것을 방해하려는 어떤 정부의 정책을 반대하고, 오히려 베트남 북부에 폭탄을 투하하는 것을 즉각 중지할 것을 촉구하는 것으로 나타났다. 긴 논쟁 후 그 제안은 반대 29표, 찬성 4표, 기권 4표로 부결됐다. 1967년에 캠벨의 회중은 여전히 호전적이었기 때문이었다..[72]

---

70 *Guidelines for Development of Strategy for Metropolitan Mission* (September 1967): 13을 보라.

71 Ibid., 36.

72 Ibid.

4) 통전적 목회

1968년에 미시건 주 앤 아버의 목회로부터 캠벨의 관심사는 맨해튼의 고층 빌딩들 안에 있는 정의에 관한 전쟁으로 옮겨갔다. 그 해 리버사이드 교회에 의해 설교 목사로 청빙을 받았을 때, 캠벨은 다시 번영하고 있던 뉴욕과 다른 도시들을 바라보았다. 그는 도시의 경향들이 그처럼 번영의 길로 가는 것을 알고 있었다. 그는 도시의 교회들이 위기를 확신 있게 뚫고 나갔으며 그러기에 미래가 기대될 것이라고 생각했다. 그는 또한 하나님 죽음의 신학이 사라지는 징후를 보았다. 그는 현재 그리스도인들이 자신의 손의 강함으로 자신의 탑을 높이 세우고 자신의 도시를 안전하게 만들 능력으로 너무 자만해서는 안 된다는 것을 믿었다. 그는 인간의 위대함과 하나님의 영광은 불가분리의 관계라고 생각했다.

리버사이드 교회는 뉴욕 시에서 가장 높은 지역들의 하나, Riverside Drive와 122가 사이에서 허드슨 강을 바라보는 위치에 세워져 있었다. 그 교회 주변에는 종교기관들과 교육기관들,[73] 공원들, 그리고 할렘의 자부심과 가난이 있었다. 그 교회는 설립 초기에 개방적이고 거리낌 없는 목회자들과 드물게 질서가 잡힌 아름다움으로 축복을 받았다. 그리고 매 주일 본당에는 교회 음악이 매우 훌륭하게 연주되고 불러져 마치 천사들이 그 음악을 더 잘 듣기 위해 하늘 발코니에 기댈 정도였다는 소문이 있었다. 그러나 그런 아름다움에 충실해지는 것은 매우 보상을 받는 경험이기 때문에 그리 어려운 일은 아니다. 오히려 미국 전역에 있는 도시 교회들이 한 것처럼 리버사이드 교회 주변에서 굴욕적으로 살아가는 자들에게 충실해지는 것이 훨씬 더 어려운 일이다. 1960년대 미국인들이 자기 주변에서 보았던 가난은 더 이상 개인적인 비극으로 불리지 않았다. 가난은 하나의 공적인 범죄 행위였다.

1960년이 되기 20년 전에는 지역의 많은 건물들이 점차 노후화되는 것을 보여주었다. 이런 노후화는 1951년에 1인실도 가족용으로 사용될 수 있도록 가결

73 더욱 자세하게는 Morningside Height 위에 세워진 리버사이드 교회의 주변에는 Columbia University, Barnard College, Teachers College, Julliard School of Music, Union Theological Seminary, the Jewish Theological Seminary of America, International House, the Cathedral of St. John the Divine, 그리고 Inter-Church Center 등 12개 이상의 주요 교육 또는 종교 국방부 직할부대 및 기관들이 밀집되어 있었다.

된 법에 의해 가중되었다. 그래서 많은 대형 아파트들이 더 작은 공간들로 쪼개졌다. 1960년대에는 다양한 시민 그룹들과 정치적인 그룹들과 국방부 직할부대 및 기관들에 의한 공동의 노력들에 의해 1인실을 가족용으로 사용하는 것을 금지하는 도시의 법령이 주택 상황에 어느 정도 발전으로 나타났다.[74] 추가로, 2가지 새 주택계획들, 하나는 낮은 임금을 받는 사람들을 위해 도시에 의해 세워진 것이며, 다른 하나는 중산층 월급을 받는 사람들을 위해 Morningside Height 지역의 기관들에 의해 지원을 받은 것으로 1950년대 후기에 세워졌다.[75] 해가 지나감에 따라 낮은 임금을 받는 매우 많은 성도들, 즉 대부분 소수집단들 출신들이 Heights에로 이사를 갔다. 비교적으로 높은 주택보급률과 일시적으로 거주하는 사람들의 높은 비율이 공동체의 외관을 변화시켰다. 서쪽에서 살고 있는 도합 약 8만 명의 사람들이 리버사이드 교회 지역인 194번가로부터 125번가까지 걸쳐 살았다.[76]

처음부터 리버사이드 교회는 인간의 영적 필요들에 대한 목회를 인간적인 필요들에 대한 목회와 통합시킴으로 통전적 인간에 대한 목회를 추구했다. 1960년대의 10여 년 동안 리버사이드 교회는 사회와 세계의 삶에 대해 중요한 공헌을 했다. 리버사이드 교회 건물을 한 주간 7일 동안 활용하려는 발상,[77] 담임 목회자들이었던 포스딕(Harry Emerson Fosdick)과 맥크랙켄(Robert James McCracken)의 비전, 그리고 교회의 핵심적인 평신도들의 끊임없는 헌신은 말할 것도 없이, 모든 것들이 리버사이드 교회로 하여금 삶은 개인적이며 하나님은 모든 인간의 주님이시라는 사실에 대해 건물과 프로그램으로 증거하도록 하였다. 그런 증거들은 이 교회에서 새롭게 일어난 우선적인 운동(New Priorities Movement)에서 발견될 수 있다. 그 운동에 포함된 프로그램들로, 도시문제들과 직원들인 남미출신 미국인들에 대한 목회, 교회의 자선 자금의 분배에 대한 재고, 교회의 공적 이슈들에 대한 토의들, 교회와 사회와의 관계들과 교회 안의 흑인 지도자들 협의회에 대해 책임을

74 Robert Polk, *Metropolitan Mission Study* (New York: The Riverside Church, 1974), 제2장("The Urban Community-The Present Scene")를 보라.

75 Ibid., 2-5.

76 Donald H. Elliott, "Inclusiveness in Riverside Church," *Social Action* 30 (1963): 36.

77 이미 리버사이드 교회는 한 주간 동안 인간적인 필요들에 대한 목회 프로그램인 The Arts and Crafts Program을 운영하고 있었다.

지는 제7차 공의회(Council VII)에 의한 행동화 등이 있었다.[78]

경제적인 어려움이 미국 전역에 퍼질 때에 리버사이드 교회는 다시 도시와 세계의 가난한 자들과 압제 받는 자들을 위한 목회에로 눈을 돌리기 시작했다. 도시 문제들에 대한 목회에 추가하여 캠벨의 강단은 그것의 확대를 시도했다. 캠벨이 부임한지 1년도 되기 전에 리버사이드 교회는 흑인 정치운동가 제임스 포맨(James Forman)이 소수 집단들에 대한 보상금으로 교회에 5억 달러를 요구한 국가적인 논쟁에 휘말렸다. 1969년 5월 4일 포맨과 6명의 동료들은 "흑인 성명서"(Black Manifesto)를 낭독하기 위해 교회의 예배를 중단시켰다.[79] 긴장과 오해가 증폭되면서 본당 회중석에서 회중과 흑인 정치운동가 제임스 포맨과 충돌이 일어났다.

모든 인종들에 대한 효율적 목회를 위한 노력을 하던 캠벨은 회중과 함께 집사회를 통해 교회의 1년 동안의 재정의 일정한 부분을 지역 공동체의 혜택을 받지 못한 모든 사람들의 상황이 빨리 호전되도록 하기 위한 별도의 기금으로 만드는 것을 결정했다.[80] 그들은 사회 정의를 위한 기금(Riverside Fund for Social Justice)을 만들었다.[81] 그들은 이 기금이 전국적으로 영향을 주기를 희망했다. 그래서 그들은 전국의 교회들과 회당들을 초대하여 이 모험적인 사업을 계획하고 기금을 모으는 일에 참여하기를 호소했다. 그들은 사회기관들, 교단들, 사업체들, 그리고 정부 등 다른 기관들에게 유사한 방식으로 동참하기를 부탁했다. 캠벨은 이 위대한 나라가 영원히 가난 문제를 해결할 수 없으며 그런 의지조차 가질 수 없을 것이라는 그럴듯한 이유는 전혀 없다는 것을 확신했다. 그래서 1972년에 리버사이드 회중과 지역공동체는 도시 사회의 힘없는 자들에게 힘을 실어주기 위해 그리고 사회적 불의의 뿌리를 뽑기 위한 3년 동안의 프로젝트를 위해 35만 달러를 모금했다.[82]

---

78 캠벨이 1970년 10월 4일에 전한 설교, "Forty Years on the Heights"를 보라.

79 흑인 성명서에 관해 James R. McGraw, "Down by the Riverside," *Renewal* 9/6 (June, 1969): 3-6을 보라.

80 Ernest T. Campbell, "The Case for Reparations," *Theology Today* 26 (1969): 274.

81 *The Riverside Fund for Social Justice: A Brief History* (New York: The Riverside Church, 1970), 1-3을 보라.

82 "Campbell Quits Ministry at the Riverside Church," *The New York Times* (Fri. June 25, 1976), 38.을 참고하라.

캠벨은 돈이 사람을 죽이거나 살리는 힘을 지니고 있다고 믿었다. 돈을 타인을 위해 주거나 돈을 억제함으로, 우리는 여러 작은 방식들로 하나님의 역사를 일으킬 수 있다. 뉴욕시의 공정주택법을 확립하기 위해 1970년에 캠벨은 많은 목회자들이 동참하도록 시청 앞에서 의 시위행진을 시작했다.[83] 추가로 흑인 기독교인 간부회의(Black Christian Caucus)와 교도소 전담사역(Prison Task Force)과 같은 사회정의를 위한 프로그램들이 출범했다. 캠벨의 격려로 인해 흑인 교회와 관련된 대학들을 도우려는 목적의 또 다른 기금이 11만 달러가 모금되었다. 교회는 계속 다양하고 광범위하게 사회, 교육, 운동과 관련된 프로그램들을 늘렸다. 캠벨은 많은 주민들이 도시 주변으로 이동하고 경제가 힘들어지는 동안에도 지속적으로 사회 정의에 대해 관심을 나타냄으로 신뢰감을 얻었다.[84]

교회 주변 이웃에서 태어나 자라 교회의 문제들과 기회들에 익숙한 캠벨은 미시건 주 앤 아버의 제일장로교회와 뉴욕 시 맨해튼의 리버사이드교회에서 목회하는 동안 도시 생활을 위한 교회의 역할을 특별히 강조하였다. 그는 그 교회들을 지역 공동체, 국가, 그리고 세계와 이웃 관계를 확립하고 도시의 필요들에 관심을 갖도록 인도했다. 이 교회들에 관한 연구와 강단 사역을 통해 캠벨은 개인적인 종교와 책임 있는 사회적 행위 사이에서 그리스도를 위한 섬김에 대해 자유롭게 생각할 수 있었다. 그가 생각한 책임 있는 사회적 행위(Social Action)는 교회가 그 동안 오랜 동안 관여해 온 사회봉사(social service)와 다르다.[85] 캠벨은 교회가 세상을 "그리스도화 하는 것"을 도우려는 책임을 져야 한다고 믿었다:

> 교회는 일찍이 세상에서의 삶에 무관심하고 "내적인 삶"이나 "내세의 삶"에 집중하려고 노력했다. 그러나 역사로부터 유리되는 것은 인카네이션의 의미를 거부하고 우리의 성경적 종교와의 연결들을 단절시키는 것이다....교회 입장에서 사회적 행위는 제도적인 권력과 부를 압제 받는 자들을 대신하는 곳에 두는 것을 의미한다. 참 종교를 확인하는 것은 종교가 충성

83 캠벨이 1970년 2월 15일에 전한 설교, "Searching the Mind of Christ (I) Jesus on Power"를 보라.

84 "Campbell Quits Ministry at the Riverside Church," *The New York Times* (Fri. June 25, 1976), 38.을 참고하라.

85 캠벨이 1970년 10월 4일에 전한 설교, "Forty Years on the Heights"를 보라.

된 자들을 위해 행하는 것이 아니라 종교가 무거운 짐을 진자들과 압제 받는 자들을 위해 성취한 것이다.[86]

캠벨은 혼돈스런 1960년대에 제일장로교회와 리버사이드교회 두 곳에서 활동한 예언자적 지도자였다. 이 기간은 미국의 교회들이 복음을 망각하던 시대로부터 복음의 수평적 의미들에로 깨어난 때였다. 확실히 캠벨의 두 교회의 회중들은 이 예언자에 의해 한 때 도시와 대도시에서 화들짝 놀라 잠에서 깨어났다. 캠벨은 그들에게 "정의가 강물같이 흐르도록 하소서"라는 예언자 아모스의 서원, 그리고 "오 예루살렘, 예루살렘아! 얼마나 자주 너희의 자녀들을 모으려고 했느냐...."라는 예수님의 탄식을 제시했다. 또한 그는 그들을 아덴과 로마에서 사역하던 바울을 더욱 잘 마음속에 생생하게 그릴 수 있게 하였다.[87]

캠벨의 강단은 특수한 상황들에서 직면한 철저한 인종적 포괄성, 도시의 가난, 그리고 국제적인 전쟁과 같은 새로운 도전들이 그의 강단으로 하여금 예언자설교에 더 많은 에너지를 집중할 의욕을 불러일으켰다. 결국, 그 새로운 도전들이 캠벨로 하여금 1960년대의 변화하는 사회와 세계에 적응하도록 만들었다. 그의 강단은 교회와 사회 모두의 변화를 위한 영구적 필요성에 직면하게 되었다.[88] 또한 그의 강단은 1960년대의 도전들에 대해 반응하기 위해 교회적이며 사회적인 관심들을 비판적으로 다루는 설교들을 전하는데 책임을 느꼈다. 그런 이유로 그의 강단은 기독교 복음을 위한 하나의 예언자적 목소리로 알려졌다.[89]

---

86 캠벨이 1973년 5월 Metropolitan Mission Study에 발표한 원고, "How I See the Church,"를 *Robert Polk, Metropolitan Mission Study* (Jan. 28, 1974), Appendix I (A1-2)을 보라.

87 Lila Miller et al. eds., *A History: The First Presbyterian Church*, 35.

88 "Campbell Quits Ministry at the Riverside Church," *The New York Times* (Fri. June 25, 1976), 38.을 참고하라.

89 Lila Miller et al. eds., *A History: The First Presbyterian Church of Ann Arbor, Michigan 1826-1988*, 41.

2. 설교의 위기들

이제 캠벨의 강단으로 하여금 예언자설교의 필요성을 인식하게 만든 1960년대의 설교의 위기 현상에 관한 두 개의 서로 관련된 중심 주제들을 살펴보자. 하나는 *설교의 내용*으로 캠벨의 설교신학과 공적 이슈들에 대해 전달된 설교와 신학의 관계이며, 다른 하나는 *설교의 형식*으로 설교학적 커뮤니케이션에 적절하고 전반적인 사회적 콘텍스트에 관련된 하나의 형식으로 형성된 캠벨의 예언자설교이다. 캠벨의 각 설교문들에 대해 그의 예언자설교의 내용과 형식에 관한 중요한 설교학적 문제들은 다음의 질문들에서 나타난다.

첫째로, 설교 내용에 관한 관심은 다음과 같은 질문들 속에 반영된다. 캠벨은 자신의 강단을 통해 자신 앞에 놓인 도전들에 관해 무엇을 말했는가? 1960년대의 특수한 상황들이 그의 설교에서 어떻게 해석되었는가? 그의 설교 배후에 있는 동기와 주요 신학적 아이디어는 무엇이었으며, 어디에서 그것들을 얻었는가? 예언자적 목회에 관해 어떻게 이해했으며 그런 이해를 바탕으로 준비되고 전달된 설교문들을 자신의 회중과 어떻게 나누었는가?

둘째로, 설교 형식에 관한 관심들은 이런 질문들 속에 반영된다. 성경의 본질과 역할은 무엇인가? 캠벨은 자신을 어떤 예언자 전통과 동일시하는가? 어떻게 예언자적 상황이 커뮤니케이션, 수사학에 영향을 주는가? 율법인가 복음인가?

1960년대 미국에는 사회적 정치적 경제적 열정들이 매우 높아 많은 개인들이 국가의 해외정책과 국내정책들의 방향을 재조정하려 했다. 다른 종파들과 같이 개신교 교회들도 그 시기의 사건들에 의해 양극화되었다. 많은 종교 지도자들이 그 당시의 이슈들에 적극적으로 참여했다. 설교자들 역시 자신들이 살던 시대를 벗어날 수 없었다. 그들이 보고 이해할 수 있었던 것은 주로 그들이 나왔으며 또한 그들이 통과한 사회 환경에 의해 영향을 받았다.

그러므로 1960년대의 설교 현상에 관한 연구는 강단을 하나의 증명할 수 있는 종교적, 문화적, 정치적 실재로 이해하는 것이다. 강단의 실존은 사회적 현실을 하나의 문화적 통합으로 상징화하고 확인한다. 10년 동안 강단은 하나님의 말씀의 빛에 비추어 사회적 제도들과 실행들에 의해 인간이 받은 영향들을 조사할 권리와 의무를 가지도록 부름을 받았으며, 또한 이런 제도들과 실행들을 형

성하고 그것들에게 영향을 줄 책임도 지녔다.[90]

1960년대 사회적 문제들에 대한 갈등이 그 시대의 강단에 예언자적 증언을 위한 유일한 기회를 제공했다. 강단이 이런 기회를 활용하려한 노력이 부인될 수는 없다. 정말로 주요 교단의 교회들이 점차 사회 운동들과 동일시된 것은 이 세계1, 2차 대전 이후 시대에 주목할 만한 발전들의 하나였다.[91] 교회들이 사회 운동들을 지원한 것은 미국의 많은 설교들에서 강조할만한 하나의 변화로 이해될 수 있다. 1960년대에 이런 강단의 변화와 관련하여, 블로쉬(Donald G. Bloesch)는 다음과 같이 말했다:

> 너무 많은 설교들이 여전히 문화적이며 정치적인 상황에 대해 직접적인 방향이 전혀 없는 신학적으로 단조롭고 진부한 표현들을 향하고 있다는 것은 의심의 여지가 없다. 그러나 점차 설교들이 시민인권을 향하고 있으며 사회 문제들과 관련되고 있다. 많은 강단들에서 구원을 위한 노력이 더 이상 예수 그리스도의 삶과 죽음으로 이해되지 않고 심지어 회개와 믿음의 위기로도 이해되지 않는다. 오히려 구원을 위한 노력이 사회 정의를 위한 현재의 투쟁과 동일시된다. 우리는 지금 더 좋은 일 조건들이 많아지는 것에 대한 것이 아니라 인종적이며 사회적인 평등에 대해 강조하는 새로운 사회복음운동의 출발선 위에 있는 것으로 보일 것이다.[92]

1960년대의 많은 강단들이 사회적, 정치적, 경제적 이슈들에 대해 이처럼 비교적 새롭게 강조하는 것을 어떻게 평가할 수 있을 것인가? 무엇이 1960년대의 설교자들로 하여금 사회적 문제들에 대해 설교하도록 결심하게 하였는가? 이런 질문들에 답하기 위해 1960년대 설교의 위기들을 이해할 필요가 있다.

캠벨에 의하면 1950년부터 1975년까지의 설교는 "불 아래에서의 충성"(a loyalty under fire)이었다. 그는 과거 35년이나 그 이상 동안 미국 주요 교단들의 백인교회

---

90 Donald G. Bloesch, "Prophetic Preaching and Civil Rights," *The Pulpit* 37.2 (1966): 7.

91 "A Brief Statement of Belief in 1962," *The Constitution of the Presbyterian Church (U.S.A.), Part I: Book of Confessions* (New York: The Office of the General Assembly, 1983), xvi.

92 Ibid.

들의 설교 현상을 설교의 추락으로 묘사한다.[93] 무엇이 그런 설교의 추락을 일으켰는가? 막을 수 없던 설교 추락의 위기에 대해 캠벨은 3가지 주요 원인들을 제시한다: 지역교회의 설교 환경에 나타난 위기, 직접적인 메시지에 나타난 위기, 그리고 설교의 매개체, 즉 설교 형식에 나타난 위기.[94]

1) 설교 환경의 위기

캠벨에 의하면 1960년대에는 설교의 환경에 나타난 위기의 두 가지 원인들이 있다. 하나는 교회의 역할에 대한 부적절한 이해이고, 다른 하나는 변화하는 사회에 대해 부적절한 신학이다.

첫째로, 캠벨은 "교회의 분명한 부적절함" 또는 **교회의 역할에 대한 부적절한 이해**가 설교의 위기를 불러온 하나의 원인으로 설명한다.[95] 왜냐하면 교회의 사명이 설교의 역할을 매우 중요하게 만들기 때문이다. 캠벨은 설교의 환경에 나타난 위기에 관해 다음과 같이 말한다:

> 거대한 질문들이 빠르고 정확한 대답들을 요구하고 있지만 교회는 그 둘 다 가지고 있지 못한 것으로 보였다. 그 날 예수님의 제자들이 군중들을 돌고난 뒤 "우리에겐 떡 5 덩어리들과 물고기 3마리가 있습니다. 이것들로 이렇게 많은 사람들에게 무엇을 하겠습니까?"라고 말했다. 자신의 회중의 보잘 것 없는 자원들을 찾아보지 않고 제자들과 동일하게 "이것들로 이렇게 많은 사람들에게 무엇을 하겠습니까?"라고 말한 목사가 있습니까? 따로 모으든 함께 모으든 우리에게는 모두 그만큼 없습니다.[96]

캠벨이 지적한 대로 설교자들은 필히 전문가가 될 필요는 없다.. 그런데 그들은 전문가들로 자신들의 회중이 지닌 문제들을 해결하기 위해 부름을 받는다.

---

93 Ernest T. Campbell, "The Fall and Rise of Preaching," 1984sus 3월 28일 Garrett-Evangelical Theological Seminary에서 전한 강의, *Aware* (Spring/Summer, 1984): 1-3을 보라.

94 Ibid.

95 Ibid.,3.

96 Ibid.

여기에 신비를 위한 공간은 전혀 없다. 다양한 이슈들에 직면한 설교자들은 회중이 자신들을 "한 가지 원인의 사람들"(the one-cause persons)이라고 부르는 것에 의해 위협을 느끼게 되었다. 그들은 자신들의 지역 교회들이 성장 가능한지 아닌지를 궁금해 한다. 하지만 그들에게 필요한 것은 경건이 아니라 행동이다.

자신의 저서, *Strength To Love* (1963)에서 마틴 루터 킹(Martin Luther King, Jr.)은 1960년대 초기 교회의 역할에 관해 다음과 같이 말한다:

> 교회는 국가의 주인이나 종이 아니라 오히려 국가의 양심이라는 것을 기억해야 한다. 교회는 국가의 안내자와 비판자가 되어야지 결코 국가의 도구가 되어서는 안 된다. 만일 교회가 원래의 예언자적 열정을 되찾지 못한다면, 교회는 기껏해야 도덕적이거나 영적인 권위 없는 타당성 없는 사회 클럽이나 될 것이다. 만일 교회가 평화와 경제적이며 인종적인 정의를 위한 투쟁에 적극적으로 참여하지 않는다면, 교회는 수백 만 명의 충성심을 상실하고 어디에서든 사람들로 하여금 교회가 스스로 자체의 의지를 위축시킨다고 말하도록 하는 것이 될 것이다. 그러나 만일 교회가 죽어가는 현상 유지로부터 족쇄들로부터 자유롭게 되고 교회의 위대한 역사적 사명을 회복하면서 정의와 평화에 의해 두려움 없이 그리고 끈질기게 말하고 행동한다면, 사람들을 진리와 정의와 평화를 위해 흘러넘치고 불타는 사랑으로 감염시키면서 교회가 사람들의 상상력을 타오르게 하고 그들의 영혼에 불을 붙일 것이다. 원근 각처에 있는 사람들이 교회를 자정에 외롭게 여행을 하는 자들에게 빛과 빵을 제공하는 위대한 사랑의 교제로 알게 될 것이다.[97]

킹이 말한 것처럼 1960년대에는 교회의 역할이 정의와 의로움을 위해 그리고 사회의 누룩이 되기 위해 계속 싸우는 것이었다. 목사의 책임은 미국으로 하여금 정치적 사회적 경제적 위기들이 훨씬 더 깊은 도덕적 위기의 증후들이라는 것을 계속 기억나게 하는 것이다. 인종적 위기와 전쟁과 같은 사회적이며 정치적인 이슈들은 훨씬 더 심각한 질병의 증거들로 다루어야 했다.

---

97 Martin Luther King, Jr. *Strength To Love* (New York: Harper & Row, 1963), 47.1

강단은 국가의 양심의 중심점으로서 시민인권, 반전, 그리고 가난퇴치를 위한 운동들을 일으킨 원인들이 무엇인지를 모든 미국인들이 더 심한 폭력의 위험을 줄일 철저한 사회 개혁을 위한 자원들을 요청할 때까지 계속 지적해야 했다. 강단의 역할은 바로 그런 경적을 울리고, 교회에 활용 가능한 자원들을 동원시키고, 너무 많은 수백 만 명의 시민들의 곤경에 대해 잠자고 있는 국가의 양심을 깨우는 것이었다.

1960년대에는 설교에 관하여 매우 많은 비판들이 있었다.[98] 사람들은 교회 내외의 많은 출처들로부터 설교가 매우 효과적이지 않다는 말을 들었다. 예를 들어, 자신의 저서, *The Comfortable Pew*에서 버튼(Pierre Berton)은 "평균 수준의 사람들에게 교회의 진정한 이미지는 주일 설교로부터 나온다."라고 보고한다.[99] 교회를 다니지 않았던 대다수의 사람들이 주로 교회로 오는 이유는 설교자가 무엇인가 중요한 것을 말할 것이라고 기대하기 때문이다. 그러나 많은 사람들이 교회 오기를 멈춘 이유는 설교가 더 이상 그들에게 주는 것이 없다고 느꼈기 때문이다.

버튼에 의하면 1960년대의 많은 설교들은 영성이 사라지고, 타당성이 없고, 활기가 없으며 바르게 전달되지 않은 경향을 나타냈다.[100] 이런 문제를 느낀 많은 사람들은 클라이드 라이드(Clyde Reid)가 자신의 저서, *The Empty Pulpit*의 첫 장에서 그가 들은 많은 설교들이 "지루할 정도로 길고, 산만하고, 무미건조하고, 흥미를 일으키지 못하고, 현재 삶의 현실로부터 거리가 멀었다."고 설명하는 것에 동의하게 되었다.[101] 대부분의 청중들은 들은 설교 한 편의 주요 주제들을 기억하기조차 매우 어려웠다. 그래서 혹자는 설교들이 삶을 어느 정도 변화시켰는지에 관해 진지한 질문들을 던지기까지 했다.

하비 콕스(Harvey Cox)는 자신의 책, *세속도시(Secular City)*에서 더 이상 설교를 교회의 주된 표지들의 하나로 생각하지 않으려 한다:

---

98 예를 들어, Clyde H. Reid, *The Empty Pulpit* (New York: Harper & Row, 1967), 25-33; Pierre Berton, *The Comfortable Pew* (New York: J. B. Lippincott, 1965), 96-7; Reuel Howe, *The Miracle of Dialogue* (New York: The Seabury, 1963), 32를 보라.

99 Pierre Berton, *The Comfortable Pew*, 15.

100 Ibid., 16.

101 Clyde Reid, *The Empty Pulpit*, 25.

> 교회는 '말씀이 바르게 전달되고 성례전들이 바르게 집례되는 곳'이었다는 종교개혁자들의 주장은 오늘날 도움이 되지 않을 것이다. 그런 주장은 교회가 이단들과 구별되어야 했을 때에나 유용하였다.[102]

또한 콕스는 1960년대의 설교 내용에 관해 일종의 비난을 한다:

> 오늘 우리의 설교는 사람들로 하여금 일어나는 새로운 현실들을 마주 대하도록 하지 않기 때문에 그리고 설교의 소환장들이 특수한 용어들보다는 오히려 일반적인 용어들로 제시되기 때문에 영향력이 없다. 그러나 매우 특수하지 않은 선포가 성경적 의미에서 설교로 이해될 수 있는지 의심스럽다. 상황의 전체적인 성격을 변화시킨 사건이 특수한 책임 행위를 요구하는 말씀을 위한 사건이 되는 곳에서만 성경의 복음이 전달된다.[103]

콕스에 의하면, 설교에서 중요한 것은 "타당성"이다. 1960년대에는 많은 설교자들이 자신들의 신학과 설교가 시민인권운동으로 무장한 사회와 무관했다고 느꼈다.[104]

블로쉬(Donald G. Bloesch)가 60년대의 강단에 대해 고백적으로 비판한 내용이 이런 사회와의 무관함을 잘 지적한다:

> 우리의 교회들(우리의 백인 교회들을 의미하는)은 우리의 유색인종 형제들의 곤경에 대해 너무 오랜 동안 눈을 감았다. 우리는 스스로 알고 있듯이 번민하게 만드는 혼돈스런 세계에 대해 직접적으로 관련되지 않는 복음을 너무 오랜 동안 선포했다. 우리는 내향성과 부적절함의 죄를 지었다. 너무 현대화된 설교의 독은 그것이 추상적이며 구체성과 특수성이 결여된 것이다. 아마 지금 성공적인 시민인권운동이 우리가 구체적이거나 성육신적인 증언

---

102 Harvey Cox, *The Secular City*, 145.

103 Ibid., 122-23.

104 David Buttrick, "Preaching the Lectionary: Two Cheers and Some Questions," *Reformed Liturgy & Music* 28.2 (1994): 80.

을 향해 움직이고 있음을 말하는 것이다.[105]

블로쉬가 지적한 것처럼, 1960년대의 많은 그리스도인들은 교회가 교인들을 시민인권과 반전을 위한 운동들과 함께 인종, 전쟁, 가난에 관한 기독교의 주장을 위한 투쟁에 담대하게 참여하도록 인도하지 못함으로 어리석게도 상상력이 없고, 예언자적이지 못하고, 비성서적이었다고 확신했다. 혁명적인 60년대의 사회적이며 도적적인 외침들의 와중에서 투쟁하고 있던 사람들은 도움을 요청하기 위해 강단을 바라볼 권리를 지녔다. 설교자는 60년대 동안 유일하게 중요한 위치에 서 있었다.

둘째로, **변하고 있는 사회에 대해 부적절한 신학**은 설교의 환경에 나타난 위기의 또 다른 원인이었다. 캠벨은 미국의 강단이 십자가 없는 예수 또는 예수 없는 십자가의 부적절한 신학으로 병들었다고 지적한다.[106] 그는 "미국이 스스로 상상했던 순진함을 상실했을 때, 많은 설교자들은 그 파국을 해결하기 위해 신학적으로 준비되지 않았다."고 주장한다.[107] 설교의 역할은 종교적, 윤리적, 정치적 이슈들을 향한 성직자의 태도들에서 그리고 논쟁적인 사회의 문제들에 지역 목사들이 참여하는데서 나타난다. 1960년대에는 지역 차원에서 비교적 많은 수의 성직자들이 시민인권, 가난, 평화에 관한 중요한 공적 이슈들에 대해 소리를 냈다. 그리고 이런 관점에서 그들의 행동주의는 목회자의 신앙체계나 신학적 방향들과 밀접하게 관련되었다.[108]

성직자에게는 신학적 신념들은 사회적 관념(이데올로기)들과 강하게 연결되었다. 특별히 혼란스런 60년대에는 강단이 직면한 사회적, 정치적, 경제적 도전들이 새로운 신학적 경향들을 향한 설교자들의 방향과 관계가 있었다. 설교자들은 복음과 전체 회중의 구체성과 관련을 맺기 위해 노력했다. 그 노력들은 설교 임무에 대한 그들의 신학적 관점에 기초되었다. 신학적으로 진보적이었던 성직자들은 사회적 문제들에 관해서도 진보적 입장들을 지니는 경향을 나타냈다. 이와 비슷하

105 Donald G. Bloesch, "Prophetic Preaching and Civil Rights," *The Pulpit* 37.2 (1966): 7.
106 E. T. Campbell, "The Fall and Rise of Preaching," *Aware* (Spring/Summer, 1984): 1.
107 Ibid., 1.
108 Harold E. Quinley, *The Prophetic Clergy: Social Activism Among Protestant Ministers* (New York: John Wiley & Sons, 1974), 292.

게 더욱 정통주의자들(근본주의자들과 보수주의자들)의 신학적 견해들을 지지하던 성직자들은 사회적 문제들에 관한 그들의 견해에서 더욱 보수적이었다.[109] 그러므로 그들의 신학은 설교 현상을 이해하는데 유용한 관점으로 고려되어야 한다.

2) 설교 내용의 위기

혼란스런 60년대에는 승리주의가 개인, 국가, 교회의 영역들에 있었다. 이런 이유로 캠벨에 의하면, 설교자들은 사회적 문제들에 관련하여 "예언자적 비판"을 제공하지 못했다.[110] 1960년대에 지역 목사들이 일반적으로 공적 이슈들에 대해 어떻게 반응했는지 또는 그들이 어떻게 자신들의 설교에서 논쟁적인 정치적 주제들을 다루었는지에 관해서는 비교적 알려지지 않았다. 그러나 존슨(Benton Johnson),[111] 해든(Jeffrey K. Hadden),[112] 그리고 다른 사람들에 의한 조사들은 일정한 사회적이며 정치적인 이슈들을 향한 개신교 목사들의 종교적 입장들과 그들의 태도들 사이에는 하나의 밀접한 연결이 존재했다.

아마 목회자들의 신학이 그들의 사회적 문제들에 대해 준 영향력에 관한 가장 잘 알려진 연구들은 넬슨(Hart M. Nelsen)[113]과 퀸리(Harold E. Quinley)[114]에 의한 연구조사들이다. 예를 들어, 퀸리의 연구는 많은 지역의 성직자들이 강단을 통해 논쟁적인 공적 이슈들에 대해 입을 열었으며 자신들의 교인들이 지역공동체, 사회, 그리고 국가적인 일들에 참여하도록 노력했다는 것을 보여준다. 이런 설교자들은 특별히 교회 그룹들이 공적으로 발표했던 인종적 정의, 가난, 그리고 평화와 같은 사회적 문제들에 대한 자신들의 견해들을 표현하는 데 적극적이었다.[115] 비록 많은 목사들이 강단으로부터 그런 주제들을 다루었지만, 설교신학의 결핍

109 Hart M. Nelsen, "Why Do Pastors Preach on Social Issues?" *Theology today* 32 (1975): 61.

110 E. T. Campbell, "The Fall and Rise of Preaching," *Aware* (Spring/Summer, 1984):1.

111 Benton Johnson, "Theology and the Positions of Pastors on Public Issues," *American Sociological Review* 32 (1967); 433-42.

112 Jeffrey K. Hadden, *The Gathering Storm in the Churches* (Garden City, NY: Doubleday, 1969).

113 Hart M. Nelsen, "Why Do Pastors Preach on Social Issues?" 56-73.

114 Harold E. Quinley, *The Prophetic Clergy: Social Activism among Protestant Ministers* (New York: John Wiley & Sons, 1974).

115 Ibid., 112.

때문에 그런 주제들을 자신의 설교들의 중심 주제로 삼은 설교자들의 수는 매우 적었다.

사회적, 경제적, 정치적 이슈들에 대한 설교를 할 때 신학의 역할은 무엇인가? 신학적 교리들에 관한 신념이 공적 이슈들에 관해 느끼는 방식에 영향을 주는가? 이런 질문들은 설교의 역할과 사회적 문제들 사이에 있는 갈등을 이해하기 위한 첫 기초를 제공한다. 60년대 동안 시민인권과 반전 운동들에 성직자들이 참여하는 것이 그들의 신학적 관점과 기독교의 증거에 영향을 주었다. 사회적 문제들에 그들이 참여한 결과로, 성직자들은 사회 구조들이 혜택을 받지 못하는 사람들에게 압제적이고 불공정한 것이 될 수 있음을 인식했다. 자신들의 사회적 행동주의를 통해, 성직자들은 사회에서 압제 받은 자들, 가난한 자들, 그리고 주변으로 밀려난 자들의 목소리들에 반응함으로 강단의 임무를 이해하는 것을 보여주었다.

이런 의미에서 신학과 사회적 문제들 사이의 관계에 대해 논의하는 것이 중요하다. 성직자들의 신학적 신념은 그들이 강단의 역할과 실재를 위해 필수적인 사회적 행동주의에 행동 가치들과 행동양식들을 전달하는 사회적 상호작용의 한 산물로 나타난다.[116] 그들은 교회의 제도적인 구조를 심하게 붕괴시키는 위험 속에서도 자유, 정의, 그리고 기회균등에 대한 신념을 행동으로 나타내는데 헌신되었다고 느꼈다. 그러므로 성직자들의 신학(신념)과 사회 정의를 위한 투쟁 사이에 있는 이런 연결, 즉 강단을 세속적인 지식에 적응되도록 그리고 사회에 대한 강단의 타당성을 찾으려는 노력들을 설명하는 것은 필수적이다.[117]

설교자의 신학이 사회적이며 정치적인 이슈들에 대해 거리낌 없이 말하는 행위에 끼친 영향을 이해하기 위해, 몇몇 연구조사자들은 신학과 사회적 문제들 사이의 관계를 살펴보았다. 퀸리(Harold E. Quinley)는 다음과 같이 말한다:

> 한편으로 기독교 신학의 주요 기능은 목회에 응집력과 통일성을 주는 것이며 기독교의 다양한 요소들이 어떻게 상호 조화를 이루는지를 보여주

116 Jeffrey K. Hadden, *The Gathering Storm in the Churches*, 211-12.

117 Ibid., 293.

는 것이다. 그래서 목사의 종교적 신념들은 그에게 성직자로서 부름을 받은 것의 중심적 의미와 목적을 제공하고 그의 개인적인 태도들과 가치들을 형성시키는 신학을 그에게 주는 것일 것이다. 다른 한편으로 기독교 신학은 종교와 세속적 삶의 관련된 영역들 사이의 관계를 뚜렷하게 보여주려고 시도한다....[118]

벤톤 존슨(Benton Johnson)은 성직자들에 대한 독창적인 연구를 한 후 비록 "신학이 금욕적인 개신교 목회자들과 평신도들의 정치적인 태도들과 행동을 예견하는 역할을 하지만, 그런 신학을 이런 규범들의 유일하고 심지어 주요 자원으로 보기를 거부하는 근거들도" 있다고 결론지었다.[119] 예를 들어, 마틴 루터 킹은 자신의 설교들 속에서 자신의 신학을 전했다. 킹은 회중이 자신의 메시지를 진지하게 받아들이기를 기대했다. 왜냐하면 그의 흑인신학에 근거된 자유와 희망이 그의 예언자적 목소리의 활력과 리듬 속에 반영되어 있기 때문이었다.[120]

퀸리가 지적한 것처럼, 비록 종교들이 사회에 대한 적응이나 그 사회로부터의 철저한 도피를 강조하지만, 미국의 가장 주된 개신교 그룹들은 세계적인 문제들에 대해 적극적인 관심을 유지했다.[121] 존슨의 연구조사에 의하면, 보수적인 개신교회들은 사회적 문제들에 대한 종교적 의미를 인정하지 않는 반면, 진보적인 교회들은 사회적 문제들이 종교적인 중요성을 지니고 있는 것으로 인정하는 경향이 있다.[122] 넬슨(Hart M. Nelson)과 공저자들은 종교적으로 보수주의자들은 종교를 신학과 동일시하려는 반면, 진보주의자들은 종교를 윤리학과 동일시 하려한다고 주장했다. 진보적인 목사에게 목회에 관한 중요한 사실은 목회가 다른 것들 가운데 윤리적 목적들을 실천하는 하나의 사명이라는 것이다.[123] 1960년대에

---

118 Ibid., 51.

119 Benton Johnson, "Theology and the Position of Pastors on Public Issues," *American Sociological Review* 32 (1967): 441.

120 James H. Cone, "Martin Luther King, Jr., Black Theology, and the Black Church," *The Drew Gateway* 56.2 (1985): 10.

121 Harold E. Quinley, *The Prophetic Clergy*, 51.

122 Ibid., 440.

123 Hart M. Nelson, Raytha L. Yokley, and Thomas W. Madron, "Ministerial Roles and Social Actionist Stance: Protestant Clergy and Protest in the Sixties," *American Sociological Review* 38 (1973): 385.

는 이런 가능성이 다른 시기들에서보다 더욱 현실이 되었다.

가끔 많은 설교학자들에 의해 간과되었지만, 설교들은 중요한 역사적인 문서자료들이다.[124] 설교들은 표시들(영향)을 남기고 설교가 전달된 시대의 특징에 관한 무엇인가를 취한다.[125] 이런 점에서 설교들은 현재의 사상, 감정들, 문제들, 이슈들, 가치들, 실천들, 편견들, 그리고 신념들에 대한 반영들이다. 설교자가 더욱 대중적일수록, 그 설교자는 더욱 상당히 많은 사람들의 희망과 두려움들을 반영할 것이다. 참으로 이런 의미에서 1960년대의 사회적 운동들에 대한 설교자들의 사상과 그들의 신학적 해석을 추적하는 것이 가능하다. 사회적 문제들에 대한 설교들은 공적 의견들을 형성하는 것들이라기보다 그것들을 반영하는 것들이기 때문이다.

또한 성직자들에 의해 취해진 설교 주제들에 관해 논의하는 것도 중요하다. 로드니 스타크(Rodney Stark)와 공저자들이 연구조사로부터 발견한 것들에 의하면, 신학적으로 더욱 진보적인 성직자일수록 특별히 사회적 문제들, 즉 인종적 문제들, 세계의 가난, 국가적인 가난, 국제연합과 평화, 그리고 흑인들의 권리에 관한 설교 주제들을 선택하는 것으로 나타났다.[126] 반면, 신학적으로 보수적인 목사들은 사회적 문제들을 다룰 때 청소년 범행, 약물과 알코올 중독, 그리고 성범죄 등과 같은 범죄들에 관한 문제들에 대해 더욱 집중하는 것으로 나타난다. 연구조사자들은 "이런 주제들 각각은 가장 전통적인 의미에서 사회적이며 정치적인 이슈들뿐 아니라 또한 '개인적인 악행들'과도 관계된다."고 평가한다.[127] 보수적인 목사들이 다른 주제들, 예를 들어 가난을 다루지 않았다는 것은 "그들이 그런 문제들을 다가올 세계의 기쁨들에 상반되는 일상적인 것으로 본다는 것이며, 게다가 그들은 충분한 사람들이 그리스도에게로 돌아온다면 이런 사회적 질병들이 스스로 치유

124 설교들을 역사적인 문서자료들로 사용하는 것에 대한 더 많은 논의를 위해 David B. Chesebrough and Lawrence W. McBride, "Sermons as Historical Documents: Henry Ward Beecher and the Civil War," *The History Teacher* 23 (1990): 275-91을 보라.

125 Dewitte Holland, "Sermons in American History: An Introduction," *Sermons in American History: Selected Issues in the American Pulpit 1630-1967* (Nashville, TN: Abingdon, 1969), 13.

126 1960년대의 인종차별, 가난, 그리고 전쟁에 관한 문제들을 설교 주제들로 다룬 대표적인 설교자는 Ernest T. Campbell이며 그의 설교들은 다음 장에서 각 설교 주제별로 구체적으로 다뤄질 것이다.

127 Rodney Stark, Bruce D. Foster, Charles Y. Glock, and Harold E. Quinley, *Wayward Shepherds* (New York: Harper & Row, 1971), 98.

될 것이라고 믿는다."는 것이다. 그러나 그 연구자들은 하나의 대안적 설명이 존재한다고 주장한다. 즉 보수적 목사들은 강단이 "단지 일상생활에 관해 매우 평범한 일들"을 논하기 위해 사용되어서는 안 된다고 생각한다.[128]

그래서 스타크(Stark)와 공저자들은 강단이 사회적 문제들에 대해 침묵하는 것의 근거들을 성직자들의 신학적 헌신 정도와 관련시킨다. 왜냐하면 신학적으로 보수적인 목사들이 개인적 악행들보다 사회적 문제들에 대해 더 많이 설교하지도 않고 참여하지도 않기 때문이다. 연구자들의 보고에 의하면, "보수적인 목사들은 분명히 자신들의 설교들의 목적을 개인적인 구원과 죄에 의해 이해하려는 경향이 있는 것처럼 보인다."[129] 여기에서 이 연구자들은 개인구원이나 개인의 죄같이 내세적인 것이 가변적인 것이라고 생각하고 이런 가변적인 것을 자신의 설교에서 통제하기 때문에 사회적이나 정치적 이슈들에 대해 자주 설교하는 것과 신학적 방향 사이의 관계가 감소하게 된다. 그래서 "전통적으로 기독교 교리들에 헌신된 사람들은 강단으로부터 사회적이며 정치적인 이슈들을 무시하게 된다. 그 이유는 그들이 개인적 구원이 그런 문제들에 대해 유일하게 타당성 있는 해결이라고 믿기 때문이다."[130] 그들은 또한 인종과 가난에 대한 설교가 개인적 구원에 대한 관계와 설교들이 감소된다고 생각한다.

스타크와 공저자들은 교리주의와 악행들에 대한 설교를 하는 것 사이에 어떤 관계가 있음을 발견했다. 즉 진보적이거나 보수적인 성직자들 모두 특별히 알코올 중독과 같은 악행 주제들을 다룬 것으로 나타났다. 그러므로 스타크와 공저자들은 교리주의와 악행들에 대한 설교 사이에 있는 내세적인 관계를 강조하는 강단이 사회적 문제들에 대해 침묵하는 이유를 이런 더욱 개인적인 문제들을 설교 주제들로 선택하기 때문이라고 설명하는 것은 적절하지 못한 것처럼 보인다. 그리고 그들이 여기에서 제시하는 자료들 또한 그들이 가정하는 경향과 상반된다.

진보주의자들에겐 "죄"를 사회적 문제들과 동일시하는 경향이 있는 반면, 보수주의자들에겐 죄를 개인적 악행들과 연결시키는 경향이 있다. 넬슨과 공저자들에 의한 제안에 의하면,

---

128 Ibid., 109.

129 Ibid., 101.

130 Ibid., 106.

문제를 푸는 역할의 방향과 정치적 자유주의는 공통적으로 윤리적 관심으로부터 나오며 목회자의 신학적 입장은 종교적 콘텍스트 안에서 자신의 신학적 관심들을 위한 '설명'을 제공하려는 하나의 노력을 나타낸다....[131]

이렇게 목사들이 어떤 역할을 취하는지 그리고 강단으로부터 어떤 설교의 주제들을 다루는지 사이에는 하나의 관계가 있다.

사회적이며 정치적인 이슈들에 대한 관심과 더욱 밀접하게 관련된 것이 바로 예언자적 역할이다. 여기에서 가난과 인종 관계들과 같은 문제들은 특별히 중요할 수 있다. 이런 논쟁적인 설교들을 하는데 예언자적 역할이 주는 효과를 고려하는 것은 또 다른 가변적인, 목사의 정치적 관점이 사회적 문제들을 위한 강단의 관심에 관련될지 아닐지를 암시한다. 존슨은 신학적인 관점과 정치적 관점 모두 공적 이슈들과 관련되지만, 신학적인 관점은 공적 문제들을 이해하는데 "주요 자원"이 되지 않는다고 주장한다.[132] 그러면 강단이 더 큰 사회적 문제들에 대해 선포하는 것이 신학적 관점보다는 더욱 정치적인 것 때문일 수도 있다고 추측할 수 있다. 이런 점에서 정치적 자유주의와 함께 공통적으로 윤리적 관심으로부터 나오는 예언자적 역할은 분명히 더 큰 사회적이며 정치적 이슈들에 대한 설교와 관련되어야 한다.

우리가 이미 지적했듯이, 목사의 신학적 입장은 전통적으로 사회적 문제들 (국내적 가난, 세계의 가난, 인종 문제들, 국제연합과 세계 평화, 흑인 인권, 그리고 공무원들의 행위를 포함하는) 에 대한 설교들과 관련되어 있다. 그 입장은 또한 목회자의 예언자적 역할과 정치적 관점과도 관련이 된다. 공동체의 문제를 해결하는 역할의 방향을 지닌 자유주의적 목사들은 특별히 이런 설교들을 할 것이다. 그러나 강단이 침묵하거나 소리를 내는 것의 근거들이 오직 신학적 경향(헌신)에로만 돌려질 수는 없다. 더욱 중요한 것은 성직자의 역할이며 그러기에 신학적 방향은 정치적 입장만큼 중요하다.

131 Hart M. Nelson, et al., "Ministerial Roles and Social Actionist Stance: Protestant Clergy and Protest in the Sixties," *American Sociological Review* 38 (1973): 385.

132 Benton Johnson, "Theology and the Position of Pastors on Public Issues," *American Sociological Review* 32 (1967): 441.

3) 설교 형식의 위기

1960년대에는 신학생들과 평범한 설교자들에게 최소한 주의를 끈 것이 설교 형식이었다. 그것은 너무 많은 설교자들이 자신들의 능력을 상실했기 때문에 설교의 형식에로 눈을 돌린 것이었다. 캠벨은 설교 형식이 1960년대 설교 실패의 주요 3가지 원인들 중의 하나이라고 지적한다:

> 권위가 의심을 받던 시대에는 설교자들이 권위주의자 역할에 빠진 것으로 나타났다. *이것은 설교 매개체 자체의 위기와 관련되었다.* 설교들은 형식적으로는 독백이지만 시대가 대화를 요구한다고 느꼈다.[133]

캠벨이 의미한 것은 1960년대에는 전통적인 설교 형식이 설교자들에게 좌절감을 주었다는 것이다. 시대적으로 그리고 세계적으로 대화 설교를 위한 요청이 고통스러울 정도로 노골적이었다.

어떤 학자들은 설교의 실패에 대한 캠벨의 주장에 상당히 동조하였다. 예를 들어, 로이엘 호우(Reuel Howe)는 1960년대의 설교의 빈약한 형식을 다음과 같이 비판한다:

> 젊은 목사들은 설교의 효과에 관해 환멸을 느끼고 '말하는 것'만이 확실한 커뮤니케이션 수단이 아님을 느꼈다. 그러나 대안을 모르기 때문에 그들은 오직 일방통행 독백에만 사로잡혔다.[134]

그 시대의 설교의 문제에 관해 피에르 버톤(Pierre Berton)은 자신의 책, *The Comfortable Pew*에서 "나의 연구원이 속기로 기록한 거의 모든 설교들은 한 세기를 변화시켰던 쉼표 처리가 되었어야 했다."고 말한다.[135] 이 말은 마치 설교의 문제가 그 내용 안에서 발견되어야 하는 것처럼 들린다. 그러나 독자가 더 읽어

---

133 E. T. Campbell, "The Fall and Rise of Preaching," 1.

134 Reuel Howe, *The Miracle of Dialogue* (New York: The Seabury, 1963), 32.

135 Pierre Berton, *The Comfortable Pew* (New York: J. B. Lippincott, 1965), 96.

보면 메시지가 주된 관심사가 아니라 언어로 나타난다. 버톤은 다음과 같이 지적한다:

> 만일 회중이 설교를 듣다가 계속 움직이거나 졸리게 된다면, 그 이유는 메시지가 진부한 용어를 사용해서 모호하게 되기 때문이거나 성직자들이 Mumford의 표현에 나오는 "마치 자신의 대사들을 암기한 배우들처럼" 기계적으로 설교하기 때문만은 아니다. 오히려 문제는 언어와 전달 방법과는 별개로 메시지 자체가 타당성이 없고 약하기 때문이다....[136]

기독교에 관해 철학적인 접근을 함으로 진보적으로 알려진 많은 성직자들은 설교할 때 시대에 뒤진 사람같이 들릴 수도 있을 것이다. 왜냐하면 교회 장로들이 나이만큼 태도에서도 구식이기 때문에 자주 의도적으로 자신의 생각을 그들에게 맞춰 구시대의 용어로 옷 입힐 것이다. 결국 그렇게 적당히 조절하여 말함으로 그는 열심히, 정직하게, 그리고 단순한 언어로 전달하여 회중에게 충격을 줄 수 있는 메시지를 모호하게 만든다. 그런 사실은 대부분의 목사들이 어떤 회중에게든 충격을 줌으로 그들을 방해하지 않으려한다는 것이고, 그것이 바로 너무 많은 설교자들이 자신의 능력을 상실한 이유이다.

설교의 빈약한 형식에 대한 비판은 60년대의 설교자들에게 왜 자신이 설교의 능력을 상실했는지를 생각하도록 도전을 주었다. 변화는 교회들 안으로부터 일어났다. 많은 사람들의 생각에는 이제 강단은 밀려났으며 그 자리를 비지시적인 상담과 원형 탁자가 대신 차지했다.[137] 설교에 대한 신뢰도에 침식이 일어났으며 전달 방식이 직선적인 것으로부터 원형 탁자, 포럼, 그리고 토론 방향으로 뒤집혔다. 그러나 설교를 그처럼 극단화하는 것에는 문제가 있다. 캠벨에 의하면,

> 60년대 동안에는 강단의 건축 구조가 어느 정도 당황스럽게 이루어졌다. 도대체 누가 강단을 앞으로 튀어나오고 높게 만들 권리를 가지고 있는가?

---

136 Ibid., 97.

137 E. T. Campbell, "The Fall and Rise of Preaching," 1.

> 우리는 민주주의 국가 안에서 살고 있지 않은가? 그러므로 지금 시대에 "둥근형의 교회들"이 대중적 인기를 얻게 되었다.[138]

이런 시대에는 어느 누구도 어떤 것이든 인도하기 위해 앞으로 나서지 않았다. 교회 안의 모든 사람들은 원형 안에서 동등하였다. 켐벨에 의하면, 좋은 설교자들은 자신의 리더십을 감추고 중간 지역으로부터 다른 사람들의 활기를 돋우려 노력하는 사람들이었다. 그는 계속 다음과 같이 말한다:

> 그러므로 설교자들은 자신의 리더십이 아무리 목사안수에 의해 부여된 것이라도 상실하고 말았다! 이 시대에는 목사들이 강단을 버리고 천천히 통로로 내려가, 주머니에 손을 넣고는 무관심의 망상을 만드는 것이 유익한 것이고 생각했다.[139]

그 설교자들은 권위를 좋아하지 않았다. 또한 이 시기가 바로 평신도들 주위에 둘러앉는 것을 자랑스럽게 여겼던 목사들은 그런 목적이 월요일 저녁에 다음 주일 설교를 계획하고 결정하기 위해서라고 말하고는 "우리 설교자들이 이 성경 구절을 가지고 설교학적으로 어떻게 다루어야 한다고 생각하는가?"라고 물었던 때이었다. 결과적으로 그런 방식이 최소한은 평신도들로부터 주일에 예언자적 놀라움의 가능성을 빼어갔다.

그러나 설교자의 권위자로서의 역할 변화가 설교 형식의 변화를 가져왔다. 이 특별한 시기에 바로 설교학 장치들 가운데 최소한의 방어적 형식, 즉 대화적 설교가 태어났다. 1960년대에 많은 설교자들에 의해 사용된 설교 형식은 "산만하거나 인상적인" 대화형식의 설교였다[140]. 킬링어(John Killinger)에 의하면, 설교자들은 대화적 설교가 긍정적인(평안한) 시대에는 더욱 개방적이며 친근감 있게 설교하는 자연스런 방식임을 발견했다.[141] 설교자들이 대화 설교가 효과적으로 나타

138 Ibid.

139 Ibid.

140 John Killinger, *Fundamentals of Preaching*, 2nd ed. (Minneapolis: Fortress, 1996), 61-62.

141 Ibid.

나게 되었을 때, 그들은 다른 종류의 발전을 이루었다. 그것은 단순히 말씀에 관한 설명이 아니라 설교 안에 있는 복음의 능력이었다.

월터 브루거만(Walter Brueggemann)은 "설교의 임무와 가능성은 복음의 기쁜 소식을 대안적인 대화 양식으로 함께 펼치는 것이다...."라고 주장한다.[142] 60년대의 강단이 종종 능력과 타당성이 결여된 것으로 보인 것은 전혀 이상하지 않다. 왜냐하면 우리의 설교에서 변화를 지시하는 것이 단순히 형식에 의한 실험이 아니라 복음이기 때문이다. 복음이 강단으로부터 들려지지 않았을 때는 1960년대의 사회적이며 정치적인 이슈들과 싸우던 사람들의 마음을 연합시킬 것은 아무 것도 없었다. 만일 설교자들이 복음을 설교해야 한다면, 그들의 메시지는 회중이 깊이 관여된 실제 상황에 대해 말해야 한다. 이런 상황은 교회란 끝이 닳아 헤어진 원자탄 영혼들로는 결코 채워지지 않음을 말해준다. 이 모든 것들은 설교자들이 예언자설교를 필요로 할 때가 되었음을 말해 주는 것이다.[143]

요약하여 사회적, 경제적, 그리고 정치적 이슈들에 관한 강단의 역할과 설교 형식은 교회 안에서 논쟁적인 의제들이었다. 1960년대에 영향을 받게 된 제도들과 실천 사항들의 가장 절박함은 인종, 가난, 전쟁에 관한 이슈들과 관련된 것들이었다. 그 10년 동안에는 어느 누구도 미국의 목을 죄던 시민인권, 가난, 전쟁과의 투쟁에 대해 말로 전달되고 글로 표현된 언어 공세를 피할 수 없었다. 몇몇 성직자들은 강단이 미국 사회 속에서 전통적인 역할을 유지해야 한다면 그 강단은 사회적, 경제적, 정체적 이슈들에 대해 관심을 가져야함을 매우 강하게 느꼈다. 다른 성직자들은 강단의 의무가 그런 이슈들에 대해 예언자적 목소리를 제공하고 그 이슈들에 직접 참여하게 되는 것임을 느꼈다. 그러나 시민인권, 가난, 전쟁에 관한 사회적 문제들을 향하여 압도적으로 동정적이었던 성직자들은 그 예언자적 사역에서 강단의 대단한 중요성을 인식하기 시작했다. 이렇게 예언자적 모델에 관한 이해는 미국 사회 속에서 설교자들 자신의 역할에 영향을 주었으며 그들이 권위를 가지고 말하고 행동할 수 있게 하였다.

캠벨은 자신의 교회 목회와 설교 목회를 통해 사회적으로 혼란을 겪으며 예언

---

142 Walter Brueggemann, Finally, *Comes the Poet: Daring Speech for Proclamation* (Minneapolis: Fortress, 1989), 3.

143 Robert W. Spike, "Prophetic Preaching Today," *Social Action* 24.4 (1957): 4.

자 설교의 필요성을 느끼고 있던 미국 사회를 재평가하는 일과 인종차별, 가난, 외국의 문제 등 사회적 문제들을 해결하기위한 노력들에 참여했다. 지역교회의 차원에서 그는 자신의 강단을 통해 중요한 공적 이슈들에 대해 설교하기 시작했으며 이런 관점에서 그의 행동주의는 목회적인 신념과 밀접하게 연결되었다. 더 나아가 사회적 문제들에 대해 윤리적으로 헌신한 캠벨은 사회적 문제들에 대해 공무원들에게 호소하고, 공적 선언문들을 작성하고, 강단에서 외쳤다. 우리는 다음 장에서 캠벨이 지역교회의 강단을 통해 선포한 예언자설교들을 구체적으로 연구하려 한다.

제8장 예언자설교의 모델

본장은 지역교회에서 가능한 예언자적 목회와 예언자설교의 모델을 제시하기 위한 연구로 예언자적 목회에 대한 캠벨의 신학적 이해와 공적 이슈들에 대한 그의 설교들을 해석한다. 본장의 중심은 구별된 설교학 장르로서 캠벨의 예언자설교들의 성경의 본문, 윤리적 내용, 설교의 대화 형식이나 구조에 관한 신학적 의미와 더 나아가 모든 예언자설교들의 함축적 기능을 다루는 것이다. 그래서 이 장은 캠벨이 어떻게 설교의 역할을 이해했으며 어떻게 그가 그 시대에 예언자설교를 했는지를 보여줄 것이다.

지금까지 우리는 본 저서의 제1부(예언자설교의 성경적 전거)의 제1장~제5장에서 예언자설교의 성경적 배경이 되는 구약성경에 나오는 예언자들의 설교의 특징들을 살펴보았으며, 또한 제2부(예언자설교의 역사적 발전)의 제6장~제7장에서 현대적 예언자설교로서 사회적 문제들에 대한 설교의 형성 배경이 되는 역사적 콘텍스트를 살펴보기 위해, 넓게는 미국의 설교 현상들과 관련하여 현대적 예언자설교의 배경이 되는 1960년대의 사회적이며 신학적인 콘텍스트들을 살펴보았으며, 좁게는 그 시대의 강단들로부터 예언자설교를 가능하게 만든 교회론적이며 공동체적인 콘텍스트들을 살피고 분석했다. 1960년대는 시민인권시위들, 도시 폭동들, 확산되어가는 학생운동과 배타성, 그리고 베트남전쟁 반대 등으로 점철된 그야말로 평범하지 않은 공공의식과 정치적 행동주의의 시기였다. 그 10년은 많은 개인들로 하여금 이런 문제들을 다루는 국가 지도자들과 기관들의 능력에 대해 의문을 가짐과 동시에 새로운 사회와 정치 및 경제 형태의 실존을 추구하게 만들었다. 이런 위기의식으로부터 강단은 사회에서의 역할에 대해 깊이 생각하기

시작하고, 그런 위기를 다루는 공적 이슈들에 대한 새로운 형식의 설교를 발전시켰다.[1]

이제 1960년대 미국의 강단들이 직면한 설교의 위기들, 즉 설교의 환경, 내용, 그리고 형식의 위기를 극복할 수 있는 방안들에 대해 알아보자. 설교가 1960년대의 울부짖는 소리들을 경험하기 시작했을 때 그것은 하나의 내적인 일이었다. 우리가 그것에 관해 무엇인가를 해야 한다는 느낌이 늘어나고 있었다. 우리가 설교의 사망, 즉 캠벨이 분석한 1960년대 설교의 위기들의 이유들에로 돌아갈 때, 우리는 그 시기에 캠벨에 의한 예언자설교들에 대해 더 잘 이해하게 된다. 캠벨은 어떻게 1960년대의 설교 위기들을 통과하려고 노력했는가? 우리는 어떻게 캠벨의 설교와 목회에 나타난 변화들을 설명할 것인가?

한 시대의 설교 역사는 3단계들(신학적, 사회적, 그리고 대화적)로 설명될 수 있으며 동시에 그 설교 역사에 대한 평가도 그 3단계들로 가능하다. 캠벨은 경험의 기간(1960년대)으로부터 새로운 설교 양식을 배웠다. 그는 하나의 설교가 비록 형식으로는 독백이더라도 신학적이며 사회적이고 대화적이어야 한다는 것을 발견했다.[2] 그러므로 그의 주장에 의하면 목사는 선한 원인들을 촉진시키는 사람이기보다는 오히려 기쁜 소식의 설교자가 되어야 한다. 그가 의미한 것은 설교자의 자아 이미지는 행정가로부터 "예언자, 상담가, 그리고 신학자"로 변해야 한다는 것이다.[3] 그는 설교 사역의 주된 임무를 교회 행정이 아니라 사건들과 이슈들에 대한 신학적 의미를 해석하는 것으로 이해한다.

무엇이 캠벨로 하여금 자신의 강단으로부터 사회적 문제들에 대해 설교하도록 만들었는지를 이해하기 위해 먼저 필요한 것은 자신의 성직자적 신념의 본질과 구조, 즉 설교의 역할을 신학적으로 이해한 것을 연구하는 것이다. 예언자설교에 관한 이슈는 필수적으로 강단의 신학과 연결된다. 그래서 그 이슈는 캠벨의 설교 분석과 관련되는 그의 신학(믿음)과 공적인 이슈들(실천) 사이의 관계를 분명하게 이해하는데 도움이 될 수 있을 것이다. 이런 관계에 대한 논의가 캠벨의 설교들 여러 곳에서 나타나기 때문이다.

---

1 DeWitte T. Holland, *The Preaching Tradition: A Brief History* (Nashville, TN: Abingdon, 1980), 95.
2 E. T. Campbell, "The Fall and Rise of Preaching," 1-3을 보라.
3 E. T. Campbell, "The Changing Nature of the Ministry," *Reformed Review* 17 (1963): 17.

예를 들어, 전이의 개념이 제시하는 것은 기독교의 주요 사회적 결과들의 하나가 어떤 일반적 가치들, 즉 기독교의 믿음 때문에 존재하게 만든 가치들의 사회 속으로 구체화되는 것일 수도 있다는 것이다. 이런 주장은 믿음과 가치들 사이에 하나의 관계가 있다는 것과 설교가 이런 가치들을 운반하는 역할을 할 수 있다는 것을 가정한다. 이것은 믿음과 도덕적이고 정치적인 신념들 사이의 분명한 구분을 만드는 개인주의적 교회 지도자들과 반대 방향으로 움직인다. 그리고 이런 주장이 특수한 요구들이 아니라 일반적인 가치들만을 강조하기 때문에, 그 주장은 사회적 문제들에 대한 책임과 복음으로부터 분명한 요구들을 구하는 지도자들, 즉 더욱 정치적으로 진보적인 교회 지도자들과 반대 방향으로 움직인다. 이런 주장들은 지금 더욱 충분히 증명되어야 한다.

첫째로, 이 부분의 목적을 위해, 우리는 캠벨로 하여금 자신의 강단으로부터 공적 이슈들을 다루도록 결정하게 하는 그의 신학적 관점이나 설교에 관한 주장을 다룰 것이다. 우리는 그런 연구를 통해 캠벨이 예언자설교에 관해 무엇을 느꼈는지 알게 될 것이다. 둘째로, 우리는 공적 이슈들에 대한 그의 설교들이 어떻게 그의 신학적이며 종교적인 방향들에 의해 영향을 받았는지를 다룰 것이다. 그리고 마지막으로, 어떻게 그가 자신의 각 설교에서 신학적 관점과 공적 이슈들을 표현하는지, 즉 그가 공동체의 상황들뿐 아니라 그 공동체의 예언자적 책임들에 대해 적절한 방법을 제공하는지의 여부를 다룰 것이다.

1. 복음의 균형을 향한 신학적 설교

캠벨이 자신의 설교에서 계속 씨름하고 있는 요소는 무엇인가? 그의 설교에 대한 기본적인 신학의 전제들과 그 결과를 형성하는 요소는 무엇인가?[4] 설교의 필수적인 목적은 항상 복음 선포이다. 그래서 기독교의 신학은 하나님께서 그리스도 안에서 행하신 기쁜 소식들에 대한 반영으로 시작한다. 그러나 신학이 어떻게 기쁜 소식(복음)을 선포하는 역할을 한다는 것인가? 이런 관점으로부터 우리는 캠벨의 신학과 설교가 서로에게 어떻게 관련되고, 그의 신학이 설교에서 어떻게 통합되는지 그 방식들을 살펴볼 것이다.

우리가 캠벨의 설교신학적 관점에 관해 관심을 가질 때, 무엇보다 먼저 주의해야 할 것은 그의 설교들의 가장 특별한 특징이 어떻게 그가 개인들과 공동체 모두를 포함하는 균형 있는 또는 통전적인 복음을 설교했는지에 집중하는 것이다.[5] 이것은 캠벨의 신학적 생각이 복음에 관한 경험 속에 근거되어 있다는 것을 함축하고 있다. 다시 말하면 캠벨은 복음의 메시지에 의해 영향을 받아왔으며 또한 복음에 대해 깊이 생각한다. 캠벨의 교육과 설교에는 복음을 향한 열정과 복음을 확신있게 전하려고 노력했다. 그는 순수한 믿음에는 생각과 마음 모두가 포함되어야 하며 복음은 개인적이며 사회적인 차원 모두를 지니고 있어야 한다고 믿었다. 그의 신학은 그 기쁜 소식에 대해 깊이 생각하는 것에 책임을 진다. 왜냐하면 신학적 사고는 하나님께서 그리스도 안에서 행하신 것과 우리 자신의 실존 사이에 있는 교차점을 발견하는 인식적이며 상상력이 필요한 과정이기 때문이다. 이런 의미에서 캠벨의 설교에 대한 신학적 사고는 최소한 두 가지 방식들에서 통전적이다: 하나는 복음의 통전적인 의미들을 탐구하는 것이며, 다른 하나는 복음과 인간의 실존 사이의 통전적인 관계에 대한 탐구이다.

캠벨은 복음이 하나의 조각들로 이루어진다는 것과 그러나 하나님께서는 우리의 온전함을 원하시고 그러므로 하나님은 설교에서 복음의 균형을 결코 상실하지 않으신다는 것을 믿는다. 그는 설교에서 복음을 *table d'hote*(한 사람을 위해 준비

---

4 E. T. Campbell, *Christian Manifesto* (New York: Harper & Row, 1970)를 보라. 캠벨의 설교들과 신학 에세이들로 구성된 이 책은 그의 설교신학의 주요 자원이다. 게다가 캠벨은 여러 저서들을 출판하였다: 그는 1971년에 "A City-Dweller's Prayer"라는 찬송을 작사했으며, 1973년에는 자신의 설교들의 모음집인 "Looked in a Room with Open Doors"를 출판하고, 주일예배에서 기도순서를 위해 준비한 목회기도들을 모은 "Where Cross the Crowed Ways: Prayers of a City Pastor"를 출판했다. 또한 그는 설교자들을 돕기 위해 자신의 설교문들을 해설한 "Campbell's Notebook"을 분기별로 출판했다. 그는 1991년 이후부터는 폭넓게 목회, 저술, 설교, 그리고 강의 등으로 활동했다.

5 특별히 캠벨의 *Christian Manifesto*의 서론과 결론 부분인 "The Vital Balance"를 보라. 이 저서에서 캠벨은 설교에서 균형 잡힌 복음에 대해 변론한다.

된 고정된 요리, 고정된 가격)보다는 *a la carte*(음식을 별도로 주문하여 돈을 지불하는 것)로 접근하는 것은 항상 지혜롭지 못하다고 지적한다.[6] 이에 대해 그는 다음과 같이 말한다:

> 목사는 그날의 위기적인 이슈들에 대해 단순히 설교학적으로 자동반사식의 반응들을 해서는 안 된다. 목사는 자신이 가장 좋아하는 복음의 부분들이나 자신의 성격과 경험에 가장 적절한 부분들만을 해석해서는 안 된다. 목사는 자신의 옥타브(선택의 범위) 안에서만 단순히 오르락내리락 연주하는 것이 아니라, 진리의 키보드에는 자신의 연주 범위 외에 다른 10개의 건반들이 더 있다는 것을 항상 기억해야 한다.[7]

캠벨이 이미 지적했듯이 음식을 별도로 주문하듯 설교를 하면, 우리가 생각했던 선택권들이 점차 늘어남에 따라 복음에 대한 우리의 헌신은 점차 좁아지는 경향을 띤다. 과거 개신교 종교개혁이후 그리고 혹 그 이전에도 기독교 교회는 지나친 개인주의에 의해 지배를 받아왔다. 그래서 엄격한 교회의 지배에 반항하면서 우리는 지나치게 복음을 수정하였다. 그 결과, 우리는 개인적 취향에 따라 복음을 뽑고 선택한다.

하지만 캠벨은 예수 그리스도의 복음은 모든 사람들에게 속한다고 주장한다. 기독교 교회의 주된 기능들의 하나는 모든 사람들 앞에 예수 그리스도의 복음을 충분하게 제시하는 것이다. 충분한 상태의 복음은 "도전과 위로, 판단과 은혜, 명령과 약속"을 함께 포함한다.[8] 설교자는 여기에서 중요한 책임을 지닌다. 이에 대해 그는 다음과 같이 말한다:

> 처음부터 교회의 사명은 모든 사람이 살고 있는 전 세계에 대한 사명이었다. 우리는 모든 세계로 가라는 명령 아래에 있다. 어떤 나라도 빠지지 않도록 *수평적*으로 뿐 아니라 또한 사회의 모든 계층, 조건, 단계, 질서가 복

---

6 캠벨이 1970년 10월 18일에 전한 설교, "Religion a la Carte,"를 보라.
7 캠벨이 1969년 3월 16일에 전한 설교, "Too Good for God!"을 보라.
8 Ibid.

음을 들을 수 있도록 *수직적으로도* 전 세계로 가라는 명령 아래에 있다.[9]

그러므로 교회의 다른 비평적 기능은 복음에 대한 충분한 반응을 개발하고 조정하는 것이다.

이런 관점으로부터 캠벨은 목회의 목적 또한 사람들의 내적인 바람과 그들의 일시적인 필요들 모두에 대해 다루는 복음을 선포하는 것이라고 주장한다. 이에 대해 그는 다음과 같이 말한다:

> 복음을 개인적 복음과 사회적 복음의 구조로 구분하는 것은 잘못되고 불화를 일으키는 개념으로부터 온 것이다. 오직 하나의 복음, 하나님의 은혜에 근거된 복음, 예수 그리스도 안에서 나타난 구원의 행위, 그리고 우리가 이 세상과 다음 세상에서 살아가도록 부름을 받은 모든 삶에 타당성을 지닌 복음만 있을 뿐이다.[10]

이런 점에서 캠벨은 누구나 그리스도와 동시에 세계 공동체의 진취적인 구성원에게 진실할 수 있다는 희망에 매달린다. 캠벨에 의하면, 비록 그리스도인들이 자신들이 그리스도와 세상 사이에서 누구를 섬길 것인지 선택해야한다는 가설 위에 살아가는 것 같지만, 어떤 회중도 둘 중에 하나를 선택할 필요는 없다.[11]

캠벨은 자신을 설교와 교육에서 복음을 위한 열정과 그 메시지에 대한 확신을 창조하려고 노력하는 복음적인 설교자로 여긴다. 그는 하나의 복음이 개인적인 차원과 사회적인 차원 모두를 지니고 있으며 그러기에 생각과 마음이 진정한 믿음 안에 포함되어야 한다고 믿는다.[12] 그러므로 자신의 설교에서 캠벨은 복음전도와 복음의 사회적 관심을 통합하려고 노력한다. 이런 점에서 균형 잡힌 복음에 대한 캠벨의 관심은 다음과 같이 말한 월터 라우쉔부쉬(Walter Rauschenbusch)에 의해 영향을 받았다:

---

9 Ibid.

10 E. T. Campbell, *Christian Manifesto*, 108.

11 Ibid.

12 캠벨의 설교에 관한 이런 요약은 그가 스스로 작성한 이력서에 기초한다.

> 인간의 삶에는 두 가지 큰 실재들, 인간의 영혼과 인간의 종족(육체)이 있는데 종교가 그 두 가지를 구하는 것이다. 영혼은 의로움과 영생을 구하는 것이고, 육체는 하나님 나라와 그 의를 구하는 것이다.[13]

이와 같이 캠벨은 설교의 탁월성을 추구하는 전임자들의 전통을 따르며 동시에 독특한 성경의 구조 안에 있는 사회적 행위와 영적 갱신 사이의 균형에 대해 계속 강조한다.

기독교 강단 사역에서 복음을 설교하는 것보다 더 중요한 것은 없기 때문에 캠벨은 복음을 설교하기 위해 자신의 강단을 조율하고 활용한다. 그러나 이런 노력은 항상 모든 때와 장소에서 어느 정도 균형 있는 형식을 가정하기 때문에 항상 위기에 봉착하게 된다. 캠벨은 1960년대 초기에 시종일관 복음과 상반되는 3가지 복음의 유형들을 지적한다: 신뢰감이 없는 복음, 값싼 복음, 그리고 타당성 없는 복음.[14] 그는 계속 사회적 문제들에 대해 설교자가 침묵하고 행동하지 않는 것에 관해 말한다:

> 전투적인 교회는 종종 졸리는 교회, "깊은 잠에 빠진 교회"가 된다. 그래서 우리는 [개인적인] 죄들에 관해서는 *매우 세게(fortissimo)* 말할 수 있는 재능을 개발한 반면, 인류를 찢는 주요 이슈들에 관해서는 매우 *여리게(pianissimo)* 말한다.[15]

캠벨이 암시한 것처럼 설교자들은 자신이 침묵하고 활동하지 않음으로 인해 공적 영역을 비워놓은 다음 상황이 더 좋아지지 않았다고 크게 의심함으로 만용을 부렸다. 그러므로 캠벨은 교회가 수 년 동안 복음의 사회적 의미들을 개인적인 것들보다 더 강조하거나 아니면 기쁜 소식을 모든 사람들과 나누라는 명령을 무시한 불균형의 교정하려고 노력한다.[16]

---

13 Walter Rauschenbusch, *Christianity and the Social Crisis* (New York: The Macmillian, 1907), 367.
14 캠벨이 1963년 5월 19일에 전한 설교, "Where Sound the Cries of Race and Clan"을 보라.
15 Ibid.
16 예를 들어, 캠벨이 1969년 4월 20일에 전한 설교, "Two Cheers for Christian Secularity!"을 보라.

캠벨은 1960년대의 미국 교회들이 복음이 개인적인지 아니면 사회적인지에 관한 의문을 따로 떼어놓는 위험에 직면했다고 지적한다. 그리스도인들 역시 통전적 믿음이라는 말 등의 한 면이나 다른 면을 강조하는 경향을 보이고, 지역 교회들은 "영적"이거나 "세상적"으로, "그것으로부터" 또는 "그것과 함께"로 구분된다.[17] 캠벨은 이런 불균형적인 경향을 다음과 같이 묘사한다: "어떤 그리스도인들은 복음이 세상과 전혀 관련이 없다고 믿는다. 다른 그리스도인들은 복음이 오직 세상과만 관련이 있다고 믿는다."[18] 이런 목소리들은 교회 안과 밖에서 광범위하게 유지된 두 가지 관점들을 대표한다.

캠벨은 균형 있는 복음을 향한 불타는 사회적 관심을 지닌 신념이 강한 복음주의자이다. 그는 먼저 복음이 항상 개인적이며 동시에 사회적이라고 믿는다.[19] 하지만 그에 의하면, 의하면 복음주의자들은 "복음을 제한시키고, 복음 선포를 어렵게 만들고, 정치적이며 사회적인 정의에 대한 관심을 거절함으로 [사람들이] 복음을 받아들이는 것을 방해하였다."[20] 그들은 교회와 국가가 서로 구별되어 교회는 자체의 일에만 관심을 가지고 정부는 자체의 일을 해야 한다고 믿는다. 복음주의자들에게, 교회의 일은 예수 그리스도의 복음을 선포하는 것과 죄인들의 영혼을 구원하는 것이다. 그들의 주장대로, 만일 교회가 이런 일을 한다면 그 외의 것들에 간섭할 시간을 가지지 못할 것이다. 또한 그들은 현대 사회의 문제들을 설교에서 소개하는 것에 분개할 것이다.[21]

캠벨은 또한 "세상을 밖으로부터 구원하려고" 시도하는 동시대의 경향도 무시한다.[22] 그는 진보주의자들이 복음의 사회적이며 정치적인 의미들인 수평적 차원을 이해하는데 바쁜 나머지 기독교의 수직적 차원을 무시하는 것을 지적한다. 그에 의하면, 교회를 정치적이며 사회적인 변화를 위해 활동하는 기관으로 보는 사람들은 "예수 그리스도가 각 사람에게 생명력이 넘치고, 구원하고, 살아계신

17 Ibid., 6.

18 E. T. Campbell, Christian Manifesto, ix.

19 E. T. Campbell, "The Case for Reparations," *Theology Today* 26 (1969): 283. 이 설교는 캠벨의 Christian Manifesto 96-104에 재 수록되었다.

20 E. T. Campbell, *Christian Manifesto*, x.

21 Ibid., 4.

22 Ibid., 36.

존재를 의미한다는 것에 무감각"하다. 그가 믿기로는 너무 많은 사람들이 "자신들이 한 개인 속에 변화를 일으킬 만큼 충분히 철저하지 못하기 때문에 [오히려 쉽다고 생각한 영역인] 사회 제도들의 변화들을 위해 나서고" 있다고 믿는다.[23]

복음의 두 차원(개인적, 사회적)들 가운데 어떤 것도 다른 것 없이 복음에 대해 충분히 원만한 증거를 할 수 없다. 설교 사역에서 사명과 목적을 통합하는 것이 위험하기 때문에 그 둘의 적절한 균형이 "하나님의 사람들이 동일한 헌신으로 하늘의 기쁨과 땅을 함께 돌보는 것을 추구하는 것"에 집중할 때에만 성취될 수 있다.[24] 캠벨은 "교회가 그리스도의 온전하고 대표적인 모습을 세상에 비추기 위해서는 수직적으로는 하나님에 대해 살아있어야 하며 수평적으로는 사람들과 그들에게 고통을 주는 모든 것들과 관계를 맺어야 한다."고 경고한다.[25] 이런 관점으로부터 캠벨은 설교 속에서 균형 있는 복음을 위한 관심과 입장을 이렇게 설명한다:

> 여전히 다른 사람들은 복음이 세상과 그 속에서 사는 사람들 모두에게 관계되어야 한다고 생각한다...그런 확신은 내 안에 강하고 점차 커지고 있다. 그러나...[이런] 입장은 우리의 믿음을 공정하게 평가하고 우리가 일반 상식에 어긋나지 않게 계속 말하도록 하는 유일한 것이다.[26]

이와 같이 캠벨은 자신의 강단을 통해 복음의 개인적이며 사회적인 요소들의 종합을 이끌어내려고 시도한다.

그러므로 캠벨의 관심은 복음을 설교함으로 "회중을 더 큰 그리스도에 대한 믿음과 역사에 더욱 의미 깊게 참여하는 것에로" 인도하는 것이다. 왜냐하면 그가 복음을 설교하는 것이 깊이에 있어서는 개인적이며 참여에 있어서는 공동체적이기 때문이다.[27] 이렇게 캠벨이 복음에 대해 이해한 것이 그로 하여금 성경적이며 신학적인 근거로부터 온 자신의 전제들을 시험해 보도록 격려한다. 캠벨이 개인

---

23 Ibid., ix.
24 Ibid., 10.
25 Ibid., 7.
26 Ibid
27 Ibid

과 사회의 변화를 동시에 일으키기 위해 그리스도인들의 자세를 계발시키기 위해서는 그의 설교가 균형 있는 복음을 향한다는 것은 분명하다.[28] 그래서 캠벨의 설교는 균형 있는 복음의 내용들로 개인적이며 우주적인 그리스도, 초월적이며 내재적인 역사, 구약과 신약의 성경, 개인적이며 제도적인 변화를 향한다.[29]

1) 개인적이며 우주적인 주

첫째로, 캠벨의 설교는 그가 그리스도를 모든 삶의 주되심으로, 즉 그리스도는 개인적인(특수한) 구주이시며 우주적인(일반적인) 주인이시라고 해석할 때 균형 있는 복음을 향한다.[30] 그는 청중을 더 큰 그리스도에 대한 신앙에로 일깨운다.

> 수 세기동안 교회는 사람들의 마음속에 그리스도의 사역의 개인적인 성격을 주로 강조했다. 그러나 최근에 신약성서 학자들은 점차 우리의 관심을 그리스도의 "우주적 가치"에로 돌리고 있다. 우리는 모든 사람에게 너무 여러 해 동안 우리의 그리스도가 너무 작았다는 것을 알게 될 것이다.[31]

그리스도인들은 자신들의 개인적인 삶에 대한 그리스도의 주권을 제한함으로 그리스도의 통치를 조롱했다. 그러므로 캠벨의 주장에 의하면, "우리는 감히 그리스도의 우주적인 중요성을 간과하는 것처럼 그분의 주되심을 해석하지 않는다. 그분은 개인적인 남녀들을 위한 뜻 뿐 아니라 *그들이 살고 있는 세계를 위한* 뜻도 가지고 있다."[32] 예수 그리스도는 권세들, 인간의 삶에 매우 중요한 구조들과 질서들, 그리고 우리 모두에게 영향을 주는 보이지 않는 세력들에 대해 승리하셨다(골 1: 16 -17).

---

28 캠벨이 969년 1월 19일에 전한 설교, "쌔 Change or Not To Change"를 보라.

29 캠벨의 신학 에세이, *Christian Manifesto*와 그가 1963년 4월 28일에 전한 설교, "A Christian and His History"를 보라.

30 그리스도의 주되심에 관한 캠벨의 해석에 대해, 그의 신학 에세이 *Christian Manifesto*, 제2장("Lord of What?")을 보라.

31 캠벨이 1969년 4월 20일에 전한 설교, "Two Cheers for Christian Secularity!".

32 E. T. Campbell, *Christian Manifesto*, 16.

캠벨은 하나의 "영역화된 신학"(area code theology)을 피한다. 왜냐하면 그런 신학은 편리하게 현재의 그리스도의 통치를 개인의 마음이나 우리가 교회라고 부르고 위대함을 말하는 진리를 약화시키는 신앙인들의 고립된 장소에로 제한시키기 때문이다.[33] 캠벨의 주장은 우리가 그리스도를 편협하게 만들지 않도록 돕는다:

> 예수의 구주되심에 대한 강조가 그리스도로서의 주되심과 그것이 의미하는 모든 것을 무시하는 것이 될 때는 복음이 왜곡되며 그리스도인의 삶이 책임 있는 윤리적 행위로부터 쉽게 분리되어 무책임한 특권의식에 빠지게 된다. 우리는 우리가 구세주로 감사함으로 영접하는 분을 주로 섬기도록 부름을 받았다.[34]

캠벨이 지적한 대로, 예수 그리스도의 균형 있는 주되심은 교회가 변화에 대한 그리스도인의 반응과 같은 것이 있는지를 물어보아야 할 매우 중요한 일이다. 균형 있는 복음이 선포되거나 받아들여질 때, 그것은 예수 그리스도가 개인의 구주일 뿐 아니라 세상의 주도 되신다는 그리스도인의 믿음을 동등하게 그리고 분리할 수 없을 정도로 긴급한 주장같이 들린다. 예수 그리스도는 개인 생활과 교회의 주인일 뿐 아니라 또한 역사의 주인이시다.[35] 그러므로 복음에 관한 캠벨의 설교는 "장미 빛 아름다운 광경"이나 "현실을 외면하는" 종류의 복음이 될 수 없다. 캠벨은 자신의 설교에서 한 분 위대한 실체를 알고 있는 유익과 함께 평범하게 현실적인 것들을 직면한다.

2) 초월적이며 내재적인 역사

둘째로, 캠벨의 설교는 역사를 진지하게 다룸으로 균형 있는 복음을 향한다. 그의 역사관은 초월적이며 동시에 내재적이다.[36] 만일 예수 그리스도가 주이시

33 Ibid., 17.
34 Ibid., 15.
35 캠벨이 1969년 1월 19일에 전한 설교, "To Change or Not To Change"를 보라.
36 E. T. Campbell, *Christian Manifesto*, 3장을 보라.

라면, 이것은 역사와 우리의 관계에 관한 어떤 것을 말해야 한다. 비록 강단을 통해 설교자가 생활과 말로 그리스도는 모두의 주와 구세주라는 기쁜 소식을 선언하도록 특별한 명령을 받았지만 이 사명에 대한 충실함은 우리를 역사 속 깊이 던져 놓아 우리가 역사에 참여하지 않음에 대해 변명을 구하지 못하도록 한다. 이것이 바로 주님이 말씀하신 "이것도 행하고 저것도 버리지 말아야 할지니라." 의 의미이다 (마태 23:23).

캠벨은 미국 개신교주의 안에 널리 알려져 있는 역사관을 이렇게 요약한다:

> 이 나라의 그리스도인들은 주로 역사를 진지하게 여기지 않았다. 우리는 인간의 역사에 대해 그 위에 앉아서 초월적인 관점을 취하거나, 아니면 역사를 개인적인 구원의 경험들이 일어나기 전의 단순한 배경으로 간주한다.[37]

그러므로 캠벨은 실제로 "우리의 착색유리로 된 은신처"에로 기독교를 한정시킨 것을 개탄한다.[38] 어떤 이들은 더 큰 역사 현장으로부터 이동하여 자신들의 개인적 이야기를 형성하는 작은 모험들에 집중하는 경향이 있다. 그들의 그런 집중은 빈번하게 가족과 직업과 같은 개인적 목표들 그 이상으로 확대되지 않는다. 그러나 다른 사람들은 교회가 삶으로부터 이탈한 것이나 세계가 불타고 있는 동안 작은 윤리적 의미를 지닌 일들에 집중하는 것을 지지할 수 없다. 그들은 도시의 황폐화, 무기 억제, 인종적 불평등 등이 그들의 관심의 범위를 넘거나 그들의 열정에 어울리지 않는다고 말하는 사람들의 집단에 속하지 않는다.

그래서 캠벨은 그리스도인들이 두 영역들, 즉 "일시적인 것들과 영원한 것들, 정치 세계와 기도의 세계, 자연의 질서와 은혜의 질서,"[39] 그리고 우리가 경험한 삶에 속하는 "사랑과 정의" 또는 "개인적인 차원과 제도적 차원"이라는 두 가지 영역들 모두에 대해 정당한 책임[40]을 가져야 한다고 주장한다. 하나의 영역은 서로 다른 영역에 영향을 준다. 캠벨에 의하면, 그리스도인들은 개인적 순례 여행

37 Ibid., 20.
38 Ibid., 32.
39 Ibid., 23.
40 Ibid., 28.

의 사적인 진로에서 보여준 것처럼 역사의 공적 진로에 관해서도 많은 관심을 보여주어야 한다. 그리스도인들은 자신들의 "캠프 진영을 부수고" 하나님의 사랑의 대상인 세상에 대해 스스로 말할 준비가 되어 있어야 한다. 그들은 기쁜 소식(복음)이 받아들이기 어렵게 되는 때에라도 자신의 시대에 가장 잘 전달된다는 것을 보게 된다. 다시 말하면, 그들이 믿고 있는 복음은 "교회의 페이지(영역)"를 떠나 인간의 앞으로의 삶에 대해 전달하는 페이지들 속에서 복음의 길을 발견할 때 가장 설득력을 얻는다.[41] 교회와 국가를 분리시키려는 노력은 그 둘 사이에 어떤 상호작용이 분명히 있기 때문에 그 둘 모두에게 피해를 주지 않을 수 없다는 것을 의미할 수 있다. 그러나 우리의 빛이 그 두 영역들을 모두 비추지 않는다면, 그것은 전혀 빛을 발산하지 않는 것이다.

캠벨이 구약성경으로부터 우리에게 그 두가지 영역들의 연속성에 대해 말하는 것은 주목할 만하다: "정의롭게 행하고 자비롭게 사랑하라...정의 없는 사랑은 그 둘의 모조품들을 만든다."[42] 그는 이점에 대해 계속 다음과 같이 언급한다:

> 우리가 그리스도 안에 있는 하나님의 은혜의 복음을 매우 높이 들 수 있는 것은 진지하게 정의 실천을 통해서이다. 만일 우리가 한 사람을 계속 누르고 비인간적인 것을 그에게 요구하는 억압들로부터 그를 자유롭게 하기 위해 손이나 목소리 어느 것도 높이지 않는다면, 어떻게 우리가 소수 집단에 속한 한 사람에게 하나님의 사랑에 관해 증거할 수 있겠는가![43]

이것은 우리에게 정의를 회피하는 모든 형태의 사랑을 기억나게 한다. 그러므로 보존을 위한 질서에서 주된 가치는 사랑이 아니라 정의이다. 이런 관점으로부터 캠벨은 회중이 역사 속에 더욱 참여하도록 그들을 깨운다. 그리스도인들은 자신들을 삶의 세력들에 대해 적극적으로 반응하는 자들로 이해함으로 자신들의 역사에 대해 책임을 지녀야 한다.[44]

---

41 캠벨이 1969년 4월 20일에 전한 설교, "Two Cheers for Christian Secularity!"를 보라.

42 캠벨의 설교, "A Christian and Hid City,"(1963년 4월 28일).

43 Ibid.

44 캠벨의 설교, "Two Cheers for Christian Secularity!"(1969sus 4월 20일).

3) 구약성경과 신약성경

셋째로, 캠벨의 설교가 균형 있는 복음을 향하는 이유는 그 복음이 구약과 신약 모두의 뿌리를 이루기 때문이다. 그의 설교는 인종 관계들, 전쟁과 평화, 가난, 배고픔, 인구조절, 보존 등의 영역들과 같은 통합적인 실체로서 움직이는 임무를 포함한다. 캠벨에 의하면, 사회적 문제들에 교회가 참여하는 것에 관해 염려하는 설교자들은 통합적인 책임을 진지하게 다루지 못해 자신의 성도들을 개인적인 도덕 그 이상으로 인도하지 못한다.[45] 그런 실수들은 대체로 개인적인 믿음과 책임뿐 아니라 이스라엘 안에 세워진 정의를 위한 공동체의 믿음과 책임의 중요성을 강조하는 구약성경과 신약성경을 진지하게 취하지 못함으로 일어난다. 그런 의미에서 캠벨의 설교 사역은 특별히 구약과 신약 성경들에서 보이는 것처럼 복음의 뿌리에로 돌아간다는 면에서 철저하다.

그러나 어떤 사람들은 균형 있는 복음으로부터 나오는 그런 목소리들을 제거함으로, 전적으로 "성경의 종교를 사유화시킨다."[46] 예를 들어, 그들은 신약성경이 기본적으로는 정치적인 참여와 사회적 행동을 두둔한다고 주장한다.[47] 더구나 그들에게 신약성경의 윤리적 가르침들은 대체로 상호 개인적 관계들과 영혼의 내적 가치들에 어울리는 것처럼 보인다(엡 4장; 골 3장). 그러나 캠벨은 우리에게 신약성경의 침묵에 관한 중요한 사실을 기억나게 한다:

> 초기 그리스도인들은 과단성이 있던 소수집단이었다. 그들은 숫자상으로는 중요한 자들이 아니었다. 어느 곳에서든지 그들의 65%에서 80%까지는 노예들이었다....그리스도인들이 다수집단의 위치가 되고 그들에게 참정권이 주어짐으로 역사 속에 참여할 권리를 줄 민주주의 질서 속에서 살 때가

---

45 E. T. Campbell, *Christian Manifesto*, 52.

46 Ibid., 52-53.

47 신약성경은 국가에 관하여 그리스도인들이 묵인하고 복종할 필요가 있음을 강조하는 것같이 보인다(롬 13:1-2, 7; 벧전 2:13-14; 눅 20:25).

오리라고는 바울에겐 전혀 일어날 수 없었다.[48]

역사적 사실들이 변했기 때문에 신약성경은 오늘 우리에게는 규범이 되지 못한다. 그러나 미국에서 그리스도인들은 "무시해도 좋은 소수집단이 아니라 자유롭게 말하고 모임을 형성하고 도전할 힘을 소유한 다수집단"을 이루고 있다.[49] 그러므로 그들에게 평범한 삶에서 사회적이며 정치적인 일들에 건설적으로 참여하는 것은 의무적이다.

성경의 관점으로부터 하나님이 관심을 가지시는 유일한 것이 격리된 개인들의 구원이라는 것은 사실이 아니다. 하나님은 자신의 창조와 그 창조의 보존뿐 아니라 남녀의 구원에도 관심을 가지신다. 교회는 하나님이 보시는 앞에서 현저한 차이를 만들고 교회의 상당한 돈의 힘, 영향력, 설득력을 스스로는 힘이 거의 없는 자들의 뜻에 두어야 할 책임을 가지고 있다. 그러므로 캠벨은 교회가 "자원들을 구원 사역 대신 교회 자체를 위해 확대시킨다면 정말 힘을 오용한 죄를 범한 것이 된다"고 지적한다.[50]

4) 개인적인 변화와 제도적인 변화

마지막 네 번째로, 캠벨의 설교는 개인들과 그들의 제도들의 변화적인 힘을 강조함으로 균형 있는 복음을 향한다. 그는 기쁜 소식의 선포가 개인들에게만 제한될 수 없고 개인들이 살고 있는 환경의 변화도 포함해야 한다고 믿는다. 성경에서 하나님은 분명히 사회 개혁뿐 아니라 개인들의 구원에도 관심을 가지신다. 하나님은 설교자들이 충실하게 섬기는 "복음의 광범위한 능력"을 과소평가하지 않으신다.[51] 캠벨은 설교에서 성경을 진지하게 다루고 주저함 없이 인간의 본성과 제도들 모두를 변화시킬 기독교 복음의 능력을 믿는다.[52] 그는 정치적이며 사회적 정의뿐 아니라 개인적 구원에도 관심가지는 것을 거절하지 않는다.

---

48 캠벨의 설교, "A Christian and His City"(1963sus 4월 28일).

49 Ibid.

50 E. T. Campbell, *Christian Manifesto*, 55-56.

51 E. T. Campbell, "The Changing Nature of Ministry," *Reformed Review* 17 (1963): 23.

52 E. T. Campbell, *Christian Manifesto*, x.

이런 의미에서 캠벨의 설교들은 복음을 인간 상황의 모든 면들과 연결시키려는 그의 통전적 목회를 반영한 것들이다. 목회현장에서 오랜 시간 섬긴 자들은 누구나 목양적인 것들(하나님의 사랑)과 예언자적인 것들(사회 정의) 사이에 있는 밀접한 연결을 무시하기가 매우 힘들다. 개인들은 복음이 충실하게 선포되고 정직하게 받아들여지는 곳에서는 어디에서나 철저하게 변화될 수 있다. 그러나 이점에 관해 캠벨은 다음과 같이 말한다:

> 만일 충분한 사람들이 예수 그리스도에게로 돌아온다면, 세계를 파멸하려 위협하는 대형 사회적, 정치적 그리고 경제적 문제들이 빠르게 해결될 것이라는 것이 보수적 그리스도인들에게 위안을 주는 환상들의 하나이다. 하지만 이런 확신의 이면에는 사람들이 충분한 숫자로 개종할 때까지는 그들이 극성으로 관심을 가지는 문제들에 역사가 거의 일어나지 않을 것이라는 의미가 숨어 있다.[53]

이것은 개인들의 영혼의 변화가 부분적으로는 정치적이며 사회적인 실재와 묶여 있다는 것을 의미한다. 그러나 캠벨에 의하면, 그의 동시대 설교자들은 정치적이며 사회적 문제들과 싸우는데 주저하였다. 그 이유는 그들이 너무 자주 죄들이 사람들 속에 절대적으로 거한다고 추정하였기 때문이다. 그들은 공동체를 희생하면서 개인들을 높이는 경향을 보인다.[54] 그러나 그들은 "죄악이 제도들 속에 숨어 있으며, 하나님은 개인적이며 제도적인 문제들 모두에 관심을 가지신다는 동반적인 진리"를 이해하고 믿는데 매우 느리다.[55] 그들은 사회적 구조들이 개인들에 의해 형성되어 왔으며 그래서 또한 개인들에 의해 변경되고 파괴되고 개선되고 또는 지지될 수 있다는 것을 이해할 중요한 책임을 지지 않는다.[56]

그러므로 캠벨은 설교자가 사회를 변화시키려 노력해야 한다고 주장한다. 이유는 상담 과정들에서 표면적으로 드러나는 대부분의 개인적 문제들이 사회적

---

53 Ibid., 39.

54 E. T. Campbell, "The Formation of Ministers for the Late 20th Century: Community on Campus," *Theological Education* 2 (Autumn 1965): 3.

55 Ibid.

56 E. T. Campbell, *Christian Manifesto*, 46-47.

인 원인들을 지니기 때문이다. 설교자는 사회 구조들이 중립적이 아니기 때문에 배고픈 자들, 목마른 자들, 집 없는 자들, 벌거벗은 자들과 갇힌 자들(마 25:35-36)을 양산하는 사회 속의 구조들을 변화시킴으로 하나님의 힘없는 백성들을 섬기려 노력해야 한다.[57] 실제로 구조들은 개인들에게 피해를 줄 수 있다. 우리가 변화시킬 힘(정의)을 지닌 불완전한 제도들 안에서 개인들의 자비(사랑)를 위한 일들이 실행될 때는 하나님에게 영광을 돌릴 개인들의 힘이 상실된다.

이런 점에서 캠벨은 그리스도인들이 밖에서 바라만보고 이런 종류의 싸움을 경멸하지 않고 계속 개인적인 친절 행위와 사회봉사에 집중하는 자들을 대신해 사회구조들을 변화시켜야 한다고 주장한다.[58] 기독교가 사회적으로 책임을 지지 않으면서 영적으로 구원을 이룰 수 있는 길은 전혀 없다. 그리스도인은 사회적 태도에 변화가 일어나는 것을 경험하지 않고는 동시에 개인적인 회심을 경험할 수 없다. 이런 의미에서 캠벨의 설교들은 하나님께서는 항상 인간을 더욱 인간적으로 만드시려 하신다는 것을 암시한다.

캠벨과 같이 예언자적인 경향을 보이면서 자신의 설교에 의해 회중을 형성시키기를 원하고 공동체를 교회에 의해 영향을 받은 것으로 이해하기를 바라는 설교자는 균형 있는 복음의 변화를 일으키는 능력에 크게 주의를 기울이게 될 것이다. 그리스도인들에게 가르침과 본보기를 보여주신 예수님은 가난한 자들과 빈궁한 사람들을 사람들의 관심 밖으로부터 이끌어내어 그들을 분명하게 중심에 위치하도록 하셨다. 그리스도에 대한 믿음과 이웃들에 대한 관심은 함께 간다. 예수님이 이 땅에서 작은 자들, 즉 사회적 지위와 소유물들을 추구하는 힘 있는 자들에 의해 매우 쉽게 희생당하던 자들에 관해 관심을 가지셨다는 것을 믿는 설교자들은 자신의 설교 사역에서 궁핍한 자들을 위한 열정을 유지할 수 있어야 한다.

균형 있는 복음을 향한 설교의 관점으로부터 캠벨은 변화고 있는 사회에서 자신의 설교 사역을 검증한다. 그의 강단은 교회의 성도들에게 4가지 중요한 강조점들에 대해 설명한다; 1) 공적이며 개인적인 권력의 사용과 분배, 2) 인종차별

57 캠벨의 설교, "God's Little People," (1967년 6월 18일)을 보라.

58 E. T. Campbell, *Christian Manifesto*, 48-49.

제거, 3) 인간의 삶의 의미와 질에 대한 이해, 그리고 4) 그리스도인 삶의 양식의 발전.[59] 그의 강단이 위의 4가지 이유들에 매우 중요성을 부여하는 이유는 강단을 통해서만이 어떤 다른 방식보다 더 많은 사람들에게 다가갈 수 있기 때문이다. 그러므로 캠벨은 설교자로서 자신의 설교에서 "전인적 인간, 즉 몸, 정신, 영혼을 섬기는 데" 특별한 관심을 요구하는 모든 인간의 제도들뿐 아니라 개인적 문제들을 기독교화 하려는 전적인 목적을 반영해야 하는 특별한 의무를 지닌다.[60] 그의 강단은 인간의 영적 필요들에 대한 목회를 인간적인 필요들에 대한 목회와 통합시킨다.[61] 이와 같이 그는 자신의 모든 설교들에서 개인적인 차원과 사회적인 차원을 통합시킨다.

하지만 균형 있는 복음의 설교자로서 캠벨은 감히 자신의 확신으로부터 허세를 부리지 않는다. 그는 하나님께서 예수 그리스도 안에서 행하신 것은 언제나 그런 것처럼 자신의 시대에도 타당성을 지녀야 한다고 믿는다.[62] 그는 일반적으로 신앙이 주로 개인적인 것들과 관련된다고 믿지만, 그 다음에는 자신의 시대에 사회적 문제들이 중요하고 널리 퍼지는 특징이 있기 때문에 모든 개인적인 삶의 프라이버시를 무너뜨린다는 것을 또한 인식해야 한다. 그는 설교 사역을 믿지만 활력과 균형이 없으면 설교 사역의 사명은 위험에 빠지게 된다는 것을 알고 있다. 그는 신학적인 근거들 위에서 복음 증거는 공적인 일들에서 태어나야 한다고 주장한다. 그 이유는 교회가 실존적으로 이미 그리고 피할 수 없을 정도로 정치적이기 때문이다.[63]

59 *The Riverside Church in the City of New York* (New York: The Riverside Church, 1978), 12.

60 캠벨은 1968년 6월 12일(수요일)과 13일(목요일)에 Riverside Radio WRVR에 출현해 전화에서 리버사이드 교회의 강단(설교목사)에로의 부름을 받고 승낙한 이유에 대해 이렇게 말했다.

61 캠벨의 설교, "Forty Years on the Heights" (1970sus 10월 4일).

62 E. T. Campbell, "The Changing Nature of the Ministry," *Reformed Review* 17 (1963): 22.

63 Ibid., 10.

2. 공적 이슈들에 대한 사회적 설교

캠벨은 예언자설교를 통해 무엇에 관해 말해야 했는가? 그는 자신의 설교들에서 어떻게 균형 있는 복음을 성취하는가? 어떻게 그의 신학이 그의 설교들에 반영되는가? 이런 질문들에 답하기 위해, 우리는 캠벨로 하여금 개인이 아니라 회중 속에서 복음의 균형을 찾도록 인도한 목회 사역에 관한 그의 경험을 이해해야 한다. 1960년대에 그리스도인들은 복음의 위로하는 힘이 복음의 도전하는 능력을 배제시키기 위해 거의 강조되었던 형식의 종교에 의해 고통을 받고 있었다. 교회의 메시지는 많은 사람들에 의해 그들 주변 세계의 슬픈 실체들에 대해 죽은 것으로 믿는 자들을 돕기 위한 영적 완충 역할을 하는 형식으로 이해되었다.[64]

캠벨은 자신이 하나님에 대해 반응하는 본질에 관해 질문했다. 그는 복음에 대한 자신의 근본적인 충성심이 개인적인 종교와 책임 있는 사회적 행동 사이에 있다는 것을 선언하도록 강요받고 있었다.[65] 교회 밖의 집단인가 아니면 교회 안의 집단과 함께 할 것인가? 가지지 못한 자들인가 아니면 가진 자들과 함께할 것인가? 자신의 목회 경험들로부터 캠벨은 행동 없는 믿음은 설득력을 주지 못한다는 것을, 그리고 믿음을 가진 행동은 지속되지 못하고 약화된다는 것을 깨달았다.[66] 그는 균형 있는 복음이 자신의 목회에 있다면 어떻게 보일지 다음과 같이 자신에게 많이 질문했다.

> 그런 균형을 성취한 회중은 공정한 주택 거래를 실천하는 것과 환자들의 침상 옆에서 기도하는 것을 함께 동등하게 잘 하는 개인들로 구성되는가? 아마 그런 원숙함은 드물게 발견될 것이다. 그러나 20년이 넘는 목회 경험은 나를 그런 희망이 비현실적이라는 것을 믿도록 만들었다. 오히려 모든 사람들에게 모든 것들이 되려고 노력하는 사람은 누구에게나 어떤 것도

64 캠벨의 설교, "The Christian in Three Perspectives: II Soldier" (1965sus 4월 4일)을 보라.

65 캠벨의 설교들, "Forty Years on the Heights" (1970sus 10월 4일) 그리고 "What Makes Christian Action Different?" (1970sus 5월 24일)을 보라.

66 Ibid.

되지 못하는 것 같다. 일반적으로 그렇게 신중하게 균형을 갖춘 그리스도인은 일들을 해결하고 그 영향을 세상에 남기려는 열정이 부족하다. 그런 사람은 주어진 문제에 대한 모든 관점들을 알고는 있지만 그 어떤 것도 실천하지 못하는 학자와 같다.[67]

그러나 전인성이 한 집단의 구성원들에게보다는 그 집단 안에 있는 것과 같이, 설교에서 전인적 복음에 접근하는 캠벨의 방법 또한 복음을 개인적인 필요들보다 사회적이며 정치적인 필요들을 강조하는데 타당성이 나타나도록 하는데 있다.[68]

예수 그리스도가 역사의 주님이심을 믿는 캠벨은 다양한 정치적이며 사회적인 이슈들 속으로 뛰어든다. 그는 자신 앞에 인종에 관한 절박한 이슈와 가난과 전쟁에 관한 동일하게 절박한 이슈들을 지니고 있다. 그는 그리스도인들이 이런 이슈들의 요구에 응함으로 그들이 우익에 선 그리스도인들로 발견되는 것은 복음의 신뢰성을 확대시키는데 매우 중요하다.[69] 이와 같이 교회를 변화를 위한 하나의 잠재적 힘으로 만들기로 결심한 캠벨은 사회적 문제들에 대해 지속적으로 설교하고 그래서 대부분 그의 설교들은 매일의 삶에서 분명한 그리스도인의 정체성을 유지한다.[70]

균형 있는 복음을 향한 캠벨의 설교신학은 사회적 문제들에 대한 그의 설교를 극도로 중요하게 만든다. 복음에 관한 그의 신학적 이해는 그에게 회중과 그들의 사회를 위한 성경적이고 신학적인 근거를 강화하도록 도전을 주기 때문에 그의 관점들은 신앙공동체를 뒷받침하고 인도하는 이런 근거들에 의해 형성된다. 캠벨은 미국의 영혼을 사회적 문제들과 함께 구원하도록 헌신된다.

캠벨의 강단은 1960년대 사회적 문제들에 대한 설교를 위해 역사적인 의미를 지니고 있다. 1968년에 캠벨은 미국에서 가장 어려운 당시 초대형 교회의 겸손하게 그리고 아마도 상당히 떨림으로 올라갔다. 그 이전 6년 동안 설교했던

---

67 E. T. Campbell, *Christian Manifesto*, 108-109.

68 Ibid.

69 캠벨의 설교, "Inaction-Action-Reaction" (1970sus 7월 5일)를 보라.

70 예를 들어 캠벨의 설교, "What Makes Christian Social Action Different?" (1970년 5월 24일)를 보라.

미시건 주 Ann Arbor의 제일장로교회를 떠나, 캠벨은 뉴욕시에 위치한 리버사이드 교회의 설교 목사가 되었다. 미국에서 가장 전략적인 강단들의 하나에서 그는 2명의 선임자들인 포스딕(Harry Emerson Fosdick; 1930-1946)과 맥크라켄(Robert James McCracken; 1946-1967)의 뒤를 이었다. 리버사이드에서 설교에 전념하는 설교목사로서 하는 동안 캠벨은 자신의 선임자들에 의해 널리 알려진 "삶의 상황 설교"(life-situation preaching) 또는 상담설교(counseling preaching)의 영향뿐 아니라,[71] 또한 1960년대 동안 미국의 대형 강단들이 자체의 사회적이며 국가적인 영향력을 상실했다는 사실에 의해서도 지속적으로 도전을 받았다. 설교가 기울어지고 다른 유형의 그리스도인 증거와 섬김으로 대체되었다.

그럼에도 불구하고 캠벨의 강단은 동시대의 사회적 문제들에 대한 설교의 소멸에도 살아남았다. 그의 강단은 국내적이며 국제적인 문제들에도 관심을 가졌으며 그래서 절박한 이슈들에 대한 영향력을 가졌다. 그의 설교는 공적인 선포였으며 개인들과 더 큰 사회 모두에 대해 말할 어떤 것을 가지고 있었다. 그의 공격적인 설교 형식은 프린스톤 신학에서 형성되고, 미시건 앤 아버의 제일장로교회에서 연마되었고, 사실적인 삶 묘사, 뒤트는 비평, 견고한 성경적 통찰력에 의해 특징을 이루었으며, 그리고 이 모든 것들이 그로 하여금 그의 회중에게 대중적인 강단을 제공할 수 있게 하였다.[72]

1960년대에 시민인권운동, 가난구제운동, 그리고 반전운동이 캠벨의 강단의 세 가지 가장 우선적인 이슈들이었기 때문에, 우리는 자신의 설교 사역에서 자비롭고 예언자적인 리더십을 준비하는 설교자로서 캠벨이 인종적이며 경제적인 정의와 평화 이슈들을 조사 분석하고 성경적이며 신학적인 규범들에 충실한 사회행동주의의 실제적인 전략들을 발전시킬 수 있었던 방법들에 대해 살펴볼 것이다. 우리는 다음의 질문들에 대해 응답하도록 만드는 도전을 살펴볼 것이다: 캠벨은 자신의 설교 사역에서 가난한 자들의 어려운 입장, 힘없는 자들의 곤경, 그리고 모든 사람을 위한 삶의 질에 관해 어떻게 생각했는가? 동시에 그는 그런 사회적 문제들을 향상시키기 위해 어떻게 행동했는가?

71 Paul H. Sherry, ed. *The Riverside Preachers: Fosdick, McCracken, Campbell, Coffin* (New York: The Pilgrim, 1978), 17, 67을 보라.

72 "New Riverside Minister: Ernest Thomas Campbell," *The New York Times* (June 14, 1968), 38.

지역교회의 수준에서 인종차별, 가난, 전쟁과 평화와 같은 공적 이슈들은 1960년대 기독교의 균형 있는 복음을 향한 캠벨의 설교학적 주요 관심사들이었다.[73] 캠벨이 1960년대에 목회한 지역 교회들은 사회적 변화들과 싸우고 있었다. 다른 말로, 사람들에게 알려진 바로는 그 교회들의 회중의 직접적인 환경이 변했다는 것과 이런 변화들이 회중의 삶에 중요한 영향을 주었다는 것이다. 그런 콘텍스트들이 캠벨을 특수한 환경(앤 애버 제일장로교회와 리버사이드교회)에 속해 있던 특수한 사람들(두 교회의 회중)과 관련되게 했다. 그는 지역교회의 특수한 콘텍스트에 관해 다음과 같이 말한다:

> 만일 사랑이 지역적으로 표현되지 않는다면 어찌 사랑이겠는가? 만일 특수한 지역에서 이루어진 것이 아니라면 어찌 사명이겠는가? 만일 그 대상이 단수가 아니라면 그리고 우리를 주어진 사귐에로 묶지 않는다면 어찌 믿음이겠는가?[74]

히브리-기독교 전통에 속한 자들은 개인적 수준에서 덕을 실천하는 것 이상으로 책임이 있기 때문에 캠벨은 자신과 동시대 그리스도인들이 자신들에게 주의를 요구하는 이슈들에 대해 집합적으로 말해야 한다는 것을 회중에게 기억나게 한다.[75] 이런 노력은 정확하게 캠벨의 강단을 매료시켰던 공동체의 변화에 순응하는 것이었다. 사회적 문제들에 대한 설교를 위해 캠벨은 자신의 교회 성도들에게 하나님께서 이 땅 위에서 그들에게 주신 생명과 자원들을 그리스도 안에서 모든 사람들과 나누어야 하는 그들의 공통적인 책임을 생각하도록 요구한다. 그는 회중에게 사회 정의와 인간의 존엄성을 개발하고 경제적 발전에 참여하고, 세계의 사람들의 평화를 위해 헌신하도록 권면한다.[76]

우리는 여기에서 공적 이슈들에 대한 캠벨의 예언자적 목소리에 대해 신학적

---

73 예를 들어, 사회적으로 혼란스러운 1960년대 양심적인 위기를 맞이한 상황에서 캠벨은 자신의 회중과 함께 반응을 요구하던 사회적 문제들을 나누기를 희망했다. 당시에 매우 알려졌던 이슈들은 인종, 가난, 전쟁에 관한 것이었다. 캠벨의 설교, "The Christian and His Country" (1969sus 10월 12일), 4를 보라.

74 캠벨의 설교, "From the Many to the One" (1970sus 7월 26일).

75 캠벨의 설교, "Stones Are Not Enough" (1964sus 10월 11일)를 보라.

76 예를 들어 캠벨의 설교, "The See-Saw View of Life" (1970년 11월 22일).

인 생각을 제공한 도전들과 설교들의 직접적인 환경들에 대해 분명하게 드러난 또는 초점을 맞춘 그의 설교들을 살펴볼 것이다. 또한 우리는 출판된 설교모음집들과 간행물들에서 발견된 것처럼 인종차별, 가난, 그리고 전쟁에 대한 캠벨의 설교들을 살펴볼 것이다. 그러나 여기에서 살펴볼 설교문들 모두가 1960년대에 캠벨에 의해 전달된 설교들이었다고 추정할 수는 없다. 그럼에도 여기에서 이런 캠벨의 설교들을 연구하려는 우리의 의도는 1960년대에 균형 있는 복음에 관한 그의 신학적 관점에 의해 만들어지고 선포된 설교들이 인종차별, 가난, 전쟁과 같은 공적 이슈들을 선도적으로 다룬 예언자설교의 모델을 반영한 것임을 인정하는 것이다. 비록 캠벨의 예언자설교들에 관한 연구가 1960년대의 모든 설교를 일반화하려는 의도를 지니지 않지만, 그 연구는 그 10년 동안 공적 이슈들에 대한 설교학적 주제들을 확인하고, 어떻게 그 주제들이 그 시대의 강단에서 일어난 엄청난 변화들을 반영하는지 그리고 1960년대 미국의 강단의 풍부한 설교학 전통을 깊이 조사하는 길을 여는지를 찾아보려는 것이다.

1) 인종차별에 대한 설교들

1960년대에는 시민인권운동이 미국에서 단연 가장 중요한 국내 정치적 이슈였을 뿐 아니라 미국의 그리스도인들이 직면한 뜨거운 도덕적이며 사회적인 이슈들의 하나이었다. 시민인권운동은 그 시기에 강단에게 가장 논쟁적인 이슈로서 "인종적 평등"이라는 기본적인 이슈를 열었다. 특별히 인종적 정의는 대도시의 최우선적인 선교 전략이었다.[77] 교회는 설교와 교육을 통해 성경적 가치들에 충실해야 하는 긴급한 요구에 직면했다. 그렇다면 시민의 인권과 사회 복지의 전 영역에서 당시의 교회들이 취한 행동은 무엇이었는가?

캠벨의 대답은 어렵지 않다: "교회가 시민의 인권을 위해 일할 때 그것은 교회 자체의 이익을 위한 것이 아니라 다른 사람들의 이익을 위한 것이다."[78] 이것은 인종차별에 대한 캠벨의 설교들이 무시당한 영혼들이 더 좋은 삶을 살 수 있

77 Board of National Missions에서 출간한 *Guidelines for Development of Strategy for Metropolitan Mission* (September 1967), 9를 보라.

78 캠벨의 설교, "Not to Be Ministered Unto but to Minister" (1965년 12월 19일).

을 것이라는 희망으로 전달된 것이지만, 그가 분명히 강단의 특권들을 확대하려고 시도하고 있는 것이 아니라는 것을 의미한다. 60년대의 분위기는 상당히 적대감으로 고조되었다. 증오감의 찬바람이 모든 사람의 관계들에 스며들었다. 인종끼리, 사회계층끼리, 시민끼리 서로 대립되었다. 이런 긴장들을 완화시키기 위해 캠벨은 "삶의 상황들이 적대감으로 고조될 때 우리가 그리스도인들로서 제시할 수 있는 단어는 흡수하는 목회(a ministry of absorption)이다."고 제의한다.[79] 이것은 적대감을 변화시키고 그 결점을 보완하는 목회에 관한 성경적 개념이다.[80]

이런 관점으로부터 캠벨은 강단을 통해 인종적 문제를 피하지 않는다. 인종적 평등은 균형 있는 복음을 향한 그의 설교에서 주요 주제들의 하나이다. 그는 인종적 평등에 대해 이렇게 말한다:

> 예수 그리스도의 복음은 모든 사람들에게 속한다. 처음부터 지금까지 교회의 사명은 이 땅에 거주하는 모든 사람들에 대한 사명이다. 우리는 모든 세계로 가라는 명령 아래 있다. 수평적으로 모든 세계라는 말은 어떤 나라도 제외되지 않는다는 것이다. 수직적으로 모든 세계라는 말은 기쁜 소식이 모든 사회의 계층, 조건, 수준, 질서와 계급과 공유될 수 있다는 것이다.[81]

캠벨은 죄를 인종적 관계 사이에서의 소외로 이해한다. 관계의 깨어짐은 율법을 파괴하는 것 이상이다. 왜냐하면 그리스도가 주로 "우리를 하나님의 것으로 만들기 위해, 우리를 재결합시키고, 우리를 다시 찾으시고, 우리와 화해하고, 우리를 하나님의 가족으로 다시 모이도록 하기 위해" 우리에게로 오셨기 때문이다.[82]

인종차별 문제에 대한 캠벨의 설교들은 인종적 정의를 위한 두 가지 목표들에 중심을 둔다: 전혀 차별화되지 않는 교회와 사회.[83] 자신의 설교들에서 캠벨은

---

79 캠벨의 설교, "The Ministry of Absorption" (1968년 11월 24일).

80 예를 들어, 그리스도의 고난에 대한 벧전 2:23에서 "욕을 당하시되 맞대어 욕하지 아니하시고 고난을 당하시되 위협하지 아니하시고 오직 공의로 심판하시는 이에게 부탁하시며" 그리고 히브리서 12:3에서 "너희가 피곤하여 낙심하지 않기 위하여 죄인들이 이같이 자기에게 거역한 일을 참으신 이를 생각하라"를 보라.

81 캠벨의 설교, "Too Good for God!" (1965년 10월 10일).

82 Ibid.

83 예를 들어, 캠벨이 1963년 5월 19일 Ann Arbor의 제일장로교회에서 전한 설교, "Where Sound the Cries of Race and Clan"을 보라.

자신의 회중에게 차별하지 않는 교회와 사회를 위해 헌신할 것을 기억나게 한다. 캠벨의 설교들에는 그가 자신의 청중과 나누고 싶은 복음의 빛과 학문적 빛이 눈에 보이지 않게 융합되어 있다.

첫째로, 캠벨은 특별히 **믿음의 공동체, 즉 그리스도의 차별하지 않는 교회 안에서 인종적 정의를 위해 투쟁하고 하나님의 사랑을 실천한다.** 그는 회중에게 "미국에서의 인종차별은 비교인들보다 교인들에 의해 더욱 실천된다."는 여론조사에 기초한 주장을 기억나게 한다.[84] 강단이 인종차별에 대한 미국의 양심을 깨우기 위해 부름을 받았지만, 비극은 정치적이며 종교적인 의미에서 정의가 매우 분명하게 대부분의 그리스도인들에게 하나의 이슈가 되지 못했다는 것이다. 이런 이유로 캠벨은 항상 그리스도인들은 자신들이 사랑하는 이 나라를 위해 헌신되어야 한다는 자신의 신념을 자신의 설교를 듣는 청중들과 나눈다. 이런 신념에 기초된 캠벨의 설교들을 통해 자신들의 편견이 해를 만들고, 자신들의 편협에 의해 영혼들을 방해하고 좁게 만들고, 자신들의 소심함과 침묵에 의해 하나님의 이름에 불명예를 쌓았다는 것을 인정해야 했다.[85]

자신의 설교, "Where Sound the Cries of Race and Clan"에서 캠벨은 자신의 이웃들로부터 지역적 인종차별을 제거하려는 희망을 표현한다. 그가 이 설교를 준비한 이유는 자신의 회중에게 공정주택거래법을 지키기 위한 거주 개방법에 찬성하도록 권면하기 위한 것이었다. 이 설교에서 캠벨은 인종에 상관없이 선한 품성을 지닌 사람은 누구나 자신들의 재정적 능력에 따라 살고 싶은 장소에서 살도록 허용되어야 한다는 것을 재차 설명한다. 캠벨은 특별히 인종적 투쟁에 의해 흔들리는 나라에서는 그리스도인들이 차별하지 않는 교회를 향한 열정을 지니고 노력해야한다고 주장한다. 그는 그런 이유에 관해 다음과 같이 말한다:

> 이것은 우리의 교회가 아니라 그리스도의 교회이다....가이사랴 빌립보에서 예수는 베드로의 증언에 대해 "내가 나의 교회를 세울 것이다."라고 약속했다. 어떤 지역 교회의 회중이라도 스스로 결정하거나 스스로를 제한하지 못

84 캠벨이 뉴욕의 리버사이드교회에서 전한 첫 번째 설교, "Would Jesus Go To Church?" (1968년 9월 29일).
85 캠벨의 설교, "Where Sound the Cries of Race and Clan,"의 마무리 기도를 보라.

> 한다. 우리는 "주어진 것" 위에서 움직인다. 우리는 이 주어진 것에 충실하든지 아니면 우리의 불신앙의 관점에서 교회되기를 포기할 뿐이다.[86]

캠벨에 의하면 인종을 차별하지 않는 교회에 대한 그리스도인의 헌신은 성경의 예들에 의해 확인된다. 예수에게는 무엇이든 예외가 전혀 없었다: 그는 여인의 열등함(요한 4장)을 믿지 않았으며 오히려 술집 여인들과 죄인들과의 친교를 즐겼다. 초기 그리스도인들은 예수로부터 포괄성을 빨리 배웠다 (행 8장, 11장). 그들은 이제 그리스도 안에 함께 있었다. 그들의 새로운 환경 앞에 그들의 모든 편협성과 지엽성은 사라져야 했다. 그들은 "피부색에 눈멀고, 돈에 눈멀고, 신분에 눈멀었었다. 그러나 이제 그런 구분들은 더 이상 존재하지 않았으며 오히려 그들은 교회 안에서 더 이상 그런 구분들을 중요하게 여기지 않았다."[87]

둘째로, 캠벨은 **차별하지 않는 사회에서 인종적 정의를 위해 투쟁한다.** 그래서 그는 그리스도인들이 차별하지 않는 사회를 위해 헌신해야 한다고 주장한다. 그는 이 점에 대해 다음과 같이 말한다:

> 우리 그리스도인의 책임은 우리가 신앙 공동체 안에서 서로 형제애로 살아가도록 배운 것으로 끝나지 않는다. 왜인가? 이유는 하나님에게는 구원의 질서가 소중하듯 창조의 질서도 그렇기 때문이다. 하나님은 단지 교회만을 사랑하시지 않고 세상도 전적으로 사랑하시기 때문이다.[88]

하나님께서 사랑하시는 세계는 백인이나 유색인 여성의 세계가 아니라 하나님의 세계이다. 인종적 정의에 대한 주장은 과학적, 경제적, 애국적, 그리고 인간적 근거들 위에서 추진될 수 있다. 차별하지 않는 사회를 위해서는 그리스도인들이 소수집단들에 속하는 사람들을 진심으로 존경하려고 서약하는 것이 첫 단계이다. 그러나 캠벨은 그리스도인들이 소수파들의 권리가 적절하게 보호된다는 것을 보기 위해 먼저 국가의 법을 변화시키려는 그들의 연합된 영향력을 사

86 Ibid.
87 Ibid.
88 Ibid.

용하는 것이 더 좋다고 주장한다.[89]

캠벨은 그리스도인들이 헌신하는 차별하지 않는 사회는 단순히 개인적 사랑만을 실천하는 것으로는 일어나지 않는다고 암시한다. 사회의 구조들은 정의에 대한 호소 없이는 변화될 수 없다.[90] 이런 점에서 캠벨은 에밀 브룬너(Emil Brunner)가 "조직화된 세계에서는 교회의 참 제자라도 정의롭지 않고는 자신의 사랑으로만 영향을 줄 수 없다."고 말한 것에 동의한다.[91] 60년대 초기의 시민인권운동으로부터 캠벨은 선한 의지와 양심을 지닌 사람들이 함께 그것들을 실천하기 위해 모이지 않는다면 일들은 스스로 일어나지 않는다는 것을 배웠다. 그러므로 일들이 실현되기 위해 그는 그리스도인들이 "개인적인 사랑을 위한 필요뿐 아니라 정의를 위한 필요도" 표현해야 한다고 주장한다.[92] 이점에 대해 캠벨은 이렇게 말한다:

> 인간 대 인간의 친절은 충분하지 않다. 그렇다고 믿는 것은 미숙하고 비현실적으로 되는 것이다. 어떤 사회적 악이라도 개인적인 호의에 의해 간단하게 제거될 수 있다고 추측하는 것은 마치 물이 새는 수도꼭지가 수도관 위에 지혈대를 올려놓음으로 고쳐질 수 있다고 추측하는 것과 같다. 우리가 아무리 "시간을 투자한다." 해도 이런 불의들은 사라지지 않을 것이다. 이것은 "그룹 안에 있는 자들이" 매우 그럴듯하게 "그룹 밖에 있는 자들에게" 나누어준다는 틀에 박힌 말이다.[93]

이것은 인종에 관한 질문에 대해 정의 없는 사랑은 조롱거리가 된다는 것을 의미한다. 왜냐하면 사랑은 법률로 제정될 수 없지만 정의는 가능하기 때문이다.[94] 그러므로 제도화된 세계 안에서 그리스도인들은 자신의 사랑의 화폐를 현

89 캠벨의 설교, "Stones Are Not Enough" (1964년 10월 11일)를 보라.

90 캠벨의 설교, "The Claims of Christ and Caesar" (1966년 2월 13일)을 보라.

91 Emil Brunner, *Justice and the Social Order* (New York: Harper Brothers, 1945), 128.

92 1963년 5월 19일 Ann Arbor의 제일장로교회에서 전한 캠벨의 설교, "Where Sound the Cries of Race and Clan"을 보라.

93 Ibid.

94 캠벨의 설교, "The Claims of Christ and Caesar" (1966년 2월 13일)을 보라.

재 통용되고 있는 정의의 화폐로 바꿔야 한다. 왜냐하면 그것만이 제도화된 세계에서 법적인 통화이기 때문이다.

1960년에는 그리스도인들이 서로를 무조건적으로 받아주는 것이 인간적 가족 안에 생긴 무가치한 틈새들에 의해 위협을 받아왔다. 캠벨은 그 문제에 관해 다음과 같이 말한다:

> 오늘날 우리가 서로를 무조건적으로 받아주는 것은 현실적으로 다름 아닌 피부색의 문제에 의해 위협을 받는다. 구원을 받은 자들이 스스로를 거부한다는 것을 생각해보라. 우리는 피부에 근거하여 그리고 종종 하나님의 이름으로 다른 사람들을 거부하는 만용을 부리고 있다![95]

캠벨은 여러 형태들의 편견으로 이루어진 많은 다른 근거들에 대해 회중에게 호소한다: 그들 자신의 이익과 자신들의 역사 이해에 기초하여. 캠벨에 의하면, "직선으로 바라보는 것"(line watching)은 인종차별을 받은 자는 말할 것도 없고 편견을 받아 본 흑인들에게 행해지는 일종의 피해이다.[96] 캠벨은 미국의 교회 역사 가운데 나타난 편견에 관해 다음과 같이 말한다:

> 내가 이해한 바로는 우리는 우리 자신의 일에 전념하면서, 여기저기에서 현상유지로 버티면서 그곳에 서 있으면서 자유의 버스가 지나가는 것을 보고만 있었다. 우리는 그 버스 안에 계신 예수님을 언뜻 보았다. 그리고는 우리는 그 이후로 계속 급하게 손을 뻗어 버스를 잡아 올라타려고 했다. 역사는 인종차별주의자들을 지나가게 했다. 우리의 깊이나 지식을 초월하는 시간의 정신은 그 시간을 붙잡기를 원하는 사람을 향하지 않는다.[97]

이와 같이 캠벨은 교회가 수년 동안 인권문제들을 다루지 않을 뿐 아니라 기회를 살려 행동할 용기나 비전조차 가지고 있지 않다는 것을 알고 있다.

---

95 Race Relations Sunday (1964년 2월 9일)에 전한 캠벨의 설교, "Grace Relations"를 보라.

96 Ibid.

97 Ibid.

성경에는 편견들과 반대되는 주장들이 많을 수 있다. 차별하지 않는 교회와 사회는 예수 그리스도 안에서 이미 확립된 하나님과 열등한 위치에 있는 창녀나 죄인들과의 인간의 관계들과 관련되어야 한다. 인종관계주일(Race Relations Sunday; 1964sus 2월 9일)에 전한 자신의 설교, "Grace Relations"에서 캠벨은 청중들에게 자신들이 하나님에 의해 사랑받고 있는 동일한 사랑으로 자신들의 친구들을 대할 의지를 주기 위해 인간관계들에 대한 성경의 관점에 대해 호소한다. 그는 자신의 호소를 사도 바울의 호소(로마서 15:7)에 근거를 둔다: "서로를 받으라"-이것이 *what*이다; "그리스도께서 우리를 받아주신 것처럼"-이것이 *how*이다; "하나님께 영광을 돌리도록"-이것은 *why*이다.

캠벨은 *이유*(*why*)에 집중한다. 시민인권운동을 위한 기독교의 동기는 하나님의 영광을 위한 것이다. 이유는 우리의 시민 권리들을 얻지만 반면 하나님을 상실할 수도 있기 때문이다. 그러므로 그리스도인들에게 그 운동은 오직 교회만을 위한 것이 아니라 또한 흑인들을 위한 것이기도 하다. 캠벨은 회중이 은혜(grace)와 인종(race)이 감히 뗄 수 없을 정도로 짝으로 서로에게 속해 있다는 것을 알도록 호소한다.

> 은혜는 나의 생각 속의 냉동실에 얼음을 저장해 둘 수 있는 종교적 아이디어가 아니다. 하나님의 영광을 위해 나의 삶을 조절하면서, 내 감정의 방향을 정하면서, 그리고 다른 사람들과 나의 관계들을 결정하면서 나의 전 존재를 통해 지나가야 하는 것이 [은혜의] 실체이다.[98]

이와 같이 은혜의 실체를 알지 못하면 어느 누구도 하나님의 얼굴을 볼 수 없을 것이다. 캠벨이 말했듯이 "만일 흑인이 백인의 세계를 얻되 자신의 영혼을 잃는다면, 그것이 어떻게 그 흑인에게 유익한 것이 되겠는가?"[99]

또한 캠벨은 자신의 설교, "Living by Proxy"(대리인에 의한 생활)에서 백인들의 인종차별을 대리와의 관계로 다룬다. 사도행전 7:58에서 첫 그리스도인 순교자가 나

98 Ibid.

99 Ibid.

오는 현장에 있던 젊은 사울이 폭동의 장면들 배후에 서 있었지만 사건이 일어나도록 도와줌으로써, 말 그대로 대리 역할을 하면서 자신들의 악행을 저지른 모든 사람들의 전형적인 원형으로 나온다. 이 대리 역할에 대해 캠벨은 다음과 같이 말한다:

> 우리들의 사회와 같이 복잡한 곳에서 피할 수 없는 것은 우리가 대리에 의해 살아간다는 것이다. 사람이 깨끗하게 보일 수 있으며 동시에 불결해질 수 있으며, 무죄하게 보이면서 동시에 죄를 느낄 수 있다는 것이 바로 대리의 원리에 의한 것이다.[100]

캠벨은 다수의 미국인들이 사회뿐 아니라 교회에서도 백인들의 인종차별로 인한 죄책감을 느끼고 있다는 것을 이해한다. 그는 자신의 설교에서 백인들이 자신들의 인종차별이 기소 당한 것에 대해 스스로 의로운 척 반응하는 것을 보여준다:

> 백인들의 인종차별. '누구, 나?' 나는 결코 소수 집단에 속한 사람을 때리지 않았다. 나는 결코 그의 고국을 부정하지 않았다. 나는 결코 그가 일자리를 구하는 것을 막지 않았다. 나는 결코 그의 교육을 막지 않았다. 실제로 우리는 결코 그렇게 하지 않았다. 다른 사람들이 우리를 위해 대신 일을 해주는 동안, 우리는 그들의 옷들을 지켰을 뿐이다.[101]

더구나 캠벨은 백인들의 인종차별이 이 나라에서 뿐 아니라 또한 베트남전쟁 어느 곳에 가더라도 분명하게 나타난다는 것을 지적한다. 전쟁이 일어나고 있는 베트남의 논에서 수적으로 백인들보다 흑인들이 더 많이 죽어가고 있다. 이유는 대학을 들어갈 수 없어 불이익을 당하던 흑인들보다 대학에 더 많이 들어갈 수 있는 백인 젊은이들에게 유리하게 만들어진 징병법 때문이다.[102]

---

100 캠벨이 리버사이드 교회에서 전달한 설교, "Living by Proxy" (1969년 4월 27일), 2.

101 Ibid.

102 E. T. Campbell, "The Case for Reparations," *Theology Today* 26 (1969): 273.

캠벨은 또한 도시(예를 들어, 할렘 공동체)로부터 교외 지역들에로 뻗어나가는 백인 교회들에 관해 말한다. 도시들을 버린 백인 교회들은 법정, 봉사, 리더십, 그리고 재정의 공백을 만들어 비인간화를 가속화 시켰다. 대부분의 흑인 가족들은 현저하게 흑인 거주 지역 안에 머물렀다. 주된 이유는 그들이 실제로 백인들의 거주 지역들로부터 추방되었기 때문이다. 캠벨에 의하면, 교외 지역의 백인 교회들은 흑인들에게 돌을 던지지는 않았지만 어떤 의미에서 다른 사람들이 흑인들을 향해 돌을 던질 수 있도록 흑인들의 겉옷들을 지켜왔다. 그는 백인들이 자신들의 거주지역들 안에 흑인들이 발을 들여놓을 수 없도록 한 이후로 할렘가의 흑인들이 고립되어 동쪽으로는 서퍽 카운티(Suffolk County)로, 북쪽으로는 웨체스터 카운티(Wetchester County)로, 서쪽으로는 버겐 카운티(Bergen County)로 이사 갈 수 없을 날이 그리 멀지 않을 것이라고 예견한다.[103]

균형 있는 복음에 대한 관점으로부터 캠벨은 인종차별에 대해 풍토적인 설교를 시도한다. 1969년 5월 4일 주일 아침에 흑인 국내경제발전협의회(National Black Economic Conference)를 대표하는 제임스 포맨(James Foreman)이 캠벨이 목회하던 리버사이드교회의 주일 예배를 중단시켰다. 그는 극적으로 예배를 드리던 앞에서 "흑인성명서"(Black Manifesto)를 낭독하여 미국 내 종교 공동체의 관심을 폭 넓게 얻었다. 이 성명서는 미국의 흑인들이 백인들에 의해 지난날 착취당한 대가로 5억 달라가 "보상되어야" 한다고 요구하였다.[104] 이 사건의 극적인 효과가 전국적으로 많은 질문들을 던졌다. *정서적으로:* 그런 수사학과 특별한 상황들을 직면한 우리의 감정들은 무엇이었는가? *사회학적으로:* 그런 흑인과 백인의 대결 상태에 비추어 볼 때 "형제애"와 "자매애"는 어디에 있었는가? *정치적으로:* 이런 요구의 강력한 의미들은 무엇이었는가? *경제적으로:* 그렇게 많은 돈을 요구한 것이 현실적이었으며 그 돈은 어떻게 사용될 것인가? *윤리적으로:* 보상해야 할 의무에 관해 말하는 것이 정말 정당한 것이었는가? *신학적으로:* 미국의 종교 공동체에 이런 요구를 하는 것의 의미들은 무엇이었는가?

---

103 Ibid., 4-5.

104 흑인 성명서(Black Manifesto)에 의해 다루어진 이슈들에 대해 James R. McGraw, "Down by the Riverside," *Renewal* 9/6 (June, 1969): 3-6 그리고 Max L. Stackhouse, "Reparations: A Call to Repentance," *Renewal* 9/7 (Sept.-Oct., 1969): 4-12를 보라.

캠벨은 흑인 성명서의 핵심 이슈인 보상의 원리가 신학적인 토대를 지니고 있지만 많은 교회들과 회당들이 이런 요구에 대해 현실적으로 신학적인 방식으로 다룰 준비가 전혀 되어 있지 않았다고 지적한다.[105] 여러 종교 단체들의 지도자들은 이 흑인 성명서의 요구들을 거부함으로 뒤로 물러나든지 아니면 받아들이는 것을 당황스럽게 여기는 것으로 나타났다. 그러나 캠벨의 지적에 의하면, 가장 깊은 단계에서는 그 "흑인 성명서"가 공동체, 회개, 그리고 "사회적 죄"의 의미에 대해 양심적인 중요한 이슈들을 제기했다.[106] "미국의 대부분 기독교 교회들은 백인들이 이 사회에서 흑인들에게 행한 것에 관해 참회하는 느낌을 가졌다. 모든 사제들과 목사들이 알고 있는 것처럼, 배상은 참회를 위해 필수적인 부분이었기 때문이다."[107]

흑인 성명서에 대한 캠벨의 반응이 다른 사람들에게 하나의 패러다임의 역할을 할 것은 분명했다. 그는 이런 대표적인 수용 능력의 무게를 느꼈다. 그래서 그는 그 성명서를 일반적으로는 미국의 기독교 교회들에게 그리고 특별하게는 리버사이드 교회에 제시한다. 그는 이렇게 말한다:

> 나는 진심으로 대부분 우리들의 교회들에서 강조하는 것이 기본적인 정의의 문제들에 중심을 두지 않는다고 믿는다. 우리의 방향은 대체로 내세적이었다. 우리는 한 영혼의 구원, 앞으로 올 내세적 생애를 위한 준비에 관해 생각한다. 나의 생각으로는 그 모든 것들이 평안하고, 생필품들을 얻으려고 다툴 필요가 없는 우리들[백인들]에게는 도움을 주지만, 그런 생필품조차 없는 [흑인들에게] '영혼'에 관한 이야기만 하는 것은 전적으로 타당

---

105 E. T. Campbell, "The Case for Reparations," *Theology Today* 26 (1969): 267.

106 "사회적 죄"라는 단어는 인종차별, 가난, 그리고 전쟁과 평화에 관한 질문들과 함께 1960년대의 종교 대화에서 처음으로 나타나기 시작했다. 그러나 사회적 죄에 관한 이런 논쟁은 많은 미국인들에겐 다룰 준비가 되지 않은 주제였다. 그리스도인들이 속한 전통의 뿌리에는 사회 정의를 위한 이사야와 예레미야의 강력한 탄원들이 포함되어 있다. 그들은 또한 신약시대의 불의에 대해 예수님이 비판하고 가난한 자들과 버림받은 자들에 대한 그의 관심을 기억하면서 살았다. 하지만 사회적 죄라는 개념은 1960년대의 많은 사람들에게 경험되었다.

107 E. T. Campbell, *op. cit.*

성이 없다.[108]

미국의 기독교 교회들은 너무 오랜 동안 기본적인 정의를 무시하는 사적인 종교 경험에 관심을 가져왔다. 이것이 바로 캠벨이 기독교 교회들이 참회해야 한다고 말하는 것의 의미이다. 그는 이점에 관해 다음과 같이 말한다:

> 교회가 사랑에 관해 말하지만 기본적 정의를 강요하지 못할 때 교회의 메시지는 개인적 영혼의 안녕 이외의 다른 것에는 집중하지 못하게 되고, 모든 공적인 언급이 결여되고, 교회 자체의 힘을 불리한 자들을 위한 곳에 두기를 거절하게 되고, 그런 자들을 위한 재정을 올리려는 목소리를 낮추고, 그리스도와 복음을 위해 교회의 생명을 바치기보다는 자체의 생명을 지속하고 높이는데 더욱 관심을 갖게 된다. 그리고 이런 모든 것들이 일어날 때 그런 교회는 소수 집단들에게 폭력을 일으키도록 만드는 사회적이며 경제적으로 불평등한 것들을 조장한다고 제대로 비난을 받을 수 있다.[109]

캠벨이 지적한 대로, 대체로 혼자만의 윤리적 행동을 강조하고 구조들을 무시하는 이런 종류의 복음을 설교하는 백인 교회들은 이 나라에서 흑인을 희생시키기 위한 정치적, 사회적, 경제적 준비들을 다소 인정하는 세례를 베풀었다. 백인 교회들은 이런 구조들을 허용하였다.

캠벨은 많은 그리스도인들이 개인적 도덕성에 주의를 기울임으로 악한 것들이 시스템들 뒤에 숨을 수 있다는 것을 지속적으로 무시하도록 만들었다. 그들은 흑인들의 곤경에 대한 공동체적인 책임을 명백하게 이해할 수 없었고 고백할 수 없었다.[110] 그리스도인들의 양심은 여러 해 동안 교회들에게 그들의 사회가 인종차별의 오염으로부터 고통을 받고 있다고 말했어야 했다. 그러나 미국의 교회들은 이런 문제를 해결하려는 노력은 제쳐두고 오히려 그 문제로 인한 냉담한 수혜자가 되어왔다. 이런 이유로 캠벨은 흑인들과 관련하여 백인 그리스도인

108 Ibid., 268.
109 Ibid., 273.
110 Ibid., 276.

들에게 타당한 윤리로 보상에 대한 선언문을 바라본다. 그 보상 선언문은 백인 그리스도인들이 미국의 흑인들이 착취당하는 것에 침묵하는데 공모했다고 고발한다. 이것이 바로 캠벨의 생각과 양심을 참을 수 없게 만든 것으로 보인 이유는 미국의 백인들이 흑인들에게 정당하게 행하지 못한 1960년대에는 의논의 여지가 없었기 때문이다. 캠벨은 공동체의 죄책감이 근거가 확실한 기독교의 영역임을 인정하고 또한 백인 그리스도인들이 하나의 교회로서 저지른 가장 큰 실수는 그들이 인종을 초월하는 차원의 믿음을 실천하는 것과 그 믿음을 사회적이며 공동체적인 차원들에서 실천하는 것에 의욕적이지 못한 것과 무력한 것에 있기 때문에 미국의 백인 그리스도인들이 흑인들에게 어떤 것이든 빚을 지고 있음을 인정한다.[111] 그는 이점에 대해 다음과 같이 말한다:

> 흑인 어린아이는 이 사회에서 자신의 첫 단어를 말하거나 첫 발을 내딛기 전에 이미 불리한 입장에 처한다. 우리가 만드는 인종차별은 *때로는 개인적*이지만 *항상 조직적*이다. 그런 조직은 우리의 선조들에 의해 만들어진 노예제도에까지 거슬러 올라가지만, 그 제도는 우리들, 우리들의 자녀들에 의해 우리들의 정치적, 물질적, 사회적 이익으로 영속되고 확실하게 되었다.[112]

처음부터 기독교 교회는 보상(reparation), 반환(restitution), 또는 시정(redress)이 참회의 필수적인 부분이라고 가르쳤다. 우리는 우리가 강탈한 사람에게 단순히 "미안합니다."라고 말하지 않는다. 우리는 우리가 훔친 것을 돌려주거나 사죄하는 의미로 구멍 난 반지를 낀다. 캠벨의 주장에 의하면, 제도에 남아 있는 불리한 조건들이 여전히 흑인을 불리하게 만드는 사회에서는 "수정안들이 사회, 아마 특별히 교회를 포함한 많은 기관들에 의해 만들어진다는 것은 정당하고 타당하다."[113]

그렇다면 캠벨이 자신의 설교에서 흑인 성명서에 대해 어떤 반응을 하였는가? 그 성명서는 리버사이드 교회에 교회 밖 삶의 현실에 대한 무례하고 거친 통찰력을 주었다. 1969년 7월 31일에 보상 개념에 대해 긍정적이던 캠벨은 "The

111 E. T. Campbell, *Christian Manifesto*, 100.
112 Ibid., 97.
113 E. T. Campbell, "The Case for Reparations," *Theology Today* 26 (1969): 276.

Case for Reparation"이란 제목의 설교로 성명서를 낭독한 Foreman에게 응답했다.[114] 그 성명서에 대한 캠벨의 반응은 예수님의 반응에 의해 삭개오가 놀라운 결심을 하게 된 배경을 이해함으로 이루어진다: "삭개오가 서서 주께 여짜오되 주여 보시옵소서 내 소유의 절반을 가난한 자들에게 주겠사오며 만일 누구의 것을 속여 빼앗은 일이 있으면 네 갑절이나 갚겠나이다" (눅 19:8). 캠벨은 삭개오의 재생과정에서 두 가지 요소들을 발견한다: *관대함*(눅 19:8a)과 *정의*(눅 19:8b). 이것은 삭개오가 약속대로 보상을 했다는 것을 의미한다.[115] 캠벨은 "보상 없는 용서는 값싼 은혜에 의한 면죄부가 된다."고 주장한다.[116] 그 원리는 출애굽기 22:1에 나타난다: "사람이 소나 양을 도둑질하여 잡거나 팔면 그는 소 한 마리에 소 *다섯 마리*로 갚고 양 한 마리에 양 *네 마리*로 갚을지니라."

캠벨의 해결방안을 선택하지 않을 사람들도 있을 것이다. 그들은 현대에는 삭개오에 견줄만한 사람이 없을 것이라고 느낄 수도 있을 것이다. 왜냐하면 삭개오의 보상 행위는 사회적 문제들에 대한 자신의 설교들을 자신의 일생 동안의 행동들과 일치시키는 문제였기 때문이다. 그러나 캠벨의 반응에서 분명한 것은 삭개오가 돈을 놀라울 정도로 신선한 관점으로 보는 것 같이 오늘날 교회도 자체의 일을 새로운 빛에서 보아야 한다는 것이다. 그리스도인들은 다른 사람들을 마치 자신들이 이전에 보지 못했던 사람들로 보아야 한다.

흑인 성명서는 정의를 요구하는 흑인들에게 때늦은 충성을 보여주었다. 돈이 인종차별을 보상해줄 수는 없지만, 캠벨은 돈이 선한 의도를 보여주는 하나의 진심이 될 수 있으며 교회와 국가를 위한 새로운 방향을 암시한다고 믿었다. 진실한 참회는 백인들로 하여금 그들이 오랜 동안 기다렸던 일을 실천하도록 동기를 부여했다. 이런 의미에서 보상은 그리스도인의 반응이고 이것은 정의에 속한다. 캠벨은 자신의 교회가 보상을 통해 미국인의 삶의 다른 분야들, 가장 주목할 만한 정부로부터 상당히 많은 액수를 풀어주는 촉매 역할을 함으로 하나님에 의해 매우 잘 사용되기를 소망했다.

---

114 캠벨의 설교, "The Case for Reparations"는 처음에 *Theology Today* 26 (1969): 266-283에 나타났는데 그의 저서, *Christian Manifesto* (New York: Harper & Row, 1970), 96-104 그리고 *The Riverside Preachers*, ed. Paul H. Sherry (New York: The Pilgrim, 1978), 118-124에 다시 실렸다.

115 E. T. Campbell, *Christian Manifesto*, 98.

116 Ibid., 99.

2) 가난에 대한 설교들

가난은 균형 있는 복음을 향한 캠벨의 주요 설교학적 관심사들의 하나였다. 왜냐하면 가난은 대도시의 공동체들 안에 있는 교회 사역의 주된 이슈였기 때문이었다.[117] 캠벨은 복음이 믿는 자들의 마음속에 삶을 인간답게 만드는 열정을 불러일으키기 때문에 그리스도인들이 이런 일을 제쳐놓고 다른 일들을 할 수 없다고 믿는다. 그래서 그는 우리가 고난당하는 자들의 삶과 몸에 대해 관심을 갖지 않는다면 어떻게 우리가 영에 관한 복음을 설교할 수 있는지를 묻는다.[118] 그는 가난을 도시 사회의 울부짖음의 하나로 간주한다.[119] 배고픔과 목마름이 발견되는 곳에서는 집 없는 자들, 벌거벗은 자들과 갇힌 자들 곧 그리스도가 그곳에 있으며 또한 그 곳에는 그리스도인들 역시 있어야 한다.[120] 이런 의미에서 설교자로서 캠벨의 임무는 가난한 자들의 주장을 변호하는 것이다. 강단을 통해 캠벨은 이 땅의 가장 작은 자들에 대한 사역에 헌신하고 하나님의 정의뿐 아니라 하나님의 자비를 실천하는 자가 되기를 원한다.

캠벨은 가난에 대한 자신의 확신을 회중과 나눈다: 하나님에게 "각 사람의 삶은 귀중하기 때문에 어느 누구도 다른 사람보다 더 귀할 수 없다" 그리고 "우리가 속한 하나님은 인간의 역사뿐 아니라 하나님의 구속사도 보존하실 것이다."[121] 이런 확신을 가지고 캠벨은 경제계와 정치계의 모순들을 다룬다. 정치적인 일들은 매우 복잡하게 이해관계로 인한 갈등들로 가득 차있고 역시 복잡한 동기들로 얽혀있기 때문에 잘 나서지 않게 될 수 있다. 그러나 캠벨은 반복적으로 시간의 모호함과 역사의 아이러니로부터 숨으려는 자들에게 그리스도인의 참여적 책임을 기억나게 한다. 이 점에 대해 그는 이렇게 말한다:

> 하나님께서 예수 그리스도를 통해 오신 이 세계는 매우 모호하다. 그러므

---

117 Board of National Missions에 의해 출판된 *Guidelines for Development of Strategy for Metropolitan Mission* (Sept. 1967), 12를 보라.

118 캠벨의 설교, "Searching the Mind of Christ (IV) Jesus on Wealth" (1970sus 3월 8일), 12.

119 "New Riverside Minister: Ernest T. Campbell," *The New York Times* (June 14, 1968), 38.

120 캠벨의 설교, "God's Little People" (1967년 6월 18일)를 보라.

121 Ibid.

> 로 참여에 대한 책임을 부인하는 것은 성육신의 참 의미를 부인하는 것이다....우리는 지금 여기의 복잡함들 속에서 우리의 믿음을 따라 살도록 부름을 받는다. 우리는 감히 온전해지기를 기다리는 동안은 그 가능성을 거부하지 않는다.[122]

이것이 바로 캠벨이 왜 1960년대 미시건 주의 앤 아버와 뉴욕의 주택공정거래법에 관여한 공동체 지도자가 되었는지를 설명한다.

캠벨이 주택공정거래법에 관여한 이후 그의 가난에 대한 관심은 지속적으로 커져 "가지지 못한 자들"의 문제들을 진지하게 생각하기 시작한다. 그는 가난이란 사회적 이슈에 대해 확신 있고 분명한 입장을 취한다:

> 우리는 더 이상 구조들과 싸울 필요를 피할 수 없다. 좋은 거주지가 값을 치루는 자들에게 주어질 수 있는지의 여부는 피부색이나 인종 배경에 관계없이 교회가 실천해야 할 의무의 부분이다. 이 나라의 복지 지원의 척도가 인간적인지 인간 이하인지는 우리가 알아야 할 중요한 것이다. 지금은 절벽 밑에서 구급차 봉사를 하는 것보다 꼭대기에 안내용 철로를 세울 때이다.[123]

이것은 캠벨이 가난의 결과들을 완화시키려는 것 뿐 아니라 더욱 중요하게 그 원인들을 제거하려는 것임을 의미한다. 사회에서는 변화가 적절한 법의 절차를 통해 그리고 공적인 의견에 호소함으로 효과적일 수 있다. 폭풍의 1960년대를 통해 캠벨은 그리스도인은 혁명가가 되기를 그만두든지 아니면 그리스도인이 되기를 그만두어야 한다는 것을 깨달았다.[124] 그리스도인들은 행동할 필요를 알아야 한다. 그 이유는 세상의 어떤 상황들에서는 혁명이 유일한 대답이기 때문이다.

캠벨은 그리스도인들에게 가난은 사랑을 하지 않은 결과이라고 지적한다. 그리스도인들은 자신의 형제들과 자매들의 유익을 기꺼이 찾을 필요가 있다. 그

---

122 Ibid.

123 캠벨의 설교, "God's Little People" (1967년 6월 18일).

124 Ibid.

래야 사람들 앞에서 하나님의 사랑의 실체를 증거하는 것이 된다. 첫째 되고 가장 위대한 계명("네 마음을 다하고 목숨을 다하고 뜻을 다하여 주 너의 하나님을 사랑하라.")에 비추어 볼 때 모든 죄들 가운데 가장 큰 죄는 사랑 실천을 보류한 죄이다. 이런 의미에서 캠벨은 "우리의 어떤 덕행이라도 우리가 정당하게 빚지고 있는 사랑을 대신할 수는 없다. 여기에 하나님에게는 너무도 사랑 받는 인간의 가난이 고통스러울 정도로 분명하게 드러난다."고 말한다.[125]

같은 관점에서 부자와 나사로 사이의 관계에 대한 자신의 설교(눅 16:19-31)에서 캠벨은 가난과 사랑 사이의 연결을 설명한다: "만일 사랑이 세상에서 가장 큰 것이라면, 사랑하지 않는 것은 인간이 저지를 수 있는 가장 큰 죄이다."[126] 캠벨에 의하면, 하나님은 우리의 삶이 심판을 받도록 위기들을 만들기 위해 우리의 대문 앞에 구걸하는 자를 심어놓으셨지만, 교회가 울타리를 넘어 대문 밖의 사람들을 위해 무엇인가를 행하기까지는 예수 그리스도의 영으로 주는 것이 아니다.[127] 캠벨이 청중들에게 강조하려는 것이 바로 이런 복음의 중심이다.

캠벨은 1963년에 전한 자신의 설교 "한 그리스도인과 그의 도시"(A Christian and His City)에서 공정주택법에 관한 일반적인 주제를 다룬 Ann Arbor News의 사설에 소개된 한 알려진 편지와 긴 대화를 시도한다. "수입재산의 소유자"(Owner of Income Property)의 승인을 받은 이 편지는 "교회는 자신의 일이나 하고 정부는 자신의 일을 하도록 해야 한다. 만일 교회가 이런 일을 한다면 다른 일들에 관여할 시간을 갖지 못할 것이다."라고 말했다.[128] 같은 설교에서 캠벨은 자신들의 도시에 대한 그리스도인들의 책임을 강조한다. 그는 자신의 회중에게 항의할 능력과 정의를 주장할 의지를 잃지 않도록 격려한다. 그런 목적을 위해 그는 소돔 시를 위해 간절하게 중보하는 한 끈질긴 족장(아브라함)을 소개하는 창세기 18:26을 설교 본문으로 삼는다. 그 도시는 캠벨의 설교를 이해하는데 중요한 콘텍스트가 된다. 왜냐하면 캠벨과 그의 회중은 그런 도시 안에서 함께 살고 있기 때문이다. 그는 회중에게 "어떤 도시라도 그 안의 모든 사람들을 위해 좋은 장소가 되기까지는 그

---

125 캠벨의 설교, "Too Good for God" (1965년 10월 10일)을 보라.
126 캠벨의 설교, "That Man at the Gate" (1963년 10월 20일).
127 Ibid.
128 캠벨의 설교, "A Christian and His City" (1963년 4월 28일).

모든 사람들에게 좋은 장소가 아니라."는 것을 이해시키려 노력한다.[129]

캠벨은 또 다른 설교에서 도시 사회의 주택에 관한 이슈에 대해 다룬다. 자신의 설교, "사람들, 재산, 그리고 예수"(People, Property, and Jesus)에서 캠벨은 자신이 재산에 관심을 갖는 이유를 선언한다. 그것은 그가 재산의 중요성을 약화시키려는 것이 아니라 그 재산이 인간 복지에 기여한다는 것을 믿기 때문이다. 이것에 대해 그는 다음과 같이 말한다:

> 재산은 좋은 것이다. 그래서 개인 소유권의 원리는 좋은 것으로 인식된다....인간은 자신의 사적인 재산 소유권을 통해 자신을 확인한다. 그의 소유물들은 그의 인격을 확대한 것들이다.[130]

이런 관점은 사적 소유권과 개인적 자산 권리들의 원리를 인정하거나 당연한 것으로 여기는 성경에 기초한 것이다. 예를 들어, 구약 성경에서 좋은 삶이란 자신의 것이라고 불릴 수 있는 많은 소유물들로 왕관을 삼은 삶이었다(미가 4:4). 재산은 인간의 인격과 복지에 대해 상당히 많은 의미를 가진다. 캠벨은 공동체에 속한 모든 시민들이 자신의 재정 능력에 따라 재산에 동등하게 접근할 수 있어야 한다고 주장한다. 한 인간의 이런 특권을 부인하는 것은 그의 개성을 침해하는 것이다.[131]

그러나 캠벨은 회중에게 사람들이 자신의 재산을 소유할 수 있으나 동시에 다른 사람들에게 공평해야 한다는 것을 기억나게 한다. 캠벨의 말이 정당하다는 것이 다음에서 나타난다:

> 그러므로 만일 나의 개인적 재산의 권리를 행사하는 과정에서 다른 사람의 삶을 침해하고, 그의 삶에 피해를 주고, 그 삶을 위협한다면, 내가 속해 사는 공동체가 나의 특권들을 제한해야 한다. 왜냐하면 사람이 재산보다 더 중요하기 때문이다. 그러므로 만일 나를 위한 "생명의 길"이 누군가에게

---

129 Ibid.

130 캠벨의 설교, "People, Property, and Jesus" (1963년 9월 15일).

131 Ibid.

"죽음의 길"을 의미한다면, 나를 위한 "생명의 길"은 변경되어야 한다.[132]

이렇게 캠벨은 성경적인 틀 안에서 설교자는 재산이 비록 인간의 복지를 위해 중요하지만 그것이 절대적인 것은 아니라고 선언할 수 있다. 하나님의 관점에서 인간은 재산보다 영원히 훨씬 더 값진 존재이기 때문이다.

캠벨은 우리가 가난한 자들의 가난을 보고 그들을 비난하고 그들의 풍부한 재산을 보고 그들을 높이는 우리의 습관을 제거해야 한다고 주장한다. 사람들의 사회적 향상에 관한 캠벨의 관점은 시소놀이의 예에 기초한다. 그는 다음과 같이 말한다:

> 우리는 시소 위에서 살고 있다. 만일 한 사람이 너무 높이 올라가면, 다른 한 사람은 너무 낮게 내려가야 한다. 내가 그것을 의도하든 아니든 내가 사치에 빠지는 것이 한 형제로부터 어떤 필요한 것을 뺏을 수도 있다. 식탁 자리에서 두 번째 자리를 요구하는 것은 타인에게 충분히 피해를 주지 않을 것이다. 물론, 이것도 여러분이 3일 동안 전혀 먹지 못한 이웃을 알지 못할 때의 이야기이다. 그리고 특별히 그 이웃의 고생이 당신의 식탁을 마련하는데 도움을 주었다면 말이다![133]

가난에 대한 기독교의 관점은 도덕적이며 동시에 경제적이다. 그런 관점은 세계은행(World Bank)이 경제적의 균형을 이루는데 중요하지만 또한 세계의 양심도 중요하다는 것을 의미한다. 이런 점에서 캠벨은 교황 바울 4세가 모든 성직자에게 보낸 회칙(*Populorum Progressio*), "사람들의 발전에 대해"(On the Development of Peoples)에서 "어느 누구도 자신에게 필요하지 않는 것을 자신을 위해 독점적으로 지키는 것은 정당하지 않다"라고 말한 것에 동의한다.[134]

캠벨이 어떻게 삶을 시소 관점으로 보게 되었는가? 그의 이런 관점은 성경을

---

132 Ibid., 1.

133 캠벨이 1970년 11월 22일에 전한 설교, "The See-Saw View of Life" 그리고 The Princeton Seminary Bulletin 64/1 (1971): 53-57을 보라.

134 Pope Paul IV, " On the Development of Peoples," *Populorum Progressio* 18. 이 교황의 회칙은 1967년 3월 26일 United States Catholic Conference에서 발표되었다.

진지하게 다룸으로부터 나온다. 가난한 자들에 대한 하나님의 동정심들은 부족하지 않으며 변함이 없다. 그래서 구약의 예언자들은 여러 세대에 걸쳐 백성들에게 과부들, 고아들, 그리고 낯선 자들에게 양식을 공급하라고 말한다. 우리가 부유해지려는 목적은 어려운 자들에게 나누어주기 위함이다. 그러나 1960년대의 교회들이 자신들의 폭식, 탐욕, 풍요를 정당화하고 자신들의 이점들을 정당화했을 때, 캠벨은 그런 교회에 대한 저항감과 그런 교회를 향한 깊은 분개를 느꼈다. 그에 의하면 대부분의 미국 교회들은 "미국 금융시장(Wall Street)으로는 너무 많이 치우쳤으나 예루살렘-여리고로 향하는 길(종교적인)에 대해서는 너무 관심을 보이지 않았다. 우리는 선한 사마리아인 기준보다는 다우존스(Dow Jones; 미국의 평균 물가지수)에 더 관심을 나타냈다!"[135] 그리스도인들이 말하듯이 그들이 교회를 통해 사회와 세계에 주고 있는 것의 많은 부분은 정말 교회가 스스로 받은 것이다. 그러므로 그는 그리스도인들이 이 나라의 시민으로서 세계의 모든 다른 삶에 대해 인간 삶의 절대적 가치를 위한 자신들의 투자들을 다시 개방하고 다시 주문해야 한다고 제안한다. 그는 청중들에게 교회 재정과 교회의 나눔에 관한 그들의 이해를 철저하게 수정하도록 도전한다. 왜냐하면 그는 이것이 바로 그리스도의 마음이라고 믿기 때문이다.[136]

실제로, 그리스도인들은 정의를 전혀 독점하지 못하지만, 정의와 가장 큰 이해관계에 있다. 왜냐하면 시스템들과 조직들은 중립적이지 않기 때문이다. 그들은 단지 그곳에 있을 뿐이다. 그들은 백성들을 위한 하나님의 뜻을 향해 전진할 수 있거나 지체시킬 수도 있다. 이런 의미에서 캠벨은 우리가 복음을 듣게 되는 것은 정의를 위한 우리의 관심에 의해 이루어진다고 주장한다.[137] 교회의 비극은 국내와 세계에서 정의에 대해 무시했다는 것이다. 정의를 실천하기 위해 캠벨은 그리스도인들에게 사랑 이상의 어떤 것이 요구된다고 믿는다. 정의 실현을 위해서는 인간 사회에서 일어나는 변화의 역동성들에 관한 정치적 이해가 요구된다.[138] 그는 이점에 대해 다음과 같이 말한다.

---

135 캠벨의 설교, "Searching the Mind of Christ (IV) Jesus on Wealth" (1970년 3월 8일)를 보라.

136 Ibid.

137 E. T. Campbell, "Changing Men or Altering Society," *The Princeton Seminary Bulletin* 61/1 (1967): 40.

138 Ibid.

> 결과적으로 예수 그리스도의 복음이 불신임 받는 것은 원수들에 의해서가 아니라 소위 친구들에 의해서이다. 그래서 살아계신 하나님의 몸인 교회가 불신임 받는 것은 타당성이 없기 때문이다.[139]

캠벨에 의하면, 하나님은 교회 안에서, 즉 교회의 건물들과 조직들 안에서는 크고 타당성을 지닌다. 그러나 그리스도인들은 매일 삶을 형성하거나 삶을 파괴하는 결정들이 이루어지는 땀투성이의 모든 정치 영역과 경제 영역을 누군가에게 떠넘긴다. 그래서 그 영역들은 다른 누군가의 영역이 된다.

캠벨의 제안에 의하면, 이렇게 상실된 교회의 신뢰도나 "공적 타당성"을 회복하기 위해 이 나라의 그리스도인들에겐 사회, 즉 그리스도인들의 삶을 함께 형성하는 현세적인 질서, 국가, 구조들에 관한 그들의 의무를 기억나게 할 설교들을 필요로 한다.[140] 이 점에 관해 캠벨은 이렇게 지적한다:

> 교회는 너무 오랜 동안 소수집단에 중요성을 부여해 왔다....소수집단이 바로 우리가 지금까지 함께 있었던 곳이었다. 우리는 사적인 덕목들을 장려해왔으며 그러는 동안 죽 중립과는 거리가 멀고 수백만 명의 우리 백성들에게 피해를 주는 시스템에는 부주의해왔으며 우리는 그 사실을 알고 있다. 우리는 평화에 관해 말은 하지만 그 평화를 위한 일들에 대해서는 연구하지 않는다. 이것은 위선이다.[141]

교회들의 위선은 영양이 부족한 세계 인구의 2/3를 위한 겸허한 척하는 기도에 의해, 착취를 당하는 나라들, 말뿐인 지도자들에 의해 굶주리는 나라들, 가난한 나라들, 배고픈 자들, 그리고 짓밟힌 자들을 위한 진지한 척하는 기도에 의해 점차 쌓이게 된다. 캠벨은 그런 교회들의 위선적인 말과 기도 행위를 타지역으로 전화를 걸기 위해 돌리기만 하면 되는 앞의 3자리 숫자인 "지역 번호"(Area Code)

139 Ibid., 5.

140 캠벨의 설교, "Open for Business During Alteration" (1969년 10월 26일), 3.

141 Ibid., 5.

신학이라고 부른다.[142]

교회는 교회 자신이 주장하는 선함이 오늘날 사람들이 살고 있는 세상에서 의미가 있다는 것을 확실하게 보여주어야 한다. 그러나 1960년대에 많은 설교자들은 교회가 현실과 거리가 멀었다고 느꼈다. 그들은 교회가 타당성 그 이상을 보여야 한다고 주장했다. 또한 사람들로 하여금 하나님께서 예수 그리스도 안에서 그들을 위해 행하신 것을 기억나게 하는 것은 교회가 받은 유일한 명령에 충실해야 하는 것이었다. 이 점에 대하여 교황 요한 23세는 1968년에 다음과 같이 말했다:

> 교회는 지금 복음의 영속적이고 생생한 힘을 취해 그것을 최근에 과학적이며 기술적인 발전들을 높이는 동시에 사람들이 하나님의 도우심으로 회복하려 했던 사회 질서에 피해를 주는 오늘날의 인간 사회의 혈관 속에 주입하도록 부름을 받는다.[143]

캠벨은 또한 교회가 지속적으로 교회 자체의 형식들과 실천들의 갱신을 추구해야 한다는 것을 믿는다. 그는 이 지상의 교회는 자신과 싸우기 때문에 부분적으로는 전투적인 교회로 부름을 받는다고 생각한다. 교회는 그 자체의 이상에 의해 지속적으로 괴롭힘을 받고 있다. 그러므로 교회의 영광은 교회가 선하거나 충분히 선하다는 것이 아니라 교회가 하나님의 것이라는 의미이다. 그래서 하나님의 교회로서 교회는 "그 자리에 머물러야" 한다. 제도적인 것은 종교적인 경험에서는 부분일 뿐이다. 교회는 교회의 주이신 하나님의 본보기와 성품으로 긴장 속에서 살도록 운명지어진다. 그러므로 교회는 새롭고 계속 변하는 시대의 요구들에 맞추는 고통을 감수해야 한다.

캠벨은 자신의 설교, "변화의 시기에는 개방적이 되라"(Open for Business During Alterations)에서 가능한 빨리 미국 사회에서 사라져야 할 결함이 그리스도인들이 고백하는 사랑과 그들이 성취할 수 있는 정의 사이에 있는 간격이라고 주장한다.[144] 그는 교회가 불안을 유발하는 사회의 필요들에 집중하고 주의해야하며

142 Ibid., 6.

143 Pope John XXIII, *Readings from John, Mowbray. The Expository Times* (June 1968): 25에서 재인용.

144 캠벨이 1969년 10월 26일 리버사이드 교회에서 전한 설교, "Open for Business During Alterations."

그 사회의 불안이 약한 자들과 빈곤한 자들에게 영향력을 발휘하는 것에 진지하게 대처해야 한다고 제안한다.[145] 그는 옛 것에 충실하고 새로운 것에 개방적이기 위해 노력하는 자신의 입장을 회중과 나누기를 희망한다:

> 우리는 변화들에 주목하고 우리 스스로에게 교회의 주이시며 세상의 주이신 그리스도가 이런 상황에 처한 우리를 통해 무엇을 성취하기 원하시는지를 질문할 수 있을 것이다....[146]

그리고 그는 이런 희망을 계속 이어간다:

> 우리는 관통하는 역사의 새로운 방식들에 대해 개방적이어야 한다. 하나님의 심판은 지금 가진 자들과 못 가진 자들 사이의 재산의 불균형 때문에 우리나라 위에 임하고 있다. 법과 질서에 관한 모든 이슈는 확실히 이런 더 큰 틀 안에서 이해되어야 한다.[147]

이와 같이 사회적 문제들에 대한 자신의 설교에서 캠벨은 미국 안에서 사회적, 정치적, 그리고 경제적 권력의 경계선이 오랜 동안 감추어져 있었다고 주장한다. 그래서 그는 자신의 청중들에게 그런 권력의 경계선이 지금의 빛에 의해 분명하게 드러나야 한다.

캠벨은 자신의 설교, "사회봉사가 전부인가?"(Is Social Service All?)에서 사회봉사와 사회적 행동 사이의 차이점을 다룬다. 그는 자신의 회중에게 사회봉사가 정말 중요한 일의 중심에 도달하지 못하고 원인들이 아니라 증상들로, 구조들이 아니라 사상자들로 다루어지고 있다는 것을 기억나게 한다.[148] 그러므로 그는 자신의 교회가 사회봉사를 넘어 사회적 행동에 훨씬 더 참여하기 위해 좌측(진보)으로 옮길 필요가 있음을 주장한다. 그러나 그는 자신의 회중에게 그들 또한 우측

---

145 Ibid. 2-3.

146 Ibid., 4.

147 Ibid., 4-5.

148 캠벨이 1969년 2월 23일 리버사이드 교회에서 전한 설교, "Is Social Service All?" 3.

(보수)으로 옮겨 다른 사람들과 자신들의 신앙을 나누는 것에 더욱 관심을 가져야 한다는 것을 잊지 않고 말한다. 왜냐하면 그리스도인들은 사람들을 변화시킬 뿐 아니라 사회도 변화시키도록 부름을 받기 때문이다. 그들의 관심은 사람이 거주하는 구조들을 위하고 그 구조를 방해하는 자들을 위한 것이다.[149]

캠벨은 그리스도인들이 사회를 급하게 개선하려는 과정에서 사회 안에 거하는 사람들이 먼저 갱신될 때까지는 어떤 사회도 본질적으로 그리고 실제로는 변화되지 않는다는 것을 잊어버리는 경향이 있음을 알고 있다. 또한 그는 우리의 자비(사랑)를 위한 개인적인 사역들이라도 불완전한 시스템들 안에서 실행될 때는 성취할 능력이나 변화시킬 힘을 상실하게 된다는 것을 알고 있다. 교회가 세상에 대한 그리스도의 온전하고 대표적인 그림을 빛나게 하려면, 교회는 수직적으로는 하나님에 대해 살아있어야 하며 수평적으로는 사람들과 그들을 고통스럽게 하는 모든 것들과 관련을 맺어야 한다. 그러므로 만일 교회가 사회에서 타당성 있는 교회가 되기를 희망한다면, 믿는 자들은 자신들의 양심을 분명히 해야 하고 베트남전쟁이나 시민인권에 대한 생각을 분명히 해야 한다.[150]

3) 전쟁에 대한 설교들

캠벨이 설교에서 균형 있는 복음에 대해 나타내는 관심은 전쟁과 평화에 대한 설교들에서도 분명하다. 전쟁과 평화는 대도시 선교를 위해서는 국제적인 차원들에 속한다.[151] 대도시에 위치한 캠벨의 회중은 사업, 경제, 학술, 정치, 커뮤니케

---

149 E. T. Campbell, "Changing Men or Altering Society," 40. 이 설교는 사회의 문제들에 대해 기독교의 원리들을 적용하는 월터 라우쉔부쉬(Walter Rauschenbusch)의 사상을 반영한다. 라우쉔부쉬에 의하면, "어떤 외부의 경제적 제조정도 우리의 필요들에 해답을 주지 않을 것이다. 그것은 우리의 국가들이 필요로 하는 이것 또는 저것이 아니라, 새로운 생각과 마음, 우리 모두가 함께 살아가야할 길에 관한 새로운 개념, 인간 삶의 가치와 하나님께서 우리가 우리 자신의 삶을 살기를 원하시는 목적에 관한 새로운 확신이다. 우리는 내적으로 그리고 외적으로 모두 혁명을 원한다. 우리는 공적 의견의 도덕적 혁신과 종교적 부흥을 원한다....우리는 그 양쪽 끝에서 동시에 시작해야 한다. 우리는 우리의 양심과 우리의 종교적 신앙을 보존하기 위해 우리의 경제 시스템을 변화시켜야 한다: 우리는 우리의 경제 시스템을 변화시키기 위해 우리의 종교를 갱신하고 강화시켜야 한다." 그의 저서, *Christianizing the Social Order* (New York: The Macmillan, 1912), 458-59를 보라.

150 Ibid., 4-5.

151 Board of National Missions, *Guidelines for Development of Strategy for Metropolitan Mission* (September 1967), 13.

이션, 우정과 다른 관계 등의 연결을 통해 나머지 세계와 연결되어 있었다. 이런 연결들을 통해 캠벨은 국가들 가운데 평화를 위해 설교할 선교 기회를 감지했다. 실제로 1960년대에는 점차 많은 미국인들이 베트남전쟁에 관해 느끼고 있던 격분과 분노가 이 나라 안에 "신 고립주의"(neo-isolationism)를 낳을 정도로 위협을 주었다.[152] 전쟁에 관한 영역에서 교회는 단절을 선택함으로 단절의 분위기를 만들고 있었다. 캠벨은 이런 분위기가 교회의 생명을 위협할 것임을 지적한다.

"그리스도인과 그의 국가"(The Christian and His Country)라는 제목의 자신의 설교에서, 캠벨은 "한 사람이 하나님과 가이사 사이에서 어떻게 자신의 충성심을 할당할 것인가?"라는 옛 이슈와 관련하여 베트남전쟁을 다룬다.[153] 동일한 설교에서 캠벨은 자신의 회중에게 그들이 복음의 영적이며 사회적 차원 사이에서 균형을 유지해야 한다는 것을 깨닫게 한다. 균형 있는 복음의 관점으로부터 캠벨은 미국이 베트남전쟁에 참여하는 것을 세계를 친구들과 적들로 구분도록 강요하는 느낌을 주는 미국의 편집증 경향으로 묘사한다.[154] 그는 미국의 전쟁 참가를 공격한다. 왜냐하면 누구나 미국의 "초애국주의자" 아니면 "반애국주의자"로 심판을 받아야 하기 때문이다.[155] 이런 점에서 그는 하비 콕스(Harvey Cox)가 "기독교 종교는 강요되는 애국주의를 타파한 보편적인 감정들을 이끌어냈다"고 말한 것에 동의한다.[156]

캠벨은 미국이 전쟁에 참여한 것을 가이사에 대한 그리스도인의 충성을 하나님에 대한 그들의 충성으로부터 분리하려는 균형을 잃은 기독교의 사영화로 이해한다. 이점에 대해 그는 다음과 같이 말한다:

> 만일 누군가 가이사를 모든 것으로 만들고 하나님을 아무 것도 아닌 것으로 만든다면 중요한 것이 사라질 수 있다. 이렇게 되면 국가적 이익이 그의 궁극적 관심사가 된다. 종교는 단순히 지원하는 역할, 나라의 사기를 돋우

152 캠벨의 설교, "The Mood of Disconnection" (1969년 10월 5일).

153 캠벨의 설교, "The Christian and His Country"는 제일장로교회(1967년 11월 19일)에서 그리고 리버사이드교회(1969년 10월 12일) 전달되었다.

154 Ibid.

155 Ibid.

156 Harvey Cox, The Secular City (New York: The Macmillan, 1965), 28.

는 것, 선한 동기들을 주는 응원단장으로 축소된다. 국가에 그렇게 헌신하는 것이 자신이나 가족에 대한 강박관념보다 훨씬 위에 위치하게 된다. 그러나 역사에서 가장 악한 죄들은 자신들의 충성을 서약한 국가를 절대화한 사람들에 의해 저질러졌다.[157]

다른 한편으로, 캠벨은 하나님을 향한 사랑을 국가를 위한 사랑으로부터 분리시키는 전쟁에 관해 균형을 잃은 관점에 관해 말한다.

또한 그와 반대로 만일 누군가 하나님을 모든 것으로 만들고 가이사를 아무 것도 아닌 것으로 만든다면 중요한 것이 분해되고 만다. 이처럼 자신의 종교에 전혀 공적이나 역사적인 차원을 부여하지 않는 사람들이 항상 있었다. 그들에겐 영혼 구원이 모든 것이 되고 영적인 성숙이 신앙의 유일한 목표로 간주된다. 그래서 그들은 신앙의 이름으로 세계에서 진행되는 삶에 관련되거나 뜻을 두고 참여하는 것을 금할 수 있었다.[158]

캠벨은 여기에서 하나님의 섭리의 수수께끼를 암시한다: "하나님이 그 해를 악인과 선인에게 비추시며 비를 의로운 자와 불의한 자에게 내려주심이라.(마 5:45)" 하나님은 해를 베트콩과 남부 베트남인들 모두에게 비추신다. 우주는 필히 도덕적이다. 그러나 하나님은 인간의 삶을 적극적으로 유지하신다.[159]

캠벨은 지금 자신의 종교의 사영화 이상의 어떤 것을 발견하고 있다. 그는 여전히 어디에 선을 그을 것인지의 질문을 던진다. 그의 설교들은 종종 세계적인 도덕 명령의 콘텍스트 안에서 주어진다. 그는 큰, 논쟁적인 주제들을 취하지만 성경적 비전을 공적 생활과 정책과의 관계에로 돌릴 것을 주장한다. 그는 베트남전쟁을 하나의 범죄로 정의내리고 징병반대 행위를 기독교 전통의 양심적 권리들과 연관하여 이해한다. 그는 성경에서 영구적인 충성의 본질에 접근하는 방

157 Ibid.

158 Ibid.

159 캠벨의 설교, 'The Enigma of Providence"(1969년 11월 9일)를 보라.

법을 발견한다. 캠벨은 양심의 갈림길에서 베트남전쟁을 이해한다.[160] 양심의 갈림길 상황은 하나님과 가이사에 관한 주장들이 서로 충돌 과정으로 달릴 때 일어난다. 그런 위기에서 그리스도인의 의무가 분명해진다. 베드로와 그의 동료 사도들은 유대인 공의회 앞에서 그들이 전하는 것을 멈추라고 위협을 받았을 때 그리스도인들을 위해 "우리는 사람보다 하나님에게 순종해야 한다.(행 5:29)"고 선언했다. 베트남에 대한 자신의 양심적 위기를 맞이해서 캠벨은 그 전쟁에 미국이 참여하는 것이 변호 받을 여지가 없다는 결론에 이르게 된다.[161]

캠벨에 의하면, 그리스도인들에게 징집반대 운동에 진지하게 참여하는 것은 하나의 종교적 순종 행위이다. 미국 교회들은 새로운 양심 개혁을 필요로 하는 때를 맞이하였다. 캠벨이 초기에는 미국이 베트남전쟁에 참여하는 것에 찬성을 했지만, 전쟁에 대한 자신의 입장을 바꾸고 자신의 설교 마지막에서 준비된 내용을 읽는다. 전쟁에 대한 자신의 입장 변경은 다음의 생각들에 의해 야기된다:

1. 남부 베트남 정부에 대한 신뢰를 가질 수 없다는 것
2. 베트남이 동남아시아 국가들의 운명과 연결되었다는 전제를 받아들일 수 없음
3. 모든 세계의 눈에 우리의 대형 국가가 짝을 잘못 선택한 부끄러움
4. 사상들이 폭탄과 탄알들에 의해 해결될 수 없다는 확신
5. 핵 홀로코스트의 가능성이 "전쟁을 두 가지 악한 것들 중 덜 악한 것"이란 이론을 지나치게 의심스러운 것으로 본다는 인식
6. 힘으로는 해결되지 않는다는 교훈을 힘을 사용함으로 가르칠 수 있다는 전제를 옹호할 수 없음
7. 이 전쟁은 생명의 고귀함에 대한 우리의 감성을 잔인하게 만들어 지금 우리의 세계에 형성되고 있는 폭력의 정신을 고조시킴
8. 우리 자신의 도시 문제들인 빈곤과 인종적 정의를 갱신하기 위한 돈, 생

160 Ibid.

161 Ibid.

각과 행동을 긴급하게 집중시켜야 할 필요

9. 혁신을 생각하고 생명에 관한 유대-기독교의 주장에 전념하는 나라는 자유를 위해 싸우는 사람들을 위해 더욱 동정적인 태도를 채택할 수 있을 것이라는 희망

이런 생각들은 베트남전쟁에 관한 캠벨의 다음과 같은 3가지 신념들을 표현한 것이다.

첫째로, 캠벨은 **미국에서의 항의 운동을 건전하고 유익을 주는 것으로 간주한다:** "때때로 항의의 형식은 우리의 방식이나 기질에 적합하지 않을 수도 있을 것이다. 그러나 이것이 자유 사회에서의 항의 운동들의 기본적인 정당성에 대해 우리의 눈을 멀게 해서는 안 된다."[162] 그는 자신이 베트남전쟁 반대 운동에 참여하는 이유를 누구라도 항의할 수 있는 열정이 스스로를 민주주의국가라고 부르는 미국 안에서조차 사라지기 때문에 이것은 미국인들이 염려하기에 충분한 이유가 될 것이라고 확신한다. 그래서 그는 자신의 회중에게 그들 시대의 비도덕성이 베트남전쟁과 관련하여 잔인함, 속임수, 거짓말을 조금도 고려하지 않는 것에서 매우 분명하게 드러났다는 것을 말하고 싶어 한다.

둘째로, **캠벨은 베트남에 참전한 군인들을 미국이 결코 관여되지 않았어야 할 "전쟁의 무고한 희생자들" 또는 "대단히 잘못 계산된 비극적 희생자들"로 간주한다.**[163] 이런 관점과 함께 캠벨은 자신의 청중에게 반전 운동하는 자들이 해외(베트남)에서 전투를 하는 사람들에게 묵시적으로 충실하지 못하다는 것을 암시하는 것은 상당히 공정하지 못하다고 설득한다.

셋째로, 자신의 양심의 갈림길에서 캠벨은 **베트남전쟁에서의 폭탄 투하가 무차별적으로 일어나는 경향이 있기 때문에 그 전쟁이 "정당한 전쟁이 아닌 것"으로 주장한다:** "시골에서의 고엽작전(미군이 적의 은신처를 없애기 위해 베트남전쟁에서 실시한 정글 작전 가운데 하나로 화학 약품을 정글 같은 데에 뿌려 나뭇잎이나 가지를 말라 죽게 하는 작전)으로 시민 사상자들이 군인 사상자들을 초과한다."[164] 그는 전쟁이 변호될 수 없다고 결

162 Ibid.

163 Ibid.

164 Ibid., 6.

론을 내린다. 또 다른 설교, "Living by Proxy" (대리인에 의한 생활)에서 캠벨은 사람들은 항상 전쟁을 평판이 좋게 하기위해 전쟁의 정체를 숨기려하는 경향이 있음을 지적한다. 그는 평화주의자들이 아닌 사람들까지도 전쟁은 아무리 좋게 말해도 두 가지 악한 것들 중의 덜 악한 것이 아니라 여전히 악한 것임을 인정해야 한다고 주장한다.[165]

더구나 사회적 문제들에 대한 자신의 설교에서 캠벨은 종종 자신의 청중에게 세계 역사의 새로운 사실, 즉 정의로우신 세상의 주, 또는 모든 생명을 지배하시는 그리스도의 주권을 기억하게 한다.[166] 세계의 역사 속에서 활동하시는 하나님에 관한 자신의 신학에 의해, 캠벨은 미국의 국수주위에 관한 한 가지 중요한 질문을 던진다: "하나님은 모든 세계를, 지리적으로는 모든 지역들을, 연대기적으로는 모든 시대를, 인구통계학적으로는 모든 사람들을 사랑하신다. 나의 판단으로는 진정한 애국주의자는 자신의 국가를 세계 역사에 관한 새로운 사실에 대해 깨어나게 해서 유익한 삶을 위해 준비하도록 할 수 있는 사람이다."[167] 이런 관점에서 베트남전쟁에 관한 캠벨의 설교는 청중에게 국수주의를 극복하도록 요청한다.

캠벨은 자신의 또 다른 설교에서 미국의 국수주의를 우리는 의로우며 죄가 없다는 "흠 없는 가정"으로 부른다.[168] 그에 의하면, 이런 가정은 미국인들이 신으로부터 세계의 구세주, 즉 신의 뜻을 실행하는 국가로 임명을 받았다는 지나친 확신으로부터 나온다. 이런 미국의 흠 없음에 대한 믿음이 베트남전쟁에 관여한 것의 기초가 된다. 캠벨에 의하면, 이런 흠 없는 가정의 허구성을 다음과 같이 묘사한다: .

> [이 지상에 거하는 모든 사람은] 어디에서든 미국인 기업의 이윤을 환영해야 한다....우리의 군사력과 심지어 우리의 미사일 기지들까지. 우리가 베트남의 환경을 낙엽처럼 떨어뜨릴 때에도, 세계인들은 우리가 자신들의 구세

165 캠벨이 1969년 4월 27일 리버사이드 교회에서 전한 설교, "Living by Proxy," 3.

166 예를 들어, 캠벨의 설교 에세이들, "Lord of What," 그리고 "On Taking History Seriously," *Christian Manifesto*, 12-19, 20-28을 보라.

167 "The Christian and His Country," 7.

168 E. T. Campbell이 1969년 3월 9일 리버사이드 교회에서 전한 설교, "The Immaculate Assumption."

주로서 그리고 자신들의 선을 위해 그렇게 하고 있다는 것을 알아야한다. 이런 신화는 우리 미국인들이 결코 전쟁에서 패하지 않는다는 사실에 의해 강화된다. 오직 패하는 자들만 전쟁범이며 승리자들은 영웅일 뿐이다.[169]

캠벨이 여기에서 의미하는 바는 미국인들이 미국은 "하나님의 보호아래 있는" 나라이며 적국은 그렇지 않다는 주장을 하면서 자신들의 이상론에 의해 자신을 판단하고 다른 나라들에 대해서는 그들의 행위로 판단한다는 것이다.

캠벨은 베트남전쟁에 대한 설교를 통해 더 큰 그리스도가 역사 속에 중요하게 참여하심에 대한 자신의 믿음을 나누기 원한다. 그러므로 우리는 역사를 진지하게 여겨야 한다. 왜냐하면 "사람들은 역사의 더 넓은 영역으로부터 나와 자신들의 개인 이야기를 구성하는 작은 모험에 집중하는 경향이 있기" 때문이다.[170] 그리스도의 주권은 그의 우주적인 중요성을 빠뜨리지 않고 해석되어야 한다. 왜냐하면 "그는 남자들과 여자들 개인을 위한 뜻과 그들이 살고 있는 세계를 위한 뜻을 가지고 있기" 때문이다.[171]

요약하자면, 우리는 캠벨의 공적 이슈들에 대한 그의 설교를 통해 그가 교회들, 도시들, 그리고 세계에 말해야 하는 것을 살펴보았다. 그는 도시에서 태어나 리버사이드 교회를 세운 자들과는 매우 거리가 있는 인식적 환경에서 자랐으며, 좋은 시기를 맞이할 때까지 자신의 길을 개방성, 깊음, 실체를 향하도록 만들었다. 그는 중요한 시기(혼돈의 1960년대), 즉 침묵을 지킬 때가 아니라 말해야 하는 때에 설교했다. 그는 중요한 교회들(가장 전략적으로 중요한 강단들)에서 설교했다. 그의 설교들은 종교적이며 사회적인 상황에 대해 그리고 그런 상황을 위해 설교할 수 있는 자격을 증명했다. 그는 예언자설교를 위한 경향과 기질을 지니고 있었다. 그의 설교들은 중요한 사회적 관심들을 다루었으며 인종적인 차별, 도시생활의 곤경, 전쟁 문제들에 대해 적극적으로 관심을 가졌다.[172]

그러나 1960년에 캠벨이 침묵을 지키도록 만드는 범죄들, 상처들, 그리고 착

---

169 Ibid., 2.

170 E. T. Campbell, *Christian Manifesto*, 21.

171 Ibid., 16.

172 "Campbell Quit at the Riverside Church," *The New York Times* (Fri. June 25, 1976): 38을 참고하라.

각들을 알고 지적할 때까지는 어떤 설교자도 진정으로 그 시대의 관심사들을 언급할 수 없었다. 말하자면, 캠벨은 죄를 고백하는 부담이 우리의 모든 거만한 주장들을 창피하게 만들고, 벌거벗기고, 억누른다는 가정 없이는 감히 침묵을 깨지 않는다. 그는 인종차별, 가난, 전쟁과 같은 중요한 이슈들과 사건들에 대한 동시대의 관심들에 대해 설교했다. 그가 그런 세 가지 사회적 문제들에 대해 설교한 정당한 이유들이 있다. 그에게 있어서는 우선적인 이슈들이 세 가지 엄청난 범죄들, 즉 우리 기독교가 전쟁으로 끌고 가는 3가지 부끄러운 오점들과 불명예, 우리의 방패에 깊은 상처가 난 우리 인간 자존심의 세 가지 큰 상처, 그리고 우리의 비전을 어둡게 하고 현재 상황에 대한 우리의 인식을 흐리게 하는 3중 홍수와 같은 세 가지 착각들이었다.[173] 그는 이런 문제들을 말하고 보고 변화시킬 자신의 권리를 포기하지 않았다. 그는 범죄들에는 보상을, 상처들에는 향유를, 히브리-그리스도인 전통을 기억함으로, 충분하고 행복한 삶을 위한 정의와 공정한 기회를 가진 사회를 기대함으로, 그리고 그가 살고 있는 현재에 참여함으로 설교에서 균형 있는 복음을 향한 환상들로부터는 안식을 제공하려 시도했다.

캠벨에 의해 전달된 설교들에 관한 이 연구는 그가 사회적 운동들에 반응하여 자신의 예언자설교를 통해 사회적 문제들을 발전시켰다는 것을 증명했다. 그의 설교들은 자신이 1960년대에 개인적이며 공적인 혼란의 시기에 경험하고 있던 많은 것들을 반영했다: 자신의 생각을 과격하게 만드는 것, 자신의 양심적 증언의 초점을 확대시키는 것, 그리고 시민인권운동, 가난, 그리고 베트남전쟁에 대한 자신의 입장을 비판하는 엄청난 파도 물결. 예언자설교를 위한 이런 공적 이슈들은 캠벨의 강단으로부터 나오는 설교들 속에 분명하게 반영되었다. 인종차별, 가난, 전쟁에 대한 그의 설교들은 교회 지도자들과 구성원들이 사회적, 경제적, 그리고 정치적 이슈들에 대해 적극적인 입장을 취해야한다는 자신의 강한 신념으로부터 유래한다.

첫째로, 공적 이슈들에 대한 캠벨의 설교들에서 우리는 **예언자들의 역할과 동일한 그의 역할과 1960년대에 지속적인 설교의 역동적 타당성**을 보았다. 그의 설교들은 진리와 관대함, 형제애와 평화, 사회 정의와 희망에 관한 메시지들

173 Board of National Missions, *Guidelines for Development of Strategy for Metropolitan Mission* (September 1967), 9-13.

을 설교했던 60년대의 예언자설교자를 보여주었다. 그가 두려움 없이 진리를 전함으로 만든 상황들은 그로 하여금 더욱 충실하게 예언자 모델을 채택하게 하였으며 예언자의 핵심적 주제들이 자신의 설교에서 진실되게 공명되도록 하였다. 캠벨이 주로 시민인권운동과 주택공정거래규정들, 그리고 베트남전쟁에 미국이 관여하는 것에 대한 그의 고발을 확대한 것은 바로 인종적 정의, 가난, 평화를 위한 투쟁에서 이전의 동맹자들로부터 더 큰 비판을 이끌어내기 위해 자신의 강단을 통해 윤리적, 사회적, 경제적 이슈들을 전하는 것이었다. 1960년대에 사회적 문제들에 대한 캠벨의 설교가 시민인권, 공정한 주택거래, 그리고 반전에 관한 운동들을 하나님과 연결시켜 표현했기 때문에, 그의 설교를 들은 자들이 하나님의 성품과 예수의 가르침과 조화를 이루도록 행하거나 희망하고, 고난을 감수할 수 있는 어떤 것이 항상 있었다.

둘째로, 공적 이슈들에 대한 캠벨의 이슈들에서 우리는 **성경적, 예언자적 종교의 참 역할이 더 큰 비전으로 하나님의 메시지를 충실하게 전하는 것**이라는 것을 보았다. 1960년대의 교회들에서 전달되는 설교들에는 저항적인 것들이 너무 많았다. 그러나 그런 설교들은 기본적으로 목표 없이 함부로 쏘아대는 것들이었다. 그런 설교들을 한 설교자들과 비교할 때, 캠벨은 예언자들과 같이 대중의 관심을 끌지 못할 때에도 설교할 용기를 얻기 위해 역사를 들여다보았다. 우리가 논쟁을 찾으려하면 안 되지만, 또한 교회도 우리가 듣고 싶어 하는 것에 귀를 닫으면 안 된다. 왜냐하면 교회는 인간의 메시지가 아니라 하나님의 메시지이며 우리는 그 메시지를 말하도록 부름을 받았기 때문이다. 캠벨의 기독교는 하나의 특수한 질문에 대해 말하는 타당성 있는 종교이다: "이 전쟁은 하나님의 판단에서 옳은가?" 성경에서는 세속적 이슈에 대해 타당성을 지니는 종교가 옳은 것이다. 캠벨의 복음은 삶을 믿음의 거룩한 영역과 세속 지역으로부터 분리시키지 않는다. 하나님은 모든 생명의 하나님이시기에 모든 종류의 사람들에 관해 관심을 가지신다. 하나님은 예배와 기도 그리고 소위 교회론적인 영역에만 아니라 애매한 보편성이 아닌 특수성을 지닌 사랑과 정의까지 포함하는 자신의 뜻에 관심을 가지신다. 하나님은 사람들이 시장에서 각 사람을 어떻게 대하는지, 율법들이 만들어지고 세금이 걷히는 곳에 대해 관심을 가지신다. 강단은 항상 하나님의 성령이 사람들로 하여금 그들의 개인적인 역사를 성취하도록 또한 이 세상을 인간화하고 그 세상을 인간에게 적합한 유일한 세상으로 만들어야 하는 세계의 역사를 성취하도록 움직이게 하는 것을 보아야 한다. 이것이 바로 모든 강단들에 대한 하나의 명령이다.

3. 성경과 청중의 대화적 설교

캠벨은 예언자설교 형식으로 공적 이슈들에 대해 어떻게 말했는가? 설교의 임무가 교회의 중요한 그리고 지속적인 행위들의 하나이지만, 설교자들이 설교할 때 사용하는 방식들, 즉 내용, 태도, 형식은 시대마다 그리고 문화마다 다양하다. 설교자들이 자신의 설교 형식이 설교학적 케뮤니케이션에 부적절하다는 것을 경험한 1960년대에는, 그들은 그들의 사회에 타당성을 지니는 설교를 위한 새로운 형식을 발견하는데 열심이었다. 예를 들어, 1967년에 로이엘 호우(Reuel Howe)은 설교에 필요한 영역들에 관한 자신의 저서에서 다음과 같이 결론들을 제시하였다: 커뮤니케이션은 하나의 "의미들의 만남"이다. 그래서 설교는 하나의 대화 과정으로서 "설교의 목적이 세상에서 필요하도록 교회의 설교를 생산하게 될 청중과의 협력을 이루게 하는 것이다."[174] 그렇다면 우리는 캠벨에 의해 전달된 설교의 형식에 관해 무엇을 말할 수 있는가?

설교들을 구성하는 효과적인 방법들은 많다. 그래서 모든 사람은 시행착오를 통해 어떤 설교 형식들이 자신에게 가장 효과적인지를 발견한다. 설교가 형식면에서 위기를 맞이한 시대에 캠벨은 대화적 설교가 설교 본문과 동시대의 상황을 연결시키고, 자신의 설교신학과 사회적 문제들에 대한 그의 지속적인 관심에 적절하게 도전하고 반응하는 설교학적 임무에 충실하다는 것을 발견했다. 그는 설교가 콘텍스트를 형성하려 하고 그 콘텍스트를 새로운 형식으로 인도할 때에도 설교의 형식은 전체적인 사회 콘텍스트에 의해 형성되어야 한다고 이해하였다.

설교들은 특별히 설교의 의미가 지닌 콘텍스트와의 연결, 많은 목소리로 전달되고, 대화적 조건을 가지는 수사학적 방법의 역동성을 취한다. 미하일 바흐찐

174 Reuel Howe, *Partners in Preaching: Clergy and Laity in Dialogue* (New York: Seabury, 1967). 또한 그의 초기 연구서, *The Miracle of Dialogue* (Greenwich, CT: Seabury, 1963)를 보라.

(Mikail Bakhtin; 1895-1975, 러시아의 사상가, 문학 이론가. 문예이론, 윤리학, 언어철학 등 다양한 분야에 관한 글을 남겼다)에 의하면, 수사학 형식은 대화 즉, 어떤 이야기의 다른 주석적인 면을 이해하는 하나의 도구이다.[175] 그의 말에 의하면, 다른 주석은 모든 단어가 다른 콘텍스트에서 말해지면 다른 하나의 의미를 지니게 된다는 면에서 콘텍스트에 묶이는 의미의 조건이다. 그리고 이런 차이는 청중이 단어들이 항상 각 말의 실제적인 의미를 이해하도록 결정하는 것을 돕기 위해 말해진다는 사실에 의해 나타난다. 의미가 콘텍스트에 묶인다는 개념이 새로운 것은 아니지만, 바흐찐은 의미가 형성되는 과정에서 청중의 역할을 자세히 설명한다. 따라서 바흐찐의 견해에 의하면, 의미의 축들이 참 독백의 실존을 부정하는 대화 명령법을 형성한다.[176]

공적 이슈들에 대한 캠벨의 설교들은 이런 특징들이 집합적으로 그리고 개별적으로 공유되는 것으로 보일 수 있다. 각 경우에 그의 설교들은 대화의 주요 요소가 설교자와 청중 사이에서 일어나는 복합적인 대화의 연결들에 의해 구성된 수사학 방법의 좋은 예들이다. 그러나 그런 연결들의 영향력은 메시지의 다른 주석적 취지, 즉 그 메시지가 포함하는 목소리들과 더 나아가 그 목소리들이 만드는 대화의 연결들에 남는다. 집합적으로는 캠벨의 설교들은 역사와의 대화에서 발전된, 과거의 가르침들의 형식과 회중을 변화시키는 형식으로 발전된 그의 메시지들을 포함한다. 개별적으로는 그의 설교들은 특수한 메시지를 발전시킨 목사와 그 메시지를 모르든지, 받아들이기에 주저하든지, 또는 변덕스러운 것으로 추정되는 청중을 포함하는 작은 대화의 시도들이다. 각 설교가 독백으로 전달되었지만 과거로부터 오는 목소리들과 청중의 침묵적 동의들과 반대들을 담고 있다.

이처럼 캠벨의 대화적 설교의 관심사들은 다음과 같은 질문들에 반영된다: 1) 무엇이 캠벨의 설교를 대화적으로 만드는가? 2) 어떤 형식이 그의 대화적 설교에 나타나는가? 율법인가 복음인가? 그리고 3) 공적 이슈들에 대한 그의 예언자 설교들의 기능은 무엇이며 그 예언자적 상황이 커뮤니케이션, 수사학에 어떤 영향을 주는가?

---

175 Mikail M. Bakhtin, "Discourse in the Novel," Michael Holquist, ed. *The Dialogic Imagination* (Austin, TX: University of Texas, 1990), 31-32를 보라.

176 Ibid.

1) 대화로서의 설교학 임무

캠벨에게 설교학적 임무는 균형 있는 복음을 그의 시대 모든 사람들에게 가까이 다가갈 수 있게 함으로 그 복음이 가난한 자들을 위한 기쁜 소식, 압제 받는 자들을 위한 자유, 주변인들을 위한 희망으로 적용되어야 할 모든 사람들에게 도달해야한다는 것이다. 이런 것들이 예언자설교의 핵심 단어들이다. 그런 이유로 캠벨의 설교는 항상 형식뿐 아니라 내용상으로도 대화적이다.

캠벨은 설교 한 편은 비록 형식상 독백이지만 대화적일 수 있으며, 정말 대화적이어야 한다고 주장한다. 이점에 대해 그는 다음과 같이 말한다:

> 만일 당신이 병원을 방문하고 있다면, 당신의 사람들의 말을 듣고 있다면, 그들이 읽고 있는 것을 읽고 있으며 그들이 느끼고 있는 것을 느끼고 있다면, 당신은 대화 설교들의 단계에 관계없이 대화적일 것이다.[177]

이것은 설교자들이 삶의 전체를 해석함으로, 즉 그들의 성경 이해와 그들이 설교하는 상황 사이의 대화에 의해 대화적일 수 있다는 것을 의미한다. 모든 설교자는 설교를 하는 동안 충분히 인식하든 안하든 자신의 설교에서 대화적 관점을 취한다. 캠벨의 이해에 의하면 설교자가 이런 근본적인 원리에 관해 더 분명할수록 자신의 시대의 교회를 위한 효과적인 방식으로 성경적 증언을 더 잘 활용할 수 있을 것이다. 이런 의미에서 설교는 단순히 과거의 것에 관한 증언을 반복하는 것이 아니라 그리스도인의 삶, 교회, 그리고 세계의 중심에서 하나님의 실체를 확인함으로 그리고 인간의 역사 가운데 우리 시대에 살고 있는 그리스도인에 관한 충실한 증언과 섬김을 강화함으로 성경적 증언을 이해해야 한다.

첫째로, 우리가 이미 사회적 문제들에 대한 그의 설교들에서 보았던 것처럼, 캠벨의 설교는 **본문과 상황 사이의 대화**이다. 그는 자신의 시대에 하나님의 백성들을 위해 하나님의 말씀을 해석하는 대표자로서 항상 성경의 본문과 동시대의 상황 사이에 선다. 자신의 설교들에서 캠벨은 본문과 상황을 연결시킴으

177 E. T. Campbell, "The Fall and Rise of Preaching," *Aware* (Spring/Summer, 1984): 2.

로 두 영역들 사이에 대화가 일어나게 하는 설교학적 임무를 실천한다. 설교자가 분명히 설명하는 본문과 상황 사이의 대화는 항상 어디에서 시작하든 양방향이다. 성경은 동시대의 상황에 대해서만 말하지 않고 그 상황에 의해서도 말한다. 캠벨은 본문을 출발점으로 취해 본문으로부터 동시대의 상황에로 움직인다. 또는 특별히 공적 이슈들에 대한 설교가 설교자의 시대 상황에 타당한 이슈들로 시작하여 성경 본문으로 돌아감으로 그 과정을 역행하기도 한다. 그의 설교들은 성경 본문들을 진지하게 다루고 신학적이며 윤리적인 통찰들의 깊이와 넓이에 의해 지원을 잘 받는다. 그는 성경에 건전하게 근거를 두고 현재에 닻을 내리고, 능숙한 전환 구절들과 예리한 통찰로 충분한 설교 본보기를 제시한다.

캠벨은 자신의 시대와 대화를 효과적으로 하는 예언자설교자의 좋은 예를 보여준다. 그의 예언자설교들은 하나님의 백성들의 삶에 타당하고 시기적으로 적절하고 구체적이다. 그의 대화적 설교는 설교가 복음을 인간 조건의 모든 면들과 연결하려고 시도해야 한다는 신념에 기초하여 하나님의 말씀을 상황적으로 해석한 것이다. 그는 오늘의 언어를 말하고, 오늘의 사람들에게 때에 알맞은 그리고 시간을 초월하는 말씀을 선포한다. 그는 자신의 시대의 교회와 마주치는 많은 중요한 이슈들에 초점을 둔다. 이런 이슈들은 윤리적이지만 동시에 신학적이다. 왜냐하면 예언자설교에서 계약적 경험의 그 두 가지 차원들은 분리될 수 없기 때문이다. 우리는 다른 사람들에 대한 우리의 도덕적 책임으로부터 독립적으로는 하나님을 알 수도 또는 섬길 수도 없으며, 또한 하나님을 알지 못하면 우리의 도덕적 책임을 성취할 수도 없다. 우리가 하나님과 맺은 계약은 동시에 다른 사람들과 맺은 계약이다. 결과적으로 신학적이며 윤리적 차원들은 우리가 여기에서 생각하려는 각 주제들에서 나타난다.

둘째로, 캠벨의 대화적 설교는 **은혜와 정의 사이의 대화**에서 분명해진다. 그의 중심 메시지는 그리스도인의 믿음의 본질이 실천이며, 그리스도인 실천들이 필요한 대상들은 파괴적이며 불의한 구조들과 신념들이다. 그리고 그리스도인 실천의 자원은 예수의 중심 명령에서처럼 하나님의 은혜와 정의이다. 그의 설교는 공동체 존재의 기초가 되는 하나님의 은혜와 정의 사이에서 대화를 시도한다. 은혜는 우리를 죄로부터 구속하고 거룩한 삶을 위해 우리의 마음, 생각, 힘을 요구한다. 정의는 우리를 불완전한 사회 구조들로부터 구속하며 그것들의 변화를 위한 우리의 참여를 요구한다.

캠벨은 자신의 설교들에서 개인적 책임과 훈련을 사회적 비전과 행동과 결합시키려 한다. 그의 설교들은 성경에 건전하게 근거하고 동시대의 사회에 닻을 내림으로 공적 선언이 되며 개인들과 더 큰 사회 모두에게 말할 어떤 것을 가지고 있다. 그의 설교들은 지역 교회들의 까다로운 회중과 그들의 이웃의 필요들과 욕구들과 관련하여 선포된다. 혼란스런 시대에 사회적 문제들에 대한 자신의 설교들 대부분에서 캠벨은 복음이 개인적이며 동시에 사회적이라는 자신의 확신을 회중과 나누려고 노력한다. 그래서 그는 이런 확신에 의한 예를 제시함으로 자신의 회중을 인도하는데 항상 적극적이다.

셋째로, 캠벨의 설교는 **도전과 응전 사이의 대화**이다. 혼란스런 60년대의 그리스도인들은 더 이상 어려운 질문들에 대해 쉽게 대답하지 못했다. 설교자들은 그들의 백성들과 함께 그 질문들로 살아가도록 부름을 받았다. 그들은 이미 그 평가기준들이 무엇인지 이해했다. 그 질문은 그들이 순종할 것인지의 여부이었다.[178] 그러나 지금 캠벨의 설교들에서 그들은 불확실한 상황들에서 결심하도록 부름을 받는다. 캠벨의 설교들은 신뢰받는 그리스도인의 확신, 즉 설교가 신뢰를 받지 못하던 혼돈의 시기에 미국의 설교자가 말해야 하는 것을 발전시키려 한다. 그의 설교들은 찌르고 면밀히 조사한다. 그 설교들은 피를 불러온다. 그 설교들은 장의자에 앉아 있는 사람을 길거리 싸움으로 이끈다. 그는 편을 들어야 한다.

예언자설교의 구성 요소로 적절한 부름과 응답 형식을 취해야 한다는 캠벨의 주장은 놀랍거나 새로운 것이 아니다. 왜냐하면 그런 설교 형식은 캠벨이 구약시대의 설교자들로서 백성들에게 결단을 요구하던 예언자들의 입장을 부연한 것이기 때문이다:

> 설교의 목표는 사람들로 하여금 중요한 어떤 것에 대해 "예" 또는 "아니요"라고 말하도록 하는 것이다. 교실 강의와는 다르게 설교는 변화와 실천을 위한 결심을 이끌어낸다. 그리고 그런 "어리석음"을 통해 하나님께서 역사하신다

178 Ibid., 2.

니 불가사의이다![179]

캠벨의 메시지들은 깊이를 가지고 있기 때문에 건전한 응답을 요구한다. 그 메시지들의 요점은 교회 밖의 이슈들을 다룬다 해도 그것들에 관한 사람들의 감정들까지 수반한다는 것이다. 설교자의 상식과 기독교 증언이 건전하기 때문이다. 설교자는 길거리 모퉁이의 상인처럼 자신에 관한 사실들, 이유들과 관찰들을 개방해야 한다. 그래야 독자가 그 상품을 다룰 수 있으며 가짜인지를 볼 수 있다. 이와 같은 대화가 계속 진행될 수 있는 것은 항상 메시지들을 개인적인 것으로 만드는 작은 특별한 생각들과 자서전적 자료들에 의해 설교의 긴장이 완화되기 때문이다. 그의 설교들은 청중이 갈등 속에 스스로 참여하도록 정당성을 보여준다. 그의 메시지들은 예수 그리스도에 대한 개인적 믿음과 "나를 따르고 와서 직접 보라"고 제안하는 사회적 행동에 참여하는 용기를 계시한다.

한편으로, 설교의 목표에 관한 이런 언급은 하나의 설교가 청중들의 마음에 감춰진 용기를 인정하고 정당화시켜주는 목적에 도움을 줄 수 있다는 것을 의미한다. 설교를 듣는 회중이 자신에게 "나는 결국 그리스도인들이 인종차별, 불의, 가난, 또는 전쟁에 의해 고난을 당하는 사람들에게 다가가는 것이 옳다고 믿는다"고 말하려는 것을 "지명하기" 또는 "인식의 순간"이라고 부른다. 복음의 맥박은 공적 영역에서 논쟁적 이슈들에 더 많은 주의를 기우리도록 요청한다. 그래서 캠벨의 설교들은 청중이 가치있는 것을 결정하고 그 방향으로 나아가도록 정신적인 도움을 줄 수 있다. 또한 그의 설교들은 청중이 자신의 전제들을 성경적이며 신학적인 기초에 의해 시험하도록 격려한다. 이런 점에서 설교의 목적은 기독교의 믿음을 부정에 의해서가 아니라 생명을 주는 긍정에 의해 청중에게 분명한 전제들이나 입장들을 주려는 하나의 도전이다.

다른 한편으로, 설교의 목표에 관한 언급은 설교자들의 기능이나 임무가 그들 시대의 불명료함을 밝히고 그 대안을 제시하는 것임을 의미한다. 무질서하고 두려움을 주는 시기에는 설교자들이 그 불확실함에 대한 해결을 원하는 자들에게 분명하고 깨끗하고 쉬운 대답들을 제안한다. 그러나 설교자들의 임무는 사람들

179 Paul H. Sherry, ed., *The Riverside Preachers: Fosdick, McCracken, Campbell, Coffin*, 103.

에게 그들이 원하는 것을 주는 것이 아니라 그들에게 필요한 것을 주는 것이다. 그러므로 그 임무들을 약화시키는 것과는 거리가 멀게 설교자들은 청중에게 지적 불확실함의 위기에 직면하고 그 위기를 사랑할 용기를 취하도록 영감을 주어야 한다.

이런 의미에서 캠벨은 그리스도인들이 스스로 사회의 시스템들과 구조들에 존재하는 악들에 대해 말해야 한다고 주장한다. 시스템 안에는 악이 있으나 인간 속에는 죄가 전혀 없다. 왜냐하면 나쁜 사람은 사회의 제도들과 인습들로부터 나오기 때문이다.[180] 그는 아주 악함과 조금 악함, 횡령과 강간 모두가 가난한 주거생활, 열악한 교육, 그리고 열등한 직업들의 원인에 영향을 줄 수 있다고 이해한다. 그러므로 그리스도인들은 그런 사회적 부패를 막기 위해 세워진 프로그램들에 우선성을 두고 참여해야 한다.[181]

그러나 사람들은 아무리 사회의 구조들이 완전하다고 해도 그것들만으로는 살 수 없다. 그래서 캠벨은 그리스도인들이 정의에 관한 주장들에 주의할 때는 하나님의 변함 없는 사랑에 관한 복음을 들으려해야 한다고 주장한다.[182] 이런 신학적 주장은 하나님만이 궁극적으로 공적인 분이기 때문에 복음이 세상과 그 속에 있는 사람들 모두에게 관련되어야 한다는 확신에 기초된다.[183] 인간 본성과 사회 구조들을 변화시키는 복음의 중심과 능력으로 그리스도인들은 스스로와, 자신들의 이웃들과 그리고 하나님과 평화를 이룰 필요가 있다.

설교는 교회의 본질에서 일어나는 신학적이며 문화적인 변화들의 척도로 간주될 수 있다. 특별한 기간의 설교 현상을 조사하는 것은 교회의 생활과 증언뿐 아니라 사회의 혁명을 형성한 많은 세력들을 분별하는 것이다. 그런 이유로 캠벨은 사람들이 기독교 설교를 예언자적 의도를 지닌 우리의 설교들 배후에 있는 유익한 동기들로 받아들이도록 도전하고 요청하는 것으로 이해한다.

캠벨이 이해하는 설교의 목표는 희망과 변화를 향한 사회적 관심사들에 관한 그의 설교 사역을 반영하는 것이다. 그의 설교는 우리의 개인적 목적들을 공동

180 캠벨의 설교, "The Immaculate Assumption" (1969년 3월 16일).

181 캠벨의 설교, "Living by Proxy" (1969년 4월 27일).

182 캠벨이 1969년 5월 11일 리버사이드 교회에서 전한 설교, "God in the Earthquake, Wind and Fire," 7.

183 E. T. Campbell, *Christian Manifesto*, ix–x.

체 중심의 복지 또는 성경적 용어로 하나님의 나라나 통치에 참여하는 것과 관련이 있다. 사회적 관심들에 관한 그의 설교는 사람들을 특별한 입장을 취하도록 인도할 뿐 아니라 또한 그들에게 그들 스스로 그런 입장에 도달할 자원들을 제공하는 것까지 포함한다. 그것은 그들로 하여금 이슈들에 관한 예언자적 이해가 자연스럽게 이루어지도록 돕는 것을 포함한다.

캠벨은 그의 시대와 효과적으로 대화하는 복음을 선포한다. 그는 사람들이 중요한 것에 대해 "예" 또는 "아니요"라고 말하도록 복음을 전한다. 당신은 할 것인가 안 할 것인가? 당신은 어느 곳에 설 것인가?[184] 혼란스런 60년대는 사람들과 제도들을 위험한 곳에 두는 혼란스러운 방식을 택했다. 그 시기는 관련성과 결정을 요구했다. 그 시기는 설교자들과 그들의 회중이 그들의 성전들로부터 뛰어나오도록 하였으며, 편을 들게 하였으며, 일상으로 돌아가지 못하게 하였으며, 길게 바라보는 사치를 부인하게 만들었다. 그러나 캠벨에게는 위기의 기간과 상황에서도 진정성 있는 목소리가 결코 부족하지 않았다.

이와 같이 캠벨은 설교들을 통해 자신이 투쟁에 참여하는 타당성을 설명한다. 그래서 그의 설교들은 믿음에 대한 개인적인 신념뿐 아니라 사회적 행동에 참여하는 용기를 표현한다. 예를 들어 캠벨은 자신의 설교들에서 다음과 같이 자신의 신념을 회중과 나눈다:

> 때때로 목사는 주일이 되기 때문에 설교한다. 더욱 자주는 일반적으로 기대하는 것처럼 목사가 설교하는 이유는 말할 것이 있고 그것을 말하기까지는 평안하지 않을 것이기 때문이다. 오늘 내가 여러분과 나누어야 하는 것은 여러 달 동안 나를 떠나지 않다가 결국에는 나를 끌어들인 신념이다. 지금 단계에서는 그 신념이 강렬한 직관 이상은 아니기 때문에, 그 신념을 느낌으로부터 말로 번역할 때 고통을 느낄 수 있을 것이다. 그 신념을 간단

184 Paul H. Sherry, ed., *The Riverside Preachers*, 103.

하게 설명한다면 바로 이런 것이다....[185]

캠벨의 설교들의 새로운 양식은 내용과 밀접하게 관련된 것으로 성경의 예언자들의 설교로부터 나타나는 주요 주제들을 기억나게 한다: 하나님의 말씀을 공동체에게 충실하게 전하라는 하나님의 직접적인 부르심에 관한 이해, 하나님의 의로운 계약에 대한 충실한 순종으로서의 윤리적 관계를 위한 지배적인 관심, 사회 변화에 대한 충실한 순종을 표현하는 공동체의 사회 정의를 위한 열정, 세상에 나타나는 하나님의 행위적 임재가 인간의 반응을 배제하는 것이 아니라 사실은 요구한다는 신념과 위로-희망을 주는 말씀들. 캠벨은 공적 영역을 포기하는 것이 기독교 신앙을 즐겁지 않게, 권위적이도록, 좁은 생각을 지닌 하찮은 것으로 만들도록 인도한다. 그것이 바로 성경에 근거한 그의 설교 대부분이 종종 동시대의 이슈들과 의문들을 다루는 한 가지 이유이다. 그의 설교는 하나님과 성경에서 근본적 변혁을 원하는 그리스도의 주장들에 대해 얼마나 충실한가에 의해 평가된다..

1960년대 캠벨의 예언자설교들에 나오는 사랑, 평화, 정의, 희망과 같은 성경적 주제들의 역할은 무엇인가? 모든 예언자설교는 실천적 반응, 즉 회중이 생각하고 느낄 뿐 아니라 하나님의 말씀을 들은 결과로 행하는 어떤 것을 지니고 있다. 캠벨이 자신의 설교들을 통해 청중으로부터 끌어내려는 행동들이 무엇이든지 그 중심에는 사랑, 평화, 희망이 있다. 이런 주제들이 설교의 실천적 반응들이기 때문에, 모든 청중은 설교자의 부름에 대해 응답할 수 있다. 윤리적 관계, 사회적 정의, 그리고 종말론적 비전에 대한 그의 예언자설교들은 청중에게 하나의 초점을 지닌 특별한 반응이 일어날 수 있음을 제시하였다.

2) 율법과 복음을 전하는 설교 구조

사회적 문제들에 대한 캠벨의 설교들은 구조적으로 그 문제들에 대한 설교자의 이해와 해석에 상당히 의존한다. 또한 그의 설교들은 청중을 움직이게 할

185 캠벨의 설교, "Divine Judgment anf American Unrest"(1970년 1월 11일).

목적으로 해석하며 청중을 직접 향한다. 그러므로 그의 설교들은 수사학적 담론의 주요 예들이다. 캠벨은 자신이 배운 것을 주도면밀하고 근면하게 적용하는 달변가이다. 그의 설교들은 노련하게 구성된다. 그는 일반적으로 청중의 마음속에, 여전히 주일 아침까지도 잡다한 것들로 가득 찬 마음속으로 다가감으로 설교를 시작한다. 이 때 그는 스스로 성경이나 종교적인 것으로부터가 아니라 한 주간의 관심사들이 담긴 바구니로부터 온 생각이나 이야기를 사용한다. 캠벨은 이런 전략으로 청중의 마음속으로 다가간 후에는 교묘하게 청중의 주의를 설교의 실제 목표에로 돌린다. 그래서 항상 마지막 "아멘" 소리가 가까워질 때 목구멍으로부터 회중을 새로운 확신에로, 새로운 헌신에로 움직이게 하는 강렬함이 올라온다.

윌리엄 칼 3세(William J. Carl III)은 자신이 쓴 *Preaching Christian Doctrine*에서 우리가 캠벨의 예언자설교들에서 발견하는 3중적 설교 형식이나 구성과 비슷한 방식을 제시한다: 문제, 해결, 그리고 새로운 가능성.[186] 캠벨은 자신의 동시대 상황에 관련된 공적 이슈들(문제 또는 율법)로 시작하여 권위 있는 성경 본문(성경이나 그 다음의 해석에 의해)에 대한 의존(해결; 복음), 그리고 미래 행동에 대한 호소(새로운 가능성)를 제시하기 위해 성경 본문에로 돌아간다.

첫째로, **문제가 설명된다**. 그리고 그 문제는 회중이 자신들의 삶에서 평범하게 만나는 중요한 도덕적, 사회적, 또는 영적 문제이다. 그 문제는 청중이 속해있는 현재에 대한 하나의 비판이다. 현재에 대한 비판을 위해 각 설교는 현재를 이해하기 위한 자료로서 권위 있는 텍스트(성경이나 그 성경 이후에 따라오는 해석들)를 가진다. 설교에서 제시된 문제는 캠벨과 그의 회중 , 그리고 그들의 이웃들이 경험하는 도덕적, 영적, 또는 사회적 문제이며, 또한 그가 설교하려는 성경 본문에 의해 제시되는 문제이기도 하다.

둘째로, **제시된 문제를 해결하는 방법이 제안된다**. 다시 말하자면, 인간의 딜레마에 대한 답변이 권위 있는 텍스트로부터 제시된다. 그 텍스트는 믿음에 관한 성경의 증언으로부터 자라온 것이며 일반적으로는 삶의 공허함을 해결하는 새로운 가능성을 열어주는 은혜와 연관된다. 문제를 해결하는 방법들은 일반적

186 William J. Carl III, *Preaching Christian Doctrine* (Philadelphia, PA: Fortress, 1983), 121-25를 보라.

으로 하나님의 은혜 또는 구속적인 행위에 관한 관점들이다.

마지막 셋째로, **믿음 생활을 위한 이런 새로운 가능성들이 미래의 행동에 대한 호소들로 확인된다**. 그 새로운 가능성들은 은혜에 의해 또한 은혜에 의해 주어지는 선물에 의해 청중에게 주어진다.

예를 들어, 1960년대 캠벨의 강단에 의해 전달된 3가지 사회적 문제들(인종차별, 가난, 그리고 전쟁을 포함하는)에 대한 다음의 대표적인 설교들이 이런 3중적 설교의 구조를 잘 설명한다. 캠벨은 리버사이드 교회에서 1969년 4월 27일 "대리인에 의한 생활"(Living by Proxy)이라는 제목의 설교를 전했다. 이 설교의 성경 본문은 사도행전 7:58이었다: "성 밖으로 내치고 돌로 칠 새 증인들이 옷을 벗어 사울이라 하는 청년의 발 앞에 두니라." 이 설교는 다음과 같이 3부분으로 구성된다.

이 설교의 첫째 부분은 동시대에서 나타나는 문제들을 설명한다. 예언자적 직관을 가지고 캠벨은 그 문제들을 백인의 인종차별을 백인들, 그들의 대학들, 교회들, 그리고 사회들로부터 온 자료들에까지 추적하면서 대리인의 원리에 의해 정의한다.

첫 번째 문제: 캠벨에 의하면, 대다수의 미국 백인들이 백인 인종차별에 대한 죄책감을 느끼지만, 그 책임에 대해 그들 스스로 의롭다는 반응을 제시함으로 자신들을 변호하려 한다:

> "누구인가, 나는?" 나는 결코 소수 집단에 속한 사람을 때리지 않았다. 나는 결코 그의 국가를 부정하지 않았다. 나는 결코 그가 직업을 가지는 것을 막지 않았다. 나는 결코 그의 교육받을 기회를 막지 않았다. 정말로, 우리는 결코 그렇게 하지 않았다. 우리는 단지 다른 사람들이 우리를 위해 그런 일들을 대신 해주는 동안 옷들을 지켰을 뿐이다.[187]

두 번째 문제: 백인 대학들은 미국이 베트남전쟁에 관여하는 것과 관련하여 젊은이들에게 권력과 위선행위를 행사한 책임이 있다:

187 캠벨의 설교, "Living by Proxy" (1969년 4월 27일).

> 나의 판단에 의하면, 직적접이든 간접적이든 전쟁과 관계가 있는 조사들은 이 나라의 대학들과는 구별되어야 한다고 대학생들이 주장할 때, 그들의 주장은 매우 중요한 것을 지적하고 있다. 우리는 항상 전쟁을 좋은 것으로 보이도록 꾸미려한다. 심지어 평화주의자들이 아닌 우리들조차도 전쟁을 좋게 표현한다 해도 두 가지 죄악들 가운데 덜 악한 것이지만 여전히 악한 것이라는 것을 인정해야 한다.[188]

세 번째 문제: 백인 교회들은 교외 지역에 새로운 건물을 세우려는 계획으로 앞을 다투어 도시로부터 교외로 이주하였다:

> 교외 지역들은 도시에 대해 너무 비탄한 나머지 자신들의 양손을 쥐어틀었다. 그러나 이것의 많은 부분은 위선행위였다. 도시들을 버린 백인 교회들은 증언의 공백, 서비스의 공백, 지도력의 공백, 그리고 재정의 공백 상태를 남겼으며 그 빈 자리를 비인간화하려는 세력들이 채워버렸다. 물론 교외지역의 교회들은 직접 돌들을 던지지는 않았다. 그러나 그 교회들은 어떤 의미에서 다른 사람들을 위해 겉옷들을 지키고 있었다. 만일 그런 교회들의 얼마가 도시 내부에 위치한 한 특수한 교회와 함께 멍에를 지는 것을 진지하게 생각하기 시작해서 공유된 지도력, 공유된 관심사들, 공유된 재정, 그리고 공유된 희망들이 생겼다면 아마 부분적인 구원이 성취될 수도 있었을 것이다.[189]

그리고 마지막 네 번째 문제: 백인들에 의한 현저한 부의 소비와 백인 사회들이나 그들이 거주하는 교외 지역들끼리의 집단화가 흑인들이 끼어들 수 없도록 할 뿐 아니라 그들에게 족쇄를 채웠다:

188 Ibid.

189 Ibid.

> 대부분의 경우 할렘 지역에 거주하는 흑인에게 유일하게 허락될 수 있는 현저한 부의 소비는 자동차였다. 그는 재산을 구입하거나 집을 구입함으로 재정적 힘을 과시할 수 없었다. 집을 구하고 싶지만 그것을 살 돈이 없는 것이 매우 슬픈 일이지만, 집을 원한다고, 그리고 그럴 돈을 가지고 있다고, 그럼에도 여전히 집을 살 수 없다고 말하는 것은 훨씬 더 슬픈 일이다![190]

캠벨은 커너 보고서(The Kener Report)를 인용하여 현대 사회를 삼켜버리는 악한 공모에 관해 다음과 같이 말한다:

> 어디에도 미국 도시의 흑인 인구의 팽창이 이런 유형의 인구 분산을 따른 적이 없었다. 수천의 흑인 가족들은 유색인종 이웃들과 구별되도록 자신들을 "신분 상승시킨" 백인 가족들과 동일한 수준이나 초월하는 수준의 기준들과 문화생활을 할 정도의 수입을 벌었다. 그러나 대부분의 흑인 가족들은 주로 흑인 이웃들과 거주하였다. 주된 이유는 실제적으로 그들이 백인들의 거주 지역들로부터 제외되었기 때문이었다.[191]

이런 비판의 대상들은 평등을 향한 도구로서 정의에 대한 관심이 현저하게 부족한 동시대의 사회, 국가, 그리고 세계이다. 현재에 관한 이런 비판적 견해들은 설교에서 사용되는 주된 수사학의 방법들이다. 그 영향력은 설교가 만드는 대화체 연결과 그 결과로 일어나는 메시지로부터 나온다. 그런 비판의 타당성은 청중과 전달자가 구별할 수 없을 정도로 하나가 될 때까지 청중의 경계선들을 점진적으로 넓히는 정당한 행위에 의해 지원된다.

설교(Living by Proxy)의 두 번째 부분은 앞에서 제시된 문제들을 해결하는 근거로 성경이 말하는 죽은 자(나사로)와 비극적인 도시(예루살렘)에 대한 예수님의 사랑을 지지한다. 율법 아래 있는 사람의 삶을 해석하고 설명하는 것은 복음 선포에로 이어진다. 캠벨은 점점 더 자신들의 죄들을 깨닫게 될 때에만 복음의 위로 또한

190 Ibid.

191 Ibid.

조심스럽게 제시되어야 한다는 것을 알고 있다. 그래서 그는 회중에게 그들이 침묵하는 것이 그들의 국가적인 불안 밑에 깔린 불평등에 대한 지원을 웅변하는 것임을 기억나게 한다.

> 비록 슬퍼하는 것이 좋은 시작이겠지만, 우리는 눈물 이상의 어떤 것이 필요하다. 우리는 부패를 제거하기 위해 만들어진 프로그램들에 참여하는 것에 최고 우선순위를 두어야 한다.[192]

그런 다음 캠벨은 회중에게 자신의 성경적 해결 방안을 제시한다. 이 해결 부분에서 캠벨은 해당 도덕적 문제에 대한 성경적이며 신학적인 입장을 취한다.

> 또한 너무 자주 부정적인 방식으로 나타나는 대리인 원리가 선을 위할 수도 있다. 우리는 스스로 직접 행할 수 없을 때에라도 당연히 이루어져야 하는 것을 행하고 있는 자들을 지원할 수 있다. 우리는 그들에게 우리의 기도, 관심, 재정을 후원할 수 있다. 나는 교육가, 정치인, 사회사업가, 설교자를 후원하는 것에 관해 생각하고 있다. 왜냐하면 그들이 각자 홀로 일하기 때문이다.[193]

그리고 설교의 세 번째 부분은 오늘날 신앙 공동체를 위한 예언자적 인정의 의미들, 즉 새로운 가능성을 자세하게 설명한다. 캠벨은 회중에게 하나의 이슈나 경험을 반영하는 일에 그와 함께 하기를 초대한다. 그 목적을 위해 그는 회중이 자신들의 생각으로 행하도록 남겨둔 일에 참여하도록 하기 위해 귀납적으로 진행한다. 그는 하나님께서 교회와 사회의 갱신을 위한 자원들을 가지고 계시다는 자신의 신념을 회중과 나눈다.

---

192 Ibid.

193 Ibid.

> 우리는 위기의식을 가져야 하지만 그리스도인들로서 우리는 희망의식도 가져야 한다. 나는 이 나라가 하나님의 거룩한 영의 도우심으로 의로움을 향해 돌아서고, 깨어나고, 움직일 수 있다고 믿는다. 그러나 우리는 이런 선택에 관해 생각할 때 시간이 달려가고 있다는 것을 기억해야 한다. 이미 하루의 시간이 상당히 지나갔다.[194]

이런 새로운 가능성에 관한 부분에서 캠벨은 예언자적 비전을 공적 생활과 정책에로 가지고 가고, 또한 목회적으로 그렇게 한다. 캠벨의 예언자적 증언과 고백의 분위기는 항상 변함없이 적극적이며 그래서 그는 희망적으로 여행하는 사람으로 그것에 관해 말할 수 있다. 그가 말하는 많은 부분들이 매우 상식적이지만 그것들 안에는 지속적으로 통찰력 있는 조사가 있으며 우리 인간 본성의 새로운 면이 드러나고 탐구된다.

강압적인 설교는 율법적 심판이 감추어진 것들을 드러내고 마음과 사회의 여러 장소들을 개방한다고 알고 있지만, 복음은 영원한 죽음으로부터 만이 아니라 또한 두려움, 죄책감, 의심의 속박으로부터도 자유하게 함으로 각 사람과 신앙공동체들을 강화시킨다. 한 마디로, 우리는 실제적인 방식으로 실제 삶 속에서 실제의 사람들에게 실제의 하나님에 관해 말하는 것에 관심을 가진다. 그렇다면 무엇이 캠벨의 3중적 설교의 구조(문제, 복음, 그리고 새로운 가능성의 제시)를 복음을 전하는 설교가 되게 하는가? 헤르만 스텀플 주니어(Herman G. Stuempfle, Jr.)는 자신의 저서, *Preaching Law and Gospel*에서 다음과 같이 율법과 복음에 관해 설명한다:

> 율법과 복음은 모든 사람의 아버지이신 한 분 하나님의 유일한 말씀에 관한 2중적 형식을 취한다. 하나의 특별한 설교에서 율법과 복음의 균형이 어떻게 나타나든지, 율법과 복음은 예외 없이 나타나게 될 것이다.[195]

스텀플이 말한 대로, 그리고 그의 주장에 직접적으로 근거하여, 캠벨의 설교

194 Ibid.

195 Herman G. Stuempfle, Jr., *Preaching Law and Gospel* (Philadelphia, PA: Fortress, 1978), 79

는 예언자설교에서 구체화되어야 할 것, 즉 어떻게 율법과 복음이 많은 청중들에게 적용될 수 있는지를 보여준다. 캠벨이 자신의 설교를 문제 제시로 시작할 때, 그의 3중적 설교 구조(문제=율법, 해결=복음, 그리고 새로운 가능성의 제시)는 우리가 율법적 심판의 개념을 포기할 수 없음을 보여준다. 설교를 듣는 청중은 복음의 의미를 실제로 이해할 수 있기도 전에 설교의 시작부터 율법에 관해 들으면서 죄책감과 죄를 인정하도록 요구를 받아야 한다는 전제에 의해 진행되는 것이 바로 예언자설교의 오랜 전통이다. 때로 우리는 이런 유형의 설교를 들어야 하는 자신을 "심판에 의해 상처를 입은 자"로 설명하는 사람들을 만난다. 왜냐하면 그들은 예언자설교가 너무 율법적이고, 너무 위협적이며, 너무 강력하게 밀어붙인다고 생각하고 그런 예언자설교에 의해 스스로 자신의 태도를 변화시키도록 도전을 받는다고 느끼기 때문이다. 그런 경험들이 설교의 방법들 중 청중을 피할 수 없게 만드는 예언자설교의 부분적 효과들인가, 그리고 그런 경험들 굳이 율법적 심판을 사용한 결과들로부터 와야 하는가? 그렇다면 캠벨은 자신의 설교에서 그런 문제를 어떻게 다루는가?

마틴 루터(Martin Luther)가 "율법과 복음을 구분하는 방법을 아는 자는 이 땅 위에 사는 사람들 가운데 아무도 없다...오직 성령만이 이것을 안다."가 말했지만,[196] 그 말의 실제적인 의미는 율법이 캠벨의 설교에서 선포되지 않는다는 것이며, 이미 설교 안에 있다는 것이다. 설교는 설교 그 자체(존재)에 의해 요구하고, 책망하고, 죽이기도 한다. 그러므로 율법과 복음의 대립은 정확하게 캠벨이 사용하는 언어들에 의해 일어나지 않는다. 오히려 그가 한 장소에서 설교를 시작할 때, 교회론적, 사회적, 또는 국가적 문제들을 구체적으로 설명한다. 이런 전개 방식을 취하는 이유는 율법은 가능한 가장 강력하고 요구하는 형식으로 선포되어야 하고, 그 다음 단계에서 복음은 다소 간접적으로만 제시되어야 하기 때문이다. 이런 의미에서 캠벨은 율법을 그 자체를 하나의 목적으로보다는 복음을 선포하는데 도움을 주기 위해 설교의 앞부분에서 선포한다.

캠벨의 설교는 청중에게 상처를 주지는 않지만 그들이 전적으로 건강하다고 느낄 수 있음에도 어떻게 상처를 얻게 되었는지를 보여줄 수 있다. 그의 설교는

196 Martin Lutjer, "Table Talk," *Luther's Works*, ed. Jaroslav Pelikan and Helmut T. Lehmann (Philadelphia, PA: Fortress, 1955), 54: 127.

처음에 청중을 박살내기보다는 하나님 없이 그리고 치유 없이 개인들과 그들의 사회가 내적으로 깨어진 상태를 드러낸다. 이런 점에서 율법을 선포하는 캠벨의 설교 양식은 "심판의 망치"(hammer of judgment)라기보다는 "실존의 거울"(mirror of existence)로 설명된다.[197] 문제들을 설명할 때 캠벨은 율법의 의미에 대한 신학적 해석들을 제시한다. 그는 청중의 삶을 하나님으로부터 오는 요구와 위협과 연결시키려고 또는 양심에 가책을 느끼도록 하기 위해 율법을 설교하지는 않는다. 오히려 근본적으로 인간적인 그리고 사회적인 상황들의 실존 상태를 설명하기 위해,[198] 캠벨은 불의, 압제, 그리고 가난의 구조들을 보여주고 이런 구조들을 청중 앞에 가져온다. 그런 다음은 마치 거울을 들고 자신의 모습을 보는 것처럼 된다.[199]

무엇이 캠벨의 설교를 복음을 선포하도록 만드는가? 균형 있는 복음에 대한 캠벨의 관심이 우리에게 보여주는 것은 그가 삶의 모든 면들을 예언자설교를 위한 콘텍스트로 포함시키는 신학을 가지고 있다는 것이다. 이런 이유로, 설교에 대한 캠벨의 신학은 복음의 통전적 의미들과 복음과 인간의 실존 사이에 있는 통전적 관계를 탐구하는데 통전적이며 우주적이다. 그래서 복음을 전하는 캠벨의 설교는 통전적 변화에 관한 사회적 관심과 하나님의 통치에 관한 우주적 관심에 초점을 두면서 보다 넓은 시야를 가지고 있다. 이런 관심들과 함께 복음을 정말 복음으로 들리도록 하기 위해 캠벨은 가능한 많은 사람들의 얼굴에 복음(기쁜 소식)을 비춘다. 그들의 얼굴이 다른 많은 피부색들과 언어들을 가지듯이 고통과 갈등들 역시 다르다. 그러므로 사회적 문제들에 대한 설교는 특별히 설교 한 편 전체가 매우 관련되는 것처럼 먼저 그 문제들에 대해 요구한다. 어떤 이슈들은 비교적 분명하고 모호하지 않게 나타나는 반면, 다른 이슈들은 훨씬 더 복잡하고 혼란스럽게 나타난다. 캠벨은 세속적 조사를 위해 문제를 문화 속에서 찾고 그것이 설교에서 그리고 설교를 충분히 이해하도록 주의를 끄는지의 여부를 결정한다.

---

197 Herman G. Stuempfle, *Preaching Law and Gospel*, 21을 보라. 스텀플은 율법을 설교하는 것을 2가지 양식들로 구분한다. 스텀플이 설교에서 율법의 기능을 설명하는 "심판의 망치"이란 상징은 마틴 루터로부터 빌려왔으며, "실존의 거울"이란 상징은 폴 틸리히로부터 빌려온 것이다.

198 Paul Tillich, *Systematic Theology*, 3 vols (Chicago: University of Chicago, 1951, 1957, 1963), 2:44.

199 Paul Tillich, "Communicating the Christian Message: A Question to Christian Ministers and Teachers," *Theology of Culture*, ed. Robert C. Kimball (New York: Oxford University, 1959), 203-204.

우리가 이미 캠벨의 설교를 조사한 것처럼, 3중 구조(문제, 해결, 새로운 가능성 제시)는 예언자설교를 위해서는 대단한 효과를 가진다. 3중 구조는 특별히 캠벨의 예언자설교들을 작성하는데 적절하다. 왜냐하면 그 구조는 기본적으로 예언자설교에 필수적인 구조뿐 아니라 많은 성경의 예언서 본문들에 적절하기 때문이다.[200] 이 3중 구조는 시작, 중간, 끝의 형식으로 전개되는 이야기의 구조와 비슷해서 구성의 전개가 인간의 문제, 해결 방법들, 그리고 새로운 가능성들이나 그 결과로 이어짐으로 극적인 힘을 지닌다.

이런 3중적 설교 구조에 의해 과거, 현재, 그리고 투영된 미래로부터 오는 다양한 목소리들이 설교자의 활동 영역들을 충실한 대화의 영역으로 옮겨가도록 설교를 확장하고 제한시킬 수 있다. 그 마지막 결과는 2중적이다. 한편으로, 한 편의 설교에서 그리스도인의 실천에 관한 중심 메시지는 새롭고도 자명한 형식으로 전개된다. 다른 한편으로, 설교 구조들은 설교의 경계선들을 정하거나 설교의 청중을 구성한다.[201]

3중적 설교 구조에 의해 캠벨의 설교들을 자세하게 분석하면 그의 설교의 힘과 효력을 위한 자료가 무엇인지를 분명하게 발견할 수 있다. 무엇보다 먼저, 독백으로 전달되었지만, 설교는 현재의 청중, 설교 전달자, 그들의 공통된 과거, 외부 세계와 하나님들 사이에서 중복되는 부분들에 의한 대화적 연결들을 형성한다. 이런 연결들은 적응성이 있어서 지속적으로 전달자의 영역과 그 영역에 대한 청중의 확인을 강화시키는 경향을 가진다. 그래서 청중은 자신들이 메시지를 듣는 역설적인 상황 속에 놓여있는 것을 발견한다.

결과적으로 메시지의 의미는 그 메시지의 수용을 확장하는 것과 함께 강화된다는 것이 합리적인 주장이다. 메시지를 거부하는 것은 자기 모순적이며 비논리적이게 된다. 그러나 이것이 유일하게 가능한 이유는 전달자의 영역이 넓어지고 포괄적이기 때문에 그 메시지의 권위는 그 메시지가 포함하는 목소리의, 즉 현재

---

200 최근에 문제-해결-새로운 가능성 구조로 진행되는 3중 구조는 구약 예언자들의 설교들을 분석한 James Ward와 Christine Ward에 의해 채택되고 더욱 발전되었다. James Ward & Christine Ward, *Preaching from the Prophets* (Nashville, TN: Abingdon, 1995), 35-84를 보라.

201 청중을 구성하기위한 이런 수사학적 전략들의 개념을 더욱 발전시킨 Susan F. Harding, "Convicted by the Holy Spirit: The Rhetoric of Fundamental Baptist Conversion," *American Ethnologist* 14/1 (1987): 167-181을 보라.

의 청중과 어떤 가능한 청중의 목소리들의 다양성에 기초하고 의존하게 된다. 그러므로 메시지의 힘은 권위 있는 자료들을 포함하는 것에 의존한다. 따라서 캠벨의 설교의 핵심이 실천과 포괄성의 주제 주위를 돌기 때문에, 그 설교는 그런 실천과 포괄성에 관한 비전을 실현시키려는 자체의 도전을 촉진시키고 장려한다.

3) 예언자설교의 수사학적 기능

설교자들은 "의미가 말들 속에 있지 않고 사람들 속에 있다"는 것이 무엇을 의미하는지 알아야 한다. 만일 의미들이 말들이 아니라 사람들 속에 있다면, 설교들은 회중이 설교자들이 의미하는 것을 얼마나 잘 이해하는가에 따라 영향력과 힘을 가지게 된다. 이런 의미에서 설교학적 수사학에 관한 질문은 앞으로 우리의 문화에 대해 계속 도전을 할 것이다.

그렇다면 공적 이슈들에 대한 캠벨의 예언자설교들의 기능은 무엇인가? 공적 이슈들에 대한 캠벨의 설교들로부터 우리는 수사학으로서의 설교는 "욕구의 상태를 구체화하는 강조의 예술"이라는 것을 알게 되었다.[202] 공적 이슈들을 다룰 때, 캠벨은 집단적 반응을 일으키려는 목적을 가지고 알려진 대로 위급한 상황들에 관해 가장 현저한 면들을 묘사함으로 진행한다.[203] 그래서 그는 "공동체"를 주장하는 "지도자"의 역할을 하거나 집단적인 실체를 요구한다.[204] 그런 주장들의 주된 근거들은 청중이 서로 그리고 설교자와 공유한다고 믿게 되는 핵심 가치들이다. 그래서 집단적 행동의 근거는 설교자가 "아이디어들(욕구의 상태)을 사람들(집단적 실체)에게, 그리고 사람들을 아이디어들에게로 적용하는" 설교자의 능력

202 Richard M. Weaver, *Language Is Sermonic: Richard M. Weaver on the Nature of Rhetoric*, ed. Richard L. Johannesen et al. (Baton Rouge: Louisiana State University, 1970), 211.

203 Michael Osborn, "Rhetorical Depiction," *Form, Genre, and the Study of Political Discourse*, ed. Hebert W. Simons and Aram A. Aghazarian (Columbia: University of South Caroloina, 1986), 79-107을 보라.

204 Michael Calvin McGee, "A Materialist's Conception of Rhetoric," *Explorations in Rhetoric: Studies in Honor of Douglas Ehninger*, ed. Ray E. McKerrow (Glenview, Ill: Scott, Foresman, 1982), 23-48을 보라. 그리고 Celeste Michelle Condit and John Louis Lucaites, "The Rhetoric of 'Equality' and the Expatriation of African-Americans, 1776-1826," *Communication Studies* 42 (1981): 1-2를 보라.

을 위한 실제적인 기능이다.[205]

캠벨은 자신이 공동체적 가치들과 집단적 행동 사이의 관계를 권면할 때마다 예언자적 역할을 한다. 이런 기능은 다음의 3가지 분리된 그러나 관련된 수사학 과정들을 필요로 한다: 공동의 핵심 가치들의 확인과 정의, 가치들의 계급적 구조화, 그리고 공동의 실체 연출.[206]

첫째로, 자신의 설교들에서 인종차별, 가난, 그리고 전쟁과 같은 사회의 현재 문제들에 대해 초점을 맞추기 위해, 캠벨은 **청중들과의 공통적 기초를 마련한다**. 이것은 실제적으로 아이디어들이나 감정들을 소통하는 것이나 나누는 것이 가능하도록 만드는 기초를 확인하고 정의하는 일이다. 근본적인 의미에서, 언어 자체는 사회적 확인의 뿌리이다. 버크(Kenneth Burke)에 의하면, "당신이 한 사람을 설득하는 것은 당신이 말, 몸짓, 음색, 순서, 이미지, 태도, 아이디어를 사용할 때 당신의 방식과 그의 방식을 동일화함으로 그의 언어를 말할 수 있는 한에서만 가능하다."[207] 물론 언어는 결코 중립적이지 않다. 언어가 사용될 때는 항상 욕구의 상태를 표현하며, 그래서 언어는 공동의 실존과 집단적 행위 모두를 위한 동기를 부여하는 특별한 언어적 또는 사회적 사용을 통해서 알려지는 가치들이나 선호된 것이다. 그러므로 회중의 각 개인으로 하여금 그들이 이익 공동체를 구성하고 있다는 것을 믿도록 인도해야 하는 설교자는 그 공동체의 핵심 가치들을 설득적으로 확인시키고 정의를 내려야 한다.

둘째로, 캠벨은 그 공동체의 핵심 가치들을 성경, 독립선언문, 또는 미합중국 헌법과 같이 성문화된 문서에 위치시킴으로 **계급의 계급화를 통한 더 높은 공적 의미를 형성한다**. 한 번 신뢰를 얻게 되면, 계급적 가치들의 공적 의미와 사용은 항상 개방적으로 해석된다. 그러나 더 나아가 그 가치들은 설교자들과 청중

---

205 Donald C Bryant, "Rhetoric: Its Function and Scope," *Quarterly Journal of Speech* 39 (1953): 401-24. 또한 Michael C. McGee, "In Search of 'The People': A Rhetorical Alternative," *Quarterly Journal of Speech* 61 (1975): 235-49; John S. Nelson, "Political Foundations for Rhetoric of Inquiry," *The Rhetorical Turn*, ed. Hebert W. Simons (Chicago: University of Chicago, 1990), 258-89를 보라.

206 연출 경험의 3가지 기능들에 관해, Celeste Michelle Condit, "The Functions of Epideictic: The Boston Massacre Orations as Exemplar," Communication Quarterly 33 (1985): 284-99를 참고하라. 그리고 수사학 형식의 5가지 기능들에 관해, Michael Osborn, *Orientations to Rhetorical Style* (Chicago: Science Research Associates, 1976), 1-8을 보라.

207 Kenneth Burke, *A Rhetoric of Motives* (Berkeley: University of California, 1962), 55.

의 수사학적 상호작용에 의해 적극적으로 만들어지고 구축된다. 이때에 그들은 공동체에 관한 서로의 이해를 형성하는 근거들에 대해 적극적으로 합의한다.[208] 이런 의미에서 공적 이슈들에 대한 캠벨의 설교는 공동체의 구성원들이 집단행동이 가능한 범위를 생각할 기회를 만들어준다. 그런 방법은 그들이 널리 보급되고 있는 현재의 가치들에 주의를 기울이게 함으로 그리고 설교자들이 공동체의 우선적 가치에 영향을 줄 수 있는 특별하고 그럴듯한 방법들을 구상할 수 있는 공적 공간을 제공함으로 가능하다.

셋째로, 공적 이슈들에 대한 캠벨의 예언자설교들은 **공동의 실체를 연출할 기회를 제공한다**. 그것은 하나의 공동체의 공유된 언어로부터 일련의 가치들을 확인하고 계급제도를 구성할 한 가지이다. 그것은 또한 모두 함께 상징적 우주를 청중이 공동체 생활의 본질로 채택하도록 설득하는 지점까지 생기를 불어넣는 어떤 것이다. 공동의 실체를 연출하는 것은 설교자들과 청중이 추측 가능한 도덕적 신념들과 행동들을 공적으로 보여줌으로 공동의 일치에 관한 자신들의 공유된 비전을 결합시키는 수사학 과정이다.

우리는 자주 설교 과정의 연출적인 차원들을 설교자가 메시지를 표현하는 것에 관심을 가지는 것으로만 자주 생각한다. 그래서 수사학적 연출은 형식과 전달에 관한 극단적인 개념으로 축소된다. 이런 관점은 어떤 설교 과정의 효율성이 필수적으로 설교자들과 청중 사이의 생기가 넘치는 상호작용의 기능이라는 사실을 무시한다. 그래서 공동생활의 실제적 표현은 하나의 형식화되고 숙련된 연설가 이상을 요구한다. 그것은 실제로 설교자와 청중이 공동체의 가치들과 그 가치 계급화의 동질적인 실행 속에 함께 참여하도록 요구한다. 매우 분명하게 설교자 혼자는 청중 없이 공동체를 형성할 수 없다. 훨씬 더 자주 설교자들과 청중은 자신들의 공유된 공동체의 공동의 비전을 해석하고 협상하기 위해 때때로 특별한 순간에 함께 묶인다.[209] 그런 협상은 설교자들과 청중이 "목사"와 "회중"으로, 또는 "리더"와 "따르는 사람들"로 각자의 역할들을 채택하고 수행하기 위해 서로를 설득할 때 성공적이 된다. 그런 일이 일어날 때 예언자설교들의 기능

208 Celeste Michelle Condit, "Crafting Virtue: The Rhetorical Construction of Public Morality," *Quarterly Journal of Speech* 73 (1987): 79-97.

209 Richard Bauman, *Verbal Art as Performance* (Prospect Heights, Ill: Waverly, 1977), 28-35를 보라.

은 공동체의 현상학적 실재와 힘에 대한 주의를 요구한다.[210]

우리는 지금까지 1960년대의 설교 역할과 형식에 관한 그의 신학적 이해와 관련하여 캠벨의 예언자설교들을, 그 시기에 적절한 설교학적 양식으로 제시된 그의 신학적, 사회적, 대화적 설교를 중심으로 설명하고, 분석하고, 해석하였다. 1960년대 캠벨의 강단을 통해 전달된 선별된 예언자설교들을 자세하게 살펴본 결과는 미국이 도시 폭동들, 반전 데모들, 그리고 정부 기관들에 대한 신뢰도가 광범위하게 침몰하는 심각한 사회적 위기를 경험하는 시기에 예언자설교가 점차 그리고 확실히 절박했다는 것을 보여준다. 또한 그런 연구는 캠벨이 자신의 메시지의 내용, 전달 방식, 그리고 사회에서 행동으로 나타난 역할을 위해 예언자설교에 점차 의존했다는 것을 보여준다.

캠벨이 "충실한 신학자, 상담자, 그리고 예언자"로서 보여준 설교자의 자아상은 다음과 같이 그의 설교들 속에 잘 표현된다.[211]

첫째로, 캠벨은 1960년대 지역 목회 단계에서 **사회적 문제들에 관한 신학과 복음 모두에 충실한 예언자설교를 제시한 창조적 신학자**로서 가장 잘 이해된다. 그는 설교의 역할에 충실한 신학자이다. 그의 신학적 관점은 자신의 시대의 문화를 위해 영구적이며 세대적인 긴장들을 높이려고 하였다. 동시에 그런 관점이 긴장들을 복음의 빛에 비추어 해결하도록 도움을 주었다. 특별히 성경의 예언자들같이 캠벨은 각기 다른 입장들 사이에 균형을 만든다. 복음이 그에게 묻는 신학적 질문들에 의해, 캠벨은 자신의 시대와 연결되려고 노력하며 예언자설교의 양식으로 복음을 잘 표현하려고 노력한다. 자신이 섬기는 분의 메시지에 그리고 또한 자신이 그 메시지를 확실하고 철저하게 전달하려는 사람들 모두에 대한 충실함이 그의 설교의 핵심적 축이다.

둘째로, 지역 목사로서 캠벨은 **자신의 시대와 사회적 상황에 대해 말할 줄 아는 실제적인 설교자**였다. 그의 설교들은 도시들에 거주하는 회중의 복잡한 삶

---

210 Lawrence W. Rosenfields, "The Practical Celebration of Epideictic," *Rhetoric in Transition: Studies in the Nature and Uses of Rhetoric*, ed. Eugene White (University Park, PA: Pennsylvania State University, 1980), 131-56.

211 E. T. Campbell, "The Changing Nature of the Ministry," *Reformed Review* 17 (1963): 17.

의 필요들과 욕구들과 관련되어 선포되었다. 설교에서 그의 주된 관심들은 도시 사회에서의 사회적 불의와 가난뿐 아니라 또한 세계 속의 전쟁과 평화에 초점이 맞추어져 있었다. 그는 복음을 인간 조건의 모든 면들과 연결시키려 시도한다. 이런 이유로 그의 주된 설교학적 관심은 하나님 나라나 하나님의 통치에 관한 사회적이며 세계적인 관심들뿐 아니라 개인적인 관심들에도 초점을 맞추는 복음에 충실하는 것이었다. 혼란한 시대에 사회적 문제들에 대한 그의 설교 대부분에서 캠벨은 복음은 본질상 개인적이며 동시에 사회적이라는 자신의 확신을 회중과 나누려 하였다. 그래서 그는 항상 이런 확신을 보여줌으로 자신의 회중을 인도하는데 적극적이었다. 그리스도인의 사랑, 평화, 정의, 사회적 행동 그리고 그리스도의 변화시키는 힘 등 이런 것들이 시간과 공간을 초월하는 캠벨의 강단에 요구되는 사명이었다.

마지막 셋째로, 캠벨은 1960년대의 **지역 교회와 공적 사회에 충실한 예언자**였다. 그의 예언자적 말씀들은 60년대의 미국이 세계적으로 연루된 것들, 제도적 인종차별, 경제적 불의, 그리고 국제적 영향과 같이 거대한 형식들에 의한 특징들을 보여주었다. 그는 분명히 미국 역사에서 국가에 충성을 요구하는 것에 굴복하지 않는 자들의 전통에 속해 있었다. 사회적이며 정치적인 편협함 앞에서 의로움, 양심, 그리고 도덕성을 실천하기 위해 반대를 결심하는 것이 예언자설교와 강단갱신을 위한 매우 근본적인 가치들을 형성하는데 도움을 주었다.

제3부

예언자설교의 신학적 해석

제3부

예언자설교의 신학적 해석

제3부의 주된 관심은 성경적 예언자설교의 이론적 근거(제1부)와 캠벨의 강단을 통한 현대적 예언자설교의 형성과 발전, 그리고 모델이 되는 예언자설교를 분석한 것을 기초로 하여(제2부) 오늘의 강단갱신을 위한 바람직한 설교신학을 제시하려는 것이다. 강단갱신을 위해 필요한 작업이 오늘 우리의 설교 사역을 *신학적으로 정립*하는 것이기 때문이다. 여기에는 성경의 예언자들에게 설교의 주요 주제들이었던 인종차별, 가난, 그리고 전쟁을 지역교회의 강단을 통해 다룬 캠벨의 설교들을 신학적으로 해석한다. 그 다음으로, 예언자설교에 대한 신학적 이해를 시작으로 설교 사역의 본질, 즉 설교자로서의 역할과 설교의 기능, 교회의 역할 등에 대해 논의한다.

제9장 예언자설교의 신학

20세기를 거쳐 온 우리 설교자들은 인류 역사에서 중요한 변화들이 어느 때보다 격하고 예기치 못하게 일어나고 있는 21세기에서 설교하기가 어렵다는 것을 경험하고 있다. 21세기는 각 분야에서 새로운 출발을 의미하였다. 그래서 우리는 지금 인류 역사상 그 어느 때보다 급하고 현격한 패러다임의 변화를 경험하고 있다. 어느 시대의 교회도 지금처럼 다양한 도전을 받아본 적이 없다. 교회는 정치, 사회, 경제, 인류, 철학, 생태 등으로부터 오는 거센 도전들에 직면하고 있다. 한국의 사회와 문화는 다시 분출되는 여성해방, 심화되는 개인주의, 뭉치는 자기중심적 웰빙, 호모 후모아(*Homo Humour*, '유머가 많은 사람')의 전성시대, 확장되는 외인지대, 핵가족의 재분열, 고령화의 충격을 해소하기 위한 퇴직제도의 변화, 자녀에 대한 과보호 등의 다양한 경향들로 갈등이 심화되고 있다.[1]

그러나 이런 도전들에 대하여 오늘의 한국교회의 강단은 회개를 촉구하는 예언자적인 목소리를 기피하고 있다. 오히려 교회는 물량적이고 외형적 성장에만 관심을 쏟으며 복을 남발하는 설교가 일반화되고 인간의 철학과 윤리, 심리학을 성경보다 더 강조하고 있다. 이와 같은 진리의 말씀 실종 현상으로 한국교회는 빛과 소금의 역할을 감당하지 못하여 사회로부터 공신력을 상실하였으며 지속적인 교회 성장에도 위기를 맞이하게 되었다. 지금, 우리의 강단은 설교의 질적인 하락을 경험하고 있다.

이런 결과는 우리가 왜 설교를 하는지, 무엇을 설교해야 하는지, 그리고 목회

---

1 한국사회와 문화의 변화에 대하여, LG경제연구원, **2010 대한민국 트렌드** (한국경제신문, 2005)를 참조하라.

현장에서 설교의 위치는 무엇인지에 대해 잘못 이해하고 있기 때문에 일어난 것이다. 우리의 강단은 세계와 그 세계 속에서 일어나는 인간의 상황, 우리 주위 사람들의 요구들에 대하여 깊은 관심을 나타내기보다는 개 교회 자체의 문제에 깊이 빠져있다. 많은 사람들의 눈에는 우리의 강단이 타당성을 상실한 채, 과거 선배들이 누리다가 물려준 설교자의 권위라는 유물을 가지고 멋이나 부리는 것으로 보인다. 우리의 설교는 사회와 세계의 너무 많은 문제들에 직면하여 죄책감과 무능력의 와중에 있는 덫에 걸렸다. 우리는 행동화되는 진리, 정의, 사랑의 말씀을 외치고 싶다. 또한 우리는 이 시대에 필요한 설교, 변화를 일으킬 설교 방법을 찾고 있다. 어떻게 사회적인 현실을 다루는 설교가 오늘의 교회에서 다시 들려질 수 있을까? 어떻게 복음에 충실하고 동시에 세상에 대해서도 열린 설교를 할 수 있을까? 그리고 오늘날 우리의 강단들을 갱신하기 위한 설교신학과 설교는 무엇일까?

오늘날 강단의 문제를 해결하기 위해 설교신학만큼 중요한 것은 없다. 비록 새로운 세기를 맞이한 강단이 새로운 도전을 맞이한다 해도, 설교신학의 관심은 여전히 동일하다: 교회와 그리스도인의 생활에서 설교의 역할과 위치는 무엇인가? 다시 말해, 어떻게 영원한 하나님의 말씀과 변하는 이 시대의 사람들 사이에 있는 현저한 거리감을 줄일 수 있는가? 이와 같이, 설교신학은 설교를 통하여 교회가 무엇을 해야 하는가를 다루며 이런 이유로 설교를 통하여 무엇을 기대할 것인가에 관심을 갖는다.[2]

설교신학은 공적인 영역을 다루는 설교까지를 포함하여 설교를 강하게 만든다. 신학에 기초를 둔 설교는 공적인 기능을 한다. 설교는 공적인 문제들에 대해 권위 있는 말씀이 되어야 하는 주된 신학적 임무를 가지고 있다. 그러나 라이셔(Richard Lischer)가 주장한 것처럼, 현대 설교학은 전반적으로 개인과 공동체 모두의 차원에서 설교자가 자신의 신학을 구체화해야 하는 것을 무시하고 있다.[3] 존 캅(John B. Cobb Jr.)은 믿음을 구하며 이해하는(Faith-Seeking-Understanding) 진지한 행위로서

2 David M. Greenhaw, "Theology of Preaching," *Concise Encyclopedia of Preaching*, eds. William H. Willimon and Richard Lischer (Louisville, KY: Westminster/John Knox, 1995), 477.

3 Richard Lischer, *A Theology of Preaching: The Dynamics of the Gospel* (Durham, NC: The Labyrinth, 1992), x.

의 신학이 많은 교회들에서 사라지고 있다고 슬퍼한다. 그의 지적에 의하면, 설교가 주로 인기 있는 심리학과 상식에 근거함으로 그것들을 재확인하고 동기를 부여하기 위해 마련될 뿐, 복잡한 시대에서 그리스도인이 된다는 것이 무엇을 의미하는지를 생각하도록 격려하지 않는다는 것이다.[4]

신학적 사고가 무시된 시대에서 우리의 설교는 주로 목회적 돌봄, 교육, 훈련 또는 상담과 같은 개인적 이상주의나 실리주의에 관심을 두었다. 그러나 설교의 주된 사명은 목회적 돌봄이나 성서적 교훈이 아니라 신학적 의미이다. 이런 이유로 버트릭(David Buttrick)은 다음과 같이 오늘의 설교자들이 다시 한 번 신학에로 돌아가서 신학적으로 생각할 것을 요청한다.

> 설교는 단순히 성경의 본문을 해석하는 것이 아니다; 설교는 의미를 부여하는 사역이며 진정 강단의 사명은 우리가 사는 혼돈된 세상에서 사는 성도들에게 의미를 주는 것이다; 그러므로 우리는 성도들이 시대를 분별하도록 도와야 한다. 신학은 신앙을 현대 언어로 그리고 현대의 사고 구조 안에서 설명한다. 만일 설교가 세상에서 일어나고 있는 것들이 무엇인지 해석해야 한다면, 그 때는 설교가 사건들과 문제들에 대해 신학적으로 생각해야 한다.[5]

버트릭의 주장처럼, 이 시대는 우리의 설교가 신학에 근거하고 신학적인 생각을 진지하게 취급하기를 요청하고 있다. 우리가 설교에서 사회적인 문제들을 신학적으로 말하지 않기 때문에 그 설교가 분명한 목적과 초점을 상실하게 된다. 결국 혼란되고 불확실한 강단은 사회적인 문제들에 대한 열정과 사명감을 상실하게 된다.

---

4 John B. Cobb, Jr., "Faith Seeking Understanding: The Renewal of Christian Thinking," *Christian Century* (June 29-July 6, 1994): 642-43. 또한 참조, David Buttrick, *A Captive Voice: The Liberation of Preaching* (Westminster/John Knox, 1994), 9-14 & 45. 20세기 설교에 대한 버트릭의 평가에 의하면, 우리의 설교는 성서적 설교의 강압적인 성서주의, 성서일과 설교의 예전적 규칙성, 또는 문제 해결식 설교의 개인적 심리학적 구원에 너무 지나치게 협소하게 빠져있다.

5 David Buttrick, *A Captive Voice*, 111-12.

1. 통전적 변화를 위한 설교

21세기에 말씀을 전하는 설교자들은 복음의 균형에 대한 신학적 이해로부터 급변하는 사회에서의 설교 사역을 다시 한 번 점검해 보아야 한다. 설교자들은 그 어떤 방법보다 설교를 통해 더 많은 사람들에게 복음을 전할 수 있음을 알고 있다. 설교자들은 자신들의 설교에서 통전적 변화(the Holistic Transformation)를 위한 전인적(몸, 마음, 영혼) 목회에 대해 특별한 관심을 요구하는 모든 인간의 제도와 또한 개인의 문제들을 기독교화 하려는 목적을 반영하기 위해 특별한 책임감을 느껴야 한다. 강단은 인간의 영적 필요를 인간의 육체적 필요와 함께 조화시켜야 한다. 모든 설교에서 개인적이며 사회적인 차원을 함께 다루려고 노력해야 한다.

그러나 우리에게는 복음을 개인적이고 내적이며 개인주의적인 방향이나 아니면 사회적이고 외적이고 단체적인 방향에서만 보려는 경향이 있었다. 브루거만은 다음과 같이 지적하였다.

> 보다 광범위한 공적인 세계에 대한 어떤 책임이나 기여함이 없이 그저 자기 가정이나 개인적인 영역에만 머물러 있기를 원하면서 사적인 세계를 구축할 수 있다고 생각하는 일종의 주관성으로부터 좋은 설교가 방해를 받는 경향이 있다. 우리 가운데 널리 만연되어 있는 속임수는 행복을 가져다주는 것 같지만 본질적으로는 우리의 인간됨을 형성하는 거대한 공적인 주제들을 포기하게 하는 것이다.[6]

우리는 설교를 자의적으로 개인적 범주와 사회적 범주로 나누기보다는 오히려 청중들의 삶의 전 영역을 복음과 만나게 해야 한다. 때때로 우리의 설교가 목양적 색조를 또는 예언적인 색조를 짙게 띠게 할 수 있다. 그러나 이것은 두 가지 분명한 종류의 설교를 말하는 것이 아니다. 그러므로 우리는 오늘의 설교자들이 피할 수 없이 직면하게 되는 복음의 균형, 인간의 모든 삶의 조건을 포함하

6 Walter Brueggemann, "The Social Nature of the Biblical Text for Preaching," *Preaching as a Social Act: Theology and Practice*, ed. Arthur Van Seters (Nashville, TN: Abingdon, 1988), 147.

는 총체적 복음에 대한 충실한 증언을 침묵시키려는 어떤 경향에도 맞서 계속해서 싸워야 할 것이다. 우리는 설교를 준비하기 위하여 성경 본문으로 들어 갈 때부터 우리 주위의 환경을 그대로 가지고 가야 한다. 그래서 그 대가가 아무리 크다 할지라도 균형 있는 복음 즉, 온전한 복음을 끝까지 증거 해야 한다.

이와 같은 온전한 복음을 증거하는 설교, 즉 개인뿐 아니라 사회와 제도까지 포함하여 변화를 일으킬 설교는 무엇인가? 강단의 갱신을 위해 고려되어야 할 설교신학의 주제들, 즉 설교의 역할, 설교와 복음과의 관계, 그리고 설교의 사회적 차원들과 관련하여 설교에서 전인적 목회를 가능하게 하는 통전적 변화는 어떻게 가능한가?

1) 예언자의 직관

통전적 변화를 위한 설교에 먼저 필요한 것은 예언자의 직관(Priestly Instinct)이다. 예언자의 직관은 통전적 변화를 위한 복음에 충실하고 하나님의 관점에 의해 사회와 세계를 해석하려는 삶과 목회의 한 방법이다. 교회의 실존은 예언자적이다. 그래서 만일 교회가 없다면, 우리는 우리 자신이 누구이며 어떤 세계에서 존재하는지를 알 수 없을 것이다. 이런 점에서, 휴브너(Harry Huebner)는 "교회를 단순히 하나의 예언자적 임무를 띠고 있다고 보는 것보다 본래부터 예언자적이었다고 생각하는 것이 교회가 어떻게 존재해야 하는 가에 강한 영향을 준다."고 말하였다.[7] 또한 요더(John Howard Yoder)의 제안에 의하면, 이스라엘이 하나님의 사건들을 계속적으로 기념하기 위해 모인 백성으로 시작되었으며 존재하였다고 이해될 때에만 예언자들의 중요성이 이해될 수 있다고 하였다.[8] 그러므로 예언자들은 하나님이 이스라엘을 부르셨다는 관점으로부터 과거, 현재, 그리고 미래를 해석한 자들이었기 때문에 그들은 이스라엘의 실존에 매우 중요하였다.

이렇게 예언자의 역할을 해석자로서 본다면, 예언자의 직관은 우리의 모든 목

7 Harry Huebner, "Peacemaking and the Prophetic Imagination," *The Mennonite* (January 27, 1987): 28. 휴브너는 자신의 주장이 브루거만의 *The Prophetic Imagination* (Philadelphia: Fortress, 1978)으로부터 도움 받았음을 인정한다.

8 John Howard Yoder, *Preface to Theology: Christology and Theological Method* (Elkhart, IN: Goshen Biblical Seminary, 1982), 246-47쪽을 보라.

회에 규범이 되어야 한다. 이런 예언자적 역할은 통전적 변화를 위한 설교에 의해 확인된다. 우리가 인종, 가난, 그리고 전쟁문제 등에 관한 예언자설교로부터 배우는 것은 정의에 대한 증언이 그리스도의 몸이 되는데 선택적인 것이 아니라, 오히려 그런 관심과 행동이 필연적으로 비정의에 대해 심판을 가져옴으로 예언자적인 것이 된다는 것이다. 우리의 땅에 체류하는 자들에게 환대를 베푸는 것은 하나님의 자비로운 사랑에 필수적으로 응답하는 하나의 복음이다. 그래서 평화를 이루는 것도 신앙공동체를 위해 선택적인 것이 아니다. 이런 점에서 평화에 대한 진지한 요구는 군국주의로부터 이익을 보는 자들과의 논쟁을 위해 필수적이다.

비록 오늘 우리의 문화가 예레미야나 호세아의 시대와 외관상으로는 거의 닮지 않았을지라도, 오늘에도 예언자의 말씀을 위한 필요는 그 때처럼 매우 요구된다. 구약의 예언자들이 우리와 매우 다른 환경에서 독특한 설교자로 간주된다 해도, 사실 오늘 우리는 예언자들의 미래를 향한 비전과 사회적 비판을 통해 예언자 전통이 지닌 가장 깊은 진리를 보존해야 한다.

예언자 전통은 오늘의 설교자들에게 공동의 생활과 공적 이슈들 속에 있는 하나님의 행위를 구분할 수 있는 예언자의 직관을 요구한다. 설교자들은 말씀을 구체화 하는 사회 정의와 핍박 받는 자들을 위한 관심을 선포하도록 부름을 받았다. 우리는 때때로 우리의 교회, 사회, 그리고 국가에 대한 하나님의 심판을 전함으로 이상론적인 개인의 관심들에 쏠리는 설교의 안이함에 도전하고 구속적인 미래를 제시해야 한다.[9] 유대-기독교의 예언자의 전통에 있는 예언자의 직관으로 우리는 인간 삶의 전체 영역을 하나님의 심판하시는 사랑 안에 유지할 수 있다. 설교에서의 첫째가는 전제는 어떤 이슈나 관심이라도 설교의 범위를 벗어날 수 없다는 것이다. 이와 달리 말하는 것은 삶의 어떤 특수한 차원에 있는 하나님의 죽음이나 무관함을 선포하는 것이다. 이런 의미에서, 예언자설교는 하나님께서 우리를 충분히 혼란시킬 만큼 사랑하신다는 믿음에 기초한 하나님의 말씀을 상황적으로 해석한 것이다.[10] 정말 총체적으로 성서의 이야기들은 세상과

9 오늘의 설교자와 히브리 예언자들을 통찰력 있게 비교한 연구로 Walter J. Burghardt, *Preaching: The Art and the Craft* (New York: Paulist Press, 1987), 특별히 3장, "Shudder, You Complacent Ones" 29-41. 여기에서 버가르트(Burghardt)는 Abraham J. Heschel, *The Prophets* (Philadelphia: Jewish Publication Society of America, 1962)의 도움을 인정한다.

10 William K. McElvaney, "Speaking Out From the Pulpit," *The Christian Ministry* (May 1982): 5-8을 보라.

는 상반되는 인간 상황 속에서 역사하시는 하나님과 관련이 있어야 한다.

해석자의 역할을 위한 예언적 직관은 통전적 변화를 위한 설교에 두 가지 비판적 차원을 제시한다. 하나는 개인적 동기이며 또 다른 하나는 설교의 목적이다.

첫째로, 통전적 설교를 위한 예언적 직관은 **사회적 관심과 문제들을 다루는 설교를 하도록 조심스럽게 동기를 부여한다**. 반 시터스(Arthur Van Seters)는 설교자들이 고려해야할 매우 중요한 질문들을 제시하였다. 그는 설교자들에게 다음과 같이 물었다.

> 내 인생의 여정에서 이런 설교를 준비하고 전달하도록 영향을 주는 것은 무엇인가? 내가 설교를 준비하는 과정에 회중을 참여하도록 하는(또는 참여시키기를 주저하게 하는) 방법에 나의 사회성이 얼마나 영향을 주고 있는가? 어떻게 나의 사회성이 사회적, 정치적 문제들을 다루는 설교를 하도록 생각을 형성하는가?[11]

이와 같은 질문들은 예언적 직관에 관하여 설교자들이 통전적 변화를 위한 개인적 동기를 생각하도록 확대될 수 있다. 우리의 편견들은 무엇인가? 우리는 사랑으로 진리를 말할 준비가 되어 있는가? 우리는 청중들에게 죄책감을 지우는 식으로 화를 내며 설교하는가? 혹은 예레미야처럼 우리의 관심을 표현하는 슬픔과 비탄의 마음이 있는가? 우리는 우리 자신들을 대표적인 주변인들로 여기는데 관심이 있는가? 혹은 교회의 성도들을 포함하여 상처를 받는 자들과 복음의 관련성에 관해 깊고도 지속적인 확신이 있는가?

둘째로, 통전적 변화를 위한 예언적 직관은 **설교의 목적에 대해 주의 깊게 생각하기를 요구한다**. 설교의 목적에 대한 주된 질문은 "본문이 추구하는 것은 무엇인가? 본문이 말하는 것은 무엇인가? 본문은 우리를 어디로 인도하는가?"가 될 것이다. 그리고 "복음을 사회적 문제들과 연관시키려는 설교에서 내가 추구하는 것은 무엇인가?"에 관한 질문은 흔히 두 번째 질문이 될 것이다. 그러나 우리가 이런 질문들로 씨름을 할 때, 우리는 우리의 시작이 본문이든지 아니면 대

---

11 Arthur Van Seters, *Preaching as a Social Act*, 265.

화 주제이든지 상관없이 많은 가능성들에 의해 사로잡힐 것이다.

설교에서 예언적 직관은 청중이 성서와 신학을 기초로 설교자의 전제들을 평가하도록 용기를 줄 수 있다. 우리는 청중에게 성서적이며 신학적인 기초를 강화시킬 도전을 가져야 한다. 우리의 관점들이 신앙공동체를 받쳐주고 인도하는 이런 기초들에 의해 형성되기 때문이다. 이런 이유로, 통전적 변화를 위한 설교는 두 가지 목표를 가진다: 결단과 희망적인 비전에로의 도전과 부름. 이 도전과 부름에 대해 사이더(Ronald J. Sider)와 킹(Michael A. King)은 다음과 같이 말한다.

> 사회적 관심을 다루는 설교는 사람들을 특수한 입장을 향해 인도할 뿐 아니라 또한 그들에게 그들 스스로 그런 입장에 도달할 자료들까지를 제공하는 것을 포함한다. 그런 설교는 사람들에게 문제들에 대한 예언자와 같은 이해가 자연스럽게 이루어지도록 돕는다.[12]

그러므로 한편으로, 결단에 대한 도전과 부름은 예언자의 의도를 가진 우리의 설교들 뒤에서 그 동기를 부여받는다. 다른 한편으로, 한 편의 설교 속에서 열정을 가지고 삶의 깊이에 대해 말하는 것은 희망과 변화의 메시지이다. 그 이유는 "우리가 비전을 나누고, 통찰력을 높이고, 지평을 넓힐 때 가장 잘 훈계할 수 있기" 때문이다.[13]

기독교의 강단은 이스라엘의 마른 뼈들에게 생명을 줌으로 하나님의 역사를 분간하는 에스겔의 시간 중심의 전통 속에 서 있다. 또는 믿음, 소망, 그리고 기대에 관한 예언으로 포로로 사는 사람들의 좌절을 해결하는 이사야, 그리고 하나님으로부터 열정과 정의의 윤리적 행동에 대해 철저히 뉘우침으로부터 금식에 대해 철저하게 재해석하는 권위를 받은 제2 이사야의 전통에 서 있다. 이스라엘에서 하나님의 자유하심 속에 있는 미래는 보통 회개에 대한 부름이 없는 것이 아니라, 가장 심오한 희망을 제공하는 것이다. 이것은 오늘 우리의 때에도 다름없다.

---

12 Ronald J. Sider and Michael A. King, *Preaching About Life in a Threatening World* (Philadelphia: Westminster, 1987), 74.

13 Walter J. Burghardt, *Preaching: The Art and the Craft*, 39-40.

2) 목자의 감수성

통전적 변화를 위한 설교에 두 번째로 필요한 것은 목자의 감수성(Pastoral Sensitivity)이다. 목회 현장에서 오랜 동안 사역한 사람들은 누구든지 목양적인 것과 예언자적인 것 사이에 있는 밀접한 관계를 거의 모를 리 없을 것이다. 그런데도 눈에 띄게 양떼들을 돌보는 부드러운 목자와 진리의 말씀을 전하는 대담한 예언자 사이의 분명한 차이를 말하는 것은 하나님의 종에 대한 성서적 묘사보다는 더욱 현대의 고정관념에 기인한다. 예를 들어, 베버(Max Weber)는 예언자를 "순전히 개인적인 카리스마를 지닌 사람"으로 정의를 내림으로 예언자는 전통이나 제도 그리고 제사장에 반대하여 말씀을 전하는 사람이라는 기독교 전통을 세웠다. 하지만 이런 이해는 예언자와 제사장 사이, 예언자 개인과 공동체 사이, 그리고 정의와 자비 사이에 두 가지 이율배반들을 가정하고 있다.

설교에 관하여 이런 이율배반은 다음과 같은 거짓 개념들에로 연결된다. 첫째로, 예언자설교는 설교자를 신앙공동체와 반대 위치에 놓는다. 둘째로, 설교자들은 서로 다른 부름에 의해 자신들이 예언적인 설교자가 될 것인지 아니면 목양적인 설교자가 될 것인지를 결정해야 한다. 예언자의 직무는 정의에 기초를 두는 반면, 목자의 직무는 자비에 기초를 둔다.[14] 그러나 로널드 앨런(Ronald J. Allen)이 지적한대로, "예언자설교자는 신앙공동체 안에 속한다. 예언자설교자는 신앙공동체 위에 군림하거나 반대하는 위치에 있지 않다. 그래서 예언자가 된다는 것은 목자가 되는 것과 상반되지 않는다. 예언자설교는 가장 목양적인 행위이다."[15]

우리가 이미 아는 대로, 이스라엘의 정통적인 예언자들의 사역을 자세히 들여다보면 예언자들의 설교에 관한 기본적 관심이 공동체의 생명을 확립하는 것임을 알 수 있다. 그런데 바로 그것이 목자의 관심이거나 감수성이다. 어떤 의미에서, 모든 성서 본문들은 공동체의 본문들로 그 신앙공동체에 의해 형성되고 보

14 D. Stephen Long, "Prophetic Preaching," *Concise Encyclopedia of Preaching*, 387-88.

15 Ibid., 388. 앨런은 예언자설교를 신앙공동체가 하나님에 관하여, 자신들의 사명과 삶 또는 세상에 관하여 이해하는 면들을 "바로잡으려" 하는 설교(corrective preaching)으로 정의한다. 그는 예언자설교가 공동체의 삶에 관한 면들을 바로잡으려는 목적을 가진 목양적 설교의 특별한 하위범주를" 가지고 있다고 주장한다. 이런 이유로 그는 예언자설교를 목양적 설교를 위한 패러다임 안에 둔다. 그의 글, "The Relationship Between the Pastoral and the Prophetic in Preaching," *Encounter* 49.3 (1988): 173, 181을 보라.

존되었다. 그것들은 고립된 개인들에 의해 고안되었거나 그들을 위한 특권적 메시지들로 전달되지 않았다. 구두로 형성되고 전승되고 결국은 공동체에 의해 쓰인 형태로 경전이 된 매우 다양한 본문들은 하나님과 신앙공동체 사이의 관계를 지적한다. 이렇게 간접적인 의미에서 모든 본문들은 지역적으로, 국가적으로, 그리고 세계적으로 공동체를 만들고 보존하는데 하나님의 목적과 연관된 중요성을 지니고 있다.

이와 같이 우리의 설교는 교회 뿐 아니라 더 넓은 공동체와 세계에서 불의와 압제로 고난당하는 자들을 위해 돌보고 관심을 나타내야 한다. 이런 의미에서 예언자설교는 목회적(목양적) 설교의 한 확대이다. 목회 현장에서 목자와 예언자로서 설교자는 복음을 전하는 자신의 설교에 의해 회중을 형성하고 공동체 생활에 영향을 주고 바로잡는데 주의를 기울여야 한다. 우리의 설교는 먼 곳 뿐 아니라 집만큼 가까운 곳에서도 불의로 고난당하는 자들을 포함하도록 관심의 영역을 넓히고 특별히 그들의 고난의 원인들에 관심을 가져야 한다. 오늘날 사회와 세계에 관해 해석하는 양식은 널리 퍼져있는 태도와 행동에 도전하는 것이며 그 목적은 공동체로 하여금 그 공동체의 정체성과 사명의 중요한 면들을 주장하거나 재주장하는 것이다. 예언자설교는 공동체 안에 그리고 공동체를 위해 존재하였다. 그러나 그것은 개인적 관심을 배제하지 않았다.[16]

그처럼 예언자설교의 역할을 해석하며 강조하는 것은 목자의 감수성을 배제하지 않는다. 통전적 변화를 위한 설교는 목자의 감수성을 위한 필요와 연관된다. 이에 대해 윌리몬은 다음과 같이 말한다.

> 우리는 예언자의 옷을 입을 때에라도 우리의 목자의 관심을 제쳐놓지 않는다. 그런 감수성은 정서적 강압, 도덕적 잔소리, 그리고 소위 많은 예언자설교에서 제시되는 극단적으로 단순화된 프로그램들에 반대하는 뛰어난 안전장치이다. 날마다 사람들과 직접적으로 관련된 목양적인 면은 예언자설

16 목회 현장에서 예언적 역할의 목양적 차원에 관하여 Stanley Hauerwas, *Christian Existence Today: Essays on Church, World, and Living in Between* (Durham, NC: The Labrynth, 1988), 162-65를 보라..

교가 고발하고 날카롭게 하는 면을 충분히 무디게 만들지 않는다.[17]

목자로 사람들과 견고하게 연결되는 것은 예언자적인 면에 가장 필요한 것이 될 수 있다. 비록 예언자적 목회가 목양적 목회의 확대라고 해도, 예언자의 역할은 목자의 경험들에 의해 날카롭게 된다.[18]

통전적 변화를 위한 설교는 정의에 관한 문제에만 제한되지 않고 우리가 예수의 삶, 죽음, 부활을 통해 계시된 진리의 빛에 비추어 해석하는 문제까지 포함한다. 그처럼 해석적인 공동체가 되는 것은 우리가 그런 이야기에 의해 변화된 사람들이어야 함을 의미한다. 그것은 단순히 정의로운 행동이나 제도들의 문제가 아니다. 오히려 그것은 우리가 이방인을 사랑할 수 있는 사람들이 되어야 함에 달려 있다. 이것이 바로 우리의 설교의 주제가 무엇보다 먼저 공동체에 속하지 않는 자들이 아니라 공동체 자체인 이유이다.

통전적 변화를 위한 예언자설교에서 오늘의 설교자는 공동체 안에 그리고 그 공동체를 위해 존재한다. 예언자로서의 목사 임무는 공동체 앞에서 그 공동체의 존재를 결정하고 그 공동체를 가능하게 하는 이야기를 유지하는 것이다. 그것은 목사가 예언자같이 되기 위함이 아니라 공동체가 하나님에게 속한 것으로 그 부르심을 성취하기 위함이다. 목자의 임무는 교회의 사역에 대해 특수한 수단들이 공동체에게 그 공동체를 예언자 같이 만드는 이야기를 기억나도록 하는 한에서는 예언자적이다. 그러므로 말씀을 설교하는 것과 성만찬을 제공하는 것 이상 더 예언자적인 것은 있을 수 없다. 그 이유는 그 두 가지를 통하여 교회가 하나님을 알지 못하는 세계 속에 있는 하나님의 사람들로 구성되기 때문이다. 그래서 그것은 목사가 예언자 같이 될 수 있는지의 여부 문제가 아니라, 오히려 목사가 자신이 섬기는 공동체의 본질을 지닌 예언자같이 되어야 하는 것의 문제이다.

이와 같은 관점으로부터 이해하면, 원칙적으로 목자의 임무와 예언자의 임무 사이에는 어떤 갈등도 있을 수 없다. 그러므로 효과적인 설교는 항상 설교자와 회중 사이에 신뢰관계를 포함한다. 그리고 그 신뢰관계는 예언자설교에서 일어

17 William H. Willimon, *Integrative Preaching: The Pulpit at the Center* (Nashville, TN: Abingdon, 1981), 83

18 Lowel O. Erdahl, *10 Habits for Effective Ministry: A Guide for Life-Giving Pastors* (Minneapolis: Augsburg, 1996), 104.

날 때 두 배가 된다. 만일 우리 설교자가 목자로서 회중을 향해 신실하게 움직였다면, 회중 역시 우리가 그들이 이미 경험하고 관심을 가졌던 예언자로서 그들을 향해 움직이도록 허락할 것이다.[19] 이런 이유로, 무어헤드(Lee S. Moorehead)는 "설교가 대담하고 거의 거만한 일이기 때문에, 설교를 하는 자들은 스스로 겸손하게 섬기는 삶으로부터 설교하지 않는다면 계속할 수 없다는 것을 깨달아야 한다."고 지적한다.[20]

지역교회 설교자들은 목자의 감수성을 가지고 어느 정도 인정된 강단의 자유를 누린다. 그들은 그것의 중요성을 모르거나 의도적으로 이용하지도 않는다. 시간이 지나감에 따라 그들은 자신들의 강단의 자유에 대해 평신도와 함께 상호 탐구하는 일이 가능함을 깊이 깨닫게 된다. 강단의 자유가 설교자와 청중에게 무엇을 의미하는가? 강단의 자유가 지닌 한계는 무엇인가? 설교자와 그의 회중의 책임은 무엇인가?

목양적인 것과 예언자적인 것은 모두 안수를 받는 자들의 기능에서 뿐 아니라, 하나님의 백성들의 믿음과 생활에서도 서로에게 속한다. 예언자적 사역은 안수 받은 자들의 엘리트주의에 속한 것이 아니라, 성직자와 평신도로 구성되는 신앙 공동체에로 부름을 받은 것을 의미하는 것이다. 부름을 받는 것은 보냄을 받는 것이다. 그래서 바로 이런 이유 때문에 예언자설교와 사역은 세상과 관련하여 성직자와 평신도 모두의 기능이다. 목자의 감수성은 상호 설교를 위한 기대 장치를 위한 길을, 그리고 특별히 예언자적인 말을 하기 위한 길을 마련할 수 있다.

강단은 우리 시대에 핵심적인 이슈들을 전하기 위한 여러 수단들 가운데 하나이어야 한다. 논쟁적인 설교 주제들은 평신도들을 직접적인 토의 과정에 포함시키는 심포지움과 대화에서 탐구될 수 있다. 이런 기회는 한 편의 설교와 관련된다. 설교자는 전해져야 할 모든 견해들을 위한 기회를 통해 먼저 공적으로 알려진 사건으로, 그 다음에는 설교 사건으로 만들 수 있다. 한 주제가 논쟁적일수록, 다른 의견들을 청취하기 위한 포럼을 더욱 고려할 필요가 있다.

심지어 복음을 모든 삶의 영역에 연관시키는 강단의 책임까지도 목자의 감수

19 목양적 임무를 예언적 해석의 것으로 보는 보기를 위해 Stanley Hauerwas, *Christian Existence Today: Essays on Church, World, and Living in Between*, 162-65를 보라.

20 Lee S. Moorehead, *Freedom of the Pulpit* (Nashville, TN: Abingdon, 1961), 74.

성을 모호하게 해서는 안 된다. 강단의 자유는 다수의 의견에 따라서는 안 된다. 그러나 우리 설교자들은 다소 우리의 설교에 매료된 청중이 믿음의 동료들로 구성된다는 것과 상호 나눔을 위한 시간과 공간이 있다는 것을 인식해야 한다. 감수성이 있는 목사는 진리 뿐 아니라 회중이 스스로를 표현하고 들을 수 있는 권리도 종종 신앙공동체 안에서 나누어진 통찰과 경험에 의해 전해진다는 것을 인식할 것이다.

3) 제사장의 말씀 구현

통전적 변화를 위한 설교에 마지막으로 필요한 것은 말씀을 신앙공동체 속에 구체적으로 경험케 하는 제사장의 말씀 구현(Priestly Embodiment of the Word)이다. 이미 앞서 언급한대로, 통전적 변화를 위한 설교자의 주된 역할은 설교의 역사적이며 사회적인 상황에 관한 예언자의 직관과 성서와 설교의 관계에 관한 목자의 감수성을 포함한다. 그러나 설교자가 통전적 변화를 위해 놓칠 수 없는 것은 우리를 새롭게 만드는 예전적 상황에서 발견되는 "제사장의 말씀 구현"이다.[21] 그 이유는 그것이 예언자의 직관과 목자의 감수성과 함께 신앙공동체에 의해 경험되어야 하는 말씀, 공동체 생활, 그리고 성례전의 통합을 가져오기 때문이다.[22] 우리의 강단은 성례전을 설교의 콘텍스트로 너무 단순화하는 경향이 있다.

제사장의 말씀 구현은 복음을 설교하는 것으로부터 오는 예언자의 열정과 목자의 돌보는 힘(능력)에 "인간의 조건이 피할 수 없으나 인간이 된 말씀의 신비에 의해 변화되는 상황에서 성만찬을 축하하는 것으로부터 오는 기쁨을 더한다."[23] 라이스(Charles L. Rice)가 주장하듯이, 제사장적 설교자는 신앙부흥보다는 성

---

21 여기에서 사용한 "제사장의 말씀 구현"의 비유와 용어는 Charles L. Rice, *The Embodied Word: Preaching as Art and Liturgy* (Minneapolis: Fortress, 1991)에서 빌려 온 것이다. 라이스가 사용하는 "구체화"(embodiment)는 제자장적 설교자와 설교의 예전적이며 성례전적 상황 모두에 대해 언급한다: "설교는 그 자체로는 성례전과 별도로 가능한 것과 같이, 세례와 성만찬도 성경과 설교와 별도로 진정성을 가지고 계속 이루어질 수 있다."(18) 또 "설교의 기원은 세례이며, 한 편의 설교가 지닌 목표는 성만찬이다. 설교자는 세례탕과 성찬상 사이에서 손에 성경을 들고 서 있다."(19) 그리고 그가 말하는 목양적 패러다임, 공동체 속에 있는 제사장적 설교자에 대해 같은 책 56-61을 보라.

22 예언자, 제사장, 그리고 목자로서 설교자의 역할에 대해 Charles L. Rice, *The Embodied Word*, 특별히 59-61을 보라.

23 Ibid., 61.

례전에, 청중보다는 회중(Congregation)에게, 그리고 전자로 된 토크쇼 매개체보다는 인간화 된 공동체의 모임에 더 관계된다. 그래서 제사장적 설교자는 성만찬에서처럼 설교를 구체화하여 신앙공동체의 삶을 자신과 더 밀접한 것으로 확인하도록 한다.[24] 설교의 예전적이며 성례전적 상황에 있는 제사장적 설교자는 "전체 공동체에 속하고 있는, 예수의 고난을 의미하는 부숴진 빵과 흘러내리는 포도주와 같이 설교하는 순간에 나누어진 공동의 삶과 이야기를" 구체화한다.[25] 이런 의미에서 제사장의 말씀 구현은 예언자의 비전을 풍성하게 하여 예언자설교를 위한 문을 열 수 있다.

우리의 설교가 통전적 변화를 위해 진실로 예언적, 사회적, 그리고 우주적이 되기 위해서는 자체적인 비평의 수단 뿐 아니라, 예전적 상황 주위에 있는 문화적인 비평의 수단을 가져야 한다. 그 이유는 그것이 더욱 성서적, 교회적, 그리고 종말론적으로 인도할 수 있기 때문이다.[26] 사회적이며 우주적인 의식의 그 무엇(what)과 이유(why)는 예언자설교에 대한 관심의 중심에 있어 왔다. 그러나 그 무엇과 이유는 항상 어떻게(how), 즉 만져볼 수 있으며 볼 수 있는 표현을 갈망한다. 설교는 하나님과 교회가 주고받음으로 서로에게 영향을 주는 예전의 한 부분이다. 그래서 사회적이며 우주적인 의식으로부터 설교를 하는 과정에서 우리의 강단은 먼저 사회적으로 그리고 우주적으로 형성된 예전의 몇 가지 상황들을 고려할 필요가 있다. 우리는 모든 사회적 문제들을 조사하고 크게 그리고 넓게 흩어져 있는 성도들의 모든 가정을 방문하거나 모든 병든 자들을 방문하고 또는 영적 인도가 필요를 구하는 모든 사람들을 상담할 수 있다는 의미에서 예언자이며 목자로서의 설교자일 수는 없다. 그러나 우리는 자신이 설교자의 심장을 가지도록 계속 계발할 수는 있다. 설교자는 성례전을 축하하면서 사람들과 그들의 문제들에 대한 자신의 개인적 관심 뿐 아니라 사회적 변화를 위한 자신의 진정한 관심까지 전할 수 있다.

그 외에 무엇이 될 수 있든지, 교회는 처음이자 마지막으로 하나님에게 예배하

---

24 Ibid., 57.

25 Ibid., 58.

26 Gerard S. Sloyan, "Liturgical Preaching," *Concise Encyclopedia of Preaching*, eds. William H. Willimon and Richard Lischer (Louisville, KY: Westminster John Knox, 1995), 312-14를 보라.

며 예수 그리스도 안에 있는 하나님의 영원하고 무조건적인 사랑에 관한 복음을 기억하고, 재연하며, 다시 현존하게 하며 다시 소유하기 위해 모이는 하나의 공동체이다. 만일 교회가 놀라움, 사랑, 그리고 찬양을 잃지 않는다면, 교회는 섬김, 희생, 그리고 성화 속에서 발견될 것이다. 만일 기독교 예배의 핵심이 인간성에 하나님의 생명을 주기 위해, 그리고 우리에게 그 생명을 주기 위한 하나님의 행하심이라면, 그 때는 확실히 문어로, 구두전승으로, 또는 언어로 한 방법이나 또 다른 방법으로 진행되는 예전은 우주적 이미지들과 관심들에 의해 전달될 것이다.

예언자의 비전을 주고 유지하는데 성례전이 가지는 위치는 무엇인가? 라이스는 브루거만이 제시한 두 가지 예언자의 행위--죄악 된 삶과 습관을 벗기는 것(dismantling)과 활기를 돋우는 것(energizing)--를[27] 근거로 "성만찬은 하나님에게 반항하며 선을 핍박하는 힘의 구조를 제거하는 것과 모든 것들이 기다리는 분의 임재를 활력 있게 하는 것을 결합하는 예언자적 행위"라고 이해한다.[28] 우리는 상징적으로 모든 것이 거룩해지고 동등한 가치를 가지는 성만찬 식사, 그리고 모든 사람에게 충분한 음식이 되는 성만찬 식사에서 오고 있는 하나님의 나라 비전을 행동으로 옮긴다. 세례에서 우리는 우리의 마지막 충성이 예수 그리스도에게 향하고 그래서 하나님 나라의 제자도에로 향하도록 만드는 신앙공동체에 속함을 선포한다. 세례 의식은 하나님의 은혜의 공평함을 표현하고 그래서 그리스도의 가족 안에 속함을 표현한다. 성례전 의식을 통하여 하나님의 구속적 은혜는 무조건적으로 그리고 아무 공로 없이 받는다는 의미에서 인간 해방을 위한 강력한 힘이 된다. 그러므로 예전적 상황에서 설교자들은 이런 의미들을 해석하여 예배자들이 알 수 있도록 한다.

성만찬 보다 사회적이며 우주적인 관점을 더 잘 보여주는 것은 없다. 성만찬 초대는 신앙공동체를 하나님의 나라 또는 하나님의 통치에 헌신하도록 만든다. 점차 많은 그리스도인들은 그리스도의 우주적 몸으로 나누는 것이 교회에서 빵과 포도주를 나누는 주일예배 이상인 것을 정확하게 알고 있다. 우리 주님의 몸의 부러진 덩어리를 나누는 것은 예언자적 비전으로 우주적인 공동체의 문제를

27 Walter Brueggemann, *The Prophetic Imagination* (Philadelphia: Fortress, 1978), 109.

28 Charles L. Rice, *The Embodied Word*, 58.

제기하는 것이다. 또한 그것은 우리의 공동의 인간성의 문제, 즉 부한 자들과 굶주리는 자들, 핍박하는 자들과 핍박받는 자들, 그리고 중심에 있는 자들과 주변으로 밀려난 자들 사이의 극도의 불균형의 딜레마의 문제, 결국은, 최소한 부분적으로는 경제적이며 정치적인 문제들을 제기한다. 필연적으로 모든 기독교 신학의 기초가 되는 하나님의 우주적 은혜에 대한 통찰력 있는 해석은 우리를 우주적 헌신을 위한 관심 속으로 몰아넣는다. 예전과 삶 사이에 관계를 만드는 것은 예언자로서의 목사에게 부여된 핵심적인 일이다. 현재 우리의 예전을 의미있게 설명함으로, 우리 설교자들은 예전의 함축적인 의미들을 끌어올 뿐 아니라 하나님의 나라와 예언자설교의 기초를 위한 우리의 사회적이며 우주적인 관심을 키우고 제공할 수 있다.

셰퍼드(Massey Shepherd Jr.)는 "예전은 주로 세상 속에서 그리스도인들의 사명을 제공하고 그들이 그 사명을 위해 불타도록 만들기 위해 존재한다."고 지적한다.[29] 이런 의미에서 성서적으로 올바른 예전에 의해 제공된 설교는 강제적인 프로그램이나 프로젝트를 피할 것이며 하나님의 백성의 일(the Work of the People: liturgy, 예전)로서 하나님과 인간의 고난에 참여하기를 요청할 것이다. 충실하며 창조적인 예전에서의 설교는 도덕적 상상력을 확대시키고, 사람들의 필요를 향해 움직이도록 격려하고, 그리스도의 넓은 사랑을 기억하도록 집중하게 하는 믿음의 상징과 이미지를 높이고, 모든 형태의 억압과 노예화 문제를 제기하는 하나님의 나라나 통치를 향하도록 할 것이다.

---

29 Massey Shepherd, Jr., Liturgy and Education(New York: Seabury, 1967), 110.

2. 강단갱신을 위한 설교신학

설교학자들은 강단의 갱신을 위해 무엇보다 먼저 설교신학을 재발견할 필요를 주장해 왔다.[30] 오늘날의 강단은 어느 때보다 설교학적 기대들에 관해 분명하게 설명하는 설교신학의 도움을 입어 설교에 대해 진지하고 철저하게 접근할 필요가 있다. 설교신학의 주된 주제는 설교에 봉사하는 것이어야 한다. 그 이유는 설교신학의 목적이 설교자로 하여금 성서를 바르게 해석하고 그 메시지를 회중에게 적절하게 살아있도록 하는 것이기 때문이다. 그렇다면 오늘 우리 강단의 갱신을 위해 설교신학에서 다루어야 할 신학적 주제들은 무엇인가?

설교신학에서 다룰 강단갱신을 위한 주제들은 무엇보다 먼저 우리의 설교와 교회 생활의 중심에 위치한 하나님의 의도와 방법에 대한 단순하고 지속적인 관점으로부터 나와야 한다. 그리고 또한 하나님께서 세상에서 그리고 세상을 위해 성취하시려는 것에 대한 비전으로부터 나와야 한다. 이런 관점과 비전에는 설교의 목적, 설교의 텍스트, 그리고 설교의 콘텍스트에 관한 신학적 주제들이 포함된다.[31] 강단의 갱신을 위해 설교신학에서 다루어져야 할 주요 주제들은 설교의 위치와 목적, 설교와 복음의 관계, 그리고 변하는 다원적 세계에서 설교가 가지는 사회적 상황들이다.

1) 설교의 위치와 목적

설교갱신을 위한 첫 단계는 설교의 역할, 즉 설교의 위치와 목적을 회복하는 일이다. 설교의 위치와 목적은 설교신학의 중심 주제일 뿐 아니라, 설교자들이 충실히 회복해야 하는 설교학적 유산이다. 이런 회복은 설교자들의 설교에 대한

---

30 이런 문제를 다룬 설교신학에 대한 저서들은 많다. Richard Lischer, *A Theology of Preaching: The Dynamics of the Gospel* (Durham: Labyrinth, 1992); Robert W. Duke, *The Sermons as God's Word: Theologies for Preaching* (Nashville, TN: Abingdon, 1960); Gustaf Wingren, *The Living Word: A Theological Study of Preaching and the Church* (Philadelphia: Muhlenberg, 1960); Donald English, *An Evangelical Theology of Preaching* (Nashville, TN: Abingdon, 1996); 그리고 Robert G. Hughes and Robert Kysar, *Preaching Doctrines for the Twenty-First Century* (Minneapolis: Fortress, 1997)을 보라.

31 21세기를 위한 설교신학을 위해 Robert G. Hughes and Robert Kysar, *Preaching Doctrine for the Twenty-First Century* (Minneapolis: Fortress, 1997), 20-35를 보라.

신학적 관점에 기초되어야 한다. 기독교 설교의 기초는 신학적 기초 위에 견고히 서 있다. 어떤 사회적 현상들이 우리의 의식에 설교의 다양하고 새로운 차원들을 이해하고 추구할 능력을 요구한다 해도, 강단이 추구하도록 우선적으로 위임받은 것은 신학 자체에 대한 것이다.[32] 이런 의미에서 강단의 갱신은 신학적 근거를 가져야 한다.

빠르게 변하는 이 시대의 상황은 설교의 위치와 목적이 무엇인지에 대해 중요한 이슈들을 제기하고 있다. 오늘날 격하게 변하는 세계에 충분히 적응하기 위해 설교는 가난으로 고통당하는 사람들과 사회의 주변인들의 의식에 전해야 한다. 설교자들은 성서를 종말론적 지평을 가진 해방의 이야기로 받아야 한다.[33] 설교의 임무는 우리가 살고 있는 시대의 사회에서 하나님의 나라의 증거들을 분별하는 것이다. 설교자는 교회와 종교적인 역사뿐 아니라, 모든 역사의 빛에 비추어 설교를 준비하고 전해야 한다. 이런 관점이 때로는 세속적이며 비종교적인 방법으로 보이지만, 하나님의 백성들이 외부로부터 하나님의 말씀을 필요로 하고 그 말씀에 놀라움으로 반응하는 것을 놓치지 않기 때문이다. 그러므로 메시지와 본문에 관한 우리의 질문들은 설교의 목적에 관해 중요한 신학적 결심에 의존해야 한다. 비록 설교의 모든 형식이 함축적인 신학을 전하지만, 설교자는 자신의 설교 사역에 대해 근본적으로 다음과 같은 신학적 질문들을 던져야 한다. 설교를 통해 무엇이 성취되어야 하는가? 설교 사역에서 가장 중요한 요소는 무엇인가? 강단의 갱신을 위해 가장 중요한 영향을 주는 것은 무엇인가?

이런 질문들은 오늘의 다원적 사회에서 복음을 효과적으로 그리고 충실하게 전하기를 소망하는 설교자들에게 예언자설교에 관한 준비와 훈련이 필요함을 생각하게 한다. 설교의 현상을 정확하게 이해하기 위해, 설교자는 충실하게 설교하는 것이 첫째이며 최선의 신학적 행위인 것을 이해할 필요가 있다. 기독교 전통에서 설교의 역할은 항상 우리에게 우리가 방법론적 질문들 이전에 신학적 질문들을 묻지 않는다면 설교가 단순한 기술에 빠져 붕괴된다는 것을 기억나게 한

32 Arthur Van Seters, "Introduction: Widening Our Vision," *Preaching as a Social Act: Theology and Practice*, ed. Arthur Van Seters (Nashville, TN: Abingdon, 1988), 19.

33 David Buttrick, "Preaching, Hermeneutics, and Liberation," *Standing with the Poor: Theological Reflections in Economic Reality*, ed. P. O. Parker (Cleevland, OH: Pilgrim, 1992), 95-107을 보라.

다. 이런 점에서 "*왜* 설교를 하는 것은 무엇을 그리고 *어떻게* 설교하는 것만큼 중요하다."[34] 설교에서 "우리는 우리의 신앙을 성취하기 위해 하나님에 관한 지식을 찾는 것이다."[35]

신학은 개념과 실체를 형성한다. 설교자들이 신학적으로 자신의 마음을 어떻게 결심해야하는지의 문제는 그 자체가 신학적 문제이다. 그것은 설교의 위치와 목적에 관심을 가진다. 그것은 설교에 관한 신학적 이슈가 무엇이며 그 설교에 관한 신학적 이슈가 어떻게 그리고 어디에서 일어나는지와 같은 생각들을 포함한다. 우리가 생각하는 것은 우리가 어디에서 생각하는지(우리의 "사고의 상황") 그리고 왜 생각하는지(신학적 질문의 목적)에 의해 깨닫는 것 훨씬 이상으로 결정된다. 신학은 감추어진 사회적, 정치적인 의미들을 드러내고 그것들을 복음의 가치에 의해 평가하도록 만드는 명령을 제공한다. 신학을 탐구하는 것은 복음의 공적인 목소리를 포함하면서 설교에 영감을 준다.[36] 그러므로 신학은 사회적, 정치적 영향에 대한 책임을 전제해야 한다.[37]

신학적인 말씀을 운반하는 설교는 신학에 의해 강조되고 하나의 사회적 행위가 되어야 한다. 설교는 하나님의 창조적이며 구속적인 사역과 관련된다. 설교는 하나님의 목적에 충실한 삶에 대한 긍정이며 그러므로 죽음과 파괴의 힘에 반대한다. 설교는 개인들과 더 넓은 세계의 입장 모두에서 삶을 구체적으로 긍정한다. 그러나 또한 설교는 하나님의 창조를 비인간화하고 훼손하는 세력들을 고발할 준비가 되어 있으며 그것을 용기 있게 행한다. 이런 관점으로 이해할 때, 설교의 신학적 임무를 취하는 것은 교회가 설교를 통해 "덮개로 닫힌 거룩한 집"[38]이기보다는 오히려 "문화의 변화자"[39]로서의 예언자적 공동체가 되도록 만드는 수단이 된다.

---

34 Ronald E. Sleeth, *God's Word and Our Words: Basic Homiletics* (Atlanta: John Knox, 1986), 1.

35 David Buttrick, "Preaching the Lectionary: Two Cheers and Some Questions," *Reformed Liturgy & Music* 28.2 (1994): 80.

36 Arthur Van Seters, "Preaching That Is Political vs. Political Preaching," *The Living Pulpit* 5.2(1996): 29.

37 Gregory Baum, "Three Theses on Contextual Theology," *The Ecumenist* 24 (9186): 50.

38 Gegory Baum, "Peter Berger's Unfinished Symphony," *Sociology and Human Destiny: Essays on Sociology, Religion and Society*, ed. Gregiry Baum (New York: Seabury, 1980), 110-29.

39 H. Richard Niebuhr, Christ and Culture(New York: Harper & Brothers, 1951), 190-229 그리고 Walter Brueggemann, *The Prophetic Imagination* (Philadelphia: Fortress, 1978), 110-11을 보라.

이런 의미에서 본 연구자는 설교의 목적이 "구약의 예언자들의 공동체에 의한 성과와 능력"에 기초하여 예언자적 공동체를 섬기는 것이라고 주장하고 싶다.[40] 설교는 복음을 듣고 그 복음을 받아들이는 것에 관한 것만이 아니다. 또한 설교는 신앙공동체가 세상에서 구체적이며 특별한 방법으로 나타나는 하나님의 구속적 행위가 되도록 용기를 주며 도와야 하는 하나의 행위이다.[41] 이런 이유 때문에 설교의 위치는 신앙공동체가 시대의 가장 빠른 풍조와 싸우는 칼날 위에 있다. 그 이외에 위치에서 또는 다른 이유로 하는 설교는 부끄러운 설교라고 불러질 것이다.

설교의 임무는 동시대의 역사를 조명하고, 중요한 선택을 분명하게 하고, 그리고 사람들을 세상에 대해 책임 있는 청지기직으로 부르는 것이다. 설교를 하는 자들의 신학적 임무는 자신의 설교를 바르게 인도하고, 비판하고, 그리고 깊게 하는 것이다. 설교자로 부름 받은 것을 건강하게 유지하기 위하여 설교자는 예언자설교의 위치와 목적에 관해 다시 한 번 생각할 필요가 있다. 이것은 우리가 두 가지 결정적인 사건들 사이에 서야함을 의미한다. 하나는 하나님에 의해 이 시대를 위한 설교자로 부름 받은 것에 대한 확실성과 구약의 예언자들이 보여준 설교의 임무에 대한 충실성을 상실한 것을 인정하는 것이며, 다른 하나는 하나님의 미래에 관한 결정적인 형식으로서 하나님의 백성들을 자유하게 하는 예언자의 비전이 필요함을 인정하는 것이다.[42] 또 한편으로는, 우리는 설교에서 온전한 복음에 대한 충실함을 회복해야한다. 다른 한편으로는, 우리는 공적 토론의 장으로부터 사라지는 설교에 대해 새로운 패러다임을 형성해야 한다.

우리는 설교에서 예언자의 입장을 필요로 한다. 우리는 성서의 약속에 대한 예언자의 비전에 집중할 필요가 있다. 우리는 예언자설교를 필요로 하며 매우 포괄적인 의미에서 사람이 사람답게 되는 환경에 집중하면서 윤리적, 사회적, 정치적인 설교신학을 필요로 한다. 예언자적 공동체는 예수 안에서, 그리고 그에게서 완성되는 하나님의 나라 운동에서 환경의 성격에 대한 실마리를 발견한다. 예수를

40 William H. Willimon, "Would That All the Lord's People Were Prophets' Pentecost Preaching as Prophetic Preaching: Texts for Prophets," *Journal for Preachers* 16.4 (1993): 20.

41 Christine M. Smith, Preaching as *Weeping, Confession, and Resistance: Radical Responses to Radical Evil* (Louisville, KY: Westminster/John Knox, 1992), 6.

42 David Buttrick, *A Captive Voice*, 105.

따르는 제자도로부터 분리된 설교, 예언자적 사귐 밖에 있는 설교는 무익하다. 예수를 따르는 것은 새로운 이슈들에 대해 설교하기 위해 계속 활동하고 있다는 것을 의미하며, 동시에 더 이상 도움이 안 되는 옛 형식을 버린다는 것을 의미한다.

2) 온전한 복음에 충실한 설교

설교의 갱신을 위한 두 번째 단계는 인간 생활의 모든 영역을 연결시키며 우리의 전체 사역을 반영하는 온전한 복음(the Whole Gospel)에 대한 충실함을 회복하는 것이다.[43] 대부분의 설교학자들과 지역교회의 설교자들은 청중이 설교에서 결정적인 역할을 한다는 것에 동의할 것이다. 최소한 우리는 설교가 사람들의 필요와 관련이 있으며 실제적인 인간의 상황들에 대해 복음을 전하려는데 타당성이 있으며 도움이 되어야 함을 알고 있다. 구약의 예언자들의 설교로부터 온 이런 설교학적 유산은 어떤 인간 실존에도 충실하게 적용될 수 있는 온전한 복음에 대한 충실함을 회복하는 것이다. 주로 "예언자적"이라는 단어는 비판적인 경우에 사용된다. 그래서 설교자들이 복음을 전하는 설교에서 예언자적인 표현이나 태도에 부정적이다. 그러나 설교자들은 예언자적 복음에 충실해야 한다. 그들은 온전한 인격과 모든 삶의 영역에 대해 설교해야 한다. 복음의 필요와 약속은 우리 삶의 모든 영역에 타당하다. 그래서 그런 복음에 의해 나타날 결과들은 설교를 통해 기독교인들에게 분명하게 알려져야 한다.[44] 온전한 복음에 대해 충실한 설교는 용기 있는 예언적 행동과 진실한 사회적 행동을 일으킬 수 있기 때문이다.[45]

구약시대의 예언자들은 설교 사역에 대해 두 가지를 검증할 것을 제시하였다: 설교자가 얼마나 충실하게 하나님의 말씀이나 복음을 지니고 있는가, 그리고 얼마나 창조적으로 그 말씀과 복음을 새로운 공동체를 위해 재해석하는가? 예언

43 필자는 '온전한 복음'을 개인과 세계의 주, 현실적이며 초원적인 역사, 구약과 신약의 말씀, 개인과 제도의 변화를 함께 다루는 '균형 있는 복음'(the Balanced Gospel)으로 이해한다. 구체적인 논의에 대해 허도화, "설교자의 복음 이해," **복음주의 설교학** (한국복음주의 실천신학회, 2003), 165-183를 참조하라.

44 Allan Boesak, *The Finger of God: Sermons on Faith and Socio-Political Responsibility* (Maryknoll, NY: Orbis Books, 1982), 17.

45 William H. Willimon, *Integrative Preaching: The Pulpit at the Center* (Nashville, TN: Abingdon, 1981), 81.

자들은 자신에게 주어진 것을 취하여 그것을 다른 공동체들과 새로운 상황을 위해 재해석하였다. 예언자설교를 통해서만 배울 수 있는 위대한 교훈은 예언자들에게서처럼 우리의 강단도 설교 사역의 임무에 대해 충실함을 요구한다는 것이다. 이것은 오늘날 강단의 갱신을 위해 중요한 설교학적 유산이다. 예언자들처럼 온전한 복음에 충실한 설교를 하려면 세상 가운데서 활동하시는 하나님의 구속적 방법에 대해 단순하고 지속적인 관점을 가져야 한다. 이런 신학적 관점은 하나님께서 복음 선포를 통해 세상 속에서 그리고 그 세상을 위하여 성취하시려는 것에 대한 비전을 가지고 있다. 그런 관점으로부터 그리고 그런 비전과 함께 설교의 전체적인 계획은 그 목적, 방법들, 그리고 재료들과 관련되어야 할 필요가 있다.[46]

오늘 우리 설교자들은 다음의 질문들에 의해 도전을 받아야 한다. "당신은 자유롭게 온전한 복음을 설교하는가?"[47] "당신은 설교 사역에서 온전한 복음에 충실하려고 노력하는가?" 이런 질문들은 억압 받는 사회에서 설교하는 자유와 책임에 관한 것 뿐 아니라, 어떤 사회에서도 복음과 관련된 설교자의 자유와 책임에 관한 것이기도 하다. 우리를 개인적 관심으로부터 하나님의 나라 또는 통치에 대해 사회적이며 우주적인 관심을 가지고 자유롭게 설교하게 하는 신학적이며 경험적인 요소들은 무엇인가?[48] 어떻게 우리가 우리의 해석학적 전제들을 더욱 잘 알고 우리의 설교를 복음에 충실하게 우리 시대의 중요한 문제들에 연결시킬 수 있는가?

설교학에서 결정적인 이슈는 설교가 복음 자체에 뗄 수 없을 정도로 묶여져 있는 이유를 아는 것이다.[49] 설교자의 임무는 설교에서 복음에 충실하는 것이다. 그런 이유로 설교자는 설교에서 온전한 복음에 대해 충실함의 중요성을 고려해야 한다. 그 이유는 설교 임무에 대한 이해가 설교자로 하여금 더욱 충실하게 설

---

46 Fred B. Craddock, Foreword in *Biblical Preaching on the Death of Jesus*, eds. William A. Beardslee et al. (Nashville, TN: Abingdon, 1989), 12.

47 이 질문은 Nico Smith가 1963년 스위스의 바젤을 방문하는 동안 Karl Barth에 의해 그에게 주어진 것이다. William K. McElvaney, *Preaching from Camelot to Covenant: Announcing God's Action in the World* (Nashville, TN: Abingdon, 1989), 36에서 인용.

48 Ibid., 13.

49 Ronald E. Sleeth, *God's Word and Our Words: Basic Homiletics*, 1.

교하도록 돕기 때문이다. 강단의 갱신을 위한 신학적 임무는 모든 시대에 강단이 어떻게 설교의 임무, 즉 복음을 설교하는 것에 충실한지 그렇지 않은지로 평가될 수 있는지에 대한 이해와 밀접하게 연결되어 있다. 결과적으로, 이런 의도는 예언자설교에서 나타나는 복음에 충실함의 특성을 오늘날 강단의 갱신에까지 확대되어야 함을 말하는 것이다.

설교는 하나님께서 인간 개인의 삶에 대해서 뿐 아니라 인간 모두의 실존적인 상황에도 충분히 관계하시는 것으로 인식하는 온전한 복음에 대해 공적으로 이야기 하는 형식이다. 하나님의 말씀은 우리의 개인적 삶에 대해 그리고 또한 우리를 한 부분으로 포함하는 더 큰 사회와 세상의 구성원들인 우리에게 말한다. 우리는 하나님에 관해 개인적으로 말할 수 있다. 그러나 우리는 또한 하나님을 "세상에서 완전히 사회적인 분이며 철저하게 현재적인 분"으로 인식한다.[50] 이것은 설교에서 온전한 복음이 우리에게 개인적인 죄뿐 아니라 또한 사회적이며 구조적인 죄로부터도 돌아서도록 부르며 또한 우리의 자연 환경을 강탈하는 것에 대해 책임을 지는 청지기직을 요구한다는 것을 의미한다. 이런 의미에서, 온전한 복음에 대해 충실하는 것은 설교가 이런 인간 삶의 모든 영역에 대해 하나님의 백성들과 그들이 살고 있는 사회를 깨울 것을 요구하는 것이다.

예언자설교에서 온전한 복음에 대해 충실함은 영혼과 제도 모두의 변화를 위해 관련된 정의, 인간의 존엄성, 그리고 복음이란 주제들에 대한 강력한 증거이며 뿌리이다. 이런 예언자설교의 범위는 인종차별, 정의와 함께 하는 평화, 그리고 짓밟힌 자들에 대한 공적 관심과 같은 이슈들에 관해 널리 퍼져있는 문화적 가치들과 연속성을 가진다. 브루거만(Walter Brueggemann)은 이것을 "세상의 변화"를 제시하는 설교의 장르,[51] 또는 강단의 용어로 말한다면, 팔자 좋은 사람들을 괴롭히는 것이라고 부른다.

강단이 예언자설교에 대해 개방적일 수 있지만, 강단 본래의 사명에 충실하지 못할 때 왜곡되게 사용될 수 있다. 설교자가 설교에서 온전한 복음의 입장으

50 Dieter T. Hessel, "Liberating Bible Study," *The Bible and Liberation: Political and Social Hermeneutics*, ed. Norman K. Gottwald (Maryknoll, NY: Orbis Books, 1983), 18.

51 Walter Brueggemann, "The Social Nature of Biblical text," *Preaching as a Social Act*, ed. Arthur Van Seters (Nashville, TN: Abingdon, 1988), 144.

로부터 다양한 인간 조건들에 대해 이야기하지 않거나 복음을 인간 조건의 전체 영역과 연결시키려 하지 않을 때 그렇다. 복음에 충실한 설교자는 설교와 종교를 사적인 방법으로 보지 않는다. 또한 그런 설교자는 자신이 개인적인 회심, 신앙 발전, 그리고 영적 양육뿐 아니라 정치적 실체, 경제적 분배, 피조물 관리 등과 같은 것들에 대해 설교할 때에도 설교 사역을 의심하거나 희미한 근거 위에서 보지 않는다.

설교에서 복음은 주변 사람들의 개인적 삶에서 뿐 아니라 그들의 공적 세계에 있는 도덕적 힘이다. 우리의 전체 사역에서의 설교는 모든 종류의 사람들을 위한 관심에 대한 증언이 되어야 한다. 그래서 복음을 인간 조건의 모든 영역과 연결시켜야 한다. 목양적 목소리와 예언자적 목소리 모두 안에 있는 복음은 우리의 처음 관심이 자연적으로 개인적으로 보일 때에라도 총체적 희망에 의존한다. 복음은 공적 문제들과 사회적 관심들과 관련된 설교에 집중한다. 복음을 전하는 설교는 고통스러운 우리의 삶의 상황을 포함해야 하며, 그래야 우리는 더 넓은 사회와 세상에 대해 말할 수 있다. 만일 우리가 진실로 복음을 구분할 수 있다면 설교는 사회적 변화를 요구한다. 우리는 하나님으로부터 오는 말씀을 듣기 위해 우리의 사회적, 경제적, 그리고 정치적 확신들, 열망들, 평소의 주장들을 가져와야 한다. 우리가 설교하는 목적이 사람들에게 용기를 주어 그들의 신앙을 공적 영역으로 확대시키고 이 복음의 침투의 의미를 탐구하도록 허락하는 것이기 때문이다.

점차 깨닫게 되는 것은 이 시대에는 갈등 있는 세계에서, 갈등 있는 신앙공동체에 속한, 갈등 있는 개인들 앞에서, 설교자들이 강단 뒤에 숨거나 논쟁적인 이슈들에 대해 침묵하는 것이 매우 어렵다는 것이다. 오늘날 설교자들이 마주치는 중요한 문제는 교회의 의자가 빈 것이 아니라 사회적, 경제적, 정치적 문제들에 대해 설교하는 것을 두려워하거나 무시하는 것이다. 복음을 선포하는 것은 개인들에게 제한될 수 없고 개인들이 살고 있는 상황의 변화까지 포함해야 한다. 버트릭이 주장하는 것처럼, 강단이 복음을 선포할 때, 그것은 사람들을 "단순히 내적 억압으로부터가 아니라...우리를 포로로 만드는 제도들, 사회적 태도들, 습관들, 그리고 억압들로부터" 자유롭게 해야 하기 때문이다.[52] 우리 시대에는 단순히 공포, 억압, 신경성 불안들과만이 아니라, 또한 세상의 정사와 권력들과도 싸워야 한다. 우리가 전하는 복음은 우리를 개인적인 죄만이 아니라 사회적이며 구조적인 죄로부터도 돌아서도록 부르며 또한 우주적이며 제도적인 문제들에 대한 기독교인의 충실함을 요구한다.

3) 설교의 사회적 차원 회복

설교의 갱신을 위한 세 번째 단계는 복음의 개방성에 집중된 설교의 사회적 차원들을 구체적인 사회적, 정치적 그리고 경제적 세계에 적용하는 것이다. 복음은 공동체의 삶에 대한경험으로부터 나타난다. 구약의 예언자들의 설교로부터 오는 이런 설교학적 유산은 본능적으로 "사회적 행동"[53]이며 공적 생활의 사회적, 경제적, 정치적 면들과 관련된 복음에 관해 관심을 가지는 설교의 사회적 차원들을 회복하는 것이다.[54] 설교자들은 자신들의 공동체와 그 공동체의 사회적 문제들에 충실해야 한다. 설교의 사회적 차원들은 우리의 경험, 사회에 대한 우리의 생각, 그리고 선택된 사회과학 지식에 대한 친숙함으로부터 일어난다. 사회적 상황과 사회적 분석은 설교를 위한 주된 중심점들이다.[55]

설교자에게 설교는 사고하는 한 방식일 뿐 아니라 삶의 한 방식이다. 설교는 사회적 문제들에 대한 올바른 이해뿐 아니라 행동에 의존한다. 이것이 바로 설교 사역에 대해 충실하게 만들며 설교의 사회적 차원들에 대해 정의롭게 만든다. 그 이유는 설교에서 온전한 복음을 나누는 효과적인 방법들의 하나가 설교의 공적 차원들에 대해 충실하는 것이기 때문이다. 설교가 단순히 비난이나 사회적 비판을 도덕화 하는 것 이상의 사회적 차원들을 가질 때, 그것은 복음에 대해 더욱 충실한 증언이 된다. 그래서 설교에서 복음에 대한 충실함은 진실한 기

52 David Buttrick, *A Captive Voice*, 109.

53 Arthur Van Seters, ed. *Preaching as Social Act*, 13-27을 보라.

54 Clifford Green, "Bonhoeffer's 'Non-Religious Christianity' as Public Theology," *Dialog* 26.4(1987): 275.

55 Christine M. Smith, "Preaching as an Art of Resistance," *The Arts of Ministry: Feminist-Womanist Approach*, ed. Christies Cozad Neuger (Louisville, KY: Westminster/John Knox, 1996), 40.

독교의 사회적 행동을 일으키는 것이다.

오늘날 강단은 윤리적, 사회적, 정치적 다양성을 존중하도록 도덕적으로 요구하는 문화 속에서 사회적 문제들에 대해 말하도록 도전을 받는다. 윌리몬(William H. Willimon)과 하우어워즈(Stanley Hauerwas)는 이와 같은 설교 상황의 까다로움을 "이방인들에게 설교하는 것"으로 말한다.[56] 물론, 이것이 어떻게 이루어지는지 궁금하다. 윌리몬은 설교를 복음에 대해 세상 속에 널리 퍼진 세속적이며 시민-종교적 세계관들과 마주치는 복음전도로 이해한다.[57] 오늘날 다원 사회와 변하는 세계에서 강단은 공적 영역의 문제들에 관련하여 종교적이고 신학적인 질문들을 고려하고 그것들에 반응하도록 요구된다. 사회적 운동들과 다른 역사적 현상들이 도덕적 차원들을 지니고 있다는 주장은 예언자설교가 필수적이라는 주장에 어떤 실마리를 제공한다. 트레이시(David Tracy)는 인간의 지식과 실존의 모든 면들이 도덕적이며 종교적인 영역들을 지니고 있다고 지적한다.[58] 결과적으로, 설교자들은 그런 차원들에 관한 행동을 확인하고 다듬고 안내하도록 갖추어져야 한다. 그러나 사회적 정책에 대한 도덕적 차원들이나 압제 양식들로 나타나는 종교적 차원들은 항상 쉽게 분리되지 않는다.

오늘날 강단은 다시 공적 영역에 간섭해야 한다. 그 이유는 설교의 한 목적이 사람들을 격려하여 자신들의 믿음을 공적 영역에로 확대하고 이 복음 침투의 의미들을 탐구하도록 허락하는 것이기 때문이다.[59] 설교자들은 성경이 시작부터 끝까지 사회적임을 인식해야 한다. 사회적 문제들과 사회적 차원들에 대한 설교는 하나님의 말씀을 널리 퍼뜨린다.[60] 그러나 현재 우리의 강단은 심하게 힘이 빠지고 있으며 계속 명성을 상실하고 있다. 그럼에도 설교는 부흥될 수 있으며 그렇게 되어야 하는 사역으로 어떤 다른 것으로도 대체할 수 없는 영역이다.

설교에서 전해진 말씀은 성육신된 말씀의 의미를 보여주기 위해 쓰여 진 말

---

56 William H. Willimon and Stanley Hauerwas, *Preaching to Strangers* (Louisville: Westminster/ John Knox, 1992).

57 William H. Willimon, The Intrusive *Word: Preaching to the Unbaptized* (Grand Rapids: Eerdmans, 1994). 그의 다른 저서, Peculiar Speech: Preaching to the Baptized (Grand Rapids: Erdmans, 1992)를 보라.

58 David Tracy, *Blessed Rage for Order*(New York: The Seabury, 1979), 91-109.

59 Arthur Van Seters, "Preaching That Is Political vs. Political Preaching," *The Living Pulpit* 5.2(1996): 28.

60 Walter J. Burghardt, *Preaching the Just Word*(New Haven: Yale University, 1996), Ch. 2("Preaching the Just Word in Scripture")를 보라.

씀을 해석한다. 설교는 하나님에 관한 지식이 사회 안에 있는 공동체를 섬김으로 확실하게 포용되고 철저하게 탐구되는 한 공동체적이며 사회적이다. 설교는 한 때 전해지고 쓰인 단어들을 다원 문화 속에서 공적 의미를 가지고 다시 진실하게 선포되어야 한다.[61] 오늘날 강단의 갱신을 위하여, 우리는 설교신학의 공적인 면을 발전시켜야 한다. 설교 사역의 갱신을 위한 우리의 많은 신학적 임무는 일반적으로 강단의 사회적 차원들로 인식될 수 있는 것에 관심을 가진다. 그 이유는 그것이 항상 사회적 상황 속에 존재하기 때문이다. 그러므로 오늘날 설교학을 위한 신학적 임무는 교회생활에서 강단갱신의 "실제적인 기대"와 관련하여 고려되어야 한다.

우리의 현재와 미래의 강단들은 건전한 공동체의 방향을 제시할 수 있는 설교학을 위해 개념적이며 실제적인 기초들을 발전시켜야 한다. 설교의 사회적 성격이 지역교회에서 매 주일 이루어지는 설교의 실제적인 세계를 채워야 한다. 애비(Merril R. Abbey)가 주장하듯, 설교자는 "올바른 것과 그 올바른 것이 공적인 문제들과 뗄 수 없을 정도로 묶여져 있는 것을 위해 싸워야 한다."[62] 설교의 사회적 차원들을 발전시키기 위해, 설교자들은 예언자설교로부터 강한 자원들을, 즉 어떻게 선배 설교자들이 예언자설교에 대한 자신들의 신학적 이해를 실제적 필요들에로 돌리고, 그리고 어떻게 예언자설교가 그들의 설교 사역에서 역사하였는지를 연구해야 한다. 설교자는 예언자설교의 관점으로부터 설교의 사회적 성격의 다양한 차원들을 탐구할 수 있기 때문이다.[63]

---

61 Dieter T. Hessell, *Social Ministry*, 93.

62 Merril R. Abbey, *The Epic of United Methodist Preaching*(Lanham, MD: University Press of America, 1984), 105.

63 허셀(Dieter T. Hessell)은 3가지 기본적인 사회적 설교의 종류들을 제안한다. 현재의 사회적 문제들을 예언적으로 해석하는 것, 기독교의 사회적 가치들과 미덕들을 강조하는 것, 성경에 대한 사회적 해석을 발전시키는 것. 이 3가지 사회적 설교 모두는 예언자설교에서 성서적 선례를 가지고 있다. Hessell, *Social Ministry*, 94를 보라.

제4부

예언자설교의 실제적 적용

제4부

예언자설교의 실제적 적용

지금까지 우리는 *제1부 예언자설교의 성경적 전거*에서 예언자설교가 어떻게 시작되었으며 그 주된 내용은 무엇이었는지를 구약성경을 중심으로 살펴보았으며, *제2부 예언자설교의 역사적 발전*에서 성경적 예언자설교의 전통이 역사적으로 하나의 특수한 시대의 사회적 콘텍스트와 하나의 특수한 지역교회의 콘텍스트에서 선포된 예언자설교의 모델을 통해 어떻게 발전되었는지를 살펴보았으며, 그리고 *제3부 예언자설교의 신학적 정립*에서 예언자설교가 현대 교회와 사회에서 신학적으로 그리고 설교학적으로 어떤 의미를 지니고 있는지를 살펴보았다. 이 마지막 제4부에서는 공적이며 신학적인 임무로 설교자들에게 부여된 예언자설교를 오늘 우리의 교회 콘텍스트와 공적 콘텍스트에서 어떻게 적용할 수 있는지를 진지하게 다뤄보려고 한다. 예언자설교가 어떻게 새롭게 이해되며 수정될 수 있는지를.

제10장 예언자설교에 대한 새로운 이해

본 저서의 마지막 장의 목적은 예언자설교에 관한 성경적, 역사적, 신학적 관점들로부터 얻은 연구 결과들에 기초하여 예언자설교가 실제 설교현장에서 적용 가능하도록 예언자설교에 대한 새로운 이해를 제안하려는 것이다. 예언자설교를 새롭게 이해하는 일은 설교자로서 우리의 목회, 복음, 그리고 영성에 대한 이해를 우리의 개인적이며 집단적인 삶보다 더 큰 사회적, 경제적, 그리고 정치적 콘텍스트들을 포함하는 *통전적 목회와 온전한 복음*, 그리고 *건강한 목회와 영성*에 두는 것으로 시작하는 것이 도움이 될 것이다. 그 이유는 설교가 일반적으로 이런 콘텍스트들과 연관되어 논의되기 때문이다.

1. 통전적 목회와 온전한 복음 회복을 위한 설교

오늘날 우리 강단 또는 설교 갱신에 대한 필요는 점차 늘고 있다. 정치, 사회, 경제, 인류, 철학, 생태 등 교회를 둘러 싼 환경으로부터 오는 급하고 현격한 패러다임의 변화는 사회로부터 공신력을 상실하고 있는 강단에 갱신에 대한 필요를 더 하고 있다. 더 넓고 다양한 문화의 상황들은 질적인 하락을 경험하고 있는 우리의 설교에 설교의 위치와 목적, 온전한 복음(Holistic Gospel)에 대해 충실한 설교, 설교의 사회적 차원에 대한 신학적 반성을 요구하고 있다.

설교는 설교신학을 전제한다. 그래서 설교를 하는 사람은 복음 선포에 대한 관점을 전제로 말씀 선포를 한다. 말씀을 선포하는 행위는 설교를 하는 이유와 설교의 목적을 포함하여 복음에 대한 신학적 사고로부터 일어난다. 설교 행위는 복음을 정확하게 전하는 것이 어떤 의미에서 청중의 삶에서 역사하도록 하는 근본적인 수단임을 암시한다. 설교를 하는 목적이 무엇이든, 그리고 설교자가 그 목적에 대해 깊이 생각하지 않더라도, 설교의 목적은 항상 신학적인 근거 위에 있다. 그래서 설교 행위는 이미 신학적인 진술을 함축하고 있다.

이 모든 것은 우리의 강단이 변하고 있는 사회와 세계에 바르게 반응할 수 있는 새로운 형식의 예언자설교를 통해 갱신되어야 할 필요성을 지적한다. 신학적인 설교는 문화에 대한 민감성과 설교자로 부름 받은 것에 대한 충실함으로 이루어질 수 있다. 설교는 계속 하나님께서 그리스도 안에서 우리를 위해 이루신 복된 소식, 즉 복음 선포가 될 것이다. 설교는 계속 철저하게 성서적이며 동시에 가장 최근의 커뮤니케이션 이해에 의해 이루어질 것이다. 그러나 새로운 시대를 위한 예언자설교는 설교자들에게 믿음과 삶의 중심 문제들에 접근하도록 도울 것이다. 그리고 이런 문제들이 어떻게 이 시대의 인간 경험에 근거하는지를 보여줄 것이다. 회중은 설교자들에게 자신들이 추구하고 있는 삶의 의미와 목적을 함께 나누기를 요구할 것이다.[1] 설교자들은 설교를 통해 회중을 대신하여 그 삶의 의미와 목적을 탐구하고 삶의 경험에서 발견한 것을 그들과 함께 나눌 것이다.

예언자설교는 어떤 한 그룹에 의해 주장될 수 없다. 우리는 예언자설교를 오직 특별한 사명으로 부름을 받은 설교자들에게서만 찾으려는 시도를 포기해야 한다. 그렇다면, 하나의 질문이 아직도 우리 앞에 남아 있다: **예언자설교가 모든 설교자들에게 가능할 수 있는가?** 이 질문은 우리의 설교학적 관심을 "균형 있는 복음"(the balanced Gospel)에 둠으로 그리고 그 복음을 우리의 개인적이며 집단적인 삶의 더 넓은 사회적, 경제적, 정치적 상황과 관련하여 토론함으로 예언자설교를 새롭게 이해하도록 만든다. 균형 있는 복음은 모든 설교자들 뿐 아니라 모든 시대와 상황에 타당성을 갖는 성서적 설교 방법을 제공한다. 균형 있는 복음은 오늘을 위한 설교신학의 출발점을 제공하여 예언자설교의 필요성에 대한 확신을 새롭게 그리고 새로운 방식으로 분명히 설명할 기회를 가진다.

우리의 통전적 목회에 대해 생각할 때, 복음을 인간 삶의 모든 영역과 연결시키

1 트뢰거(Thomas H. Troeger)는 포스트 모던시대를 위한 강단의 시학에 관해 말한다. Richard L. Eslinger, ed. *Intersections: Post-Critical Studies in Preaching* (Grand Rapids: Eerdmans, 1994), 42-64를 보라.

려는 설교는 우리가 그리스도 안에서 표현하는 사람들에게 놀라움이 되어서는 안 된다. 우리 설교의 목적은 예배, 상담, 교육, 또는 섬김에로 이끄는 것과 충돌되지 않는다. 신앙공동체를 대표하는 우리의 통전적 목회는 모든 종류의 사람들과 문제들에 대한 관심의 증거가 되어야 한다. 만일 우리의 목회가 예수 그리스도에게 가까우면, 우리는 많은 환경에서 모든 사람들을 위한, 그리고 인간의 위엄과 가치를 높이는 제도들을 위한 하나님의 사랑을 예증하는 자들로 보이고 들려질 것이다. 그러므로 가난한 자들, 억압 받는 자들, 주변으로 밀린 자들에 관계된 사회적, 정치적, 경제적 문제들이 강단으로부터 갑작스런, 귀에 거슬리는 외침이 되지 않고, 우리의 통전적 목회의 성격을 드러내야 한다. 성도들에게 이상하게 보여야 하는 것은 강단이 시대의 주요 문제들에 대한 침묵이고, 그리고 우리 목회의 나머지 영역과 불일치하는 침묵이다. 우리는 다양한 성도들의 문제들에 민감하고 개인적이며 사회적인 변화 모두를 위한 설교자로 부름 받은 책임에 충실해야 한다.

온전한 복음에 대해 충실한 것 자체가 설교할 필요성, 설교의 내용, 그리고 설교 평가의 필수 조건인 가치들을 결정한다. 그리고 설교의 건강성과 활력은 온전한 복음에 대한 올바른 이해에 의존한다. 진정 설교에서 온전한 복음에 대해 충실하는 것보다 더 중요한 것은 없다. 이런 의미에서 예언자설교를 온전한 복음에 대해 충실한 설교로 이해하는 본 연구는 오늘날 강단의 갱신을 위한 강력한 안내와 자극을 제공할 것이다.

예언자설교는 온전한 복음에 충실하려고 노력하는 설교와 사역의 한 방식이다. 설교 사역에서 온전한 복음에 대한 충실한 증인으로서의 예언자의 증거나 목소리를 무시하는 것이 강단의 의미와 힘을 위협한다. 설교자는 근본적으로 온전한 복음에 대한 하나의 충실한 증인이 되도록 부름을 받는다.[2] '하나님의 말씀을 온전하게 알리는 것'(골로새서 1:25)이 설교자를 위한 첫 번째 임무이다. 그러므로 설교자는 자신의 증거에 대해 충실하고 확신을 가져야 한다. 그러나 그 동안 강단은 복음을 인간의 모든 조건들과 하나님 나라에 관한 비전과 연결시키려 시도하는 예언자의 목소리 내는 것을 두려워하거나 무시해왔다. 예언자설교에 대해 그처럼 두려워하는 것이나 무시하는 것은 온전한 복음에 대해 충실해야 할 설교의 임무

2 Ronald J. Allen, "Two Approaches to Theology and Their Implications for Preaching," *Journal for Preachers* 19.3 (1996): 45.

와 예언자설교의 본질 모두에 대해 일반적으로 잘못 이해한 것에 기초한다.

지금까지 우리는 예언자설교에 관해 다음과 같은 질문들에 대답하려 했다: 어떻게 우리가 예언자설교를 어떤 인간의 실존에 대해서도 충실하게 적용될 수 있는 온전한 복음에 대한 충실함으로 회복할 수 있는가? 어떻게 우리의 설교가 복음의 관점으로부터 다양한 인간의 조건들에 대해 말할 수 있는가? 어떻게 설교자들이 오늘날 강단에서 설교를 위한 복음의 사회적 양심을 반영할 수 있는가? 어떻게 설교자들이 설교에서 온전한 복음에 대해 충실하려는 삶과 사역의 한 방식으로 하나님 나라의 사회적이며 세계적인 관심들에 초점을 두면서 목회적 관심을 잃지 않으면서 동시에 예언자의 본능에 충실할 수 있는가? 우리는 본 연구에서 이런 질문들에 대한 몇 가지 대답들을 구약성경의 설교자들과 캠벨의 예언자설교를 통해 발견하였다.

우리에겐 여전히 대답해야 할 또 다른 질문이 남아있다: **예언자설교가 모든 시대와 상황들에 완전히 타당성을 지닐 수 있는가?** 이 질문은 우리를 예언자설교에 대한 전체적인(온전한) 이해에로 인도한다. 예언자설교는 종종 해방, 흑인, 그리고 여성 신학들과 관련된 해방, 콘텍스트, 그리고 변화와 같이 특수한 신학적 입장으로 논의되어 왔다. 그러나 본 연구가 주장하는 바는 예언자설교는 그처럼 특수한 상황에 의해서보다는 "인간의 전체적인 상황"에 의해 이해되어야 한다는 것이다. 한편으로, 예언자설교는 우리 설교자들의 신학적 임무이며 동시에 콘텍스트인 "하나님의 모든 사람들"(the whole people of God)과 관련된다. 예언자설교가 하나님께서 독생자를 십자가에서 희생시키면서 지극히 사랑하신 모든 사람들과 관련되려면 교회 공동체적 전통들에만 의존하지 말고, 사회와 공유할 수 있는 새로운 전망들을 열어야 한다. 다른 한편으로, 예언자설교는 세상을 구원하기 위한 하나님의 말씀을 이해할 때 "모든 공동체"(the whole community)를 포함한다. 예언자설교는 공동체로 하여금 더 넓은 사회적 현실들에 비추어 하나님의 말씀을 듣고 식별하도록 한다.[3]

3 설교와 더 넓은 사회적 현실들과의 관계에 대해, Art Van Seters et al. *Preaching as a Social Act* (Nashville, TN: Abingdon, 1988) 그리고 청중의 윤리적이며 신학적인 역할에 관해, *Preaching and Ethics* (St. Louis: Chalice, 2004) 130-33을 보라.

1) 전통적인 예언자설교 이해

모든 세대에서 예언자설교는 사회적 질병들에 대해 언급했다. 흑인, 해방, 그리고 여성 신학들이 출현하고 신학 연구와 성경 공부 영역에서 사회적 분석이 출현함으로, 설교의 사회적 특성이 대화를 위한 별도의 그리고 결정적인 영역이 되었다. 이런 점에서 예언자설교에 관한 특별한 관심(표현)들이 흑인 교회 안에서 그리고 해방신학과 여성신학이 영향을 주는 모든 영역들과 인종차별, 가난, 전쟁 등과 같은 사회적 이슈들에서 일어났다. 이런 이유로 오늘날 예언자설교는 현대적 콘텍스트 안에 있는 개인들과 사회의 해방과 변화를 목표로 삼으며 그래서 예언자설교는 약간 다른 형식으로, 즉 사회적 콘텍스트의 해방과 변화의 관점으로부터 해석학과 설교학의 임무들을 성취하려는 해방적인, 상황적인, 또는 변화적인 설교로 계속 진행된다.

하지만 현대 설교학에서 예언자설교를 해방, 콘텍스트, 변화로 이해하는 것은 지나치게 심판적, 추상적, 진부하게 성경적, 그리고 장황스런 설교들에 대한 하나의 해독제 역할을 해 왔다. 불분명한 설교는 폐쇄된 특징으로 인해 어려움을 겪게 된다. 불분명한 설교는 이런 실존, 실체, 역사, 우리가 전달 받은 이런 삶들이 우리가 고려해야 하는 모든 것들이라는 것을 무시한다. 우리의 설교에서 나타나는 그런 약점이 마지막 남은 기대감마저 소멸시킬 수 있다. 해방으로서의 예언자설교는 필요한 하나의 반응, 즉 기독교를 그 시대의 구체적이며 절박한 이슈들과 연결시키기 위한 결정이었다. 흑인신학, 해방신학, 여성신학, 그리고 다른 신학들의 영역들로부터 나오는 셀 수 없는 분명한 목소리들이 우리에게 계속 말하고 있을 때, 구원은 단지 하나의 영적 실체 또는 다른 세계의 실체가 아니다. 구원은 이런 현실적인 그리고 절망적인 세계, 즉 가난한 자들, 굶주린 자들, 그리고 괴롭힘을 당한 자들이 구원을 필요로 하지만 자신의 개인적인 죄로부터의 구원 이상을 필요로 하는 세계를 위해 근본적인 의미들을 지닌다.

첫째로, 어떤 이들은 **해방으로서의 예언자설교**에서 복음의 한 차원으로서의 내재성을 주장하는 것에 만족하지 않았다. 그들은 때로 초월성에 대한 관심이 그들 스스로 영구히 그 초월성을 거부하려는 경향을 조장하는 무형의 기독교에 대해 매우 의심스럽게 여겼다. 때때로 예언자설교를 해방으로 이해하는 자들은 후회스럽게도 그러나 이해할 수 있도록 이런 부류에 빠진다. 그 이유는 그들의 생각이 하늘에 속한 비정치적인 신학들의 문제들이 너무나 분명한 압제적인 콘텍스트로부터 자라기 때문이다.[4]

둘째로, **상황적인 설교로서의 예언자설교**는 모든 상황들에 타당성을 가질 수 없다. 그래서 우리는 각자의 환경 속에 있는 다른 사람들에 관해 말할 수 없다. 상황적 설교에서는 목양적인 것과 예언자적인 것이 통합되지 않고 분리된다.[5] 예언자설교는 일반적으로 개인적 문제들보다 사회적 책임성을 더 다루는 것으로 이해된다. 비록 지난 우리의 설교 역사에서도 예언자설교는 모든 인간의 실존에 적용될 수 있는 본문적 일반성들보다 상황적 특수성들을 다루는 것으로 이해되었다. 하지만 그런 이해는 성경적이며 신학적인 의미에서 예언자설교를 적절하게 이해한 것이 아니다. 왜냐하면 예언자설교는 복음을 인간 상황들의 모든 면들과 연결시키려 하기 때문이다. 예언자설교에서는 온전한 복음의 내용이 결코 사람들의 모든 필요들, 그리고 물질적, 육체적, 지적, 사회적, 도덕적, 그리고 영적인 영역들과 함께 사람들에게 제공되는 구원의 총괄적인 특징에 대한 관심과도 분리되지 않는다. 진정으로 이것이 바로 성경이 말하는 예언자설교의 중심에 있는 통찰력이다. 청중의 관점에서 보면, 온전한 복음을 설교하는 것은 일어나는 것들, 다가올 것들과 직면하는 실존적 충실함에 대한 하나의 부름이다.

셋째로, **변화로서의 예언자설교**는 어떤 일이 일어나기 전에 말하는 것(foretelling)보다 다른 사람들에게 메시지를 선포하는 것(forthtelling)에 더욱 가깝다. 그래서 현재에 대한 타당성이 미래와 과거에 대한 것보다 우선순위를 가진다.[6] 하나님 나라의 미래에 관한 예언적 목소리가 강단에서 들려져야 한다는 것이 바로 설교에 대한 깊은 욕구이다. 그런 설교는 성경에서 사용되는 "복음"이란 용어가 예언적 계시의 모든 시간을 의미한다는 확신을 선포하도록 의도된 것이다. 그러

---

4 Catherine G. Gonzalez, "Liberation Preaching," *Concise Encyclopedia of Preaching*, 307-9을 참고하라.

5 William K. McElvaney, "Prophetic Preaching," *The Complete Library of Christian Worship: The Renewal of Sunday Worship*, Vol. 3, ed. Robert E. Webber (Nashville, TN: Star Song, 1993), 307-8을 참고하라.

6 Christine M. Smith, "Preaching," *Dictionary of Feminist Theologies*, ed. Letty M. Russell & J. Shannon Clarkson (Louisville, KY: Westminster/John Knox, 1996), 224-25 and James H. Harris, *Preaching Liberation* (Minneapolis: Fortress Press, 1995), 제1장을 참고하라.

므로 예언자들을 통해 약속된 하나님의 복음은 구속적 가능성들을 밝히는 것에 관한 것이다. 복음을 하나님 나라에 관한 기쁜 소식이라고 말하는 것은 그 복음의 예언적 요소, 즉 미래를 여는 것에 관해 말하는 것이다. 설교, 즉 미래를 열기 위해 현재의 상황에 과거의 한 사건을 가져오는 것은 특수한 일시적 구조를 지닌다. 이스라엘의 상황에 출애굽의 해방, 약속, 그리고 계약을 가져온 히브리 예언서들 안에 있는 구조는 임박한 심판과 자비 모두에 관한 하나의 미래를 여는 것이다.

그러므로 예언자설교를 해방, 상황적, 그리고 변화적인 것으로 보는 현대의 신학적 이해는 예언자설교를 통전적으로 이해하는 방식에 의해 새롭고 신선하게 될 것이 틀림없다. 그렇다면 우리가 **어떻게 예언자설교에서 본문중심적인 초월성, 보편성, 공동체성과 상황중심적인 내재성, 특수성, 개체성의 균형을 만들 수 있을까?**[7]

2) 새로운 예언자설교 이해

예언자설교에 대한 현대 신학적 이해에 대한 비판적 평가로부터, 하나의 새로운 이해가 하나님의 말씀과 신앙 공동체 모두에 관해 충실하게 설교할 필요성으로 예언자설교의 회복을 요청한다. 예언자설교에 대한 이런 새로운 이해는 온전한 복음과 우리가 설교하는 상황 모두에 대한 이해에서 우리의 충실함을 형성하는 신학적 위치(중요성)에 기초한다. 그러므로 설교자의 임무는 성경의 본문과 현대 상황을 연결시키는 설교학적 임무에 충실하면서 복음과 회중의 삶을 말하는 것이다.[8] 이런 의미에서 설교자들에게 설교란 하나님(하나님의 말씀)에 의해 부름을 받은 것과 회중은 그 말씀의 의미들에 따라 살아가도록 부름을 받은 것에 대해 충실하게 응답하는 행위이다. 이런 충실한 설교 행위가 예언자설교에 대한 평가 기준들을 형성한다. 그 평가 기준들은 예언자설교에 대한 통전적 이해에 기초한

7 현대 신학의 역사에서 초월성과 현재성에 대해 Stanley J. Grenz & Roger E. Olson, *20th-Century Theology: God & the World in a Transitional Age* (Downers Grove, IL: InterVasity Press, 1992), 11-13을 보라.

8 Eleanor Scott Meyers, "Organizational Power and Politics: A Vital Connection for the Preacher," *The Living Pulpit* 5.2 (1996): 19.

다. 그런 이해를 통해 강단들은 성경적 본문과 현대적 상황의 설교학적 양방통행 사이에서 균형을 구하려는 강단의 임무와 의무를 인식한다.

예언자설교에 대한 새로운 이해를 가능하게 하는 근본적인 신학적 전제는 하나님께서 설교를 통해 세상 속에서 그리고 그 세상을 위해 성취하시려 한다는 것이며 본문적인 초월성과 상황적인 현재성 사이에서 균형을 이루는 설교가 통전적이라는 것이다. "통전적"(wholistic)이라는 용어가 유행적으로 지나치게 사용된다 하더라도, 그 용어는 상황적 설교에 대한 대안적인 설교의 의도와 내용을 전달하는데 도움을 준다. 그것은 또한 현실과 인간 경험의 모든 차원들, 즉 몸과 정신, 의식적인 것과 무의식적인 것, 물질과 영, 개인적인 것과 사회, 정치적인 것과 종교적인 것, 그리고 현재와 미래를 포함한다. 목양적이며 예언자적인 목소리로 나타나는 복음은 비록 우리의 처음 관심이 실제로 사회적인 것으로 보일 때라도 통전적인 희망을 주장한다.

예언자설교에 관한 통전적 이해는 모든 것들의 상호 관계성을 인정한다. 그래서 그 모든 것들의 각 부분이나 개인에 관한 통전적 변화로서의 설교의 임무가 전체의 변화 안에서 그리고 전체의 변화와 함께 할 때에만 성취된다는 것을 인정한다. 이런 이해는 히브리어의 샬롬(שָׁלוֹם, shalom)이 전체적인 안녕을 의미한다는 사실에 의해 표현된다. 그래서 진정으로 모든 시간과 상황들, 즉 영혼들과 제도들의 변화에 관계되는 온전한 복음, 즉 균형을 잃지 않는 복음에 충실하는 예언자설교는 통전적 설교이다.

첫째로, 예언자설교는 **온전한 복음의 초월성과 내재성 모두에 충실하는 설교**로 이해되어야 한다. 최선의 상태의 예언자설교는 항상 설교의 텍스트와 콘텍스트의 쌍둥이 같은 설교학적 긴장, 즉 초월성과 내재성이라는 복음의 두 차원들의 긴장 사이에서 균형을 찾는다. 설교 속에 있는 본문적 초월성과 상황적 내재성의 상호작용은 설교학에서 중심되는 관심이다. 한편으로 예언자설교는 복음의 초월적인 차원에 관계한다. 즉 설교에 나타나는 복음은 모든 시간과 상황들에 보편적으로 관계한다. 이것은 예언자설교가 구체적인 역사적이며 문화적인 콘텍스트 안에서 복음을 전한다는 것을 의미하며, 그러므로 예언자설교는 당당하게 상황적 설교이다. 예언자설교의 상황적 성격 때문에, 예언자설교를 전하는 설교자는 초월성과 내재성 사이의 창조적인 긴장과 싸운다. 초월성을 지나치게 강조하는 것은 설교가 말하려는 문화적 상황과 무관하게 되는 설교가 될 수 있으며, 반면에 내재성에 지나치게 강조하는 것은 하나의 구체적인 문화에 포로가 되는 설교를 제공할 수 있다.

둘째로, 예언자설교는 **온전한 복음의 보편성과 특수성 모두에 충실한 설교**로 이해되어야 한다. 예언자 같은 설교자는 온전한 복음의 보편성과 특수성 사이에 있는 창조적 긴장과 싸운다. 그런 설교자는 보편적인 시간과 장소에 관계하는 성경 본문과 오늘날 신앙 공동체를 위해 하나님의 말씀을 해석하는 것으로서의 특수한 상황 사이에 서있다. 한편의 설교는 원형이 아니라 타원형이다. 타원형은 두 개의 초점들을 가진다. 하나는 기쁜 소식(복음)이고, 다른 하나는 현대적인 상황이다. 어떤 초점으로 설교를 시작할 것인가? 그것은 중요한 것이 아니다. 해방을 강조하는 설교들의 약점은 하나님의 말씀에 대해 하나의 초점만 가지는 것이다. 본문과 상황 사이의 대화가 진정한 양방향이다. 우리는 서로와의 대화를 통해 본문과 상황을 연결하는 설교학적 임무를 취해야 한다.

그러나 예언자설교가 특수성들을 비난하고 오히려 보편성들을 인정할 때 보다 더욱 견고한 기초 위에 서있는 것처럼 보인다. 그러나 분명한 성경의 명령들은 기아, 착취, 그리고 비인간화를 비난하기 위해 존재한다. 더 나아가 그런 이슈들에 대해 적절한 연구와 자료 수집이 이루어졌다고 생각하면서 원인들뿐 아니라 결과들에 관하여도 매우 특수하게 되는 것이 가능하다

설교자는 하나님의 통치와 모순되지 않는 그런 가치들과 희망들을 향하게 해야 한다. 예를 들어, 복음의 이름으로 강단은 지속적으로 대량 파괴를 일삼는 무기들을 강화시키는 것, 국제적으로 무장해제를 협상하려는 진지한 노력이 부족한 것, 그리고 부유한 사람들을 편애하고 불우한 사람들의 고통을 증가시키는 정부의 입장에 대해 도전할 수 있어야 한다. 설교자는 하나님의 이름으로 인간적인 질문을 던지고, 성경적이며 신학적인 근거로부터 도덕적인 정신을 요구하고, 그리스도의 마음과 일치하는 그런 가치들을 높이고, 모든 상황에서 나타나는 하나님의 심판과 사랑을 향하도록 한다. 이것이 바로 보편성들을 인정하는 것이 무엇을 의미하는지 이다.

그러나 우리가 이상론적인 입장들을 합리화하지 않기 위해 복음이나 기독교의 해결방안을 특수한 정치나 경제 프로그램과 동일시하는 것은 더욱 힘들고 더

욱 의문스럽다. 설교자는 정책 입안자의 입장을 당연하다고 생각하는 것이나 그들이 사회를 재건설하는데 전문적인 지식을 가지고 있다고 주장하는 것에 관해 매우 주의해야 한다. 성경적 기초는 프로그램들과 정책들의 특수성들을 상세히 설명하는 것보다 그리스도의 나라나 생각에 관한 목적들과 우선성들을 높이는데 더욱 건설적이다.

셋째로, 예언자설교는 **온전한 복음의 개체성과 공동체성 모두에 충실한 설교**로 이해되어야 한다. 목양적이며 예언자적 목소리로 나타나는 복음은 우리의 처음 관심이 실제로 사회적인 것으로 나타날 때에라도 통전적 희망을 주장한다. 온전한 복음에 충실한 예언자설교는 복음의 입장으로부터 인간의 다양한 조건들에 대해 말한다. 그러므로 우리는 개인적이거나 사회적인 변화 어느 한쪽으로만 기울어질 수 없다.

예언자를 "순전히 카리스마를 지니고 있는 개인"으로 정의한 막스 웨버(Max Weber)에 의해 세워진 기독교 전통에 의하면,[9] 예언자는 전통/제도와 제사장에 반대한다. 하지만 이런 이해는 예언자와 제사장 사이, 예언자 개인과 공동체 사이, 그리고 정의와 자비 사이에 있는 3가지 이율배반을 나타낸다. 설교에 관하여 이런 이율배반은 다음의 거짓된 개념들에로 인도한다. 첫째로, 예언자설교는 설교자를 신앙 공동체에 맞서게 한다. 둘째로, 설교자들은 자신들이 다른 부름들에 의해 예언자적 또는 목양적이 될 것인지를 결정해야 한다. 예언자 직무는 정의에 뿌리를 두는 반면, 목양적 직무는 자비에 근거하게 만든다.[10]

그러나 예언자설교자는 하나님의 백성들을 격려하고 위로하는 것과 밀접하게 연결된다. 성경의 예언자들은 신앙 공동체 아래에 서 있었지만, 신앙 공동체 위에 서거나 대항하지 않았다. 우리가 이미 살펴보았듯이, 이스라엘의 고전적인 예언자들의 사역을 자세히 관찰하는 것은 예언자들의 설교에 관한 기본적인 관심이 공동체 생활을 세우는 것, 즉 목양적인 관심이라는 것을 보여준다. 예언자설교는 지역에서 불의와 압제로 고난을 받고 있는 자들을 위할 뿐 아니라 또한 더 큰 공동체와 세계 주위에 있는 다른 사람들을 위한 돌봄과 관심을 표현한

---

9 Max Weber, *Economy and Society* (Berkeley: University of California Press, 1978), 1: 439.

10 D. Stephen Long, "Prophetic Preaching," *Concise Encyclopedia of Preaching*, 387-88.

다. 이런 의미에서 예언자설교는 목양적 설교의 한 확장이다. 예언자설교는 집으로부터 먼 곳에서 그리고 가까운 곳에서 불의로 고난을 받고 있는 사람들을 포함하는 관심의 영역을 확대하며 특별히 그들의 고난의 원인들에 관심을 가진다. 예언자설교의 표현 형식은 우세한 태도와 행위에 도전하는 것이지만, 그 목적은 공동체로 하여금 자체의 정체성과 사명의 중요한 면들을 주장하거나 재주장하도록 하는 것이다. 예언자설교는 공동체 안에 그리고 그 공동체를 위해 존재하지만, 개인적인 관심들을 배제하지는 않는다.[11] 예언자적이 된다는 것은 목양적이 되는 것과 반대되는 것이 아니다. 이런 점에서 예언자설교는 가장 목양적인 행위라고 할 수 있다.[12]

예언자설교의 목양적인 면을 설명하기 위해, 로날드 알렌(Ronald J. Allen)은 예언자설교를 공동체가 하나님에 관해 이해하는 것, 공동체의 사명과 삶, 또는 세상에 관한 공동체에 대해 이해하는 어떤 관점들을 "바로잡으려는" 교정적(corrective) 설교로 정의한다. 그는 예언자설교가 "공동체 삶의 어떤 면들을 교정하려는 목적을 지닌 목양적 설교의 특수한 하위 범주"를 가진다고 주장한다.[13] 그렇게 함으로, 알렌은 예언자설교를 목양적 설교를 위한 하나의 패러다임 안에 위치시킨다. 이것은 예언자설교가 강단의 도덕주의와는 매우 다르다는 것을 의미한다. 월터 부르거만(Walter Brueggemann)은 예언자적 상상력을 예언자적인 면과 목양적인 면 사이를 오고가는 것으로 이해한다. 그는 예언자적인 면을 분노와 화에 의해서가 아니라 목양적인 슬픔과 비애에 의해 "무감각함"을 통과하려는 것으로 주장한다.[14] 그러므로 예언자적인 면과 목양적인 면의 관계는 예언자를 종교적인 천재로서의 개별성으로 이해하는 것보다는 공동체와 더욱 깊은 결속력을 지닌 것으

11 지역교회의 목회에서 예언자적 역할 속에 포함된 목양적 차원에 대해 Stanley Hauerwas, *Christian Existence Today: Essays on Church, World, and Living in Between* (Durham, NC: The Labrynth Press, 1988), 162-65를 보라.

12 Ibid., 388.

13 Ronald J. Allen, "The Relationship Between the Pastoral and the Prophetic in Preaching," *Encounter* 49.3 91988), 173, 181.

14 Walter Brueggemann, *The Prophetic Imagination* (Philadelphia: Fortress, 1978), 111.

로 이해해야 한다.[15]

이런 통전적인 접근 방식들에서 예언자설교는 복음을 전하는 관습을 통해 인간과 사회의 해방을 위해 공헌하기 위해 사회적인 콘텍스트 안에 위치한다. 그 이후로 실천신학의 목적이 현대 사회의 상황에서 교회의 관습이 되었다. 설교자들은 항상 설교의 사회적 콘텍스트를 알고 고려해야 한다. 이런 면에서 설교는 영감을 받은 사회 혁명에 영향을 줄 수 있도록 회중의 의식을 높여야 한다.

이런 운동을 위해, 예수님은 우리 모두에게 대표자의 역할을 하였다. 그는 자신의 죽음을 통해 오늘 우리의 죄 선고에서 우리와 동일시된다. 그렇게 함으로 그는 우리가 죄에 의해 파멸되지 않고 우리의 죄책을 받아들일 수 있게 한다. 그는 우리에게 하나님은 승리자가 아니라 희생자 안에서, 고통을 주는 자가 아니라 고난 받는 자 안에서 발견되는 분임을 보여준다. 그래서 만일 우리가 복음에 대해 충실하거나 책임을 지려면 우리 시대를 위한 성경본문의 충분한 사회-정치적 의미를 무시하는 것이 극복되어야 한다. 우리가 필요로 하는 것은 각 시대와 상황에 더욱 특수하고 구체적인 목표를 세움으로 설교의 목적을 보다 분명하게 반영하는 것이다. 그래서 우리는 설교의 임무가 온전한 복음에 충실한 증거가 되어야 한다고 제안한다.

진정한 예언자설교는 온전한 복음에 대한 충실함으로 구성되며 그래서 성경본문과 현대 상황을 연결하는 설교학적 임무에 충실해야 한다. 그러므로 예언자설교는 온전한 복음의 특징들을 의미하는 초월성과 내재성, 보편성과 특수성, 그리고 개체성과 공동체성 사이에 균형을 만들면서 세상에서 얼마나 특수한 상황이 설교 속에서 해석되는지 그리고 어떻게 복음과 성경이 그런 해석들을 안내하는지에 관심을 가진다.

---

15 Charles L. Campbell, *The Word before the Powers: An Ethic of Preaching* (Louisville: WJKP, 2002), 92. 하지만 캠벨은 목양적인 면과 예언자적인 면 사이의 연결선들이 흐려지는 것은 "권력들"이 우리를 어떻게 포로로 만드는지, 즉 그 권력들이 우리를 공모자들로 인식하게 만드는지를 이해하게 될 때 그리고 반면, 어떻게 하나님의 구원의 말씀이 "드러내는 것"과 "비전을 갖게 하는 것"을 통해 역사하는 것을 알게 될 때라고 말한다.

2. 지속적인 영적 건강 회복을 위한 설교

예언자설교는 우리에게 문제가 있으며 도움이 필요하다는 것을 전제한다. 우리는 완전하지 못하며 그래서 문제가 있다는 것을 알고 있다. 수년 동안 그리스도를 따르는 생활을 한 후에도 여전히 우리에겐 비밀스런 죄들, 영적 미성숙함, 치유되지 않은 상처들과 같은 문제들이 숨겨져 있다. 시편 기자가 고백한 것처럼, "주의 진노로 말미암아 내 살에 성한 곳이 없사오며 나의 죄로 말미암아 내 뼈에 평안함이 없나이다."(시 38:3) 하지만 우리는 누군가 우리를 위협하기 위한 무기가 아니라 우리의 변명들과 책임 회피라는 층들을 도려내기 위한 메스로 하나님의 말씀을 사용할 때까지는 여러 해 동안 이런 영적 질병들을 회피하거나 부인할 수 있다.

그래서 예언자설교는 우리가 듣고 싶어 하는 것보다 우리가 들어야 할 것을 말한다. 우리는 예언자설교의 궁극적 의무가 우리의 일시적인 문제 해결보다 오랜 동안 지속될 수 있는 영적 건강을 회복하는 것임을 알고 있다. 그래서 결과적으로 우리는 신뢰받는 하나님의 참 예언자가 우리의 삶에 관한 진실을 말해주기를 허락하고 기대한다. 그 진실이 우리를 곤란하게 만들 때도 그렇다. 왜냐하면 우리의 영적 건강에 관해 정확한 정보와 판단을 말하기 회피하는 설교자는 무능하고 부적절하거나 무책임하기 때문이다. 그러므로 예언자설교 사역은 용기와 열정을 필요로 한다. 신뢰할 수 있는 설교자는 우리의 죄를 확인하고 그 죄명을 밝히고 우리의 영혼을 치유하실 수 있는 분에게로 우리를 부드럽게 인도하면서 진리를 말한다.

예언자설교 사역은 우리 속에 있는 영적 질병을 진단한다. 이 사역은 의사가 하는 것처럼 진리에 당의를 입히는 일이 아니다. 예언자설교는 고통스런 결정을 무시하거나 최소화시키지 않으며 오히려 우리가 듣고 싶어 하는 것보다 들어야 할 필요가 있는 것을 선언한다. 예언자설교는 확신과 용기를 가지고 "여러분에겐 문제가 있습니다. 물론 여러분은 다른 의견을 들을 수 있습니다. 그러나 내가 지금 말하려는 것은 여러분의 문제를 치유할 수 있는 것은 오직 한 가지 밖에 없다는 것입니다. 바로 복음입니다. 나는 하나님의 말씀의 권위에 의해 여러분에게 도움이, 하나님의 도움이 필요하다는 것을 말할 수 있습니다. 그리고 그 동일한 권위에 의해 나는 여기에서 하나님께서는 예수 그리스도의 생활, 죽음, 부활을 통해 여러분과 함께 하시고 여러분을 위하신다고 선포해야 합니다. 그분은 여러분의 영혼의 치료자이십니다."

그러나 예언자적 설교자들은 단순히 개인적인 또는 인격적인 이슈들을 다루지 않는다. 그들은 때때로 우리의 영적인 불건전함, 즉 불의, 가난, 인종차별, 성적 비도덕성, 그리고 거짓 가르침 등에 대해 보다 더 광범위한 사회적 면들을 직면해야 한다. 또한 이런 보다 큰 이슈들은 전체를 파괴시키지만 동시에 하나님의 형상을 닮고 그리스도에 의해 사랑을 받고 있는 사람들을 결합시킨다.

이제 우리의 교회들은 담대하고, 불쌍히 여기고, 그리스도 중심적이고, 성령충만한 예언자설교를 필요로 한다. 그런데 불행하게도 많은 설교자들은 예언자설교에 대해 부정적인 태도들을 지니고 있다. 종종 예언자설교는 몇몇 소수의 목사들에게만 적용되는 특별하거나 이상하기까지 한 부름으로 이해된다. 때론 예언자설교는 현대 문화에 역행하는 설교자들의 이미지들을 불러일으키는 반면, 미래에 관해서는 이상한 예견들을 한다. 또는 더욱 부정적으로 예언자 같은 설교자들은 때로 하나의 좁은 인간성 묘사로 모아진다: 그들은 화를 잘 내고, 큰 소리를 내는 재치 없는 사람들로 청중이 자신들의 설교에 의해 부끄러움, 패배감, 또는 상처를 느끼기를 원한다. 이처럼 예언자설교에 관해 따분하고, 비도덕적이고 비성경적인 오해들이 본 연구를 통해 얻은 다음과 같은 결론들을 통해 모두 제거되어야 한다.

오늘 시대에 예언자적 설교 목회를 어떻게 시작할 것인가?[16] 본 연구의 결과들로 예언자설교를 설교갱신의 하나로 제시하려는 것은 소위 설교의 새로운 방법론적 노하우에 대한 것이 아니라, 성경이 말씀하는 설교가 무엇이냐의 본질로서의 설교목회로 패러다임을 바꾸자는 것이다. 현재 우리 개신교의 성장이 멈춘 이 시점에 교회 성장에 대한 소망이 있는지 자문해야 할 때, 분명한 대답은 예언자설교를 통해 새로운 것을 발견하기보다는 다음과 같이 설교의 본질로 돌아가야 한다는 것이다.

첫째로, 예언자설교는 항상 어떤 전통이나 새로운 이론, 지식, 정보보다 **성경**

16 예언자설교의 목적과 목표, 예언자같이 설교를 효과적으로 하는 방법, 예언자설교에 대한 오해 등 에 대해 Craig Brian Larson, ed. *Prophetic Preaching* (Peabody, MA: Hendrickson, 2012)을 보라.

에 대한 높은 관점, 즉 하나님의 말씀으로부터 시작한다. 예언자설교의 능력과 권위는 오직 성경에 기초되고 성경에 중심을 둔 것에 있다. 그래서 예언자설교의 기초는 항상 하나님의 말씀이지 결코 설교자의 인격, 훌륭함, 또는 노력이 아니다. 하나님은 지금 이 도시에서 예배를 위해 모인 이 공동체, 즉 젊은이들과 노인들, 부자들과 가난한 자들, 믿음이 강한 자들과 의심하는 자들 등 다양한 배경과 환경의 사람들에게 말씀하실 어떤 것을 가지고 계시다는 전제가 있다. 구약에서처럼 오늘도 하나님은 성경을 통해 우리에게 외치신다. 하나님의 말씀은 양날이 선 검보다 더 날카롭다. 그래서 그 말씀은 우리를, 우리의 가장 깊은 부분들까지 깨끗하게 쪼갤 것이다: "하나님의 말씀은 살아 있고 활력이 있어 좌우에 날선 어떤 검보다도 예리하여 혼과 영과 및 관절과 골수를 찔러 쪼개기까지 하며 또 마음의 생각과 뜻을 판단한다."(히 4:12) 그러므로 궁극적으로 예언자설교를 위한 권위는 설교자의 지식이나 확신, 또는 지혜에 있는 것이 아니다. 오히려 그런 것들은 우리 설교자들에게 무거운 짐을 지울 뿐이다. 예언자적 권위는 하나님의 말씀이 죄를 드러내고, 우리 삶 안의 요새와 맞서고, 사람들을 예수님에게로 인도하며, 포로된 자들에게 자유를 줄 때 흐르게 된다.

둘째로, 하나님의 말씀으로 시작된 예언자설교는 **설교자 한 사람의 마음을 통해 흘러나와야 한다.** 구약 예언자들의 첫 경험처럼 오늘날 예언자설교를 하게 만드는 충격은 하나님께서 자신의 말씀을 사용하여 어떤 문제들에 대해 나의 주의를 기울이도록 하신다는 것을 느낄 때이다. 예언자설교를 하는 사람은 먼저 하나님께서 나에게 자신의 백성들과 무엇을 어떻게 나누어야 할지를 알기 원해야 한다. 그래야 하나님께서 그것을 나에게 분명하게 만드시고 구체적인 성경 말씀들이 마음에 떠오른다. 예언자적 설교자의 마음에는 어떤 특별한 것, 하나님께서 깊은 관심을 가지시는 것들을 위한 "거룩한 불만족"(holy discontentment)이 있다.[17] 그래서 예언자설교는 하나님의 마음을 파괴하는 것들로 인해 괴로워하는 설교자로부터 시작된다. 오늘날 구부러지고 뒤틀린 세계와 개인의 삶, 그리고 궤도를 벗어난 문화 속에서 예언자설교를 하려면 먼저 예루살렘의 잘못된 것들을 바로잡기 위해 가슴 아파하던 예수님의 마음으로 울 수 있어야 한다. 이것은 성

17 Francis Chan, "The Basis of Prophetic Preaching," *Prophetic Preaching*, ed. Craig Brian Larson (Peabody, MA: Hendrickson, 2012), 12.

령의 열매이며 또한 성령 임재의 증거로 하나님께서 나에게 백성들을 위한 메시지를 주셨다고 믿을 때 가능하다.

셋째로, 이런 거룩한 불만족에 근거하여, 예언자적 설교자들은 **긴급성**(urgency)**을 가지게 된다**. 나의 메시지가 하나님으로부터 오며 그것이 하나님께서 계시하신 어떤 것이라고 믿어질 때 긴급성을 지니게 된다. 이처럼 하나님의 말씀의 권위에 기초된 긴급성은 메시지가 중요하며 그래서 오늘 결심해야 한다는 느낌이다. 하지만 예언자설교의 긴급성은 청중을 공격하거나 마음에 상처를 주는 설교자 중심의 긴급성이 아니라, 우리의 죄, 깨어짐, 불의를 빨리 치유하려는 것이다. 여기에서 긴급성이란 한편으로 청중에게 단순히 정보나 오락을 제공하라는 것이 아니며, 다른 한편으로는 설교자의 개인적인 이야기들, 예화들, 문화적 통찰들을 생략하라는 것도 아니다. 오히려 청중이 회개하고 복음을 믿고 그리스도 안에서 성장하여 세상을 구원하도록 인도하고 치유하는 것을 의미한다.

넷째로, 긴급성을 유지해야 하지만, 예언자설교의 궁극적 목표인 사랑을 놓쳐서는 안 된다. 왜냐하면 예언자적 설교자들은 **사람들을 위한 사랑에 의해 동기를 부여받아야** 하기 때문이다. 예언자설교를 하는 과정에서 하나님은 내가 백성들을 사랑하기를 원하신다는 것을 잊는다면 그런 설교는 아무 유익이 없게 된다(고전 13:1). 궁극적으로 예언자설교는 사랑으로 시작하고 사랑으로 끝난다. 만일 설교자들이 요나처럼 세상이나 사람들의 잘못된 것들에 대해 단순히 자신들이 느끼는 화나 좌절을 드러낸다면,[18] 그들은 지속적으로 변덕을 부리는 사람들을 위하는 하나님의 깨어진 마음, 잃어버린 사람들을 위한 그리스도의 희생적 사랑, 그리고 성령의 감사와 화평케 하심을 전달하지 못할 것이다. 말씀을 듣는 사람들에게 스트레스를 주고, 협박하고, 부끄러움을 느끼게 하는 것은 결코 하나님을 돕는 것이 아니다.

다섯째로, 예언자설교는 **청중에게 희망을 전달한다**. 놀랍게도 우리 문화의 많은 사람들은 겸손하고 확신 있게 "이것이 바로 하나님께서 말씀하시는 것입니다...."라고 말할 수 있는 설교자들을 열망한다. 예언자설교의 분위기가 부정적인

18 Mark Buchanan은 사람들의 마음 저변에 깔린 영적 굶주림을 보지 못하는 이런 설교자의 화와 좌절을 표현하는 것을 "요나의 접근방식"(the Jonah approach)이라고 부른다. 그의 글, "Preaching in the City of Man," ibid., 20-21.

것이 스며들도록 할 필요가 없다. 비록 예언자설교가 죄, 우상, 또는 불의가 가져오는 피해를 드러내지만, 또한 그 설교는 우리의 가장 깊은 필요들을 채우고 사회를 변화시키는 그리스도의 능력을 선언한다. 그러므로 예언자설교는 항상 희망에로 인도한다. 수술 후에 건강이 오고, 죄 후에 용서가 있고, 불의 후에 하나님의 샬롬이 있고, 심판 후에 구원이 있다.

마지막, 여섯째로, 무엇보다 설교자는 예언자처럼 **복음의 균형을 잃지 않는** 설교자가 되어야 한다. 설교는 복음을 전하는 사역이다. 설교의 목적은 복음을 선포함으로써 반드시 예수 그리스도의 삶을 본받아 살아가게 하는 것이었다. 때문에 설교를 통해 정치, 경제, 사회의 악과 권력의 타락과 횡포에 대해 침묵하는 것은 예수 그리스도의 복음의 중요한 부분을 고의적으로 묵살하는 행위이다. 복음의 균형, 개인적인 신앙생활과 사회생활 사이에 불일치가 없도록 그리고 개인의 영성을 강조하는 동시에 사회 구원을 같은 선상에 놓고 목회적 관심에 균형을 잃지 않으면서 하나님의 말씀을 선포하는 예언자들의 설교 정신을 본받아야 한다.

지금까지 우리는 본 연구를 통해 오늘날 한국교회의 설교갱신을 위해 성경적 예언자설교 또는 현대적 예언자설교(사회적 문제들에 대한 설교)에에 대한 관심과 연구가 필요한 이유들을 제시했다. 그것은 예언자설교가 어떤 유형의 설교들보다 개인의 삶과 공동체의 변화라는 설교의 목적 또는 기능을 가장 잘 나타내기 때문이다. 현대적인 예언자설교로서 사회적 설교는 성경적 설교의 전통을 회복하는 것뿐 아니라, 오늘날 교회를 위한 하나의 정체성을 제공하려는 것이다.

우리는 고민하고 갈등하게 하는 것보다 행복하게 하는 성경책들을 읽고 설교하기를 좋아한다. 어느 시대의 설교자라도 심판보다는 위로를, 정의보다는 자비에 대해 설교하는 것을 더 쉽게 느낄 것이다. 하지만 우리가 여전히 무시할 수 없는 사실은, 성경의 1,189장들 가운데 250장이 예언자들에 관해 직접적으로 다루고 있다는 것이다. 그렇다면 정말 당신은 예언자들이 전해야 한 것들을 전하지 않고 성경적 설교자가 될 수 있는가?

참고문헌

김금용. "사회적 이슈에 대한 설교방법론 고찰." **설교한국** 2권1호(2010 봄): 9-40.

김운용. **새롭게 설교하기: 변화하는 시대 속에서의 설교**. 서울: 예배와설교아카데미, 2005.

_____. "설교의 영광의 시대는 계속될 것인가?" **기독교사상** 496호 (2000년 4월호): 162-180.

김창훈. "예언자설교: 그 의의와 중요성." **성경과 신학** 52권(2009): 193-233.

_____. "사회적 설교로서 예언자설교." **성경과 신학** 39권(2006): 130-158.

엘지경제연구원. **2010 대한민국 트렌드**. 서울: 한국경제신문, 2005.

이문장. "한국 사회에 맞는 설교." http://yyht.tistory.com/468 (2008.03.06.).

이원규. **한국교회 어디로 가고 있나?** 서울: 대한기독교서회, 2000.

정재영. **한국교회의 종교사회학적 이해**. 서울: 열린, 2012.

조헌정. **양심을 습격한 사람들: 예언자와 오늘의 시대정신**. 서울: 한울, 2009.

최창국. "'사회적 설교로서 예언자설교'에 대한 논평." **성경과 신학** 39권 (2006): 156-157.

허도화. "성경적 설교의 원형으로서의 예언자설교," **신학과 선교** 39집 (2011): 117-152.

_____. "사회적 문제들에 대한 설교의 역사적 배경: 1960년대 미국의 사회운동들과 종교현상들에 대한 강단의 반응." **신학논단** 63집 (2011): 245-276.

_____. "강단의 갱신을 위한 설교: 통전적 변화를 위한 설교." **신학논총** 46집(2006): 219-250.

Abbey, Merril R. *The Epic of United Methodist Preaching*. Lanham, MD: University Press of America, 1984.

Achtemier, Elizabeth. *Preaching from the Old Testament*. Louisville, KY: Westminster John Knox, 1989.

_____. "Preaching from Isaiah, Jeremiah, and Ezekiel." *Biblical Preaching: An Expositor's Treasure*. ed. James W. Cox. Philadelphia: The Westminster, 1983: 119-32.

_____. *The Feminist Crisis in Christian Faith*. Nashville, TN: Abingdon, 1965.

Agustine. *Confessions and Enchiridion*. ed. Albert C. Outler. Philadelphia, PA: Westminster, 1955.

Ahlgrim, Ryan. *Not as the Scribes: Jesus as a Model for Prophetic Preaching*. Scottdale, PA: Herald, 2002.

Ahlstrom, Sydney E. *A Religious History of the American People*. New Haven, CO: Yale University Press, 1972.

_____. "The Radical Turn in Theology and Ethics: Why It Occurred in the 1960's." *The Annals of American Academic of Political and Social Science* 387 (1970): 99-118.

_____. "The Moral and Theological Revolution of the 1960's and Its Implication for American Religious History." *The State of American History*. ed. Herbert J. Bass. Chicago: Quadrangle Books, 1970.

Albert, Judith Clavir and Stewart Edward Albert. *The Sixties Papers*. New York: Praeger, 1984.

Allen, Ronald J. "The Relationship Between the Pastoral and the Prophetic in Preaching." *Encounter* 49/3 (1988): 173-190.

Altizer, Thomas J. & William Hamilton. *Radical Theology and the Death of God*. Indianapolis: Bobbs-Merrill Company, 1966.

Andrews, Dale. "Global Conflict and the Preaching Tradition of Martin Luther King, Jr." *The*

Review of Faith and International Affairs 6:1 (Spring, 2008): 61-63.
Arias, Mortmer. *Announcing the Reign of God*. Philadelphia: Fortress Press, 1984.
Baab, Otto J. *Prophetic Preaching: A New Approach*. Nashville, TN: Abingdon, 1958.
Badeau, John S. "The Critical Role of the Church in the Modern Age." *Andover Newton Quarterly* 7.3 (1967): 102-12.
Bakhtin, Mikhail M. "Discourse in the Novel." *The Dialogic Imagination: Four Essays*. ed. Michael Holquist. Austin: University of Texas Press, 1990: 259-422.
Baldwin, James. *The Fire Nest Time*. New York: Dell Publishing Co., 1964.
Balentine, Samuel E. "The Prophetic Message: Its Origin, Setting and Significance." *Faith and Mission* 6 (1989): 3-17.
Bartlett, Russell S. "Let Justice Roll Down Like Waters: The Model of Hebrew Prophecy in the Ministry of Martin Luther King, Jr." *The Journal of the Interdenominational Theological Center* 21 (1993-94): 10-38.
Baum, Gregory. ed. "Peter's Berger's Unfinished Symphony." *Sociology and Human Destiny: Essays on Sociology, Religion and Society*. ed. Gregory Baum. New York: Seabury, 1980: 110-29.
______. *Sociology and Human Destiny: Essays on Sociology, Religion and Society*. New York: Seabury Press, 1980.
______. "Three Theses on Contextual Theology." *The Ecumenist* 24.4 (1986):49-59.
Bauman, Richard. *Verbal Art as Performance*. *Prospect Heights*, Ill: Waverly Press, 1977.
Becker, William H. "The 1960s and Today's Vision of America." *The Christian Century* 102 (1985): 558-62.
Berger, Peter. "The Class Struggle in American Religion." *Christian Century* 98 (Feb. 25, 1981): 194-99.
Bell, Daniel. "Religion in the Sixties." *Social Research* 38 (1971): 447-97.
Bellah Robert N. "The Role of Preaching in a Corrupt Republic." *Christianity and Crisis* 38 (1978): 317-22.
Bennett, T. Miles. "Needed: Prophetic Preaching." *Southwestern Journal of Theology* 3 (1961): 67-80.
Bentley, Sarah. ed. *Women's Liberation and the Church*. New York: Association Press, 1970.
Berton, Pierre. *The Comfortable Pew*. New York: J. B. Lippincott Company, 1965.
Best, Ernest. "Prophets and Preachers." *Scottish Journal of Theology* 12 (1959): 129-50.
Blenkinsopp, Joseph. *A History of Prophecy in Israel*. Louisville, KY: Westmisnter John Knox, 1996.
______. *Sage, Priest, Prophet: Religious and Intellectual Leadership in Ancient Israel*. Louisville, KY: Westminster/John Knox, 1995.
Blizzard, Samuel W. "The Protestant Parish Minister's Integrating Roles." *Religious Education* 53 (1958): 374-86.
Bloesch, Donald G. "Prophetic Preaching and Civil Rights." *The Pulpit* 37/2 (1966): 7-9.
Blom, Jack. *Class, Race, and Civil Rights Movement*. Bloomington, IN: Indiana University, 1987.
Boesak, Alan. *The Finger of God: Sermons on Faith and Socio-Political Responsibility*. Maryknoll, NJ: Orbis Books, 1982.
Bonhoeffer, Dietrich. *Letters and Papers from the Prison*. New York: The Macmillan Company, 1953.
Boring, Eugene. "Prophecy (Early Christian)." *The Anchor Bible Dictionary* vol. V. ed. D. N. Freedman. New York, NY: Doubleday, 1992: 495-502.
Bosley. Harold A. *Preaching on Controversial Issues: A Free Pulpit in a Free Society*. New York: Harper, 1953.

______. "The Role of Preaching in American History." *Preaching in American History: Selected Issues in the American Pulpit 1630-1967*. ed. DeWitte Holland. Nashville, TN: Abingdon Press, 1969: 17-35.

Brilioth, Yngve T. *A Brief History of Preaching*. Philadelphia: Fortress, 1965.

Brodus, John Albert. *On the Preparation and Delivery of Sermons*. New York: Harper, 1944.

Brokhoff, John R. "Can a Christian Support the Vietnam War?" *Pulpit Digest* (July-August 1967): 15-20.

Brown, Dale W. "The New Theological Radical." *The Christian Century* November 13, (1968): 1431-34.

Brown, Robert McAfee. *Vietnam: Crisis of Conscience*. New York: Association, 1967.

Brueggemann, Walter. *The Practice of Prophetic Imagination: Preaching An Emancipating Word*. Minneapolis, MN: Fortress, 2012.

______. "The Prophetic Word of God and History." *Interpretation* 48 (1994): 239-52.

______. "The Preacher, the Text, and the People." *Theology Today* 47 (1990): 237-47.

______. *Finally Comes the Poet: Daring Speech for Proclamation*. Minneapolis, MN: Fortress, 1989.

______. *Prophetic Imagination*. Philadelphia, PA: Fortress, 1978.

Brunner, Emil. *Justice and the Social Order*. New York: Harper Brothers, 1945.

Bryant, Donald C. "Rhetoric: Its Function and Scope." *Quarterly Journal of Speech* 39 (1953): 401-24.

Buchanan, Mark. "Preaching in the City of Man." *Prophetic Preaching*. Peabody, MA: Hendrickson, 2012: 19-28.

Burghardt, Walter J. *Preaching the Just Word*. New Haven, CO: Yale University Press, 1996.

______. "Preaching, Role of." *The New Dictionary of Catholic Social Thought*. ed. Judith A. Dwyer. Collegeville, MA: The Liturgical Press, 1994: 777-80.

______. *Preaching: The Art and the Craft*. New York: Paulist Press, 1987.

Burke, Kenneth. *A Rhetoric of Motives*. *Berkeley*: University of California Press, 1962.

Burns, Stewart. *Social Movements of the 1960s: Searching for Democracy*. Boston, MA: Twayne, 1990.

Buss, M. J. "The Social Psychology of Prophecy." *Prophecy: Essays Presented to Georg Fohrer on his sixty-fifth birthday*. ed. J. A. Emerton.. 6 September 1980 (BZAW 150; Berlin: de Gruyter, 1980): 1-11.

Buttrick, David G. "Preaching Today: The Loss of a Public Voice." *The Folly of Preaching: Models and Methods*. Grand Rapids, Mich: William B. Eerdmans, 2007: 3-14.

______. *A Captive Voice: The Liberation of Preaching*. Louisville, KY: Westminster/ John Knox, 1994.

______. "Preaching the Lectionary: Two Cheers and Some Questions." *Reformed Liturgy & Music* 28/2 (1994): 88-104.

______. "On Doing Homiletics Today." *Intersections: Post-Critical Studies in Preaching*. ed. Richard L. Eslinger. Grand Rapids: Wm. B. Eerdmans, 1994: 88-104.

______. "Preaching the Lectionary: Two Cheers and Some Questions." *Reformed Liturgy & Music* 28.2 (1994): 77-81.

______. "Who's Listening?" *Listening to the Word: Essays in Honor of Fred B. Craddock*. eds. Gail R. O'Day and Thomas G. Long. Nashville, TN: Abingdon Press, 1993: 189-206.

______. "Preaching, Hermeneutics, and Liberation." *Standing with the Poor: Theological Reflections on Economic Reality*. Cleveland, OH: Pilgrim Press, 1992: 95-107.

______. *Homiletic: Moves and Structures*. Philadelphia: Fortress Press, 1987.

Buttrick, George A. *et al. Preaching in These Times*. New York: Charles Scribner's Sons, 1940.
Byrd, William O. "Mistakes I Have Made in Race Relations." *Best Sermons* vol. VIII. ed. G. Paul Butler. Princeton, NJ: D. Van Nostrand, 1962: 271; *The Pulpit* 32.2 (1961): 13-15.
Cahn, E. N. The Sense of Injustice. New York: Harper & Brothers, 1949.
Campbell, Charles L. *The Word before the Powers: An Ethic of Preaching*. Louisville, KY: Westminster John Knox, 2002.
Campbell, Ernest T. *Locked in a Room with Open Doors*. New York: The Riverside Church, 1973.
______. *Where Cross the Crowded Ways: Prayers of a City Pastor*. New York: Association, 1973.
______. *Christian Manifesto*. New York: Harper & Row, 1970.
______. "The Changing Nature of the Ministry." *Reformed Review* 17 (1963):16-26.
______. "The Formation of Ministers for the Late 20th Century: Community on Campus." *Theological Education* 2 (Autumn 1965): 3-8.
______. "Changing Men or Altering Society." *The Princeton Seminary Bulletin* 61/1 (1967): 37-41.
______. "The Case for Reparations." *Theology Today* 26 (1969): 266-83. A sermon preached in July 13, 1969 at the Riverside Church.
______. "The See-Saw View of Life." *The Princeton Seminary Bulletin* 64/1 (1971): 53-57. A sermon preached in November 22, 1970 at the Riverside Church.
______. "No-Fault Morality." *The Princeton Seminary Bulletin* 64/2 (1971): 39-42.
______. "How I See the Church." *Metropolitan Mission Study*. ed. Robert Polk. New York: The Riverside Church Press, 1974: Al-1.
______. "America As I See It." *Journal of Current Social Issues* 12/1 (Winter 1975): 4-8.
______. "The Fall and Rise of Preaching." *Aware* (Spring/Summer 1984): 1-3.
______. "The Friend We Have in Yahweh." *Preaching* As A Theological Task: *World, Gospel, Scripture*. In Honor of David Buttrick. eds. Thomas G. Long and Edward Farley. Louisville, KY: Westminster/John Knox Press, 1996: 104-111.
Campbell, Ernest T. Sermons:
"A Christian and His City." (April 28, 1963).
" Where Sound the Cries of Race and Clan." (May 19, 1963).
"People, Property, and Jesus." (September 15, 1963).
"That Man at the Gate." (October 20, 1963).
"Grace Relations." (February 9, 1964).
"Stones Are Not Enough." (October 11, 1964).
"The Christian in Three Perspectives II Soldier." (April 4, 1965).
"Not To Be Ministered Unto But To Minister." (December 19, 1965).
"The Claims of Christ and Caesar." (February 13, 1966).
"Jesus, Summary of the Law." (May 8, 1966).
"God's Little People." (June 18, 1967).
"The Christian and His Country." (Nov. 19, 1967 and Oct. 12, 1969).
"Would Jesus Go To Church?" (September 29, 1968).
"The Ministry of Absorption." (November 24, 1968).
"To Change or Not To Change." (January 19, 1969).
"Is Social Service All?" (February 23, 1969).
"The Immaculate Assumption." (March 9, 1969).
"Too Good for God." (March 16, 1969).

"Two Cheers for Christian Secularity!" (April 20, 1969).
"Living by Proxy." (April 27, 1969).
"God in the Earthquake, Wind and Fire." (May 11, 1969).
"The Mood of Disconnection." (October 5, 1969).
"Open for Business During Alterations." (Oct. 26, 1969).
"The Enigma of Providence." (November 9, 1969).
"Give Ye Them To Eat." (January 25, 1970).
"Searching the Mind of Christ (I) Jesus on Power." (February 15, 1970).
"Searching the Mind of Christ (IV) Jesus on Wealth." (March 8, 1970).
"A Tourist in Your Home Town." (April 19, 1970).
"Home Is Where It Happens." (May 10, 1970).
"What Makes Christian Social Action Different?" (May 24, 1970).
"Has the City Defeated You?" (June 4, 1970).
"Inaction--Action--Reaction." (July 5, 1970).
"From the Many to the One." (July 26, 1970).
"Forty Years on the Heights." (October 4, 1970).
"Religion A La Carte." (October 18, 1970).
"The See-Saw View of Life." (November 22, 1970).

Campbell, Will D. "A Man Had Two Sons." *Pulpit Digest* (February 1961): 37-48.

Carl, Robert P. "Prophecy and Society." *The World of Ancient Israel: Sociological, Anthropological and Political Perspectives*. ed. R. E. Clements. Cambridge: Cambridge University, 1989: 203-26.

Carl, William J. III. *Preaching Christian Doctrine*. Philadelphia: Fortress Press, 1983.

______. "Politics and Preaching." *The Living Pulpit* 5.2 (1996): 38-9.

Chalmers, David. *And the Crooked Places Made Straight: The Struggle for Social Change in the 1960s*. Baltimore: The John Hopkins University Press, 1991.

Chan, Francis. "The Basis of Prophetic Preaching." *Prophetic Preaching*. ed. Craig Brian Larson. Peabody, MA: Hendrickson, 2012: 12-17.

Chesebrough, David B. and Lawrence W. McBride. "Sermons as Historical Documents: Henry Ward Beecher and the Civil War." *The History Teacher* 23 (1990): 275-91.

Childs, Brevard S. *Biblical Theology in Crisis*. Philadelphia: Westminster Press, 1970.

Clements, Keith. *Learning to Speak: The Church's Voice in Public Affairs*. Edinburgh: T & T Clark, 1995.

Clements, Ronald. *One Hundred Years of Old Testament Interpretation*. Philadelphia: Westminster, 1976.

Clouse, Robert G., Robert D. Linder, Richard V. Pierard. eds. *Protest and Politics: Christianity and Contemporary Affairs*. Greenwood, SC: The Attic Press, 1968.

Cobb, John B. Jr. "Faith Seeking Understanding: The Renewal of Christian Thinking." *Christian Century* (June 29-July 6, 1994): 642-43.

Coburn, Kimball B. *Prophetic Preaching from a Pastoral Base*. Claremont: School of Theology at Claremont, 1975.

Cohen, A. *Jewish Homiletics*. London: Cailingold, 1937.

Condit, Celeste Michelle and John Louis Lucaites. "The Rhetoric of 'Equality' and the Expatriation of African-Americans, 1776-1826." *Communication Studies* 42 (1981): 1-12.

______. "The Function of Epideitic: The Boston Massacre Oration as Exemplar." *Communication*

Quarterly 33 (1985): 284-99.
______. "Crafting Virtue: The Rhetorical Construction of Public Morality." *Quarterly Journal of Speech* 73 (1987): 79-97.
Cone, James H. *Speaking the Truth*. Grand Rapids, Mich: Eerdmans, 1986.
______. "Martin Luther King, Jr., Black Theology, and the Black Church." *The Drew Gateway* 56.2 (1985): 1-16.
______. *The Spirituals and the Blues*. New York: Seabury Press, 1972.
______. *Black Theology and Black Power*. New York: Seabury Press, 1969.
Cox, Harvey. *The Secular City*. rev. ed. New York: The Macmillan Company, 1969.
______. "The 'New Breed' in American Churches: Sources of Social Activism in American Religion." *Daedulus* (Winter, 1967): 135-50.
______. "The Death of God and the Future of Theology." *The New Christianity*. ed. William Robert. New York: Delacorte Press, 1967: 377-89.
Craddock, Fred B. "Forward." *Biblical Preaching on the Death of Jesus*. eds. William A. Beardslee *et al*. Nashville, TN: Abingdon Press, 1989: 11-12.
______. *Preaching*. Nashville, TN: Abingdon Press, 1985.
______. *Overhearing the Gospel*. Nashville, TN: Abingdon Press, 1978.
______. *As One without Authority*. Nashville, TN: Abingdon Press, 1971.
Crites, Stephen. "The Narrative Quality of Experience." *Journal of American Academy of Religion* 39 (1971): 291-311.
Culley, Robert C. and Thomas W. Overholt. eds. *Anthropological Perspectives on Old Testament Prophecy*. Semeia 21. Chico, CA: Scholars, 1982.
Cunliffe, Marcus. "American Watersheds." *American Quarterly* 13 (1961): 480-494.
Culver, Elsie Thomas. *Women in the World of Religion*. New York: Doubleday, 1967.
Daly, Mary. The Church and the Second Sex. New York: Harper & Row, 1968.
Dargan, Edwin C. *A History of Preaching*. vol. 1. Grand Rapids, Mich: Baker, 1970.
de Vaux, Roland. *Ancient Israel*. 2 vols. New York and Toronto: McGraw-Hill Books, 1965.
Dixon, Marlene. "Why Women's Liberation?" *Female Liberation: History and Current Politics*. ed. Roberta Salper. New York: Alfred A. Knopf, 1969.
______. "The Rise of Women's Liberation." *Ramparts* 8/6 (1969): 57-63.
Edwards, O. C. Jr., "History of Preaching." *Concise Encyclopedia of Preaching*. ed. William H. Willimon & Richard Lischer. Louisville, KY: Westminster/John Knox, 1995: 184-227.
Eisenstadt, S. N. & S. R. Braubard. eds. *Intellectuals and Tradition*. New York, NY: Humanities, 1973.
Elliott, Charles. *Praying the Kingdom: Towards a Political Spirituality*. New York, NY: Paulist, 1985.
Elliott, Donald H. "Inclusiveness in Riverside Church." *Social Action* 30 (1963): 36-39.
English, Donald. *An Evangelical Theology of Preaching*. Nashville, TN: Abingdon Press, 1996.
Erdahl, Lowel O. 10 *Habits for Effective Ministry: A Guide for Life-Giving* Pastors. Minneapolis: Augsburg, 1996.
Evans, James H. Jr. "Black Theology." *A New Handbook of Christian Theology*. eds. Donald W. Musser and Joseph L. Price. Nashville, TN: Abingdon Press, 1992: 71-72.
Farber, David. ed. *The Sixties: From Memory to History*. Chapel Hill: The University of North Carolina Press, 1994.
Farley, Edward. "Preaching the Bible and Preaching the Gospel." *Theology Today* 51/1 (1994): 90-103.

Farmer, H. H. *The Servant of the Word*. Philadelphia: Fortress, 1942.
Faulkner, Joseph. "What Are They Saying? A Content Analysis of 206 Sermons Preached in the Christian Church (Disciples of Christ) During 1988." *A Case Study of Mainstream Protestantism: The Disciples' Relation to American Culture*, 1880-1989. ed. D. Newell Williams. St. Louis, MO: Chalice, 1991: 416-39.
Ferm, Deane W. "Feminist Theology in America." *Scottish Journal of Theology* 34 (1981): 157-78.
Ferre, Nels F. S. "The Place of Preaching in the Modern World." *The Pulpit* 33.12 (1962): 7-10.
Fiorenza, Schussler. *In Memory of Her*. New York: Crossroad, 1983.
Flowers, Ronald B. *Religion in Strange Times: The 1960s and 1970s*. Philadelphia: Mercer University, 1984.
Forsyth, Peter T. *Positive Preaching and the Modern Mind*. Grand Rapids, Mich: Eerdmans, 1964.
Franklin, Robert Michael. "The Case for Social Ethics: Lessons from the Civil Rights Movement." *Theological Education* (Autumn 1989): 43-61.
Fretheim, Terence E. *The Suffering of God: An Old Testament Perspective*. Philadelphia: Fortress, 1984.
Friedan, Betty. *It Changed My Life: Writings on the Women's Movement*. New York: W. W. Norton, 1985:
______. *The Feminine Mystique*. New York: W. W. Norton, 1983.
Furnish, Victor Paul. "Prophets, Apostles, and Preachers." *Interpretation* 17 (1963): 48-60.
Gardner, E. Clinton. *The Church as a Prophetic Community*. Philadelphia: The Westminster Press, 1967.
Garvie, A. E. The *Christian Preacher*. New York: Scribner's Press, 1921.
Gilkey, Langdon. "American Policy and the Just War." *Criterion* 7.2 (1968): 9-16.
Gill, Robin. *Prophecy and Praxis: The Social Function of the Churches*. London: Marshall Morgan & Scott, 1981.
Gillespier, Thomas W. *The First Theologians: A Study in Early Christian Prophecy*. Grand Rapids, Mich: William B. Eerdmans, 1994.
Goldfield, David R. Black, *White, and Southern: Race Relations and Southern Culture, 1940 to the Present*. Baton Rouge, LO: Louisiana State University, 1990.
Goldstein, Valerie Saiving. *Womanspirit Rising: A Feminist Reader in Religion*, eds. Carol P. Christ and Judith Plaskow. San Francisco, CA: Harper & Row, 1979: 25-42.
______. "The Human Situation: A Feminine View." *The Journal of Religion* 40 (1960): 100-12.
Gonzalez, Justo L. and Catherine G. Gonzalez. *Liberation Preaching: The Pulpit and the Oppressed*. Nashville, TN: Abingdon Press, 1980.
Gonzalez, Catherine G. "Liberation Preaching." *Concise Encyclopedia of Preaching*. eds. William H. Willimon & Richard Lischer. Louisville, KY: Westminster/John Knox Press, 1995: 307-09.
Graham, Elinor. "The Politics of Poverty." *Poverty as a Public Issue*. ed. Ben B. Seligman. New York: The Free Press, 1965: 107-21.
Greeley, Andrew M. *The Denominational Society*. Glenview, IL: Scott, Foresman Press, 1972.
Green, Clifford. "Bonhoeffer's 'Non-Religious Christianity' as Public Theology." *Dialog* 26.4 (1987): 275-80.
Greenhaw, David M. "Theology of Preaching." *Concise Encyclopedia of Preaching*. eds. William H. Willimon and Richard Lischer. Louisville, KY: Westminster/John Knox Press, 1995: 477-82.
Grenz, Stanley J. and Roger E. Olson. *20th-Century Theology: God & the World in a Transitional Age*. Downers Grove, IL: InterVarsity Press, 1992.

Hadden, Jeffrey K. "Clergy Involvement in Civil Rights." *The Annals of the American Academy of Political and Social Science* 387 (1970): 118-27.

______. *The Gathering Storm in the Churches*. Garden City, NY: Doubleday & Company, 1969.

Halberstam, David. *The Best and the Brightest*. New York: Random House, 1969.

Hammaskjold, Dag. Markings. New York: Alfred A. Knopf Press, 1965.

Hanson, P. *The People Called: The Growth of Community in the Bible*. San Francisco: Harper & Row, 1986.

______. *The Diversity of Scripture: A Theological Interpretation*. Philadelphia: Fortress Press, 1986.

Harding, Vincent. *The Religion of Black Power; The Religious Situation*. ed. Donald R. Cutler. Boston, MA: Beacon Press, 1968.

Harkness, George. "The Middle Wall of Partition." *Pulpit Digest* (February 1960): 31-36.

Harris, James H. *Preaching* Liberation. Minneapolis: Fortress Press, 1995.

Hauerwas, Stanley. *Community of Character: Toward a Constructive Christian Social Ethic*. Notre Dame, Indiana: University of Notre Dame, 1991.

______. *Christian Existence Today: Essays on Church, World, and Living in Between*. Durham, NC: The Labyrinth Press, 1988.

______. "The Pastor as Prophet: Ethical Reflections on an Improbable Mission." *Christian Existence Today: Essays on Church, World, and Living in Between*. Durham, NC: The Labyrinth, 1988: 149-152.

______. *The Peaceable Kingdom: A Primer in Christian Ethics*. Notre Dame: University of Notre Dame, 1983.

Heschel, Abraham J. *The Prophets: An Introduction*. New York: Harper & Row, 1962.

Hessel, Dieter T. "Liberating Bible Study." *The Bible and Liberation: Political and Social Hermeneutics*. ed. Norman K. Gottwald. Maryknoll, NY: Orbis Books, 1993: 3-20.

______. *Social Ministry*. 2nd ed. Louisville, KY: Westminster/John Knox, 1992.

Hill, David. *New Testament Prophecy*. London: Marshall, Morgan, and Scott, 1979.

Holladay, J. S. Jr. "Assyrian Statecraft and the Prophets of Israel." *Harvard Theological Review* 63 (1970): 29-51.

Holland, T. DeWitte. *The Preaching Tradition: A Brief History*. Nashville, TN: Abingdon Press, 1980.

______. *Sermons in American History: Selected Issues in the American Pulpit 1630-1967*. Nashville, TN: Abingdon Press, 1969.

______. ed. *Preaching in American History: Selected Issues in the American Pulpit 1630-1967*. Nashville, TN: Abingdon, 1969.

Horne, C. S. *The Romance of Preaching*. New York: Revell, 1914.

Howe, Reuel. *The Miracle of Dialogue*. New York: Seabury, 1963.

______. *Partners in Preaching: Clergy and Laity in Dialogue*. New York: Seabury, 1967.

Howington, Nolan P. "The Ethical Element in Preaching." *Review and Expositor* 62 (1965): 335-50.

Huebner, Harry. "Peacemaking and the Prophetic Imagination." *The Mennonite* (January 27, 1987): 18-34.

Hughes, Robert G. and Robert Kysar. *Preaching Doctrine for the Twenty-First Century*. Minneapolis: Fortress Press, 1997.

Hunter, Doris and Howard. "Neither Male Nor Female." *The Christian Century* April 28 (1965): 530.

Irish, William A. "Shall the Church Speak to the Issues of Our Day?" *Pulpit Digest*. (October 1966): 29-34.

Isserman, Mauris. "The Not So Dark and Bloody Ground, New Works on the 1960s." *The American History Review* 94.4 (1989): 990-1010.

Johnson, A. R. *The Cultic Prophet in Ancient Israel*. Cardiff, England: University of Wales, 1962.

Johnson, Benton. "Theology and the Position of Pastors on Public Issues." American *Sociological Review* 32 (1967): 433-42.

Kaufmann, Y. *The Religion of Israel from Its Beginnings to the Babylonian Exile*. trans. and abridged by Moshe Greenburg. New York: Schocken Books, 1972.

Keck, Leander. *The Bible and the Pulpit*. Nashville, TN: Abingdon Press, 1978.

Keifert, Patrick R. Welcoming the Stranger: *A Public Theology of Worship and Evangelism*. Minneapolis: Fortress Press, 1992.

Killinger, John. *Fundamentals of Preaching*. 2nd ed. Minneapolis: Fortress Press, 1996.

______. "New Wineskins for Preaching in a Changing World." *The Christian Ministry* March-April (1997): 26-29.

King, Martin Luther Jr. "Remaining Awake Through A Great Revolution." *A Testament of Hope: The Essential Writings and Speeches of Martin Luther King, Jr.* ed. Jmes M. Washington. New York: Harper Collins,1986: 268-278.

______. Strength to Love. New York: Harper & Row, 1963.

______. "The Man Who Was a Fool." *Strength to Love*. Philadelphia: Fortress Press, 1963.

Koch, Klaus. *The Prophets: The Assyrian Period*. vol. 1. trans. Margaret Kohl. Philadelphia: Fortress, 1983.

______. *The Prophets: The Babylonian and Persian Periods*. Philadelphia: Fortress Press, 1983.

Laney, James T. "The New Morality and the Religious Communities." *The Annals of the American Academy of Political and Social Science* 387/1 (1970): 14-21.

Larson, Craig Brian. ed. *Prophetic Preaching*. Peabody, MA: Hendrickson, 2012.

Lawrence, William. "The History of Preaching in America." *Encyclopedia of the American Religious Experience: Studies of Traditions and Movements* Vol. VIII. eds. Charles H. Lippy and Peter W. Williams. New York: Charles Scribner's Sons, 1988: 1307-24.

Leavell, Roland Q. *Prophetic Preaching: Then and Now*. Grand Rapids, Mich: Baker Book, 1963.

Lincoln, C. Eric. *Is Anybody Listening to Black America*? New York: Seabury Press, 1968.

Lindblom, Johannes. *Prophecy in Ancient Israel*. Oxford: Basil Blackwell, 1962.

Lischer, Richard. *The Preacher King: Martin Luther King, Jr. and the Word That Moved America*. New York, NY: Oxford University, 1995.

______. *A Theology of Preaching: The Dynamics of the Gospel*. Durham, NC: The Labyrinth, 1992.

Long, D. Stephen. "Prophetic Preaching." *Concise Encyclopedia of Preaching*. eds. William H. Willimon & Richard Lischer. Louisville, KY: Westminster/John Knox Press, 1995: 385-89.

Long, Thomas G. "Preaching God's Future: The Eschatological Context of Christian Proclamation." *Sharing Heaven's Music: The Heart of Christian Preaching, Essays in Honor of James Earl Massey*. ed. Barry L. Callen. Nashville, TN: Abingdon, 1995: 191-202.

______. "Preaching, Theology of." The Blackwell Encyclopedia of Modern Christian Thought. ed. Alister E. McGrath. Cambridge, MA: Basil Blackwell, 1993: 461-66.

______. *The Witness of Preaching*. Louisville, KY: Westminster/John Knox, 1989.

______ and Edward Farley. eds. *Preaching as a Theological Task: World, Gospel, Scripture*. In Honor of David Buttrick. Louisville, KY: Westminster/John Knox Press, 1996.

Lora, Ronald. ed. America in the *'60s: Cultural Authorities in Transition*. New York: John Wiley &

Sons, 1974.

Lucaites, John Louis and Celeste Michelle Condit. "The Rhetorical 'Foundation' of Equality in American Political Discourse." *Taking Political Talk Seriously*. ed. John S. Nelson. University Park: Pennsylvania State University Press, 1980: 131-56.

Lull, David J. & William A. Beardslee. *Biblical Preaching on the Death of Jesus*. Nashville, TN: Abingdon Press, 1989.

Luther, Martin. "Table Talk." *Luther's Works*. eds. Jaroslav Pelikan and Helmut T. Lehmann. Philadelphia: Fortress Press, 1955.

Marty, Martin E. "Social Activism--Gains and Losses." *Context* May 15,1974: 1-2.

______ & Dean Peerman, eds. *New Theology* No. 6. New York: Macmillan, 1969.

May, Benjamin. The *Negro's God as Reflected in His Literature*. New York: Russel and Russel, 1968.

McBride, Alfred. "How to Tell a Real Prophets." *The Pulpit* 37.1 (1966): 18-19.

McClanahan, John H. "Civil Rights or Christian Rightness." *Pulpit Digest* (February 1965): 25-30.

McCandless, Hugh J. "Any 'Deserving' Poor." *Pulpit Digest* (June 1969): 35-38.

McClure, John. *Roundtable Pulpit*. Nashville, TN: Abingdon, 1995.

______. "Changes in the Authority, Method, and Message of Presbyterian (UPCUSA) Preaching in the Twentieth Century." *The Confessional Mosaic*. eds. Milton J. Coalter, John M. Mulder and Louis B. Weeks. Louisville, KY: Westminster/ John Knox, 1990: 84-108.

McCracken, Robert J. "The Christian Way in Race Relations." *The Pulpit* 32.2 (1961): 11-13.

McDill, Wayne V. *The Moment of Truth: A Guide to Effective Sermon Delivery*. Nashville, TE: Broadman & Holman Academic, 1999.

McElvaney, William K. *Preaching from Camelot to Covenant: Announcing God's Action in the World*. Nashville, TN: Abingdon, 1989.

McGee, Michael Calvin. "In Search of 'The People': A Rhetorical Alternative." *Quarterly Journal of Speech* 61 (1975): 235-49.

______. "A Materialist's Conception of Rhetoric." *Explorations in Rhetoric: Studies in Honor of Douglas Ehninger*. ed. Ray E. McKerrow. Glenview, Ill: Scott, Foresman, 1982: 23-48.

McGraw, James R. "Down by the Riverside." *Renewal* 9/6 (June 1969): 3-6.

McKim, Donald K. *The Bible in Theology & Preaching*. Nashville, TN: Abingdon Press, 1994.

McNeil, Jesse Jai. *The Preacher-Prophet in Mass Society*. Grand Rapids, MN: Wm. B. Eerdmans, 1961.

McMickle, Marvin A. *Where Have All the Prophets Gone?: Reclaiming Prophetic Preaching in America*. Cleveland, OH: The Pilgrim, 2006.

Meimarck, Theodore. *Preaching for Tethered Man*. Minneapolis: Augusburg Publishing House, 1962.

Meyers, Eleanor Scott. "Organizational Power & Politics: A Vital Connection for the Preacher." *The Living Pulpit* 5.2 (1996): 18-19.

Mihelic, Joseph L. "The Social Teachings of the Prophets." *Intergerini Partietis Septvm (Eph. 2:14): Essays Presented to Markus Barth on His Sixty-Fifth Birthday*. ed. Dikran Y. Hadidian. Pittsburgh, PA: The Pickwick, 1981: 181-204.

Miller, Lila., Robert M. Warner and Carl R. Geider. eds. *A History: The First Presbyterian Church of Ann Arbor, Michigan* 1826-1988. Ann Arbor, MN: The First Presbyterian Church Press, 1988.

Miscall, P. D. *1 Samuel: A Literary Reading, Indiana Studies in Biblical Literature*. Bloomington, IN: Indiana University, 1986.

Moberly, R. W. L. *Prophecy and Discernment*. Cambridge: Cambridge University, 2006.

Moltmann, Jurgen. "Christian Theology Today." *New World Outlook* 62.10 (1972): 9-15.

Morris, Colin M. *The Word and the Words*. Nashville, TN: Abingdon Press, 1975.

Nelsen, Hart M. & Anne K. Nelsen. "Why Do Pastors Preach on Social Issues?" *Theology Today* 32 (1975): 56-73.

______ and Anne K. Nelsen. *The Black Church in the Sixties*. Lexington: University Press of Kentucky, 1975.

______ and H. David Allen. "Ethnicity, Americanization, and Religious Attendance." *American Journal of Sociology* 79 (1974): 906-22.

______ et al. Ministerial Roles and Social Actionist Stance: Protestant Clergy and Protest in the Sixties." *American Sociological Review* 38 (1973): 375-86.

Nelson, John S. "Political Foundations for Rhetoric of Inquiry." *The Rhetorical Turn*. ed. Hebert W. Simons. Chicago: University of Chicago Press, 1990: 258-89.

Neuhaus, Richard John. "The War, the Churches, and Civil Religion." *The Annals of the American Academy of Political and Social Science* 387 (1970): 128-40.

Niebuhr, H. Richard. *The Responsible Self*. New York: Harper and Row, 1963.

______. *Radical Monotheism and Western Culture*. New York: Harper & Brothers, 1960.

______. *Christ and Culture*. New York: Harper & Brothers, 1951.

Noll, Mark A. *The Scandal of the Evangelical Mind*. Grand Rapids, Mich.: Wm. B. Eerdmans, 1994.

North, R. "Angel Prophet or Satan Prophet?" *Zeitschrift fur die Alttestamentliche Wissenschaft* 82 (1970): 31-67.

Novak, Michael. *Theology for Radical Politics*. New York: Herder and Herder, 1969.

______. "Christian Theology and Social Revolution." *Perkins School of Theology Journal* (Winter 1967-68): 13-23.

O'Day, Gail R. and Thomas G. Long. eds. *Listening to the Words: Studies in Honor of Fred B. Craddock*. Nashville, TN: Abingdon Press, 1993.

Oglesby, Carl. *Containment and Change*. New York: Macmillan, 1967.

Old, Hughes Oliphant. *The Reading and Preaching of the Scripture in the Worship of the Christian Church: The Biblical Period*. Grand Rapids, MI: Wm. B. Eerdmans Pub. Co., 1998.

Osborn, Michael. *Orientations to Rhetorical Style*. Chicago: Science Research Association, 1976.

______. "Rhetorical Depiction." *Form, Genre, and the Study of Political Discourse*. ed. Hebert W. Simons and Aram A. Aghazarian. Columbia: University of South Carolina Press, 1986: 79-107.

Oxnam, G. Bromley. *Preaching in the Revolutionary Age*. New York: Abingdon- Cokesbury Press, 1944.

Overholt, Thomas W. *Channels of Prophecy: The Social Dynamics of Prophetic Activity*. Minneapolis: Fortress Press, 1989.

Patte, Daniel. *Preaching Paul*. Philadelphia, PA: Fortress, 1984.

Paris, Peter J. "The Minister as Prophet." *The Princeton Seminary Bulletin* 7.1 (1986): 15-19.

Paterson, John. *The Goodly Fellowship of the Prophets*. New York: Scribner's Sons, 1950.

Pattison, T. Harwood. *The History of Christian Preaching*. Philadelphia: American Baptist Publication Society, 1912.

Peterson, David L. "Prophecy in Israel: Search for an Identity." *Religion & Theology* 10(1987): 165-77.

______. *The Roles of Israel's Prophets*. Journal for the Study of the Old Testament Sup. 17. Sheffield, England: JSOT, 1981.

______. ed. *Prophecy in Israel*. Philadelphia: Fortress, 1980.
Pinson, William. "The Pulpit and Race Relations 1954-1966." *Preaching in American History: Selected Issues in the American Pulpit*, 1630-1967. ed. DeWitte Holland. Nashville, TN: Abingdon Press, 1969: 375-90.
Pit-Watson, Ian. Preaching: A Kind of Folly. Philadelphia: The Westminster Press, 1976.
Pitcher, Alvin. "An American Crisis." *Criterion* 4.2 (1965): 3-14.
Polk, Robert. *Metropolitan Mission Study*. New York: The Riverside Church, 1974.
Powell, Adam Clayton. *Keep the Faith, Baby*! New York: Trident Press, 1967.
Powell, Oliver. "Racial Justice: The Idea Whose Time Has Come." *Pulpit Digest* February 1964: 19-28.
Proctor, Samuel D. "Prophetic Preaching Now: A Generation after King." *Preaching on the Brink: The Future of Homiletic*. ed. Martha J. Simmons. Nashville, TN: Abingdon, 1996: 154-63.
______. *Preaching about Crisis in the Community*. Philadelphia: Westminster Press, 1988.
Quinley, Harold E. *The Prophetic Clergy: Social Activism Among Protestant Ministers*. New York, NY: John Wiley & Sons, 1974.
Ramsey, Lee. *Care-full Preaching: From Sermon to Caring Community*. St. Louis, MO: Chalice, 2000.
Randolph, David J. *The Renewal of Preaching—A New Homiletic Based on the New Hermeneutic*. Philadelphia: Fortress Press, 1969.
Rauschenbusch, Walter. *Christianity and the Social Crisis*. New York: The Macmillan Company, 1907.
Reid, Clyde H. *The Empty Pulpit*. New York: Harper & Row, 1967.
Reid, David P. *What Are They Saying about the Prophets*? New York: Paulist Press, 1980.
Reimers, Carl D. "A Christian Response to Hostility." *The Princeton Seminary Bulletin* 62 (1969): 64-69.
______. "Love Your Enemies." *Theology Today* 25.1 (1968): 1-7.
Rendorff, R. "Botenformel und Botenspruch." ZAW 74 (1962): 165-77.
Rice, Charles E. "The Crisis in Christian Leadership." *Katallagete* 1.2 (1966): 24-26.
Rice, Charles L. "Preaching." *The Encyclopedia of Religion* Vol. II. ed. Mircea Eliade. New York: Macmillan, 1987: 494-501.
______. *The Embodied Word: Preaching as Art and Liturgy*. Minneapolis: Fortress Press, 1991.
Riegert, Eduard R. "Preaching on Social-Ethical Issues." *Consensus* 18.2 (1992): 9-34.
Robinson, James M. "Hermeneutical Theology." *The Christian Century* May 4 (1966): 579-82.
Robinson, John A. T. *Christian Morals Today*. Philadelphia: The Westminster Press, 1964.
______. *Honest to God*. London: SCM Press, 1963.
Rosenfields, Lawrence W. "The Practical Celebration of Epideictic." *Rhetoric in Transition: Studies in the Nature and Uses of Rhetoric*. ed. Eugene White. University Park: Pennsylvania State University Press, 1980: 131-56.
Ross, J. F. "The Prophet as Yahweh's Messenger." *Israel's Prophetic Heritage*. ed. B. W. Anderson and W. Harrelson. New York: Harper & Row, 1962: 98-107.
Rowley, H. H. *Worship in Ancient Israel*. Philadelphia: Fortress Press, 1967.
Rust, Eric C. "Preaching from the Minor Prophets." *Biblical Preaching: An Expositor's Treasury*. Philadelphia: The Westminster Press, 1983): 133-50.
Sanders, Robert N. *Radical Voices in the Wilderness: The Social Implications of the Prophets*. Waco, TX: Word Books, 1970.
Scudder, C. W. "Preaching on Moral Issues." *Southwestern Journal of Theology* 7 (1965): 67-76.
Scott, Robert Balgarnie Young, *The Relevance of the Prophets: An Introduction to the Old Testament*

Prophets and Their Message. revised. New York: Macmillan, 1968.
Segundo, Juan Luis. *Liberation of Theology*. Maryknoll, NY: Orbis Books, 1976.
Shafer, Michael D. ed. *The Legacy: The Vietnam War in the American Imagination*. Boston: Beacon Press, 1990.
Shaull, Richard. "Theology and the Transformation of Society." *Theology Today* (April 1968): 23-36.
Shelp, Earl E. and Ronald H. Sunderland. *The Pastor as Prophet*. New York: The Pilgrim Press, 1985.
Shepherd, Massey Jr. *Liturgy and Education*. New York: Seabury Press, 1967.
Sherry, Paul H. ed. *The Riverside Preachers: Fosdick, McCracken, Campbell, Coffin*. New York: The Pilgrim Press, 1978.
Sider, Ronald J. and Michael A. King. *Preaching About Life in a Threatening World*. Philadelphia: Westminster Press, 1987.
Simmons, Martha J. ed. *Preaching on the Brink: The Future of Homiletics*. Nashville, TN: Abingdon Press, 1996.
Skinner, John. *Prophecy and Religion*. Cambridge, London: University of Cambridge Press, 1951.
Sleeth, Ronald E. *God's Word and Our Words: Basic Homiletics*. Atlanta, GE: John Knox, 1986.
______. "The Role of Preaching: The Centrality of the Word of God." *Encounter* 19 (1958): 123-30.
Smart, James D. *The Rebirth of Ministry*. Philadelphia: Westminster Press, 1960.
Smith, Christine M. *Preaching as Weeping, Confession, and Resistance*. Louisville: Westminster/John Knox Press, 1992.
______. "Preaching." *Dictionary of Feminist Theologies*. eds. Letty M. Russell & J. Shannon Clarkson. Louisville, KY: Westminster/John Knox Press, 1996: 224-25.
______. "Preaching as an Art of Resistance." *The Arts of Ministry: Feminist- Womanist Approach*. ed. Christies Cozad Neuger. Louisville, KY: Westminster/ John Knox Press, 1996: 39-59.
Smith, Kelly Miller. *Social Crisis Preaching: The Lyman Beecher Lectures 1983*. Macon, GA: Mercer University Press, 1984.
Solle, Dorothee. *Political Theology. trans. John Shelly*. Philadelphia: Fortress Press, 1974.
Spike, Robert W. "Prophetic Preaching Today." *Social Action* 24.4 (1957): 3-12.
Stackhouse, Max L. "Reparations: A Call to Repentance." *Renewal* 9/7 (Sept.-Oct. 1969): 4-12.
______ & Peter J. Paris. *God and Globalization: Religion and the Powers of the Common Life* vol. 1. Harrisburg, PA: Trinity Press International, 2000.
Stark, Rodney *et al*. *Wayward Shepherds: Prejudice and the Protestant Clergy*. New York: Harper & Row, 1971.
Steigerwald, David. *The Sixties and the End of Modern America*. New York: St. Martin's, 1995.
Steimle, Edmund A., Morris J. Niedenthal, and Charles L. Rice. *Preaching the Story*. Philadelphia: Fortress Press, 1980.
Stith, Charles R. Political Religion: A Liberal Answers the Question, "*Should Politics and Religion Mix*?" Nashville, TN: Abingdon Press, 1995.
Stott, John R. W. The *Preacher's Portrait: Some New Testament Word Studies*. Grand Rapids, Mich: Wm. B. Eerdmans, 1961.
Stratman, Gary D. *Pastoral Preaching: Timeless Truth for Changing Needs*. Nashville, TN: Abingdon Press, 1983.
Streiker, Lowell D. and Gerald Strober. *Religion and the New Majority*. New York: Association Press, 1972.
Stuempfle, Herman G. *Preaching Law and Gospel*. Philadelphia: Fortress Press, 1978.

Suthers, Hannah Bonsey. "Religion and the Feminine Mystique." *The Christian Century* (July 21, 1965): 911-14.

Tarazi, Paul N. "The Fundamental Aspects of Prophetic Preaching." *God's Living Word: Orthodox and Evangelical Essays on Preaching*. ed. Theodore G. Stylianopoulos. Brookline, MA: Holy Cross Orthodox, 1983: 45-54.

______. "Effective Preaching Today." *God's Living Word: Orthodox and Evangelical Essays on Preaching*. ed. Theodore G. Stylianopoulos. Brookline, MA: Holy Cross Orthodox Press, 1983: 42-54.

Tillich, Paul. *Systematic Theology*. 3 vols. Chicago: University of Chicago Press, 1951, 1957, 1963.

______. "Communicating the Christian Message: A Question to Christian Ministers and Teachers." *Theology of Culture*. ed. Robert C. Kimball. New York: Oxford University Press, 1959.

Tischler, Barbara L. *Sights on the Sixties: Perspectives on Sixties*. Rutgers, NJ: Rutgers University, 1992.

Tisdale, Leonora Tubbs. *Prophetic Preaching: A Pastoral Approach*. Louisville, KY: Westminster John Knox, 2010.

Towler, Robert. The Need for Certainty: A Sociological Study of Conventional Religion. London: Routledge & Kegan Paul Press, 1984.

Tracy, David. *Blessed Rage for Order*. New York: The Seabury Press, 1979.

Trible, Phyllis. *God and the Rhetoric of Sexuality*. Philadelphia: Fortress Press, 1978.

Troeger, Thomas H. "A Poetics of the Pulpit for Post-Modern Times." *Intersections: Post-Critical Studies in Preaching*. ed. Richard L. Eslinger. Grand Rapids: Eerdmans, 1994: 42-64.

Trotter, J. Irwin. "Our Theologies of Preaching." *Quarterly Review* 15.3 (1995): 237-49.

Vahanian, Gabriel. *The Death of God: The Culture of Our Post-Christian Era*. New York: G. Braziller, 1961.

Valentine, Foy. *The Cross in the Market Place*. Waco, Texas: Word Books, 1966.

Van Buren, Paul. *The Secular Meaning of the Gospel*. New York: Macmillan, 1963.

Van Gemeren, Willem A. *Interpreting Prophetic Word: An Introduction to the Prophetic Literature of the Old Testament*. Grand Rapids, MN: Zondervan, 1990.

Van Seters, Arthur. "Preaching That Is Political vs. Political Preaching." *The Living Pulpit* 5.2 (1996): 28-29.

______. "Ethics." *Concise Encyclopedia of Preaching*. eds. William H. Willimon & Richard Lischer. Louisville, KY: Westminster/John Knox Press, 1995: 117-19.

______. ed. *Preaching As A Social Act: Theology and Practice*. Nashville, TN: Abingdon, 1988.

Vannorsdall, John W. "The Siren Song of Wisdom's Maids." *Renewal in the Pulpit: Sermons by Younger Preachers*. ed. Edmund A. Steimle. Philadelphia: Fortress, 196: 39-46..

Viorist, Milton. *Fire in the Streets: The America in the 1960s*. New York: Simon and Schuster, 1979.

Von Rad, Gerhard. *Biblical Interpretations in Preaching*. trans. John E. Steely. Nashville, TN: Abingdon Press, 1977.

______. *The Message of the Prophets*. New York: Harper & Row, 1962.

Wachsberger, Ken. ed. *Voices From the Underground: Insider Histories of the Vietnam Era*. Ann Arbor, MI: Pierian, 1991.

______. ed. *Voices From the Underground: A Directory of Resources and Sources*. Ann Arbor, MI: Pierian, 1991.

Ward, James M. *Thus Says the Lord: The Message of the Prophets*. Nashville, TE: Abingdon, 1991.

______. & Christine Ward. *Preaching from the Prophets*. Nashville, TE: Abingdon, 1995.

Wardlaw, Don M. "Homiletics and Preaching in North America." *Concise Encyclopedia of Preaching*. eds. William H. Willimon & Richard Lischer. Louisville, KY: Westminster/John Knox Press, 1995: 243-52.

Washington, Joseph R. Jr. *The Politics of God*. Boston, MA: Beacon Press, 1967.

______. *Black Religion*. Boston, MA: Beacon Press, 1966.

Weaver, Richard M. Language Is *Sermonic: Richard M. Weaver on the Nature of Rhetoric*. ed. Richard L. Johnannesen et al. Baton Rouge: Louisiana State University Press, 1970.

Weber, Max. *Economy and Society*. Berkeley: University of California Press, 1978.

Weisbrot, Robert. *Freedom Bound: A History of the American Civil Rights Movements*. New York: W. W. Norton Press, 1990.

Wellhausen, Julius. *Prolegomena to the History of Ancient Israel*. Atlanta: Scholars, 1994.

Wenzel, August. "Criticism of Preaching in Current Writing." *The Lutheran Quarterly* 20 (1968): 389-95.

Westermann, C. *Basic Forms of Prophetic Speech*. Philadelphia: Westminster, 1967.

White, James F. *Sacrament as God's Self Giving: Sacramental Practice and Faith*. Nashville, TN: Abingdon, 1983.

Wilhelm, Dawn Ottoni. "Jesus as Prophetic Preacher: Patterns of Prophetic Engagement in the Gospel of Luke." The Academy of Homiletics: Papers of the Annual Meeting 2004. Memphis, TN: December 2-4: 288-97.

Williams, J. "The Social Location of Israelite Prophecy." *Journal of American Academy of Religion* 37 (1969): 153-65.

Willimon, William H. *The Intrusive Word: Preaching to the Unbaptized*. Grand Rapids, Mich: Erdmans,1994.

______. "'Would That All the Lord's People Were Prophets' Pentecost Preaching as Prophetic Preaching: Texts for Prophets." *Journal for Preachers* 16.4 (1993): 16-21.

______. *Peculiar Speech: Preaching to the Baptized*. Grand Rapids: Eerdmans, 1992.

______ and Stanley Hauerwas. *Preaching to Strangers*. Louisville: Westminster/John Knox, 1992.

______. *Integrative Preaching: The Pulpit at the Center*. Nashville, TN: Aingdon, 1981.

Wilmore, Gayraud S. & James H. Cone. eds. *Black Theology: A Document History, 1966-1979*. Maryknoll, NY: Orbis Books, 1979.

Wilson, Robert R. *Sociological Approaches to the Old Testament*. Philadelphia: Fortress, 1984.

______. *Prophecy and Society in Ancient Israel*. Philadelphia: Fortress, 1980.

Wingren, Gustaf. The Living Word: *A Theological Study of Preaching and the Church*. Philadelphia: Muhlenberg Press, 1960.

Wink, Walter. *Engaging the Powers: Discernment and Resistance in a World of Domination*. Minneapolis, MN: Fortress, 1992.

______. *The Bible in Human Transformation: Toward a New Paradigm for Biblical Study*. Philadelphia: Fortress Press, 1973.

Witten, Marsha. *All Is Forgiven: The Secular Message of American Protestantism*. Princeton, NJ: Princeton University, 1993.

Woodyard, David O. "The Neighbor Is a Negro." *Best Sermons* vol. X. ed. G. Paul Butler. Princeton, NJ: D. Van Nostrand, 1962: 289-90.

Wuthnow, Robert. *The Restructuring of American Religion: Society and Faith Since World War II*. Princeton, NJ: Princeton University, 1988.

Yoder, Jess. "Preaching on Issues of War and Peace, 1915-1965." *Preaching in American History: Selected Issues in the American Pulpit 1630-1967*. ed. DeWitte Holland. Nashville, TN: Abingdon Press, 1969: 239-57.

Yoder, John Howard. *Preface to Theology: Christology and Theological Method*. Elkhart, IN: Goshen Bible Seminary, 1982.

Zimmerli, W. "Vom Prophetenwort zum Prophetenbuch." *Theologische Literaturzeitung* 104 (1979): 481-496.

Zink, Beverly Ann. "Themes in Southern Presbyterian Preaching, 1920 to 1983." *The Confessional Mosaic: Presbyterians and Twentieth-Century Theology*. eds. Milton J. Coalter et al. Louisville, KY: Westminster/John Knox Press, 1990: 109-33.

"A Brief Statement of Belief in 1962." *The Constitution of the Presbyterian Church (U.S.A.), Part I: Book of Confessions*. New York: The Office of the General Assembly, 1983.

A Sesquicentennial History of the First Presbyterian Church. The First Presbyterian Church of Ann Arbor, Michigan, 1976.

"Campbell Quits Ministry At the Riverside Church." *The New York Times* (June 25, 1976): 38.

Guidelines for Development of Strategy for Metropolitan Mission. Board of National Missions of the United Presbyterian Church in U.S.A. September, 1967.

"New Riverside Minister: Ernest T. Campbell." *The New York Times* (June 14, 1968): 38.

Racial Inclusiveness in the Riverside Church. A Report to Council VII of the Riverside Church by the Sub-Committee on Race Relations for 1962-63. New York: The Riverside Church Press, 1963.

A Report of Committee on Christian Social Study and Action. New York: The Riverside Church Press, Oct. 21 and Nov. 13, 1958 & 1963.

Carillon Bulletin. Newsletter of the Riverside Church. July 21, 1976: 1-2.

The Annual Meeting Report. Ann Arbor, MN: The First Presbyterian Church Press, 1964, 1965, and 1967.

The Riverside Church: Its Structure and Organization. New York: The Riverside Church Press, 1969.

The Riverside Church in the City of New York. New York: The Riverside Church Press, 1978.

The Riverside Fund for Social Justice: A Brief History. New York: The Riverside Church Press, 1970.

국민일보 (2010.11.15.)

기독교신문 제1951호 (2008년 11월 16일)

크리스천투데이 http://www.christiantoday.co.kr/view.htm?id=. (2005.10.04.; 2005.10.26.; 2009.05.13.; 2010.12.27.)

Newsweek (March 4, 1996)

New York Times (June 14, 1968)

Misssion Magazine 354 (2012.04.17)

http://www.newsnnet.com/news/articleView.html?idxno=190

http://www.cemk.org/

http://www.veritas.kr/contents/article/subre.html?no=553

http://www.newspower.co.kr/subread.html?uid=14358&section=sc4

http://blog.daum.net/yonsan36/12111080 (2007.6.8.)